L'HOMME NOUVEAU DANS L'EUROPE FASCISTE

(1922-1945)

Les contributions rassemblées dans l'ouvrage collectif présentées ici
sont issues d'un colloque intitulé
L'homme nouveau dans l'Europe fasciste (1930-1945)
organisé par le Centre d'histoire du vingtième siècle
de l'Institut d'études politiques de Paris,
les 16, 17 et 18 mars 2000.
Que l'équipe du CHEVS soit
remerciée et particulièrement
Carole Gautier.

SOUS LA DIRECTION DE

Marie-Anne Matard-Bonucci
Pierre Milza

L'homme nouveau dans l'Europe fasciste (1922-1945)

Entre dictature et totalitarisme

Ouvrage publié avec le
concours du Centre national du livre

Fayard

L'homme nouveau entre dictature et totalitarisme (1922-1945)

Marie-Anne Matard-Bonucci

Forger un « homme nouveau » fut un objectif essentiel et obsédant pour le fascisme italien. Dès novembre 1917, Mussolini affirmait, dans le *Popolo d'Italia* : « Le peuple italien est en ce moment une masse de minerai précieux. Il faut le fondre, le nettoyer de ses impuretés, le travailler. Une œuvre d'art est encore possible. Il faut un gouvernement. Un homme. Un homme qui aura le toucher délicat de l'artiste et le poing de fer du guerrier. Un homme sensible et un volontaire. Un homme qui connaisse le peuple, aime le peuple, le guide et le soumette – y compris par la violence. » Devenu l'homme providentiel et le guide de la nation qu'il appelait de ses vœux, en juin 1925, devant le quatrième congrès du Parti National fasciste, Mussolini estimait le moment venu pour créer l'« Italien nouveau ». Dès lors, il ne cessa plus d'affiner le portrait de celui qu'il nommait, en novembre 1933, l'« homme intégral » « qui est politique, qui est économique, qui est religieux qui est saint et qui est guerrier ».

La volonté de changer l'homme fut une ambition commune aux mouvements et régimes politiques apparentés au fascisme[1] :

---

1. Les États considérés ici – Italie fasciste, Allemagne national-socialiste, Espagne franquiste, Portugal de l'Estado Novo, État français – ont été retenus pour avoir été le théâtre d'expériences politiques comparables mais néanmoins différentes. Le débat concernant la nature de tels régimes est loin d'être clos. Si la dimension totalitaire du national-socialisme est admise depuis fort longtemps, celle du fascisme italien a été mise en lumière par les travaux de Renzo de Felice, le grand historien du fascisme (la monumentale biographie de Mussolini parue en 9 volumes est révélatrice d'une évolution), puis par

Allemagne national-socialiste, Espagne franquiste, Portugal de Salazar, France de Vichy. Mais c'est au sein du fascisme italien que le dessein de révolution anthropologique trouva l'expression doctrinale et propagandiste la plus accomplie. En Allemagne, il prit place plus difficilement dans la tension entre l'exaltation d'un passé racial mythique et la volonté de transformer le présent par l'action politique[1]. Les régimes franquiste, salazariste et l'État français s'efforcèrent aussi de dessiner et d'imposer un « uniforme moral[2] » pour des individus à régénérer en les réintégrant dans leurs communautés naturelles d'appartenance. La visée du changement fut d'inégale ampleur d'un régime à l'autre et les traits du « vieil homme[3] » continuèrent de paraître derrière le masque de la nouveauté. L'intention n'en suscita pas moins la création de structures politiques, l'invention de méthodes et d'une « pédagogie » nouvelles destinées à remodeler la société mais aussi l'individu, son caractère, ses comportements.

Chacune des expériences nationales considérées prétendit s'inscrire dans un rapport de rupture avec un processus de décadence dont la genèse était située dans un passé plus ou moins lointain, et associé, pour l'époque contemporaine, à la démocra-

---

ceux d'Emilio Gentile (Voir par exemple, *La via italiana al totalitarismo*, NIS, Rome, 1995), renouvelant ainsi la perception de ce régime. Comme on le verra, les historiens portugais sont divisés sur la question de la présence, ou non, d'une composante totalitaire dans le salazarisme. L'appartenance de l'Espagne de Franco ou de l'État français à la famille « politique » des fascismes fait également débat. Sur ces questions, P. Milza, *Les fascismes*, Paris, Points-Seuil, 1991. Sur les totalitarismes, la bibliographie est considérable même si les études d'histoire comparée sont assez peu nombreuses. Quelques titres récents : P. Burrin, *Fascisme, nazisme, autoritarismes*, Seuil, octobre 2000. M. Ferro (dir.), *Nazisme et communisme. Deux régimes dans le siècle*, Paris, Hachette, 1999. Voir également, *Le totalitarisme. Le XXe siècle en débat*, Textes choisis et présentés par E. Traverso, Paris, Le Seuil, janv. 2001.

1. Voir dans cet ouvrage les textes de P. Burrin, *Nazisme et homme nouveau*, et d'E. Michaud, *L'homme nouveau et son autre dans l'Allemagne national-socialiste*.

2. L'expression, employée pour le franquisme, est de M.-A. Barrachina et figure dans la contribution intitulée « *Le style de la phalange* » : *une morale et une esthétique*.

3. Pour l'acception religieuse du terme, voir S.-A. Leterrier, *L'homme nouveau, de l'exégèse à la propagande*.

tie et au libéralisme. Pour autant, l'homme nouveau ne devait pas faire table rase du passé mais retrouver le fil d'une histoire glorieuse – Espagne du Siècle d'or, Portugal des Grandes Découvertes, Rome impériale, France éternelle, Allemagne du Saint-Empire romain germanique.

S'il est réducteur de présenter la quête de l'homme nouveau comme un mouvement exclusivement passéiste, il n'est pas moins vrai qu'elle s'inscrit à rebours du mouvement de transformation des sociétés, prônant le retour à des valeurs rurales, la réhabilitation d'une morale menacée, le rétablissement des hiérarchies sociales. Ainsi, contre l'ébauche d'un mouvement d'émancipation féminine, la construction de l'homme nouveau devait magnifier l'homme, en tant qu'individu sexué, la virilité s'imposant comme la qualité par excellence du type d'individu à configurer[1]. Les femmes ne furent pas ignorées mais reléguées dans un rôle auxiliaire et subalterne : génitrices, éducatrices, gardiennes du foyer[2]. Sujet premier de la régénération, l'homme nouveau était d'abord un homme : sur cette définition *a minima* se retrouvèrent les régimes fascistes et apparentés. Les autres valeurs morales de l'homme nouveau dérivaient de cette qualité première, qu'il s'agisse du courage ou de l'esprit guerrier.

Formation, éducation, rééducation, régénération, renaissance, « rachat des âmes », palingénésie : la multiplicité des vocables est à l'image de la diversité des projets. Une diversité prenant sa source dans le rapport entre modernité et tradition, dans le poids des cultures nationales, dans la capacité de ces régimes à inscrire leur expérience dans la durée, dans leur marge d'autonomie sur la scène internationale. À travers la conception de l'homme nouveau, son allure, sa posture discrète ou encombrante, le poids respectif des facteurs biologiques et des déterminations cultu-

---

1. G. L. Mosse, *L'image de l'homme. L'invention de la virilité moderne*, Paris, Éd. Abbeville, 1997.
2. Il y a débat entre certains historiens sur l'évolution de la position de la femme dans la société, l'intégration dans des organisations de masse ayant pu jouer comme facteur d'émancipation en dépit des idéologies conservatrices qui les régissaient. Voir par exemple, dans cet ouvrage, les textes de E. Gentile et G. Turi, expression de sensibilités différentes.

relles, se lisent la parenté, mais aussi les singularités irréductibles des régimes autoritaires et totalitaires proches du fascisme.

La question de l'homme nouveau dans les régimes autoritaires et totalitaires n'a que peu retenu l'attention des historiens alors qu'elle a été soulevée sous de multiples formes dans le débat sur le totalitarisme. De nombreuses analyses ont désigné la volonté d'exercer un contrôle absolu sur les individus comme étant l'une des caractéristiques – pour certains l'essence – des totalitarismes[1]. Dans *Les origines du totalitarisme*, Hannah Arendt évoque « l'homme de masse européen », isolé, atomisé, privé de tout lien social, qu'elle perçoit comme la clientèle privilégiée des régimes fasciste, nazi et soviétique. Avec le démantèlement des cadres traditionnels des sociétés européennes, se constitue un matériau informe, les masses, que les régimes totalitaires entreprennent de modeler en créant « l'Un à partir du multiple ». Aussi, dans un régime totalitaire parfait, « tous les hommes sont devenus Un Homme[2] ». En mettant l'accent sur la violence qu'ils imposent à la qualité d'homme, Hannah Arendt et d'autres ont pointé l'une des caractéristiques majeures de régimes bâtis sur la violence et la terreur, condamnant l'individualisme au profit d'entités collectives (nation, race, organisation politique).

Reste pourtant que l'homme nouveau ne fut pas seulement une figure en creux, conséquence incidente ou programmée de la toute-puissance de l'État et du parti et de la répression de masse. Si les régimes totalitaires fascistes se construisirent sur le refus des valeurs humanistes héritées des Lumières, ils ne purent éviter de se projeter dans l'avenir et de penser la place de l'homme dans la société future. Ils ne purent concevoir l'encadrement et l'éducation des masses sans imaginer un idéal type d'individu, fût-il appelé à ne compter que comme simple unité dans l'entité plurielle du corps social. La propagande ne put inculquer l'Idée sans vouloir l'incarner, sans lui donner corps et sans définir les

---

1. Voir le débat engagé par Carl J. Friedrich et Zbigniew Brzezinski à ce sujet in *Totalitarian Dictatorship and autocracy* (New York, 1956), dont un chapitre en français figure dans l'anthologie de textes rassemblés par E. Traverso.

2. H. Arendt, *Le système totalitaire*, Paris, Le Seuil, 1972 p. 214 (Éd. orig. 1951).

qualités spirituelles de celui qui la portait. La nécessité de représenter l'avenir imposa aux régimes totalitaires mais aussi autoritaires un détour par l'homme, passage obligé en dépit d'une lecture de l'histoire pensée en termes de nation, race ou communautés.

Les multiples représentations iconographiques et l'abondante littérature théorique, romanesque, éducative, mettant en scène l'homme nouveau sont à indexer au registre de la propagande. Variations dans le cadre d'exercices imposés, ils n'en sont pas moins un matériau fort utile pour la connaissance du fonctionnement de ces régimes, de l'idéologie et surtout d'un imaginaire politique d'autant plus important que le mythe fut pensé et valorisé comme un puissant moteur historique.

Pourquoi donc avoir limité ici l'exploration du mythe de l'homme nouveau à un espace politique homogène ? Pourquoi n'avoir pas élargi la comparaison aux régimes communistes qui considéraient, eux aussi, la transformation de l'homme et de l'humanité comme une fin ultime ? Parfaitement légitime pour la mise en relation des systèmes politiques, des structures du pouvoir, des pratiques de répression, des formes du contrôle social [1], l'apport heuristique de la comparaison entre fascisme et communisme semblait ici plus aléatoire, la nature radicalement différente des projets idéologiques hypothéquant son intérêt sur le terrain même des utopies politiques. Les communistes rêvèrent de lendemains qui chantent au nom d'une certaine idée de l'homme, héritée des Lumières et que condamnaient radicalement les fascistes : elle supposait une conception égalitaire de la société que récusaient définitivement des fascistes fondamentalement élitistes, plaçant le culte du chef au cœur même de la doctrine ; elle considérait la guerre et le travail comme des instruments au service d'une idée et de l'histoire mais non comme des valeurs en soi.

---

1. L'intérêt de l'étude comparée est manifeste, permettant de renouveler les interprétations abstraites et quelquefois éloignées des réalités historiques issues des sciences politiques, de la sociologie ou de la philosophie politique. L'une des tentatives les plus intéressantes : H. Rousso (dir.), *Stalinisme et nazisme. Histoire et mémoire comparée*, Paris, Complexe-IHTP-CNRS, 1999, et plus particulièrement la lecture croisée proposée par P. Burrin et N. Werth dans la première partie de l'ouvrage.

Ces différences initiales d'idéologie ne sauraient faire oublier que fascisme et communisme se retrouvèrent dans une négation commune des valeurs humanistes. Ignorer ces singularités conduirait à considérer le projet d'homme nouveau comme résultant seulement de la volonté de standardiser et de « mettre en uniforme » les individus alors qu'il fut porteur de valeurs, d'idéaux et de rêves dont la connaissance est essentielle à la compréhension de tels régimes.

L'une des particularités des régimes autoritaires et surtout fascistes résida dans la tentative de lier, à travers une nouvelle conception de la politique, idées et mythes, pratiques sociales et esthétique.

C'est à travers un tel triptyque, présent dans l'architecture de cet ouvrage, que devait prendre forme l'homme nouveau.

On s'est attaché d'abord à situer l'homme nouveau dans l'idéologie et la doctrine de ces régimes. Sa définition n'échappe pas à la singularité des idéologies fascistes, amalgames de références anciennes, hétérogènes, parfois contradictoires, mêlant les registres de la tradition et de la modernité. L'idée même de régénération s'inscrit dans une histoire ancienne, arrivant après plusieurs siècles de spéculations théologiques et politiques autour de la régénération de l'homme[1].

Les mouvements fascistes poursuivent une quête de nature religieuse présente dans le christianisme et dans le messianisme révolutionnaire. La référence au catholicisme constitue le noyau de l'identité de l'homme nouveau imaginé par les idéologues de la phalange espagnole ou par le Caudillo. Elle est présente comme toile de fond dans les spéculations du fascisme : la rhétorique de l'homme nouveau emprunte au catholicisme son vocabulaire et ses références. La liturgie de la régénération par la foi fasciste doit beaucoup à l'inspiration religieuse. La présence du Vatican, l'établissement de liens organiques avec le régime et le poids de la tradition catholique dans la culture nationale permirent à l'Église de conserver, en Italie, un poids important dans l'éducation de la jeunesse. En Allemagne, le christianisme, rapidement neutralisé avant d'être combattu politiquement par le

---

1. S.-A. Leterrier, *texte cit.*

national-socialisme, n'en constitue pas moins la référence centrale d'un projet idéologique qui s'inscrit dans le cadre d'une
relation de « rivalité mimétique [1] ».

La doctrine de l'homme nouveau ne s'adosse pas seulement à
l'héritage d'une tradition religieuse. Elle intègre également une
idée plus laïque de l'homme issue de la Révolution française et
des mouvements révolutionnaires du XIXe siècle [2] : une idée qui
fait son chemin, en dépit de l'hostilité affichée des fascismes
pour les Lumières, par le relais des nationalismes porteurs de
conceptions messianiques de l'histoire assignant à l'individu une
position héroïque ou tout au moins d'acteur.

Cependant, c'est aussi au contact de l'histoire réelle que l'idée
de l'homme nouveau acquit un nouvel avenir. Pour l'homme
nouveau fasciste et nazi, la Grande Guerre constitue bien l'événement fondateur. Les combattants, *arditi*, corps-francs, tous
ceux que Mussolini désigne comme « aristocratie des tranchées » s'imposent, dans la nébuleuse des mouvements nationalistes et autoritaires surgis après-guerre, comme autant de sur-
hommes et de figures tutélaires [3]. Pour tous les régimes
considérés, l'expérience historique de la conquête du pouvoir, la
lutte armée contre l'opposition, la guerre civile construisent une
histoire au présent qui sanctifie de nouveaux martyrs vénérés
comme autant de modèles : squadristes, héros de la guerre civile
espagnole. Révolutions, guerres civiles, coups de force inau-
gurent le règne d'hommes qui ne sont pas toujours « neufs »
mais qui peuvent être considérés comme régénérés par l'épreuve
de la conquête du pouvoir.

La nouveauté coexiste plus difficilement avec l'installation
dans la durée, la référence aux figures héroïques du passé immédiat s'ajustant mal aux nécessités de la stabilisation de régimes
nés dans le tumulte de l'action politique. La détention du pou-

---

1. E. Michaud, *texte cit.*
2. S.-A. Leterrier, *texte cit.*
3. Sur la construction du mythe de la première guerre mondiale et son
impact politique : G.-L. Mosse, *De la Grande Guerre au totalitarisme, La
brutalisation des sociétés européennes*, Paris, Hachette, 1999. Plus récemment, Pierre Milza a mis l'accent sur le caractère absolument fondateur d'un
tel événement dans l'itinéraire personnel de Mussolini, in *Mussolini*, Paris,
Fayard, 1999.

voir d'État et le contrôle des institutions semblent rendre possible le basculement du virtuel dans le réel, imposant le choix de modèles suffisamment ancrés dans une tradition révolutionnaire pour inviter au mouvement, mais capables, en même temps, de répondre aux exigences d'une société hiérarchisée et disciplinée. La constitution d'une galerie de portraits historiques, composée de figures qui s'étaient illustrées de manière indiscutable dans les services rendus à la nation ou à la race, fut une façon de proposer de construire l'avenir, dans la durée, en tournant les yeux vers le passé.

Dans quelle mesure l'image du chef, objet d'un culte plus ou moins poussé, répondit-elle à cette nécessité? L'Allemagne et l'Italie, où le processus de divinisation du chef atteint des proportions considérables, furent confrontées à la relation paradoxale du dictateur au reste de la société. Source de légitimation d'un pouvoir absolu, si d'un côté le statut d'exception du dictateur l'imposait comme modèle, il excluait, dans le même temps, toute hypothèse d'affirmation d'un nouvel homme d'exception.

En Italie, Mussolini fut l'incarnation vivante de l'homme nouveau. Non seulement le Duce sut se présenter comme un homme complet, penseur et homme d'action, mais il offrait son propre itinéraire d'homme neuf comme modèle de réussite, « Italien ordinaire qui a su, à force de volonté et de courage, se hisser au rang des héros et des demi-dieux[1] ». Voulant susciter tout à la fois la contemplation, l'adoration et l'imitation de sa personne, Mussolini imagina que l'homme nouveau se révélerait par lui, en lui et à travers lui. À l'opposé, Hitler « ne se donnait pas pour l'incarnation ou la préfiguration de l'homme nouveau[2] ». Artiste, éveilleur, éducateur, sauveur, le Führer était le médiateur de l'Idée de la race, moyennant l'établissement d'une relation plus mystique que charnelle entre lui et son peuple[3].

La quête de l'homme nouveau ne donna pas seulement lieu à la recherche de modèles passés ou présents. Elle généra un filon

---

1. P. Milza, *Mussolini, figure emblématique de l'homme nouveau.*

2. P. Burrin, *texte cit.*

3. Sur ces aspects, outre les textes de P. Burrin et E. Michaud figurant dans cet ouvrage, voir également I. Kershaw, *Hitler, Essai sur le charisme en politique*, Paris, Gallimard, 1995. Voir également, E. Michaud, *Un art de l'éternité*, Paris, Gallimard, 1996.

d'élaborations doctrinales et propagandistes visant à définir un prototype d'individu parfait, moyennant l'inventaire de ses qualités physiques et morales, souvent assorti du catalogue des idées et comportements mis à l'index. En imaginant de tels types humains, pédagogues, théoriciens, propagandistes et artistes mirent en scène quelques figures récurrentes, relevant cette fois de l'archétype, dont la répétition renseigne sur l'imaginaire politique commun à ces régimes.

Ainsi, la figure du guerrier s'imposa en temps de paix et plus encore pendant la guerre où elle finit par occulter les autres formes de représentations. En Italie, comme le montre Emilio Gentile, le « citoyen-soldat » s'imposa très tôt comme la représentation idéale de l'homme nouveau fasciste. L'exaltation du passé antique et de la romanité ne fut pas seulement destinée à appuyer les ambitions territoriales de l'Italie mais surtout à valoriser un type d'homme et de civilisation guerrière. De façon significative, avec le temps, le Duce délaissa de plus en plus la tenue de bourgeois pour endosser l'uniforme militaire[1]. En Espagne, la figure du combattant fut à la fois valorisée et sanctifiée dans le processus de construction mémorielle de la guerre civile espagnole. Emblématique, le roman rédigé par Franco pendant la guerre, *Raza,* mettait en scène un fils exemplaire, militaire de carrière, martyr et « miraculé » de la Guerre civile espagnole[2]. Au Portugal, c'est dans la figure mythique du colon que l'homme nouveau était invité à continuer la geste des « navigateurs, des saints et des chevaliers[3] ». Comme c'était prévisible, l'image du guerrier se fit beaucoup plus discrète dans la France de la défaite, la propagande de Vichy magnifiant, pour l'essentiel, des corps jeunes, forts, virils... mais désarmés. Il fallut les campagnes collaborationnistes en faveur du PPF ou de la LVF pour qu'intervînt la réhabilitation de la mythologie guerrière.

---

1. P. Milza, *texte cit.*
2. J. Cuesta, *L'influence du modèle catholique dans la conception franquiste de l'homme nouveau.*
3. F. Rosas, *Le salazarisme et l'homme nouveau. Essai sur l'État Nouveau et la question du totalitarisme dans les années 30 et 40.* Voir également le texte de Y. Léonard, *Le colon : figure de l'homme nouveau dans le Portugal de Salazar?*

Aux côtés du soldat, d'autres figures furent convoquées, définissant un homme nouveau collectif et multiple. L'examen de la rhétorique ou des images qui en furent le support incite à considérer ses représentations comme autant de variantes de l'idéal type du guerrier. De l'ouvrier d'industrie au paysan, le personnage éminemment positif du producteur n'était autre que celui d'un individu livrant bataille. Le sportif, l'athlète, dont la valorisation fut également unanime, était également célébré pour le combat qu'il livrait contre lui-même, pour la performance et au service de la collectivité. À travers l'exaltation du sport, de la force et de la jeunesse s'imposa une image aussi primordiale que minimale de l'homme nouveau dont la récurrence, d'un régime à l'autre, ne doit pas masquer la diversité de significations.

Expression d'un eugénisme diffus et d'une volonté d'amélioration physique présente aussi dans certaines nations démocratiques, la valorisation des corps en mouvement fut sans doute aussi une réponse, ou plutôt une échappatoire, à la difficile représentation de l'homme régénéré, la jeunesse tenant lieu de nouveauté quand l'esthétique était mise pour la politique. À l'évidence, la glorification des corps fut beaucoup plus que cela dans l'Allemagne national-socialiste – et dans l'Italie raciste et antisémite après 1938 –, ramenant à l'importance primordiale des déterminations biologiques pour une idéologie « qui avait une philosophie du vivant et non de l'humain[1] ».

Ainsi, la volonté de se dégager de l'emprise du « vieil homme » et d'engendrer un « homme nouveau » accoucha, pour l'essentiel, de quelques figures élémentaires et redondantes – l'homme viril, le guerrier – plus archaïques que modernes en dépit de la volonté affichée de les tourner vers l'avenir. La véritable nouveauté du projet résida moins dans les modèles ou les portraits types évoqués que dans la mise en œuvre de structures coercitives, à une échelle de masse, pensées comme autant de laboratoires de l'homme nouveau[2].

En effet, l'homme nouveau fut plus qu'un rêve, il devint un

---

1. P. Burrin, *texte cit.*
2. L'expression « laboratoire » fut utilisée par les fascistes italiens pour désigner les organisations de jeunesse. Voir le texte de E. Gentile.

« mythe » au sens de Georges Sorel, à la fois « système d'images » et « force historique[1] ». Dans la plupart des expériences considérées, l'encadrement de la population dans des organisations de masse[2], l'exercice d'un contrôle étroit sur l'éducation[3], la création de structures étatiques visant à centraliser et perfectionner la propagande[4], furent considérés comme les instruments décisifs qui permettraient la renaissance de l'homme et de la nation.

Dans un tel processus, suivant une conception rigoureusement inégalitaire et hiérarchique de la société, c'est aux élites qu'il incombait de jouer un rôle de premier plan, des élites perçues comme conditions et parfois anticipations de l'homme nouveau. Comment former de nouvelles générations alors que les cadres « nouveaux » faisaient encore défaut ? S'il fallait disposer de temps pour former de nouvelles élites, celles-ci étaient indispensables pour inscrire l'expérience politique dans la durée. Comment former – en les conformant – cadres dirigeants, responsables politiques, hiérarques[5] et leur ménager l'autonomie suffisante pour qu'ils soient en mesure d'assurer un jour la relève ? En voulant créer l'homme nouveau, les régimes fascistes et autoritaires durent affronter la question du passage et de la transition abordée sur un mode théorique et radicalement différent par les communistes – qui réservaient toutefois un rôle décisif aux avant-gardes. La question de l'éducation et de la formation des élites les plaça devant de terribles dilemmes inhérents à la nature même du système politique établi. Pour autant, il semble difficile d'affirmer que « le but de l'éducation totali-

---

1. G. Sorel, *Réflexions sur la violence*, p. 27.
2. Pour l'Italie, voir M. Palla, *Le parti national fasciste et les organisations de masse*.
3. Voir pour l'Italie et le Portugal, les textes de G. Turi, *Intellectuels « éducateurs » du fascisme italien*, et F. Rosas, *texte cit.*
4. Secrétariat à la propagande nationale au Portugal (1933); ministère de la Propagande en Allemagne (1933); bureau de presse devenu sous-secrétariat à la Presse et à la Propagande en 1934 puis Minculpop (ministère de la Culture populaire) en Italie en 1937; Délégation nationale de la propagande en Espagne.
5. Pour les élites politiques de l'Italie fasciste, voir le texte de D. Musiedlak, *Stratégies institutionnelles et création de l'homme nouveau dans l'État fasciste*.

taire n'a jamais été d'inculquer des convictions mais de détruire la faculté d'en former aucune[1] ».

En Italie, le régime parvint à soumettre les intellectuels, lesquels, contraints ou consentants, « se placèrent au service d'un État éducateur[2] ». Considérés comme indispensables dans l'œuvre d'éducation de la nation, leur statut n'en était pas moins considéré avec suspicion par un régime dont le chef affirmait, en 1935, « il faut être anti-intellectuel pour être intellectuel[3] ». La valorisation des intellectuels techniciens, experts agricoles géomètres, répondit au rêve d'un intellectuel nouveau qui saurait lier la réflexion et l'action. Un projet analogue prit corps sur un mode plus radical dans l'Allemagne national-socialiste. Préfigurations de l'homme nouveau du Grand Reich, les « intellectuels d'action » du service de sécurité de la SS se devaient d'atteindre un même niveau d'excellence dans l'expertise scientifique et dans la pratique d'une violence génocidaire conçue comme véritable épreuve initiatique[4]. Une violence qui renvoie à l'une des caractéristiques majeures de la représentation de l'homme nouveau dans l'Allemagne national-socialiste, le lien étroit unissant la figure de l'aryen et la destruction de l'Autre[5]. La désignation du Juif, assimilé à l'Autre, à la fois ennemi et contre-modèle, fut aussi imaginée comme le moyen politique qui permettrait aux Italiens de se révéler comme les hommes nouveaux qu'ils peinaient à devenir, le racisme et l'antisémitisme étant perçus comme les instruments pouvant relancer la machine totalitaire et forcer le cours de l'histoire[6].

Les régimes fascistes n'attendirent pas l'arrivée des nouvelles générations à l'âge d'homme pour donner forme à la société qu'ils entendaient forger. À travers la pratique d'une « nouvelle politique » pensée comme un art, un style différent devait être imprimé aux masses comme aux individus[7]. Si l'esthétisation

---

1. H. Arendt, *ibid.*, p. 215.

2. G. Turi, *texte cit.*

3. *Ibid.*

4. C. Ingrao, *La Norme implicite. Mythe et pratiques de l'« Intellectuel d'action » dans le service de sécurité de la SS.*

5. E. Michaud, *texte cit.*

6. Marie-Anne Matard-Bonucci, *Profil racial de l'homme nouveau dans le fascisme italien.*

7. Sur le concept de « nouvelle politique » et le processus de nationalisation des masses, l'ouvrage de référence reste celui de G.-L. Mosse, *The*

de la politique accompagna la nationalisation des masses pendant le XIXe siècle, elle trouva son expression la plus accomplie au sein des régimes totalitaires inventeurs de nouvelles religions de la politique[1].

En Italie, la réforme du « style » fut considérée comme l'un des chantiers décisifs dont sortirait l'homme nouveau. Sous la houlette du secrétaire du Parti fasciste, Achille Starace, une série de normes furent adoptées pour transformer les usages et comportements des Italiens, touchant des domaines comme la politesse, la correspondance ou les pratiques linguistiques. Suivant une conception analogue, le style fut conçu par la phalange espagnole « comme une façon d'être, comme une morale nationale reposant sur une esthétique[2] ».

Il fut cependant plus aisé d'édicter des normes en matière de forme que de donner forme à un individu normé. Car l'histoire de l'homme nouveau renvoie au constat d'un échec. Un échec dont les images rendent compte tant l'homme nouveau y est insaisissable : « Figure en fuite » qui échappe aux artistes italiens[3] ; « vieilles images » de la France de Vichy, images ambivalentes et éclatées proposées par les partis collaborationnistes[4]. Une figure improbable dont témoigne la production architecturale fasciste et l'impossible conception d'un espace d'habitation à l'échelle de l'individu[5].

En 1943, tandis que s'accumulent les défaites militaires précédant la débâcle du régime, les fascistes ont bien conscience d'avoir échoué dans la volonté de transformer les Italiens et d'inventer un « homme nouveau ». Un échec dont Mussolini rend responsable le peuple italien, matériau défectueux qui n'a guère permis au dictateur de déployer pleinement son génie

---

Nationalization of the Masses. Political, Symbolism and Mass Movements in Germany from the Napoleonic Wars through the Third Reich, New York, 1974. Concernant le fascisme italien, E. Gentile, *Il culto del littorio*, Rome-Bari, Laterza, 1994 ; trad. fr., *La Religion fasciste*, Paris, Perrin, 2000.

1. E. Gentile, *Le religioni della politica*, Rome-Bari, Laterza, 2002.

2. M.-A. Barrachina, *texte cit.*

3. F. Roche-Pézard, *Art et fascisme, l'homme nouveau, figure en fuite.*

4. L. Bertrand-Dorléac, *Les vieilles images de l'homme nouveau (France 1900-1945)*, et Christian Delporte, *L'homme nouveau dans l'image de propagande collaborationniste.*

5. C. Brice, *Architecture et homme nouveau dans l'Italie fasciste.*

artistique. Un échec imputé, par le lobby antisémite et raciste, à l'absence de conscience raciale des Italiens. Un échec qui était peut-être inscrit dans le projet même d'une palingénésie construite sur le refus de l'humanisme. En janvier 1943, Pasquale Pennisi, catholique et fasciste, en faisait l'aveu implicite dans *Gerarchia* : « La révolution n'est pas seulement affaire de lois et d'institutions mais c'est aussi une question "de personnes humaines et même de la personne humaine en tant que telle [1]". »

---

1. P. Pennisi, « La nostra rivoluzione in noi », *Gerarchia*, janvier 1943, p. 17.

PREMIÈRE PARTIE

De l'idée à l'homme : doctrines et modèles

L'homme nouveau,
de l'exégèse à la propagande

Sophie-Anne Leterrier
(université de Lille III)

Si l'on en croit Michel Foucault, il n'y a que quelques siècles que les philosophes font de l'homme le sujet d'une histoire, et l'examinent en termes de culture, et non d'une nature immuable. Certes, la sagesse antique recommande aux hommes de se connaître et de s'amender, mais elle n'en fait pas le projet d'une entreprise démiurgique. De fait, si le rêve d'une société parfaite remonte, dans la culture occidentale, à l'Antiquité grecque, cette cité idéale est généralement située dans un passé mythique (l'âge d'or, l'Atlantide). Le christianisme apporte pour sa part la bonne nouvelle d'une humanité régénérée par le sacrifice du Christ, mais laisse l'homme en proie à la tentation et aux vicissitudes dans ce monde, dans l'attente du Jugement dernier qui lui ouvrira le royaume de Dieu. C'est surtout parmi les mystiques que fleurit, à la fin du Moyen Âge, cette promesse.

Penser que l'homme puisse devenir autre que ce qu'il est par nature, et plus encore penser que l'on puisse le changer volontairement, est une idée essentiellement moderne. Ce n'est qu'à partir des temps modernes que certaines utopies se formulent comme des anticipations. Ces utopies sont hors de l'histoire, mais elles sont aussi des images de progrès, dont la valeur est critique et l'enjeu moral. Imaginer l'humanité nouvelle, c'est aussi imaginer ce qui la fait telle, ou ce qu'il faudrait mettre en œuvre pour la réaliser. De ce point de vue, on pourrait aller jusqu'à considérer la Révolution française, au moins dans certaines de ses phases, comme la première utopie mise en pratique.

« Comme la religion, la Révolution française apporte la promesse inouïe d'un monde neuf pour un homme renouvelé. Mais contrairement à la religion, elle accepte l'épreuve redoutable de l'expérience historique[1]. » C'est bien là son originalité – ou sa folie, son *hybris*, comme diront ses adversaires. Et contrairement aux penseurs traditionalistes, les héritiers de la Révolution, au XIXe siècle, se distinguent précisément en ceci qu'ils croient à la possibilité de changer l'homme, et qu'ils font de l'histoire le terrain d'expérience de leur entreprise[2]. La place de ce thème dans les révolutions fascistes du XXe siècle manifeste certes leur caractère totalitaire, mais aussi une pensée de l'histoire tributaire des expériences du siècle précédent. Mettre en perspective historique le thème de l'homme nouveau impose donc de rappeler ce qu'il signifie dans la théologie et la patristique, mais aussi de montrer sa métamorphose dans l'histoire moderne, à travers la Réforme, puis dans les révolutions modernes et contemporaines.

HOMME NOUVEAU ET RÉGÉNÉRATION

Le thème de « l'homme nouveau » a initialement une signification proprement chrétienne, développée notamment dans l'*Évangile selon Saint Jean* et dans la doctrine de Saint Paul, qui fondent une théologie du baptême et une ecclésiologie exploitées par les auteurs chrétiens dès la fin du IIe siècle[3]. On y oppose l'homme nouveau au vieil homme, l'homme intérieur à l'homme extérieur : « Le vieil homme est l'homme semblable à Adam déchu, incliné au péché et trop souvent dominé par lui. L'homme nouveau est l'homme justifié, régénéré, uni au Christ et vivant de sa vie, en attendant de participer à sa gloire[4]. » Selon cette doctrine, les croyants sont en somme une création nouvelle.

Ce thème renvoie d'abord à la régénération spirituelle, assimilée à la naissance du Christ dans les âmes, « nouvelle naissance

---

1. Cf. A. de Baecque, « L'Homme nouveau est arrivé – la "régénération" du Français en 1789 », *XVIIIe siècle*, n° 20, 1988, p. 153.

2. M. Riot Sarcey, *Le Réél de l'utopie, essai sur le politique au XIXe siècle*, Paris, Albin Michel, 1998.

3. *Dictionnaire de spiritualité ascétique et mystique*, Paris, Beauchêne, 1981, article « Naissance divine », t. 11, col. 24 *sqq.*

4. *Catholicisme hier, aujourd'hui, demain*, Paris, Letouzey et Ané, 1982, article « Homme nouveau », t. 5, col. 886 *sqq.*

proprement dite, par la foi et le baptême[1] ». Il signifie filiation adoptive, mort au péché, résurrection et vie nouvelle dans le Christ, non seulement lors du baptême mais tout au long de la vie car il faut se garder contre les tendances mauvaises, et rendre toujours plus effectifs le dépouillement du vieil homme et le revêtement de l'homme nouveau. L'idée d'homme nouveau s'entend initialement plutôt comme une potentialité que comme une réalisation définitive, car, pour être sauvé, il importe que l'homme résiste au mal, fasse le bien, use de sa liberté en vue du salut. Le thème de l'homme nouveau est donc une notion centrale dans la doctrine chrétienne ; de son interprétation, dépendent la conception de la liberté du chrétien, du rôle des œuvres, du salut.

Il s'entend également dans un sens tout individuel. Cependant, le Christ rédempteur fait aussi des croyants un seul homme nouveau[2], une humanité nouvelle unifiée en lui et qui est son corps mystique. En ce sens, la régénération signifie entrée dans un ordre surnaturel inauguré par le Christ, justification, règne de Dieu. Ce vieux mot de théologie désigne donc tantôt la naissance spirituelle du baptême, tantôt la nouvelle vie qui doit suivre la résurrection générale. En outre, le Christ ayant donné le nom de baptême à sa propre mort, le martyre sera souvent considéré comme une nouvelle naissance.

Développée dans la patristique, en particulier dans la *Cité de Dieu* de saint Augustin, le concept de l'homme nouveau tient une place particulièrement importante dans la doctrine d'Eckhart et des mystiques rhéno-flamands de la fin du Moyen Âge. Elle est également centrale dans la théologie luthérienne.

LA « DÉCOUVERTE » DE LUTHER

On sait que c'est à l'occasion de son commentaire de l'*Épître aux Romains* (1515-1516) que Luther a fait la « découverte » de la miséricorde divine qui devait être au fondement de la justification par la foi, clé de voûte du protestantisme. « Comme je

---

1. *Ibid.*, article « Naissance (nouvelle) », t. 9, col. 991 *sqq.*
2. Saint Paul, *Éphésiens*, II, 15.

méditais nuit et jour sur ces paroles (*La Justice de Dieu se révèle en Lui, comme il est écrit : le juste vit de la Foi),* Dieu eut enfin pitié de moi ; je compris que la justice de Dieu, c'est celle dont vit le juste, par le bienfait de Dieu, c'est-à-dire la Foi[1]. »

Luther découvre alors que la justice de Dieu dont parle saint Paul n'est pas « la justice active par laquelle Dieu est juste et punit les injustes et les pécheurs ». Dieu n'impute pas à l'homme ses fautes (les péchés commis) ni le péché originel (et le penchant au mal) : « Bien que ce mal subsiste, il n'est pas compté comme péché à ceux qui invoquent Dieu et lui demandent avec larmes leur délivrance... Ainsi nous sommes pécheurs à nos yeux et malgré cela nous sommes justes devant Dieu par la foi[2]. » Luther insiste sur la déchéance foncière de l'homme, qui sans la bonté de Dieu serait irrémédiablement condamné. Mais l'illumination intérieure du croyant prend le pas sur la liturgie et les sacrements, et la foi sur les œuvres.

Dans l'une de ses premières publications, *La théologie germanique*[3] (sous-titrée « et de l'homme nouveau ») puis dans l'une de ses œuvres fondamentales, *La liberté du chrétien* (1520), Luther reprend son commentaire de saint Paul (*Romains* 1, 17 : « Le juste vivra par la foi »). Il revient sur la dualité de l'homme, ses deux natures, d'où découlent sa liberté et sa servitude : « Par son âme il mérite d'être nommé un homme nouveau, spirituel, intérieur ; par la chair et le sang, il mérite d'être nommé un homme corporel, un vieil homme et un homme extérieur[4]. »

Pour Luther, l'union du Christ et de l'âme se réalise par la foi

---

1. *Mémoires de Luther écrits par lui-même, traduits et mis en ordre par Jules Michelet*, livre premier, Paris, Mercure de France, coll. « Le temps retrouvé », 1990, p. 45.

2. *Œuvres de Luther*, éd. de Weimar, LVI, p. 271, cité par J. Delumeau, *Naissance et affirmation de la réforme*, Paris, PUF, collection « Nouvelle Clio », 1973, p. 83.

3. Publication anonyme, où Luther fait de nombreuses références à des mystiques, dénoncée par Calvin en 1559 comme « badinages forgés par l'astuce de satan pour embrouiller toute la simplicité de l'Évangile » (cité par R.J. Lovy, *Luther*, Paris, PUF, coll. « Mythes et religions », 1964, p. 54).

4. Luther, *La liberté du chrétien*, trad. M. Gravier, Paris, Aubier, 1945, p. 255.

et non par l'extase, comme chez les mystiques. C'est la foi qui
fait de l'homme un enfant de Dieu et lui confère la liberté propre
au chrétien. La liberté issue de cette foi rayonne sur sa vie
morale en ce sens que, affranchi de toute obligation légale, le
chrétien doit spontanément faire le bien. S'il est fort de sa
liberté, il doit du reste s'abstenir d'en faire usage afin de ne pas
scandaliser ses frères plus faibles. Cette interprétation du thème
de l'homme nouveau n'implique donc pas de rejet de la loi de la
part de Luther, comme le montre, en particulier, la controverse
de Luther avec Jeckel (dans un dialogue de Luther avec le duc
Henri de Saxe[1]). « Jeckel avait prêché la doctrine suivante :
"Fais ce que tu veux, crois seulement, tu seras sauvé." – Il faudrait dire : Quand tu seras *rené,* et devenu un nouvel homme,
fais alors ce qui se présente à toi. »

Une discussion confidentielle entre Mélanchton et Luther[2]
reprend tout l'argument et explicite le point de vue de Luther.
Mélanchton trouve probable l'opinion de saint Augustin qui soutient « que nous sommes justifiés par la foi, par la rénovation » –
sous le mot de rénovation, il comprend tous les dons et les vertus
que nous tenons de Dieu. Luther répond que les hommes sont
justifés par la miséricorde de Dieu. Au sujet de saint Paul, « ses
vertus et ses œuvres ne sont bonnes et pures (...) que parce
qu'elles sont d'un juste ». « Les œuvres sont nécessaires, mais
c'est par une nécessité sans contrainte, et tout autre que celle de
la Loi (...) il est impossible qu'un croyant, c'est-à-dire un juste,
ne fasse ce qui est bien. » Les œuvres sont « les compagnes in-
séparables de la foi qui justifie ». C'est la foi qui sauve et non
les œuvres, parce que les œuvres n'ont de valeur que si elles
sont inspirées par la foi, qui distingue le véritable chrétien du
philistin.

RÉGÉNÉRATION ET LIBERTÉ

En ce sens, la doctrine de la régénération est une doctrine de
liberté, et il n'est pas incompréhensible qu'elle ait été considérée

---

1. Controverse rapportée par Michelet dans *Mémoires de Luther écrits par
lui-même, traduits et mis en ordre par Jules Michelet, op. cit.,* livre V, p. 265.
    2. *Ibid.,* p. 380-381, la longue note de la p. 261.

comme subversive par une partie des théologiens du XVIe siècle –
à commencer par Calvin. Mais c'est aussi pourquoi elle est
apparue très favorablement aux historiens de la Réforme du
XIXe siècle, en particulier à ceux d'entre eux qui voyaient dans
l'histoire des hommes la marche providentielle de la liberté.

Michelet, en particulier, accorde une grande place à la
« découverte » de Luther, dans l'autobiographie qu'il compose,
à partir des papiers du théologien, en 1835. La page où Luther
rend compte de celle-ci se termine par la formule : « Alors je me
sentis comme rené, et il me sembla que j'entrais, à portes
ouvertes, dans le Paradis [1]. » Cette page est d'ailleurs intégrale-
ment reprise par Lucien Febvre dans *Un destin, Martin Luther* [2].
Pour le disciple comme pour le maître en histoire, le Moyen
Âge, dominé par l'Église, qui condamne le siècle et appelle à
fuir le monde et ses prestiges, ne connaît véritablement ni la
liberté ni la joie. « La raison et la révolution, la science, ont
seules droit à la Joie [3]. » On voit bien, dans cette formulation,
l'enjeu de la « découverte » luthérienne : il s'agit d'émancipation immédiate. La régénération n'est plus une promesse de bonheur futur ; le règne des fins commence ici et maintenant.

Dans le chapitre de l'*Histoire de France* évoquant la
Réforme, écrit près de vingt ans après la publication des
Mémoires de Luther, Michelet donne une version très personnelle de cette fameuse découverte ; la rénovation en question
est alors associée à la « joie » de Luther, et traduite métaphoriquement par ce que l'historien appelle « naissance de la
musique » (*sic*) [4]. Il déclare que les chroniques antérieures au
XVIe siècle sont « muettes et sombres de silence », par opposition
aux suivantes « resplendissantes de lumière et de chant ». Selon
lui, c'est avec la Réforme que le chant devient « universel et
populaire ». Il insiste sur l'inanité ou l'inharmonie du chant de
l'Église [5] et fait de Goudimel et de Palestrina (présenté comme

---

1. *Ibid.*, p. 45.
2. Rieder, 1928, p. 23 (dans une traduction un peu différente : « Aussitôt,
je me sentis renaître. Les portes s'ouvrirent, toutes grandes. J'entrais dans le
paradis. L'Écriture toute entière me révélait une autre face ») et p. 55.
3. Cité par L. Febvre, *Michelet et la Renaissance*, Paris, Flammarion,
1992, p. 239.
4. Note p. 304 de l'éd. Flammarion des œuvres complètes.
5. Michelet fait référence aux autorités que sont Fétis, Kiesewetter et de
Coussemaker, mais il développe, en l'occurrence, une théorie très personnelle

son disciple) les rénovateurs de l'art. La musique est présentée comme l'expression la plus intime et la plus naturelle de la Renaissance, au sens littéral du terme, de cette époque où l'humanité se libère de l'Église qui « hait la nature » et refuse tout ce qui dans la musique est rythme du corps, respiration vivante.

La joie de Luther, cette confiance, ce sentiment d'être rené, se détache alors des mystères du christianisme, et Michelet ne tarde pas à l'identifier au « profond mystère de la vie même », incarné successivement dans différents moments de l'histoire, et dont « l'esprit de la Révolution » serait le dernier avatar[1]. Toute la préface de 1847, qui caractérise la Révolution comme foi, développe l'analogie. La régénération révolutionnaire, comme la précédente, est tout intérieure : « La Révolution est en nous, dans nos âmes ; au dehors, elle n'a point de monument. » Mais au lieu que la justice fonde le christianisme, comme chez Luther, le principe révolutionnaire de justice « qui veut que chacun réponde pour ses œuvres » prend le contrepied du principe chrétien où le péché est transmissible, comme le mérite du Christ et des saints[2], de « l'arbitraire de la Grâce ». C'est la Révolution seule qui fait disparaître la fausse solidarité, l'injuste transmission du mal (péché originel et flétrissure civile des parents d'un coupable) et du bien (noblesse), qui établit le principe de Justice et fonde la fraternité. Le mouvement des fédérations est cette régénération en acte, et conformément au sens premier, elle est aussi apothéose : « Le temps a péri, l'espace a péri, ces deux conditions matérielles auxquelles la vie est soumise... Étrange *vita nuova* qui commence pour la France, éminemment spirituelle[3]. »

---

de la musique. Sur ce point, je me permets de renvoyer le lecteur à mon article : « La petite muse populaire – sur Michelet et la musique », communication au colloque du bicentenaire de Michelet, septembre 1998, Vascœuil, *Cahiers romantiques*, Centre de recherches révolutionnaires et romantiques, Université Blaise Pascal, Clermont-Ferrand.
    1. Cf. J. Michelet, *Histoire de la révolution française*, préface de 1847.
    2. *Ibid.*, Paris, éd. Pléiade, 1952, t. 1, p. 420-421.
    3. *Ibid.*, t. 1, p. 406.

RÉVOLUTION

Bien que l'on ait là un exemple du caractère symbolique très subjectif, et très contestable, de l'Histoire de Michelet, le lien entre la Révolution et la régénération n'a pas été souligné que par lui. Tout au contraire, comme l'écrit Mona Ozouf, « avec l'idée d'homme nouveau, on touche à un *rêve central de la Révolution* française, illustré par une foule de textes[1] ». L'historienne souligne d'ailleurs que cette idée est loin d'être une idée neuve quand la Révolution éclate[2]. Le XVIIIe siècle est habité par le mythe de l'originel, qui permet de critiquer les pratiques habituelles, mythe auquel Rousseau donne une forme nouvelle. À la fin du siècle, le thème de la régénération est l'aboutissement d'un discours banal sur l'épuisement du régime, la dégénérescence des mœurs et de l'homme français. Mais la Révolution s'emparant de ce thème le réoriente à plusieurs reprises, suivant une chronologie complexe[3].

La conception chrétienne classique de la régénération est exprimée dès le début, par certains membres du clergé constitutionnel en particulier. Mais avant Michelet, certains journalistes en proposent une version laïcisée, comme Camille Desmoulins, qui fait référence à saint Paul dans le premier numéro des *Révolutions de France et de Brabant*, dans une conception où l'apothéose de la nation remplace le règne de Dieu. « Ce saint Paul (...) écrit admirablement quelque part : "Vous tous qui avez été régénérés par le baptême, vous n'êtes plus Juifs, vous n'êtes plus Samaritains, vous n'êtes plus Romains, vous n'êtes plus Grecs, vous êtes tous Chrétiens." C'est ainsi que nous venons d'être régénérés par l'Assemblée nationale, nous ne sommes plus de Chartres ni de Monthléri (*sic*), nous ne sommes plus Picards ou Bretons, nous ne sommes plus d'Aix ou d'Arras, nous sommes tous Français[4]. »

Dans cette première acception du terme, la régénération est

---

1. Mona Ozouf, *L'Homme régénéré, essais sur la Révolution française*, NRF, Paris, Gallimard, coll. « Bibliothèque des histoires », 1989, p. 116.
2. *Ibid.*, p. 117.
3. A. de Baecque, « l'homme nouveau est arrivé – la "régénération" du Français en 1789 », *XVIIIe siècle*, n° 20, 1988, p. 193-208.
4. Cité par A. de Baecque, *op. cit.*, p. 204.

spontanée, totale et immédiate. Elle impose le langage du pro-
dige : « En un clin d'œil, un peuple d'esclaves devient un peuple
de héros[1]. » Le mythe régénérateur duquel les pamphlétaires
jouent avec le plus de constance reste d'ailleurs le thème millé-
nariste, la rupture de 89 étant comparée au jugement dernier.
Mais simultanément, une autre conception de la régénération
s'exprime, qui en fixe la réalisation dans un futur incertain,
parce que le processus entamé par la Révolution est incomplet,
menacé, parce qu'il se présente comme une tâche à accomplir,
d'abord en défaisant tout ce qui vient du passé, comme un programme. De nombreuses institutions et créations (les écoles, les
fêtes, la géographie, le calendrier, le tutoiement, le port de la
cocarde, etc.) tentent de le mettre en œuvre. Le thème est alors
porteur d'une part de rêve du futur, d'une tendance utopique.
   Retour à la vigueur ancestrale du peuple brisant violemment
ses chaînes, ou transition par l'éducation, l'image de la rupture
révolutionnaire « intègre de façon complémentaire la croyance
dans la perfectibilité immédiate de l'espèce humaine et le retour
à l'âge d'or », le passé et le futur. Ces deux conceptions voi-
sinent chez la plupart des révolutionnaires, et ne renvoient ni à
des partis ni à des lignes politiques constantes. Elles correspondent plutôt à des phases successives d'enthousiasme et de
découragement, qui s'expriment dans le débat sur les lois et les
mœurs. Lamourette oppose la « régénération de Jésus-Christ »,
qui change d'abord les cœurs, à celle de Lycurgue, qui va des
lois aux mœurs[2]. Mais la plupart des révolutionnaires se
heurtent à l'aporie exprimée par Rousseau : « Il faudrait que les
hommes fussent avant les lois ce qu'ils doivent devenir par
elles. » Les Montagnards tentent la transformation réelle des
mentalités par les lois, en définissant les moyens de la régénération des mœurs. Les lois cependant ne sont qu'un cadre contrai-
gnant et insuffisant. Les hommes doivent être « meilleurs que les
lois » (Fouché). Pour les changer il faut rendre l'éducation commune et l'étendre aux adultes. Ce n'est qu'ainsi que l'on par-
viendra à créer un « nouveau peuple » (Le Peletier).

1. Bouquier, cité par A. de Baecque, *op. cit.,* p. 194.
2. Cité par A. de Baecque, *ibid.*

RÉVOLUTION, UTOPIE ET HISTOIRE

Pour qu'il y ait renouvellement et non pas seulement ravaudage, les révolutionnaires s'engagent dans une entreprise nécessairement radicale. La « table rase » est inséparable de la recréation du nouveau système de valeurs[1]. Il faut extirper les racines de l'ancien régime irrationnel et vicié, détruire les signes et les croyances qui dégradent l'espèce humaine. « Vous ne devez abattre que lorsque vous pourrez réédifier », conseillent les pragmatiques (Romme). Mais ils ne sont guère écoutés. L'utopie régénératrice prend alors le visage de la Terreur.

Tout le XIXᵉ siècle, d'une certaine façon, aborde la question de l'homme nouveau à la lumière de cette expérience. Certains en déduisent que l'homme et les sociétés sont ce qu'ils sont et que c'est folie de vouloir les changer. Il n'importe que de connaître leur nature et de respecter les hiérarchies, les institutions que le temps a consacrées. D'autres, en revanche, croient au progrès dans l'histoire. Ils voient dans l'établissement du christianisme, dans la Réforme, dans la Révolution, des signes de ce progrès et des étapes d'une émancipation inachevée de l'humanité. Certains se demandent comment renouveler l'homme, comment créer une société plus juste, plus fraternelle, sans retomber dans les violences de la Terreur. D'autres considèrent que cette violence révolutionnaire est nécessaire, qu'elle n'est du reste que la contrepartie de la violence menteuse de la société bourgeoise, et que la fin justifie les moyens.

Le thème de l'homme nouveau s'exprime dans bon nombre de mouvements révolutionnaires du XIXᵉ et du XXᵉ siècle, y compris dans les révolutions artistiques, qui entreprennent de renouveler non seulement le goût, mais les formes et les valeurs. Une haine générale du passé l'enracine souvent, et le thème est employé avec un radicalisme croissant, une extension géographique et temporelle de plus en plus grandes. À « l'ère des masses », la dimension individuelle de la régénération s'efface au profit de conceptions collectives, fondées sur le contrôle des institutions. Le projet de créer une humanité libérée, affranchie de l'histoire, se retrouve dans ces mouvements, avec sa promesse d'un avenir radieux, ses apories et ses contradictions.

---

1. Serge Bianchi, *La révolution culturelle de l'an II – élites et peuple 1789-1799*, Paris, Aubier, coll. « Floréal », 1982, p. 156 *sqq.*

Ce qui frappe au total, quand on examine sur la longue durée les occurrences et les utilisations de ce thème, c'est le curieux rapport au temps qu'il impose. Dans la doctrine chrétienne, interfèrent, en effet, le temps de l'existence du Christ, le temps du baptême et de l'existence individuelle, le Jugement dernier. La régénération se produit à la fois avant le temps (le plan de Dieu), dans le passé (elle est l'effet du sacrifice christique), dans le présent (le présent ponctuel du baptême, le présent continu de la foi) et à la fin des temps. La régénération se passe dans l'histoire, mais la dépasse de toute part. De même le salut des luthériens. Si la dimension messianique des mouvements révolutionnaires contemporains est indéniable, il me semble que l'originalité de leur entreprise tient à sa dimension d'expérience historique. Il est donc légitime de quitter ici la théologie pour l'histoire...

L'« homme nouveau » du fascisme[*]
Réflexions sur une expérience de révolution anthropologique

Emilio Gentile
(université La Sapienza, Rome)

LE MYTHE FASCISTE DE L'HOMME NOUVEAU DANS L'HISTORIOGRAPHIE

Mussolini et les fascistes se considéraient comme une avant-garde d'Italiens nouveaux, ayant pour ambition de réaliser une « révolution anthropologique » pour forger une nouvelle race italienne de dominateurs, de conquérants et de créateurs de civilisation. Dès son arrivée au pouvoir, Mussolini manifesta tout de suite son intention de régénérer la « race italienne que nous voulons prendre, profiler, forger pour toutes les batailles nécessaires dans la discipline, le travail, la foi[1] », affirma-t-il dans un discours le 19 juin 1923. L'année suivante, dans une interview au *Chicago Daily News*, le *Duce* définissait le fascisme comme « la plus grande expérience de notre histoire visant à faire les Italiens[2] ».

Dès lors, le mythe de l'Italien nouveau occupa un rôle central dans la culture, la politique et les objectifs du régime. En dépit des différences d'interprétation du mythe et de la diversité des méthodes préconisées pour accomplir la révolution anthropolo-

---

[*] Une version plus ample de ce texte a été publiée *in* E. Gentile, *Il fascismo, storia e interpretazione*, Rome-Bari, Laterza, 2001 (traduction française, *Qu'est-ce que le fascisme*, Folio histoire, 2004).

1. B. Mussolini, *Opera omnia*, E. e D. Susmel (dir.), 35 vol., Florence 1951-1953, XIX, p. 266. Il convient de rappeler que les expressions « Italien nouveau » et « homme nouveau », sauf précisions particulières, désignent suivant l'usage courant, les être humains de façon générique sans distinction de sexe.

2. Mussolini, *op. cit.*, XX, p. 284.

gique, s'affirmèrent un projet cohérent et une conscience claire des objectifs à atteindre. Le fascisme fut une expérience totalitaire[1] et eut l'ambition de réaliser une révolution anthropologique pour régénérer les Italiens et pour créer un homme nouveau, proposé aux peuples civilisés de race blanche comme solution à la crise de la civilisation occidentale de l'homme moderne et comme expression d'une nouvelle civilisation[2]. Comme tous les projets les plus ambitieux du fascisme, l'expérience de la révolution anthropologique fut aussi un échec, s'achevant avec les catastrophes de la guerre pour disparaître sous les décombres de l'État totalitaire. Depuis, le mythe de l'homme nouveau fasciste est resté une question marginale dans l'historiographie qui attend toujours une analyse approfondie[3].

Bien sûr, les historiens qui ont étudié le fascisme, en particulier dans les années soixante-dix, ont évoqué le sujet, s'atta-

---

1. Par « totalitarisme » j'entends caractériser : une expérience de domination politique mise en œuvre par un mouvement révolutionnaire, avec une conception intégraliste de la politique, qui aspire au monopole du pouvoir politique et qui, après l'avoir conquis par des voies légales ou extra-légales, détruit ou transforme le régime préexistant et construit un État nouveau, fondé sur un régime à parti unique, avec l'objectif principal de réaliser la conquête de la société, c'est à dire la subordination, l'intégration et l'homogénéisation des gouvernés sur la base du principe de la politisation intégrale de l'existence, individuelle ou collective, interprétée selon les catégories, les mythes et les valeurs d'une idéologie, institutionnalisée sous la forme d'une religion politique, visant à modeler l'individu et les masses à travers une révolution anthropologique, pour transformer la société en une collectivité harmonieuse et pour régénérer l'être humain afin de créer un homme nouveau, dédié âme et corps à la réalisation des projets du parti totalitaire, pour créer une nouvelle civilisation à caractère supra-national, à travers l'expansion territoriale de son système politique et la propagation de sa religion.

2. Pour un exposé analytique et documenté de mon interprétation du fascisme comme totalitarisme, je me permets de renvoyer à : E. Gentile, *La via Italiana al totalitarismo. Il partito e lo Stato nel regime fasciste*, Rome, 2001[2] (1re éd. 1995). Pour un aperçu synthétique de ce volume : E. Gentile, « Parti, État et monarchie dans l'expérience totalitaire fasciste », *in Quand tombe la nuit. Origines et émergence des régimes totalitaires en Europe*, publié sous la direction de S. Courtois, Lausanne, 2001, p. 245-258.

3. La seule est celle de G. L. Mosse, *The Image of Man*, New York, 1996, p. 154-180, qui insiste surtout, cependant, sur la dimension corporelle et esthétique de l'homme nouveau du fascisme et du nazisme.

chant à en éclairer la signification[1]. Renzo De Felice a été l'un
des premiers à attirer l'attention sur la déclaration de Mussolini,
– qualifiée de « moralement répugnante[2] –, visant à « transformer le peuple italien et surtout à créer de nouvelles générations, plus nombreuses, plus fortes physiquement et moralement
fascistes, capables d'"oser" et de passer à l'*action*[3] », pour
affronter une ère de guerres et de conquêtes. Récemment, Pierre
Milza a observé que les options totalitaires des dernières années
du fascisme, visant à remettre en question l'hégémonie des
classes dirigeantes traditionnelles, sont issues principalement du
mythe de l'homme nouveau : campagne anti-bourgeoise qui
tenta de substituer à l'individu décadent, produit de la culture
bourgeoise, un « "homme nouveau" dynamique, viril, décidé,
efficace, prêt à se sacrifier, endurci par une éducation spartiate et
par l'impact sublimé de la rigueur autarcique[4] ». D'autres chercheurs se sont attachés au mythe de l'homme nouveau, étudiant
les croyances et les rites de la religion fasciste[5], le style et les
coutumes[6] et surtout le sport et l'éducation physique, le mythe
de l'homme nouveau s'identifiant avec le culte du corps, de la

---

1. À titre d'exemple, voir les notations concernant l'homme nouveau du
fascisme italien *in* M. Ledeen, *L'internazionale fascista*, Rome-Bari, 1973 ;
R. De Felice, *Mussolini il duce. Gli anni del consenso 1929-1936*, Turin,
1974, chapitre I ; E. Gentile, « Alcune considerazioni sull'idéologia fascista »,
in Storia contemporanea, 1, 1974, p. 115-125 ; P.V. Cannistraro, *La fabbrica
del consenso. Fascismo e mass media*, Rome-Bari, 1975 ; R. De Felice, *Intervista sul fascismo*, Rome-Bari, 1975. Les références bibliographiques qui
suivent ne prétendent pas à l'exhaustivité mais entendent apporter des indica-
tions essentielles concernant les études récentes les plus significatives.

2. R. De Felice, *Mussolini il duce. Lo Stato totalitaire 1936-1940*, Turin,
1981, p. 88-89.

3. R. De Felice, *Mussolini il duce. Gli anni del consenso 1929-1936*,
Turin, 1974, p. 339.

4. P. Milza, *Mussolini*, *in* édition italienne, chap. 16, paragraphe « Le
mythe de l'homme nouveau », p. 781-782.

5. E. Gentile, *Il culto del littorio. La sacralisation de la politica nell'Italia
fascista*, Rome-Bari, 1993 (livre traduit en français : *La Religion fasciste : la
sacralisation de la politique dans l'Italie fasciste*, Paris, Perrin, 2002) ;
C. Galeotti, *Mussolini ha sempre ragione. I decaloghi del fascismo*, Milan,
2000.

6. M-A. Matard, « L'anti-lei : utopie linguistique ou projet totalitaire ? »,
in Mélanges de l'École française de Rome, 2, 1998, p. 971-1010.

virilité, et avec une conception raciste[1]. Dans cette direction, le mythe de l'homme fasciste a été analysé par George L. Mosse, l'étude comparative du fascisme et du nazisme ayant permis de mettre en évidence affinités et différences, avec un intérêt plus spécifique pour les aspects corporels et esthétiques de la masculinité. Selon Mosse, l'homme nouveau fasciste et nazi était, en réalité, l'incarnation de l'idéal traditionnel et bourgeois de la vertu et de la respectabilité[2].

Les chercheurs ont surtout mis l'accent sur les contradictions, les velléités et l'échec de ce mythe. Suivant une opinion établie, le fascisme lui-même n'eut guère les idées claires concernant l'homme nouveau, l'imaginant de façon vague et contradictoire. Selon un autre point de vue, l'*homme fasciste* n'avait rien de véritablement nouveau hormis la chemise noire, car il n'était autre que la résurrection artificielle, rhétorique et anachronique de l'antique légionnaire romain ou la restauration de modèles traditionnels, de celui du « bon paysan », frugal, travailleur, à celui du « bourgeois vertueux », patriote et dévoué à la monarchie, véhiculé par la morale de *Cuore* de Edmondo De Amicis. Quant à la nouvelle femme fasciste, l'opinion commune veut qu'elle n'ait été calquée que sur le modèle traditionnel de la mère et de l'épouse, reine du foyer et gardienne de la famille.

À l'évidence, de telles conceptions ne sont guères acceptables en ce qu'elles hypothèquent et condamnent par avance toute recherche véritable sur le sujet. Quant au jugement concernant l'échec de la révolution anthropologique fasciste, il est probable qu'il résisterait même à l'enquête la plus approfondie et la plus objective tant il est assimilable à un « verdict de l'histoire », qui a la force de l'évidence des faits accomplis et irrévocables. Si je partage pleinement ce verdict, il me semble toutefois opportun de faire un détour par l'enquête historique avant de considérer le dossier de l'homme nouveau fasciste comme étant clos et prêt à être archivé. L'historiographie des dernières décennies a montré

---

1. R. Bianda, G. Leone, G. Rossi, A. Urso, *Atleti in camicia nera. Lo sport nell'Italia di Mussolini,* Rome, 1983, p. 17-64; P. Ferrara, *L'Italia in palestra*, Rome, 1992, p. 213-260; *Accademiste a Orvieto. Donne ed éducation fisica nell'Italia fascista 1932-1943*, L. Motti e M. Rossi Camponeri (dir.), Perugina, 1996.
2. G. L. Mosse, *op. cit.*, pp. 154-180.

que les interprétations dominantes étaient susceptibles d'évoluer sur des problèmes aussi fondamentaux que l'existence d'une idéologie fasciste, les rapports entre le *Duce* et le parti fasciste, le rôle du parti au sein du régime, l'attitude du fascisme face à la modernité et enfin, la question essentielle de la nature totalitaire de l'expérience politique fasciste[1]. La nouvelle perception du fascisme qui en découle impose un réexamen de la question de « l'homme nouveau » dans une nouvelle perspective.

UNE QUESTION OUVERTE

Il importe, par exemple, de comprendre les raisons de la centralité de ce mythe et de la révolution anthropologique dont la mise en œuvre fut inlassablement poursuivie par le fascisme alors même que de nombreux témoignages, dont certains particulièrement dignes de foi, signalaient la réticence des Italiens à se laisser modeler suivant le modèle de l'homme nouveau fasciste. Il importe de comprendre si, au-delà des contradictions, velléités et vacuité qui caractérisent un tel projet, il n'y eut pas aussi une cohérence de fond, une logique dont l'identification peut être essentielle à la connaissance de l'expérience totalitaire fasciste.

Ainsi, dans quelle mesure le mythe de l'homme nouveau fut-il la création d'un nouveau type d'homme moderne, conçu suivant une vision « positive » de la modernité, propre au fascisme ? S'agissant des contradictions inhérentes aux modèles d'homme ou de femme « nouveaux » fascistes, ne convient-il pas, plutôt que de conclure à l'inconsistance du mythe, de les considérer comme l'expression de la *coexistence* de modèles *volontairement* différents, pensés pour diverses catégories d'hommes et de femmes, dans le cadre de l'organisation hiérarchique de l'État totalitaire et de la subordination fonctionnelle des gouvernés à ses exigences et à ses buts ?

En ce qui concerne la femme, par exemple, des études récentes démontrent que conjointement au mythe de l'homme

---

1. Pour un panorama de cette nouvelle historiographie, E. Gentile, *La via italiana al totalitarismo. Il partito e lo stato nel regime fascista*, *op. cit.*, p. 100 s. ; *Le origini dell'idéologie fasciste*, *op. cit.*, p. 3-49.

nouveau apparut celui de la « femme nouvelle » auquel furent sensibles principalement les jeunes fascistes[1]. Cette conception d'une nouvelle féminité, sans concession aucune au féminisme dont le fascisme fut l'adversaire résolu, qui émancipait les « citoyennes militantes » de la condition traditionnelle de la femme, ne fut pas la conséquence d'évolutions extérieures et étrangères au fascisme[2], mais la résultante de choix politiques conscients, inspirés par une vision des missions de la « femme nouvelle », différents du modèle traditionaliste et cohérents avec la conception totalitaire de l'homme nouveau fasciste[3].

Une autre question concerne l'évolution de ce mythe pendant le régime. Il convient de vérifier si la diversité des modèles résulte, ou non, des évolutions mêmes du fascisme. L'histoire du mythe fasciste de l'homme nouveau est scandée en moments et phases successives auxquelles correspondent différentes versions du mythe autour de certaines caractéristiques fondamentales.

Le projet de révolution anthropologique fut l'un des moteurs de nombreuses initiatives fondamentales de l'expérience totalitaire fasciste : outre la militarisation et la sacralisation de la politique, le monopole de l'éducation, l'organisation capillaire des masses, la persécution des antifascistes, la campagne démographique, la campagne antibourgeoise, le racisme et l'anti-

---

1. Voir les analyses de Maria Fraddosio concernant le nouveau modèle *de femme fasciste*, porté par l'idéal de la *citoyenne-militante* : M. Fraddosio, « La militanza femminile nella Repubblica sociale Italiana. Miti e organizzazione », in *Storia e problemi contemporanei*, n° 24, décembre 1999, p. 75-88.

2. Voir, par exemple, V. De Grazia, *How Fascism Ruled Women*, Berkeley, 1992, et les observations critiques de M. Fraddosio *in Storia contemporanea*, avril 1995.

3. Sur ces aspects de la nouvelle féminité dans la conception fasciste de la femme, voir le travail pionnier de D. Detragiache, « Il fascismo femminile da San Sepolcro all'affare Matteotti (1919-1925) », in *Storia contemporanea*, n° 2, 1983, p. 211-251 ; les observationss de Gentile, *Storia del partito fascista*, cit., p. 415-418, et surtout la contribution novative de M. Fraddosio, « Le donne e il fascismo. Ricerche e problemi d'interpretazione », in *Storia contemporanea*, n° 1, 1986, p. 95-135 ; *id.*, « La femme e la guerre. Aspetti della militanza femminile nel fascismo : dalla mobilitazione civile alle origini del SAF nella Repubblica sociale », in *Storia contemporanea*, n° 6, 1989, p. 1105-1181 ; *id.*, « "Per l'onore de la Patrie". Le origini ideologiche della militanza femminile nella RSI », in *Storia contemporanea*, n° 6, 1993, p. 1151-1193.

sémitisme. Il fut aussi présent dans les orientations et les choix de la politique étrangère et dans l'élaboration des projets grandioses d'expansion territoriale et de construction d'une nouvelle civilisation impériale. Pour chacune de ces facettes de l'expérience totalitaire, le mythe de l'homme nouveau apparaît configuré de différentes façons, acquérant de nouvelles caractéristiques : il y a bien évolution d'un type idéal de l'homme et de la femme fascistes nouveaux en relation avec les évolutions du régime au plan national et international.

De façon plus générale enfin, se pose la question essentielle de la spécificité du *mythe fasciste* de l'homme nouveau dans une perspective de longue durée, dans le cadre d'une époque qui, depuis la Révolution française, a vu ce mythe accompagner les grands mouvements révolutionnaires politiques et culturels[1].

L'« ITALIEN NOUVEAU » DU NATIONALISME MODERNISTE

Le mythe de l'« Italien nouveau », dimension nationale du mythe de l'homme nouveau, occupe une place essentielle dans la culture de Mussolini et celle du fascisme. Il s'inscrit dans une longue et solide tradition de l'histoire de l'Italie contemporaine. On ne peut comprendre l'engagement d'hommes si différents que Giovanni Gentile, Achille Starace, Giuseppe Bottai et Roberto Farinacci sans prendre en compte cette donnée culturelle et politique. Ce mythe, y compris en se référant à la romanité, n'eut rien de traditionnaliste. Au contraire, le mythe de l'Italien nouveau doit être associé à ce que j'ai appelé le mythe de la « conquête de la modernité » : celui-ci, soit l'aspiration de la nation italienne à rejoindre les nations les plus avancées, joua un rôle important dans tous les mouvements culturels et politiques de contestation de l'Italie libérale et bourgeoise[2]. Les patriotes de la révolution nationale ne voulurent pas seulement l'unité et l'indépendance de l'Italie mais aussi créer les conditions pour moderniser la société, les mentalités et les coutumes. La création de l'État unitaire fut conçue par les patriotes du

---

1. A. Reszler, *Mythes politiques modernes*, Paris, 1981, p. 141 s.
2. E. Gentile, *La grande Italia. Ascesa e declino del mito della nazione nel ventesimo secolo*, Milan, 1997, p. 23 s.

Risorgimento comme un processus d'émancipation des Italiens à l'égard d'habitudes mentales et de coutumes héritées de siècles d'arriération et de servitude. En faire des citoyens modernes d'un État libre et souverain : tel est le sens véritable de la formule bien connue : « fatta l'Italia, bisogna fare gli Italiani[1] ».

« Ce n'est pas le génie mais le caractère qui sauve les nations », affirmait Francesco De Sanctis, le principal éducateur civil de la nouvelle Italie libérale, hanté par le problème de la décadence morale et civile des Italiens : celle-ci avait commencé à l'époque de la Renaissance lorsque « sous l'apparence de la santé la plus vigoureuse, l'Italie connut dissolution et corruption au point qu'au premier heurt avec les barbares elle perdit tout, jusqu'à l'honneur, pour disparaître de l'histoire pendant plusieurs siècles, victime d'une chute si vertigineuse qu'on ne sait pas même aujourd'hui [1869] si elle s'en relèvera vraiment[2] ». De Sanctis était convaincu d'avoir identifié la cause de la corruption dans l'« homme de Guichardin », soit dans le caractère de l'Italien de la Renaissance qui vivait seulement pour lui-même, prêt à sacrifier patrie, religion, liberté, honneur, gloire, c'est-à-dire « tout ce qui porte les hommes vers des actions magnanimes et ce qui fait les grandes nations ». Depuis, les Italiens étaient tombés dans un état de « somnolence », dépourvus de « la sincérité et de l'énergie des convictions », leur « décadence était incurable ». Le Risorgimento amorça la régénération des Italiens mais l'entreprise était difficile car la « race italienne n'est pas encore guérie de cette fatigue morale » ; le vieil « homme de Guichardin » était toujours là : « cet homme fatal qui nous barre le chemin tant que nous n'aurons pas la force de le tuer dans notre conscience[3] ».

Au début du XXe siècle, le mythe de la régénération nationale fut repris par les nouvelles générations qui rêvaient d'une Italie plus grande, susceptible de jouer un rôle de premier plan dans la construction de la civilisation moderne, et se rebellant, pour cela, contre « la petite Italie » de Giolitti, méprisée comme réincarnation du « vieil homme de Guichardin ». Le mouvement nationaliste, le groupe des intellectuels de *La Voce*, le futurisme,

---

1. *Ibid.*, p. 40.
2. F. De Sanctis, *Saggi critici*, L. Russo (dir.), III, Bari, 1957, p. 7.
3. *Ibid.*, p. 21-23.

les différents courants du radicalisme national partagèrent le
mythe de la régénération et le transformèrent en un projet de
révolution totale, spirituelle, culturelle et politique, pour abattre
le régime libéral, considéré comme une pauvre chose par rapport
aux idéaux de grandeur et de modernité dont avaient rêvé les
patriotes du Risorgimento. De plus, ces mouvements dévelop-
pèrent le mythe de l'Italien nouveau pour l'intégrer dans celui,
plus vaste, de l'homme nouveau, qui avait connu un développement notable au cours du XIXᵉ siècle et à l'aube du XXᵉ. Un mythe
nourri des conceptions de l'humanité future diffusées par les
nouvelles religions laïques, des prophéties séculières de Marx et
de Nietzsche aux mouvements artistiques et culturels de l'avant-
garde moderniste. Le mythe de l'homme nouveau doit beaucoup
à l'influence de tels mouvements sur ceux qui devinrent les principaux artisans de la révolution anthropologique fasciste, Mussolini compris.

Pour eux, le mythe de l'Italien nouveau exprimait la volonté
d'accélérer la modernisation du pays ; l'industrialisation devait
être accompagnée d'un processus de rénovation intellectuelle et
morale des Italiens, à travers l'élaboration d'un nouveau nationalisme, un nationalisme moderniste se manifestant dans le
mythe de l'*italianisme* : l'Italie régénérée et modernisée détien-
drait une primauté nouvelle dans la civilisation moderne du
XXᵉ siècle. Le nationalisme moderniste était caractérisé par
l'enthousiasme pour la modernité, perçu comme une explosion
d'énergies et de vitalité sans précédent dans l'histoire et par un
sens tragique et activiste de l'existence, rejetant néanmoins toute
attitude nihiliste. La modernisation serait accompagnée d'une
« révolution de l'esprit » destinée à former la sensibilité, le
caractère et la conscience d'un « Italien nouveau » capable
d'affronter les défis de la vie moderne et de résister aux effets
négatifs de la crise de la société traditionnelle qui aggravaient,
en Italie, les défauts hérités d'une révolution nationale inachevée [1].

Le mouvement nationaliste impérialiste voulait régénérer les
Italiens pour cimenter l'unité physique et morale de la nation,
conçue comme un organisme de lutte et de conquête, engagé

---

1. E. Gentile, « The Conquest of Modernity : from Modernist Nationalism
to Fascism », in *Modernism/modernity*, nº 3, 1994, p. 55-87.

dans la compétition mondiale pour la guerre et l'expansion, et à cette fin discipliné par un État fort et autoritaire. L'idéal d'Italien nouveau était celui de l'homme viril et guerrier, élevé dans le culte des gloires passées mais prêt à affronter les défis de la modernité. Les futuristes aussi voulaient créer un Italien viril, agressif, violent, sans préjugés, aimant lutter et conquérir mais, en revanche, totalement libéré de la tradition et du culte du passé, entièrement tourné vers l'avenir, libre citoyen d'un État dont le rôle serait réduit au minimum. Les jeunes intellectuels de la revue *La Voce* voulaient être les apôtres d'une réforme intellectuelle et morale des Italiens fondée sur la conciliation entre tradition et modernité, sur le primat de la conscience humaine sur la conscience nationale, sur le sens de l'État – mais non sur le culte de la force et de l'expansion. Selon Giovanni Amendola, futur chef de l'opposition antifasciste dans la période de l'Aventin, ces jeunes voulaient « changer le caractère national » car « en Italie la dignité nationale est faible. On est commerçant... aubergiste et domestique[1] ».

Sur le versant idéologiquement opposé à ces mouvements, les syndicalistes révolutionnaires luttaient, eux aussi, pour réaliser une palingénésie sociale et pour forger un homme nouveau, identifié au *producteur*, à travers la pratique de la violence et le mythe de la grève générale. Les syndicalistes révolutionnaires partageaient avec les autres mouvements du nationalisme moderniste l'exaltation de la vie moderne, l'orgueil de l'*italianisme*, le culte de l'héroïsme, la valorisation du mythe comme moyen de mobilisation, l'apologie de la violence, de la révolution mais aussi de la guerre, comme moyens nécessaires pour réaliser avec célérité l'avènement de l'Italien nouveau.

Le mythe de la régénération devint, pour de nombreux jeunes, un mythe révolutionnaire contre l'ordre existant pour « changer radicalement, entièrement, l'âme de nombreux hommes », pour préparer « en Italie l'avènement d'un tel homme nouveau[2] », comme l'affirmait Giovanni Papini en 1913. La participation à la Grande Guerre fut conçue par de nombreux interventionnistes comme une étape essentielle, dans l'épreuve, de la régénération

---

1. G. Amendola, lettre à G. Prezzolini, 9 octobre 1910, *in* G. Prezzolini, *Amendola e La Voce*, Florence 1973, p. 138.
2. G. Papini, « La necessità della rivoluzione », in *Lacerba*, 1er mars 1913.

des Italiens. L'interventionnisme provoqua la fusion entre le mythe de la révolution et le mythe de la nation, induisant la conversion au nationalisme moderniste de nombreux révolutionnaires de la gauche syndicaliste ou socialiste, comme Mussolini. D'où l'origine d'un nouveau nationalisme révolutionnaire, concevant la guerre et la révolution comme une palingénésie nationale, qui devait radicalement rénover l'ordre politique, économique et social, mais aussi la culture, la mentalité et le caractère des Italiens. Mussolini, comme interventionniste, était convaincu que la guerre aurait régénéré la nation et forgé l'Italien nouveau pour une plus grande Italie : « C'est la première guerre d'Italie. De l'Italie nation, de l'Italie peuple uni, ensemble soudé des Alpes à la Sicile [...] Ce sera une grande épreuve. La guerre est l'examen des peuples [...] La guerre doit révéler l'Italie aux Italiens. Elle doit surtout démentir l'ignoble légende suivant laquelle les Italiens ne se battent pas, elle doit effacer la honte de Lissa et de Custoza, elle doit démontrer au monde que l'Italie est capable de faire une guerre, une grande guerre [...] La guerre révélera peut-être à nous-même une Italie que nous ignorions [...] Seule elle pourra donner aux Italiens le sens et l'orgueil de leur italianité, seule la guerre peut faire les "Italiens" dont parlait d'Azeglio. Ou la Révolution[1] ! »

LES RÉGÉNÉRÉS RÉGÉNÉRATEURS

Le mythe de la régénération nationale sortit renforcé du conflit, renouvelé et enrichi par les nouveaux mythes issus directement de l'expérience de la guerre, comme la camaraderie de tranchée, la sacralisation des morts pour la patrie, la vision apocalyptique de la guerre comme catastrophe palingénésique. Pour les interventionnistes italiens, la participation de l'Italie au conflit mondial marquait l'affrontement définitif entre le vieil « homme de Guichardin » et l'Italien nouveau né dans les tranchées. La guerre, affirmait le philosophe Giovanni Gentile en 1919, avait été livrée pour « une rénovation de la vie intérieure de l'Italie » et avait amorcé « la rédemption de la vieille Italie

1. Mussolini, *Opera omnia, op. cit.*, VII, p. 196-197.

proverbiale, connue des peuples européens pour son caractère lâche, son individualisme, son faible sens de l'État, sa tendance à se replier dans la sphère de l'égoïsme privé, dans l'abstraction infinie de l'art ou de la spéculation intellectuelle ». De la guerre était née une nouvelle Italie qui, toutefois, devait lutter encore pour que la régénération de la nation fût achevée : « Le vieil homme n'est pas mort, et il nous menace, il nous attire et nous barre le chemin. Nous devons le combattre et l'anéantir ; la lutte est âpre car cet est homme est une bonne partie de nous[1]. »

Tous les mouvements de vétérans nés de l'expérience de la guerre, des anciens combattants aux *arditi*, des légionnaires de Fiume aux fascistes, eurent en commun la conviction d'être l'expression de la nouvelle Italie née de la guerre avec la mission de rénover la classe dirigeante et de régénérer la nation : « Nous avons traversé un monde paradoxal, un chaos de forces considérables, notre petite âme même est devenue une force énorme, anormale », écrivait Giuseppe Bottai à la fin de 1918[2]. Bottai fut parmi les premiers militants du fascisme à s'auto-proclamer avant-garde des Italiens nouveaux forgés par la guerre. Les fascistes se considéraient comme l'aristocratie des anciens combattants, les régénérés qui avaient le devoir de combattre les « ennemis internes » de la nation et d'assumer le pouvoir pour guider l'Italie vers la grandeur et la puissance. Le combattant, fasciste et squadriste, devenait le prototype de la nouvelle élite qui devait conquérir le pouvoir et chasser la vieille classe dirigeante.

Le squadriste fut la première version du mythe fasciste de l'Italien nouveau : un croyant et un combattant pour la religion de la patrie, dévoué corps et âme au fascisme, champion de vertus viriles, civiques et militaires, jeune, audacieux, courageux, plein de vie et d'enthousiasme, sain dans les instincts et les sentiments, prêt à la violence, non affaibli par le sentimentalisme de l'humanitarisme et de la tolérance. Ses qualités étaient à l'opposé de la sénilité et de la lâcheté de l'homme bourgeois, libéral et démocrate, méprisé car considéré comme rongé par le doute, peureux, tolérant, hypocrite, sans foi, sans énergie, sans

---

1. G. Gentile, *Dopo la vittoria*, Florence, 1920, p. 61-62.
2. Cité *in* G. Bottai, *La politica delle arti. Scritti 1918-1943*, A. Masi (dir.), Rome, 1992, p. 59.

volonté de lutte et d'action. La réaction armée contre le socialisme et les organisations du prolétariat fut vécue par les fascistes comme une croisade de régénération et de libération de la nation de ses « ennemis intérieurs ». Pour le fascisme, en effet, les adversaires politiques étaient perçus comme des types anthropologiquement incompatibles avec la nouvelle Italie née de la guerre. Les antifascistes étaient des êtres méprisables, peureux et violents par lâcheté, avides seulement de biens matériels, reniant la patrie et, pour cela même, ils n'étaient plus italiens, ils étaient au contraire anti-italiens, à pourchasser et éliminer[1].

Une telle conception de l'adversaire politique, apparue pendant la période squadriste, restera toujours une composante fondamentale du mythe fasciste de la régénération des Italiens, elle en constituera, pour ainsi dire, le stéréotype négatif, acquérant un caractère non seulement idéologique, mais aussi anthropologique et racial. Opposant fascistes et antifascistes l'écrivain Mario Carli, en 1928, évoquait « deux races, deux mentalités opposées et inconciliables » : « D'un côté des Italiens nouveaux, en face des Italiens à l'ancienne, et même, si l'on va au fond des choses, des Italiens face à des non-Italiens. Il s'agit véritablement de constitutions physiologiques et mentales opposées... Voici pourquoi, nous, nous sommes intransigeants. Nous voyons clairement qu'entre ces deux générations nées en Italie il n'y a pas d'accord possible. Nous parlons une autre langue, nous sommes d'une autre race, nous avons le cerveau, le cœur et le foie créés dans une autre officine : comment voulez-vous que nous puissions nous fondre et collaborer ? Aucune collaboration n'est possible entre des hommes de trempe si dissemblable ; et si nous ne nous décidons pas à les supprimer d'un coup, il faudra attendre patiemment que le Créateur les reprenne, car à la seule condition de leur disparition physique, la vie nationale pourra être rénovée et transformée comme nous le rêvons[2]. »

L'identification du fascisme et de l'italianité, au cœur de la conception fasciste de la nation, affirmait la différence et la

---

1. E. Gentile, *Storia del partito fascista. 1919-1922. Movimento e milizia*, Rome-Bari, Laterza, 1989, p. 522-526.
2. M. Carli, *Colloqui coi vivi*, Rome, Istituto editoriale del Littorio, 1928, p. 37-38.

supériorité anthropologique du fasciste par rapport à l'anti-fasciste, et resta le socle du mythe de l'homme nouveau dans ses versions successives. En 1942, les jeunes fascistes affirmaient qu'il existait désormais une « race fasciste », « expression raciale la plus profonde, la plus historique, la plus traditionnelle, du principe spirituel italique, de l'idée-force romaine, de l'italia-nité » tandis que l'antifascisme représentait « l'antirace », laquelle pouvait aussi se nicher, insidieuse et dangereuse, dans le caractère des Italiens soit-disant fascistes qui n'avaient pas été entièrement régénérés [1].

LA REFONTE DES ITALIENS

Quand le fascisme arriva au pouvoir, le mythe de l'homme nouveau occupait déjà une place fondamentale dans la culture et la politique. Mussolini manifesta d'emblée la volonté de s'employer à la régénération de la « race italienne que nous vou-lons prendre, forger, profiler pour toutes les batailles nécessaires dans la discipline, le travail et la foi [2] », comme il l'affirma dans un discours du 19 juin 1923.

La régénération des Italiens fut pour Mussolini l'un des objec-tifs principaux de sa politique, la condition fondamentale pour le succès du fascisme et pour ses ambitions personnelles de gran-deur et de puissance :

« Je veux corriger les Italiens – disait-il le 28 mars 1926 [3] – de quelques-uns de leurs défauts traditionnels. Et je les corrigerai. Je veux les corriger d'un optimisme facile, de la négligence qui succède souvent à une excessive diligence, de cette tendance à se laisser abuser dès le premier essai, de la certitude que tout est accompli quand rien n'est encore commencé. Si je parviens, et si le fascisme parvient, à profiler ainsi comme je le souhaite le caractère des Italiens, soyez tranquilles et sûrs que quand la roue du destin passera à portée de nous, nous serons prêts à nous en emparer pour la faire tourner dans le sens de notre volonté. »

Célébrant la « marche sur Rome » le 28 octobre 1926, il réaf-

---

1. *Nuova civiltà per la nuova Europa*, Rome, 1942, p. 142-144.
2. B. Mussolini, *op. cit.*, XIX, p. 266.
3. *Ibid.*, XXII, p. 100.

firmait : « Nous créérons l'Italien nouveau, un Italien qui ne ressemblera pas à celui d'hier. Puis viendront les générations de ceux que nous éduquons aujourd'hui et créons à notre image : les légions des *balilla* et des avanguardistes[1]. »

La hantise de Mussolini pour la « santé physique de la race », pour l'eugénisme et pour la croissance démographique de la population contribua de façon décisive à l'affirmation du mythe de l'Italien nouveau : « Il convient donc de veiller sérieusement au destin de la race, il faut soigner la race, à commencer par la maternité et l'enfance », affirmait Mussolini le 26 mai 1927 dans le discours de l'Ascension. Selon lui, la puissance de la nation et le destin même de la nouvelle civilisation que le fascisme voulait créer dépendaient de la puissance numérique et de la santé physique des Italiens : « Une nation – écrivait-il en 1927 dans la préface au livre de Riccardo Korherr – existe non seulement à travers l'histoire ou comme territoire, mais aussi grâce aux masses humaines qui se reproduisent de génération en génération. Dans le cas contraire, c'est la servitude ou la fin[2]. » La même année, un concours fut lancé pour un livre sur l'Italien nouveau, à l'origine de la publication d'œuvres de différents genres, de l'essai sur l'éducation hygiénique et physique au roman, comme le manuel d'hygiène intitulé *L'Italiano di Mussolini. Vuoi vivere meglio? Vademecum degli assennati e...assennanti* (1928), l'ouvrage pédagogique *Resurrezione eroica. L'Italiano nuovo* (1929) et le roman *L'Italiano di Mussolini* (1930) de l'écrivain fasciste et futuriste Mario Carli.

Mussolini avait emprunté à Gustave Le Bon, auteur lu et admiré, la conception de la race comme *caractère* d'un peuple, constitué par l'histoire autour d'un noyau dur de principes, d'idées et de valeurs, bases de la civilisation[3]. Mussolini croyait en la possibilité de modifier et d'améliorer la race italienne à travers la politique : « Une révolution et un chef décidés sont seuls susceptibles d'améliorer la race, disait-il en 1932, même s'il s'agit plus d'un sentiment que d'une réalité. Je répète que l'on

---

1. *Ibid.*, XXII, p. 246.
2. *Ibid.*, XXIII, p. 216.
3. Concernant l'influence de Le Bon sur Mussolini voir E. Gentile, *Le origini dell'ideologia, op. cit.*, p. 476-478; *Id.*, *Il culto del littorio*, Rome-Bari, 2001[8], p. 146.

peut changer une race, l'affiner. J'affirme que l'on peut transformer non seulement les traits somatiques, la taille mais même
le caractère. L'influence ou la pression morale sont détermi-
nantes aussi d'un point de vue biologique[1]. »

Même si le fascisme adopta le racisme comme composante
fondamentale de son idéologie seulement après la conquête de
l'Éthiopie, il est toutefois évident, selon moi, que, dans le mythe
de l'Italien nouveau, le facteur de la race joua dès le départ un
rôle important : au sens idéologique, on l'a vu, pour affirmer une
diversité et une supériorité anthropologique de l'homme *fasciste*,
non seulement par rapport à l'homme *antifasciste* mais aussi
face à l'ensemble de la masse des Italiens non fascisés ; mais
aussi au sens physique pour affirmer la nécessité d'un eugénisme et d'une démographie politique afin d'améliorer et de
développer la race italienne. Pour réaliser ce projet, le *Duce* voulait surtout libérer les Italiens des défauts que des siècles
d'asservissement politique et de décadence morale avaient fixés
dans leur caractère. Le 27 octobre 1930 il déclarait : « Nous
devons extirper du caractère des Italiens, pour les pulvériser, les
sédiments déposés par des siècles de décadence politique, militaire, morale, du XVIIe siècle jusqu'à l'arrivée de Napoléon. C'est
une tâche grandiose. Le *Risorgimento* n'a été qu'un commencement car il fut l'œuvre de minorités trop exiguës, en revanche,
l'action éducative de la guerre mondiale fut profonde. Il s'agit
de continuer, jour après jour, dans cette action de refonte du
caractère des Italiens[2]. »

Carlo Scorza, qui fut commandant des faisceaux de jeunesse,
et le dernier secrétaire national du PNF, écrivait pendant la
même période : « l'Italien nouveau que le fascisme voulait créer
ne devait rien avoir de commun avec l'Italien du passé. À
l'exception du patrimoine commun de traditions glorieuses, de
coutumes et de la langue, le fasciste, l'Italien de demain, devait
représenter l'antithèse la plus parfaite du citoyen démolibéral,
malade de tous les scepticismes, débilité par toutes les démagogies. Il faut le transformer y compris physiquement[3]. » À cette

---

1. Cité *in* N. D'Aroma, *Mussolini segreto*, Bologne, 1958, p. 48.
2. Mussolini, *Opera omnia*, *op. cit.*, XXIV, p. 283, discours du 27 octobre
1930.
3. C. Scorza, *Brevi note sul fascismo, sui capi, sui gregari*, Florence,
1930, p. XIX.

fin, Scorza répétait les cris d'alarme du *Duce* contre le déclin démographique jusqu'à proclamer une croisade « sans pitié » contre les célibataires pour la défense de la race : « Il faut durcir les lois contre ceux qui désertent la bataille de la race : sans pitié, jusqu'à les rendre insupportables ; jusqu'à les contraindre au mariage et à la paternité, par désespoir. [...] Il faut arriver au point où les célibataires ou les déserteurs du lit nuptial devront avoir honte et se cacher : comme les impotents, comme une véritable minorité physique [...]. Il faut donc placer au pied du mur, sans miséricorde, en allant jusqu'au bout, ceux qui refusent d'apporter leur sang à la cause de la race[1]. »

Sur une telle base, le régime fasciste tenta, grâce aux organisations du régime, l'expérience de révolution anthropologique pour forger une nouvelle nation italienne, modelée sur le plan physique et moral selon les principes, les valeurs, les mythes et les buts du fascisme.

LE CITOYEN-SOLDAT DE L'ÉTAT TOTALITAIRE

La refonte du caractère des Italiens mobilisa simultanément le Parti, l'État, la culture et toutes les organisations du régime, des syndicats à l'Opera Nazionale Dopolavoro qui organisait le temps libre et les loisirs. Dans un texte officiel destiné à la formation politique au sein du parti fasciste, on pouvait lire : « Le régime pénètre dans le cœur même de la vie de la nation, organise et éduque de façon permanente tous les citoyens en les suivant dans leur cheminement, dès leur naissance, sans jamais les abandonner, en leur enseignant la discipline, en leur donnant une conscience et une volonté communes, centralisées mais non uniformes[2]. » La révolution anthropologique du fascisme investit effectivement tous les aspects fondamentaux de la vie individuelle et collective, publique et privée, à travers une expérience continue et permanente. Les Italiens nouveaux, expliquait la revue *Critica fasciste* en 1927, devaient avoir le comportement « d'un homme noble, fort, courageux, actif, désintéressé et respectueux d'un ordre moral fondé sur l'honnêteté et la sévérité,

---

1. *Ibid.*, p. 239-240.
2. Parti national fasciste, *Il cittadino soldato*, Rome, 1936, p. 23.

illuminé par le mythe de la grandeur et de la puissance de la mission italienne dans le monde », et agissant concrètement au quotidien pour l'accomplissement de son devoir dans la discipline et l'obéissance à l'autorité hiérarchique. L'avenir même du régime dépendait du succès de la révolution anthropologique : « C'est seulement lorsqu'une majorité d'Italiens nouveaux ou "rénovés" auront adopté les nouvelles coutumes italiennes et fascistes, et seulement lorsque toute la vie nationale, politique, administrative, syndicale et économique sera encadrée par une classe dirigeante possédant l'ensemble des vertus des nouveaux comportements, seulement alors, nous aurons consolidé durablement la victoire politique fasciste, assuré la continuité du régime, la fondation, en somme, d'une civilisation fasciste dans une Italie unifiée et soudée et confiante dans le développement de sa puissance [1]. »

Dans la deuxième moitié des années vingt, le problème de l'Italien nouveau suscita un intense débat destiné à s'amplifier jusqu'à la veille de l'effondrement du régime, devenant le thème dominant de la pédagogie et de la politique de masse du fascisme. Dans sa formulation la plus essentielle, le projet de la révolution anthropologique, selon la conception fasciste, était contenu dans le principe : « L'État crée la nation. » Ainsi, le mythe de l'homme nouveau était intrinsèquement lié à l'idée de l'État totalitaire, en constituant même l'essence et l'essentiel, tant il résumait la conception fasciste de l'homme et des masses.

Une telle conception était fondée sur l'affirmation du primat de la politique, entendu comme résolution totale du privé dans le public, c'est-à-dire comme subordination des valeurs liées à la vie privée (religion, culture, morale, affects) à la valeur politique par excellence, l'État, conçu comme une réalité absolue face à laquelle les individus et la société n'étaient que les instruments de la réalisation d'un dessein de puissance. Pour le fascisme totalitaire, la politique était une expérience intégrale qui résumait la signification et la finalité de l'existence humaine. Cette conception devait se réaliser dans l'État fasciste, à travers l'action continue du parti unique qui organisait et éduquait la masse pour transformer la collectivité des Italiens en une communauté tota-

---

1. G. Secreti, « Lineamenti e fattori del costume fascista », *in Critica fasciste*, 1er août 1927.

litaire, unie par une seule foi, disciplinée dans tous les aspects de l'existence, et entièrement subordonnée à la volonté du parti fasciste.

Une conception clairement exprimée dans la *Dottrina del fascisma*, rédigée par Mussolini en 1932 avec la collaboration de Giovanni Gentile : « L'homme du fascisme est un individu qui est la nation et la patrie, la loi morale qui lie les individus et les générations dans une tradition et une mission communes, qui supprime la volonté de mener une vie instinctive facile et de plaisir pour créer, dans le devoir, une vie supérieure libérée des contraintes de temps et d'espace : une vie dans laquelle l'individu, par abnégation, sacrifice de ses intérêts particuliers, et même à travers la mort, réalise cette existence spirituelle où réside la valeur de l'homme... Le fascisme veut un homme actif, engagé dans l'action de toute son énergie : il le veut viril et conscient des difficultés existantes, prêt à les affronter. Il conçoit la vie comme une lutte et pense qu'il revient à l'homme de créer une vie digne de lui, trouvant en lui même le moyen (physique, moral, intellectuel) pour l'édifier. [...] Pour le fasciste, tout est dans l'État, et rien d'humain ou de spirituel n'existe, ni même n'a de valeur, en dehors de l'État. En ce sens, le fascisme est totalitaire et l'État fasciste synthèse et unité de toute valeur : il interprète, développe et porte au plus haut degré la vie du peuple[1].

Dans un langage simple et plus politique, le modèle de l'Italien nouveau, fondé sur cette conception totalitaire de l'homme, était représenté par la figure idéale du citoyen-soldat, éduqué selon le commandement unique et infrangible de la religion fasciste : « Croire, obéir, combattre. » Ainsi, « "citoyen" et "soldat" se fondent de manière indissoluble dès les premières années de conscience passant, pour ainsi dire, dans le sang des jeunes pour créer tout un peuple organisé en une société guerrière refondue et agissant avec une seule méthode et ligne directrice : l'éducation intégrale du citoyen dès les premières années forme ainsi naturellement le soldat conscient de la mission et défenseur de la gloire de la Patrie et du Régime[2]. »

C'est au parti fasciste et aux organisations de jeunesse

---

1. Mussolini, *Opera omnia, op. cit.*, XXXIV, p. 117-119.
2. Parti national fasciste, *Il cittadino soldato, op. cit.*, p. 12-14.

qu'incomba pour l'essentiel la mission de Grand Pédagogue. L'Opera Nazionale Balilla, qui encadrait les jeunes générations depuis l'enfance, fut définie par le fascisme lui-même comme « le plus vaste chantier d'expérimentation humaine jamais réalisé dans le temps et l'espace[1] », un laboratoire où les nouveaux Italiens sont élevés dans le culte de l'État fasciste : « Dès le plus jeune âge, l'idée doit pénétrer les jeunes âmes avec la discipline d'un mythe lequel, avec les années, se transforme en discipline civile et en milice agissante[2]. »

L'ensemble de la politique de masse du régime fasciste fut conçue et organisée comme une constante activité de pédagogie totalitaire. En accord avec cette conception, le fascisme imposa l'endoctrinement des masses et des nouvelles générations, encadrées dès l'enfance dans l'Opera Nazionale Balilla, crée en 1926, n'hésitant pas, sur ce terrain, à entrer en conflit avec l'Église en 1931 et 1938, pour revendiquer le monopole de l'éducation de la jeunesse selon sa propre conception de la vie. S'il valorisa le catholicisme comme religion du consensus, le fascisme se considéra comme religion laïque de la nation et de l'État, réclamant des citoyens un dévouement total[3].

L'importance de l'expérience engagée, l'intensité des moyens mis en œuvre pour la réaliser et son impact sur les Italiens suscitèrent l'intérêt d'observateurs étrangers peu enclins à subir l'emprise de la propagande fasciste, comme, par exemple, l'ambassadeur anglais à Rome. Il commentait ainsi, le 31 mars 1933, les premiers résultats de la pédagogie totalitaire : « Toute la vie nationale italienne est, et a été depuis dix ans, organisée dans une seule et même direction : le peuple a été discipliné d'une façon qui ne trouve guère, à une exception près, de points de comparaison dans le monde moderne, et cette discipline a été acceptée plutôt volontiers : à partir de huit ans, un très grand nombre d'Italiens sont soumis à une pédagogie intensive qui est déjà parvenue à remodeler et sur certains points à modifier le caractère national. Des sacrifices ont été demandés à toutes les classes et obtenus. Le résultat est que les Italiens sont orgueilleux

---

1. *Ibid.*, p. 31.
2. *Ibid.*, p. 14.
3. Gentile, *Il culto del littorio*, *op. cit.*, p. 135-146 ; dans la trad. fr., *op. cit.*, p. 137-149.

d'être Italiens aujourd'hui, situation difficilement imaginable il y a dix ans. Le travail de régénération avance toujours plus vite, et d'ici dix, quinze ou vingt ans, les gouvernants du pays pourront l'estimer achevé[1]. »

Avec la structure unitaire du modèle du « citoyen-soldat », identique pour tous les Italiens, le fascisme voulait créer une nouvelle race d'Italiens, composée de différentes « classes » de types humains, unis dans la foi de la religion fasciste, mais sélectionnés et élevés de façon différente, pour être utilisés dans le cadre d'une hiérarchie de capacités et de fonctions selon les exigences d'organisation de l'État totalitaire. En 1925, au congrès du parti fasciste, le *Duce* avait défini son idéal d'Italiens nouveaux : « En introduisant dans la vie ce qui ne saurait être confiné dans la politique, nous créerons, par une œuvre de sélection obstinée et tenace, la nouvelle génération, et au sein de la nouvelle génération, chacun aura une tâche bien définie. Quelquefois, l'idée de générations de laboratoire me semble séduisante : c'est-à-dire créer la classe des guerriers, toujours prête à mourir ; la classe des inventeurs qui traque le secret du mystère ; la classe des juges, la classe des grands capitaines d'industrie, des grands explorateurs, des grands dirigeants. À travers une sélection méthodique, on parvient à créer les grandes catégories qui créeront à leur tour l'Empire. Bien sûr il s'agit d'un superbe rêve, mais je vois que, peu à peu, il devient réalité[2]. »

La révolution anthropologique fasciste aurait donc dû produire, sur la base de la seule conception de l'homme identifié au « citoyen soldat », une nouvelle diversification sociale et hiérarchique de types humains. D'un côté, les Italiens nouveaux appelés à rejoindre la nouvelle aristocratie du commandement, de l'autre, la masse des Italiens nouveaux élevés pour être de dociles instruments entre les mains du *Duce* et du parti pour réaliser la politique de grandeur et de puissance de l'État totalitaire et de la nation fasciste : seul trait d'union entre tous les Italiens nouveaux, la foi commune dans la religion fasciste et l'obligation d'une dévotion totale à l'égard du fascisme. D'où la différenciation et la coexistence de divers modèles d'homme nouveau, chacun correspondant aux diverses fonctions que le

---

1. Public Record Office, FO 371/16799.
2. Mussolini, *Opera omnia*, *op. cit.*, XXI, p. 363.

« citoyen-soldat » devait accomplir selon ses capacités et sa place dans la hiérarchie fonctionnelle, ainsi que politique, de l'État totalitaire.

Cette diversité valut autant pour l'« homme nouveau » que pour la « femme nouvelle », déjà différenciés en fonction d'un principe qui affirmait, sans équivoque, la supériorité sexuelle et anthropologique de la masculinité. Cependant, comme l'ont montré des travaux récents, le modèle de l'épouse et de la mère subit une transformation par rapport à la tradition, en tant que partie intégrante de l'expérience totalitaire : la femme comme épouse et mère était valorisée seulement dans la mesure où elle engendrait et éduquait une progéniture nombreuse destinée à apporter à l'État totalitaire les nouvelles générations de croyants et de combattants. Une telle conception put favoriser l'apparition de nouvelles formes de féminité, du fait du nouveau rôle public de la nouvelle femme fasciste, insérée dans la hiérarchie de l'organisation totalitaire. À travers l'organisation totalitaire, le rôle politique de la nouvelle femme se différencia peu à peu de celui de la masse des femmes : la première, « citoyenne militante », investie de missions qui lui étaient propres au sein des organisations du parti fasciste, pour servir ou commander ; les secondes, essentiellement destinées à fabriquer des « citoyens soldats » à offrir à la patrie et au fascisme.

L'élaboration du modèle de l'Italien nouveau, pendant les années trente, fut essentiellement la conséquence de la conception totalitaire de la politique, le mythe fasciste de l'homme nouveau étant intrinsèquement lié à celui de l'État totalitaire. La déclinaison la plus connue de l'Italien nouveau, inspirée du légionnaire romain, n'était pas une restauration répondant à la conception totalitaire de la politique, moderniste et non traditionaliste[1]. Le fascisme utilisait le mythe du Romain antique comme moyen d'émulation et de propagande, surtout après la conquête de l'Empire : pour créer les Romains de la modernité, une race d'hommes nouveaux capables, comme l'avaient fait les Romains dans l'Antiquité, de créer une civilisation impériale fondée sur l'organisation totalitaire de l'État.

---

1. Gentile, *Il culto del littorio*, *op. cit.*, p. 146-154 (trad. fr. cit., p. 149-156).

L'HOMME COLLECTIF ORGANISÉ

L'ambition fasciste de créer un homme nouveau dépassait le cadre italien. Après la crise de 1929, le fascisme se présenta comme solution à la débâcle de la civilisation occidentale, perçue comme crise de l'homme moderne, et l'Italien nouveau du fascisme fut pensé comme le prototype de l'homme nouveau. Il devait sauver l'Occident de la décadence, enrayer le déclin provoqué par les effets pervers d'une « mauvaise » modernité, assimilée au matérialisme communiste et à l'hédonisme individualiste des démocraties occidentales. Là aussi, l'élaboration du modèle de l'homme nouveau, prolongement du mythe de l'Italien nouveau, dérivait de la conception totalitaire de la politique.

Le fascisme avait hérité de nombreuses caractéristiques du nationalisme moderniste. Il consista en une forme de « modernisme politique », soit un mouvement acceptant la modernisation et certain d'avoir la solution permettant de résoudre les conflits de la société et de l'homme modernes. Les fascistes cultivaient le mythe du futur, se voulant créateurs d'une nouvelle civilisation et non gardiens de la tradition. Celle-ci devait traverser les époques en se rénovant continuellement. L'époque du fascisme « commencera vraiment le jour où il aura réussi à transformer le peuple dans son ensemble », affirmait en 1928 un jeune intellectuel appelé à devenir vice-secrétaire national du PNF : « Il faut recréer, avec la religion politique et à travers la religion politique que nous pratiquons chaque jour, le monde tel que nous le percevons et le vivons, il faut plier la réalité du temps passé aux réalités de notre temps[1]. »

Il y eut bien, au sein du fascisme, des intellectuels réactionnaires et traditionalistes qui idéalisaient le temps où l'on vivait à l'ombre du trône et de l'Église, comme il y eut dans l'iconographie et la propagande le modèle du « bon paysan » et du « bourgeois vertueux », références d'une existence frugale, laborieuse, silencieuse, liée aux valeurs traditionnelles de Dieu, de la patrie et de la famille. Ces modèles s'adaptaient à la hiérarchie sociale sur laquelle le fascisme entendait construire l'État et sa nouvelle civilisation politique, mais ils n'épuisaient pas les significations

---

1. S. Gatto, *1925 - Polemiche fasciste*, Roma, 1934, p. 61.

du mythe fasciste de l'homme nouveau projeté vers la conquête du futur. Les fascistes se considéraient comme des « bâtisseurs d'avenir ». L'Italien nouveau de Mussolini est « un barbare moderne... un homme moderne tendu vers l'avenir », pouvait-on lire dans un roman fasciste de 1930[1].

Dans cette perspective, le mythe fasciste de l'homme nouveau était entièrement projeté vers le futur, vers la création d'un type humain nouveau et moderne. Même le mythe de la romanité était conçu comme un mythe d'action pour le futur, comme modèle d'organisation totalitaire dans lequel l'homme s'identifiait avec l'État, recevant de l'État la signification de son existence individuelle : « Selon le fascisme, affirmait Giuseppe Bottai[2], l'homme est entier dans sa famille, dans son milieu professionnel, dans la corporation économique, dans la nation, dans l'État ; c'est un homme intégral devant la règle qui soumet la volonté, à travers la suggestion qui donne un sens concret à la liberté, à travers la hiérarchie qui reconnaît et exalte la fonction classificatrice de l'esprit. L'homme libéral est entièrement tourné vers l'individualité dans laquelle il se renferme. L'homme fasciste est tourné vers la totalité, il sait aller de sa singularité vers l'unité de l'État ; et avec cette ascension, loin de renoncer à des pans de liberté pour des niveaux intermédiaires, il acquiert une conscience de soi, de sa personnalité. »

La nouvelle campagne antibourgeois lancée par le régime dans la seconde moitié des années trente, ajouta au mythe de l'homme nouveau une forte connotation populiste et anticapitaliste. Inaugurée en même temps que l'introduction du racisme et de l'antisémitisme, pour intensifier la révolution anthropologique, elle fut interprétée par les jeunes fascistes et surtout par les syndicalistes fascistes comme l'accélération de l'expérience totalitaire vers la révolution sociale pour la pleine réalisation, dans un sens collectiviste, du corporatisme et l'avènement de l'homme nouveau travailleur, partie intégrante de la triple fonction unitaire de l'homme fasciste comme citoyen, soldat et producteur[3]. Le racisme lui-même était conçu comme le moment

---

1. M. Carli, *L'Italiano di Mussolini*, Milan, 1930, p. 41-43.
2. G. Bottai, « Appelli all'uomo », *in Critica Fasciste*, 1er janvier 1934.
3. Sur cette dimension de l'homme nouveau-travailleur, voir : G. Parlato, *La sinistra fasciste. Storia di un progetto mancato*, Bologne, 2000.

décisif de la régénération des Italiens amenés à des positions
d'intransigeance rigoureuse contre ces mêmes Italiens trop
proches encore du vieil homme et donc antifascistes intrinsèquement, virtuellement ou partiellement, même s'ils adhéraient au
fascisme : « Le climat fasciste – écrivait en 1941 Luigi Fontanelli, l'un des principaux représentants du syndicalisme fasciste –, à plus ou moins court terme, doit rendre l'air irrespirable
à ce type d'Italien, substantiellement et dangereusement antifasciste[1] », car il ne ressent pas « l'exigence fondamentale de
notre époque à la fois politique, militaire, sportive, nationale,
économique, etc., le sens collectif sans lequel il n'y pas de sens
de l'État, ni d'ordre ancien ou nouveau, ni de solidarité nationale, ni de force pratique ou spirituelle[2] ». Le problème de la
race et de l'antisémitisme était considéré non seulement comme
partie intégrante de la révolution anthropologique, mais aussi de
la révolution sociale pour la réalisation du corporatisme : qui
n'était pas sensible au problème de la race ou montrait de la
sympathie pour les Juifs rejoignait tous ceux « qui ne sentent pas
l'esprit collectif imposé par une civilisation supérieure, qui ne
croient pas dans le corporatisme[3] ».

Pour résumer d'une formule synthétique les caractéristiques
de l'homme fasciste, au-delà des différents modèles du mythe, il
peut être défini comme un *homme collectif organisé*, éduqué, à
travers la pédagogie totalitaire, à s'identifier normalement et
spontanément avec la communuté de masse intégrée dans l'État.

Le fascisme des origines avait affiché un mépris pour la
masse mais le fascisme totalitaire exaltait la *masse organisée*
comme protagoniste de la vie moderne et force fondamentale de
l'État totalitaire. Après l'ère « de la civilisation nettement individualiste du capitalisme et de la lutte des classes, nous entrons
dans une ère pénétrée d'un impérieux sens collectif, une civilisation de masse. Voici le sens historique et l'esprit de la grande
transformation du xxᵉ siècle », écrivait en 1940 un idéologue
influent du fascisme dans l'essai *Civiltà di masse*[4]. Ainsi,
l'homme nouveau du fascisme aurait permis le dépassement de

---

1. L. Fontanelli, *Sentimento della rivoluzione*, Rome, 1941, p. 41.
2. *Ibid.*, p. 49.
3. *Ibid*, p. 81-83.
4. A. De Marsanich, *Civiltà di masse*, Florence, 1940, p. 12.

l'homme moderne bourgeois, individualiste et libéral; (...) la société moderne produisait « un type nouveau d'individu qui n'est plus en opposition avec les autres dans une lutte vitale sans merci, mais conscient et impliqué dans la solidarité de groupe et de nation [1] ». La société et la politique de masse, pourtant, constituaient pour le fascisme une réalité de la vie moderne appelée à trouver sa place dans l'État totalitaire par le succès de la révolution anthropologique. L'homme nouveau de la modernité totalitaire dépasserait l'individualisme de l'intérêt privé et l'antagonisme entre individu et masse; il serait un homme total, susceptible d'être en prise avec le sens unitaire et organique de la vie à travers son intégration dans la masse organisée de l'État totalitaire, collectivité unie par une foi et un destin communs.

En 1942, méditant sur les résultats de la révolution anthropologique, Bottai affirma, s'adressant à des jeunes, que l'homme nouveau s'identifiait avec le jeune et que le type idéal de l'homme moderne était celui qui était animé d'un sens collectif au sein d'organisations de masse, ajoutant : « Le mythe de la jeunesse a pourtant une autre signification : la primauté de l'homme sur l'institution. Sur le déclin, une institution est comme un masque de vieux idéaux. Le masque demeure quand l'idéal est mort [...] En voulant atteindre la jeunesse, on lui place entre les mains une torche qui, tôt ou tard, incendiera et réduira en cendres les institutions. Cela est un acte de foi dans la primauté des hommes sur les institutions, dans le cheminement autonome de l'idée, de la volonté de l'esprit, un acte de fidélité à l'égard d'un monde qui fut d'abord incandescent, puis se refroidit avant de devenir glacé [2]. »

Cette allusion transparente à la crise du régime fasciste, après les vingt années d'expérience totalitaire qui avaient vu Bottai en première ligne, révélaient la conscience de l'échec de la révolution anthropologique fasciste. L'homme nouveau n'était pas né et, s'il avait commencé à exister, il était mort dans le processus de congélation des institutions totalitaires, avant d'être enterré sous les ruines du régime fasciste. Le constat d'échec venait d'un homme de premier plan du régime, lequel, en raison de son

---

1. *Ibid.*, p. 37-38.
2. Parti national fasciste, Gioventù Italiana del littorio, *Testo del discorso pronunziato dall'Ecc. Giuseppe Bottai*, Florence, 1942, p. 9.

caractère, attribuait aux Italiens la responsabilité de n'avoir pas voulu être régénérés pour devenir les Romains de la modernité, une nouvelle race de conquérants, de dominateurs et de bâtisseurs d'une nouvelle civilisation.

L'ARTISAN ET LA MATIÈRE

La régénération des Italiens fut pour Mussolini une véritable obsession qui l'accompagna jusqu'à l'effondrement du régime. La révolution anthropologique était une forme de défi personnel entre lui et les Italiens en chair et en os, pour lesquels il n'avait guère d'estime. « Son adversaire est le peuple, dont il voudrait réécrire l'histoire pour la transformer à son gré, notait Bottai, car l'Église l'a ramolli, "dé-virilisé", lui a enlevé le goût de la domination et l'a désarmé[1]. » À l'égard des Italiens, le *Duce* se considérait comme l'artiste qui métamorphose la matière brute en un chef-d'œuvre, sa conception de la politique étant à entendre comme l'art de transformer les masses[2]. Une grande part de la politique de masse du régime, la pédagogie totalitaire, la propagande, le monopole sur l'éducation des nouvelles générations, l'obsession de l'encadrement des Italiens, les rites, les parades, les symboles, le style de comportement, mais aussi le racisme et l'antisémitisme, la réforme des coutumes, la campagne anti-bourgeois : tout cela était conçu et mis en œuvre par le *Duce* pour réaliser la régénération des Italiens : « Il est bon pour le peuple italien d'être mis à l'épreuve et secoué, pour le sortir de plusieurs siècles de paresse mentale [...] encadré, et en uniforme du matin au soir. Et il faut le mener au bâton, au bâton et encore au bâton », déclarait-il à Ciano le 17 juin 1940[3]. Le *Duce* reprochait aux Italiens leurs réticences à « penser et à voir "grand"[4] ». Pendant la Seconde Guerre mondiale, ce reproche se durcit et se mua en véritable délire devant l'échec d'une ambition personnelle frustrée – pour ne pas avoir réussi à trans-

---

1. G. Bottai, *Diario 1935-1944*, G. B. Guerri (dir.), Milan, 1982, p. 187.
2. Sur la conception mussolinienne de la politique comme art, E. Gentile, *Le origini dell'ideologia fascista*, n. éd., Bologne, 2001, p. 63, 202-203.
3. G. Ciano, *Diario 1937-1943*, R. De Felice (dir.), Milan, 1980, p. 394.
4. *Ibid.*, p. 111.

former les Italiens – mêlée à un sentiment de passion nationale. La participation à la guerre fut considérée comme moyen de la révolution anthropologique pour forger un peuple de guerriers et de dominateurs. Mussolini « vit cette guerre dans un état d'exaltation métaphysique, comme si son but était d'endurcir les Italiens à travers la souffrance et le sacrifice », commentait Ciano peu après l'entrée en guerre de l'Italie[1]. Et tandis que la guerre se poursuivait, ses collaborateurs observaient une amertume croissante face au caractère des Italiens[2]. « Un peuple qui pendant seize siècle a été l'enclume, ne peut devenir le marteau[3]. » Plus le régime accumulait les défaites militaires, plus Mussolini en voulait aux Italiens, à la façon d'un artiste qui attribuerait à la matière qu'il travaille l'échec de son œuvre : « C'est la matière qui me fait défaut. Même Michel-Ange avait besoin du marbre pour faire ses statues. S'il n'avait eu que de l'argile, il aurait été un céramiste[4]. » Au début de 1943, tandis que la défaite totale de l'Italie fasciste s'annonçait, Bottai notait encore la « polémique récurrente » de Mussolini « contre les Italiens et contre leurs insuffisances et leurs vices[5] ». La révolution anthropologique, en somme, avait échoué et le fascisme avec elle, en l'absence d'un matériau humain se prêtant à un tel projet.

Quelques jours avant le 25 juillet 1943, le *Duce* déclarait à Ottavio Dinale[6] : « Personne, j'espère, ne pourra nier ou minimiser la passion qui fut la mienne pour cette Italie que j'ai forgée en imagination mais plus encore dans les faits. Je commence à ressentir un trouble qui explique ma tristesse intérieure : il me faut établir une nette distinction entre l'Italie et les Italiens. Les Italiens montrent qu'ils sont bien peu dignes de l'Italie, ou en tout cas de mon Italie. »

---

1. G. Bottai, *op. cit.*, p. 210.
2. *Ibid.*, p. 242.
3. G. Ciano, *op. cit.*, p. 445.
4. *Ibid.*
5. G. Bottai, *op. cit.*, p. 357.
6. O. Dinale, *Quarant'anni di colloqui con lui*, Milan, 1953, p. 181.

ÉLÉMENTS DE CONCLUSION

Au terme de ce parcours, si l'on est parvenu à rendre compte de la complexité du mythe de l'homme nouveau, c'est aussi pour indiquer le chemin qui reste à parcourir. Désormais, les historiens admettent que le fascisme ne fut ni monolithique ni homogène mais travaillé par des oppositions et des contradictions, sans pour autant être dépourvu de cohérence et de consistance dans sa nature fondamentale comme dans son évolution historique. Cela est évident dans le cas du mythe de l'« homme nouveau ». Le fascisme n'eut pas de modèle unique et définitif, comme ce fut le cas pour l'homme nouveau du national-socialisme, défini une fois pour toutes suivant le modèle de l'aryen allemand, pur et non contaminé, qui devait être régénéré dans l'intégrité de son sang et préservé du danger de la contamination et de la dégénération. Pour le fascisme, le mythe de l'homme nouveau connut une évolution empruntant différentes représentations, correspondant à diverses façons de concevoir le mythe et les méthodes pour réaliser la révolution anthropologique.

Cette diversité n'était pas due à l'incohérence du projet de révolution anthropologique mais à la pluralité de situations dans lesquelles le mythe fut élaboré et à la multiplicité de versions proposées par les artisans de la révolution anthropologique, en fonction de leurs positions idéologique et institutionnelle. Aller plus loin dans l'exploration des différents visages de l'homme nouveau fasciste peut être utile pour comprendre la mentalité et la culture des fascistes, y compris dans ses expressions les plus absurdes, ridicules et souvent contraires à l'intérêt même du régime. La révolution anthropologique fut un échec, mais l'expérience fut tentée : plusieurs millions d'Italiens et d'Italiennes de toutes les générations y furent impliqués. Bien peu d'Italiens furent transformés suivant le modèle fasciste de l'homme nouveau, comme le démontre clairement l'issue de l'expérience totalitaire. En revanche, la question de l'impact, à plus long terme, de l'expérience totalitaire sur la grande masse des Italiens devra être explorée.

Traduction de Marie-Anne Matard-Bonucci

Nazisme et homme nouveau

Philippe Burrin
(IUHEI, Genève)

Le thème de l'homme nouveau a fait florès dans les régimes totalitaires du xxᵉ siècle[1]. Il n'était évidemment pas de leur invention. Son origine chrétienne est attestée dans l'Épître aux Éphésiens (IV, 22) : « Il vous faut, renonçant à votre existence passée, vous dépouiller du vieil homme qui se corrompt sous l'effet des convoitises trompeuses ; il vous faut être renouvelés par la transformation spirituelle de votre intelligence et revêtir l'homme nouveau créé selon Dieu dans la justice et la sainteté qui viennent de la vérité. » Les courants de pensée révolutionnaires, à commencer par la Révolution française, lui ouvrirent une nouvelle carrière, comme ils le firent pour d'autres éléments de la tradition chrétienne, en le laïcisant.

On peut trouver plus étonnant qu'il ait été repris, d'un autre côté, par les opposants les plus résolus aux courants révolutionnaires que sont le fascisme et le nazisme. Sans doute cette reprise n'était-elle pas un fait isolé : elle fournit une attestation parmi d'autres de la capacité polymorphe des fascismes à parasiter des sources culturelles variées. La référence aux travailleurs dans le nom du parti nazi, l'emprunt de la couleur rouge dans son emblème et, surtout, la récupération par Mussolini et par Hitler des méthodes d'agitation et de mobilisation de l'extrême-

---

1. Voir Nicola Lepp (éd.), *Der neue Mensch : Obsessionen des 20 Jahrhunderts*, Ostfildern-Ruit, Cantz, 1999 ; Gottfried Kuenzlen, *Der neue Mensch : eine Untersuchung zur säkularen Religionsgeschichte der Moderne*, Munich, Wilhelm Fink Verlag, 1994.

gauche, y compris d'un vocabulaire révolutionnaire, tout cela indique le sérieux de la compétition dans laquelle ils se lancèrent avec les partis ouvriers et marque la nouveauté de ces mouvements au regard de l'extrême-droite d'avant 1914. Si l'on y ajoute l'attention prêtée, plus tard, à l'expérience soviétique, la reprise du thème de l'homme nouveau surprend un peu moins.

Elle surprend encore moins, à vrai dire, si l'on considère l'importance que revêtait dans le discours fasciste la source d'inspiration chrétienne, source directe et explicite, et non pas distante et métamorphosée comme dans le communisme. La familiarité d'un Hitler ou d'un Mussolini avec la culture religieuse de l'Occident ressort abondamment de leurs textes. Elle était particulièrement manifeste dans l'idéologie nazie, qu'on réduit abusivement à sa dimension sociale-darwiniste ou raciste matérialiste[1].

Voilà deux sources qui ont facilité, sans doute, le parasitage du thème de l'homme nouveau, en dépit du bon sens pourrait-on dire, s'agissant de courants dont l'identité reposait sur un particularisme foncier. Comme Joseph de Maistre, les fascistes et les nazis ne savaient pas ce que c'était que « l'homme ». Ils ne voulaient connaître que des « Allemands » ou des « Italiens ». Par « homme nouveau », ils entendaient « Italien nouveau » ou « Allemand nouveau ».

Cela dit, soulignons que ce thème tenait moins de place dans le discours nazi que dans le discours fasciste. Hitler y fit référence, certes, dans une allocution prononcée le 14 septembre 1935[2]. Mais ce type d'occurrence demeura occasionnel. Même Goebbels, le dirigeant nazi le plus enclin à une rhétorique socialisante, ne l'utilisa que sporadiquement[3]. Et il était pratiquement inusité dans l'aile strictement raciste du parti nazi, celle de

---

1. Voir la renaissance des travaux sur le concept de religion politique, ainsi Michael Ley und Julius H. Schoeps (éd.), *Der Nationalsozialismus als politische Religion*, Mayence, Philo Verlagsgesellschaft, 1997.

2. Max Domarus (éd.), *Hitler : Reden und Proklamationen, 1933-1945*, Würzburg, Schmidt, 1962, vol. 1, p. 533.

3. Cf. Klaus Eberhard Bärsch, *Die politische Religion des Nationalsozialismus : die religiöse Dimension der NS-Ideologie in den Schriften von Dieter Eckart, Joseph Goebbels, Alfred Rosenberg und Adolf Hitler*, Munich, W. Fink Verlag, 1998.

Darré et de Himmler[1]. Cette moindre présence s'explique aisément. Le racisme, avec son soubassement naturaliste et biologique, dressait un obstacle évident qui ne se rencontrait pas dans
la même mesure dans le fascisme italien, encore qu'il ne faille
pas négliger la dimension biologisante et à coup sûr ethniciste
présente dans son idéologie[2].

Remarquons, au surplus, que le chef nazi ne se donnait pas
pour l'incarnation ou la préfiguration de l'« homme nouveau »,
alors que la confusion était manifeste chez Mussolini. Non pas
que le second eût douté davantage que le premier de son statut
exceptionnel. L'« homme nouveau » était dans les régimes totalitaires, par définition, une figure collective, alors que le chef
représentait un personnage d'exception. Il était l'envoyé de la
Providence, voire un démiurge, encore que cela ne fût pas reven-
diqué à haute voix. Cette exceptionnalité était soulignée avec
une constante emphase par Hitler, alors que dans le cas de Mussolini, la figure du personnage d'exception se mélangeait avec la
préfiguration de l'homme nouveau. Hitler n'avait pas de femme
et d'enfants, il ne se présentait ni en athlète ni en force de la
nature. Il ne se déboutonnait pas, comme le faisait Mussolini,
pour se montrer en sportif ou en travailleur. Si le propre du fascisme était de vouloir refaire un corps à la société, un corps musclé, productif, reproductif, mais aussi caparaçonné face à la douleur et prêt au combat[3], Hitler ne faisait pas l'affaire et, à vrai
dire, il ne cherchait pas à la faire.

Mais, quand bien même la thématique de l'« homme nouveau » ne tenait qu'une place limitée dans le discours nazi, elle
mérite d'être prise au sérieux. On ne saurait la réduire à un orne-
ment rhétorique : elle atteste la réalité d'une volonté de change-

---

1. Sur la polycratie idéologique au sein du régime nazi, voir Frank-Lothar
Kroll, *Geschichtsdenken und politisches Handeln im Dritten Reich : Hitler-
Rosenberg-Darre-Himmler-Goebbels*, Paderborn, Schoningh, 1998.
2. Voir par exemple l'obsession démographique du fascisme, Carl Ipsen,
Dictating Demography : The Problem of Population in Fascist Italy, Cambridge University Press, 1996.
3. Voir Daniel Wildmann, *Begehrte Körper. Konstruktion und Inszenierung des « arischen » Männerkörpers im « Dritten Reich »*, Würzburg, 1998 ;
Thomas Alkemeyer, *Körper, Kult und Politik. Von der « Muskelreligion »
Pierre de Coubertins zur Inszenierung von Macht in den Olympischen Spielen
von 1936*, Francfort, 1996.

ment profond. Les pages qui suivent présentent la conception qu'avait le nazisme de cet « homme nouveau » en s'efforçant de mettre en lumière la spécificité de cette conception. On prendra en compte, ce faisant, la tension qui vaut pour les fascismes en général, mais qui était particulièrement marquée dans le nazisme, entre des modèles pris dans le passé, et élevés au niveau de mythes, et la conscience du changement que ces mouvements se donnaient pour mission d'effectuer dans l'avenir.

– I –

Empruntons, d'abord, la perspective de l'idéologie nazie, avec ses soubassements théoriques qu'on pourrait résumer en deux propositions : fixité de la nature et prestige du passé. La première fait mettre en doute que la notion même d'homme – dans le sens que donna l'humanisme à ce terme – fasse sens, la seconde que l'idée de nouveauté soit pertinente.

Le nazisme postulait, comme il est bien connu, l'existence de races humaines aussi différentes entre elles que peuvent l'être les espèces animales et qui entraient, du coup, dans un rapport impitoyable de lutte pour la vie. Dans cette perspective, une collectivité ne croissait et ne se fortifiait qu'en préservant son noyau racial héréditaire, notamment en évitant tout métissage. L'homme se trouvait naturalisé, il perdait la primauté et l'exceptionnalité que lui avait données le christianisme. La nature avançait au centre de l'univers, tandis que l'homme n'était plus qu'une composante du monde vivant, à ce titre soumis à ses lois « éternelles ». Naturalisation ou biologisation : qu'il s'agisse des plantes, des animaux ou des êtres humains, tous étaient soumis aux lois de conservation de la vie et de lutte pour la vie [1]. Point qui mérite d'être souligné, le nazisme avait une philosophie du vivant, et non de l'humain. C'est le signe le plus fort de la rupture qu'il effectuait avec la tradition chrétienne et avec ses héritiers dans la culture moderne, le libéralisme, le socialisme, le communisme [2]. Sur ce plan, le contraste avec la conception bol-

---

1. Voir Édouard Conte et Cornelia Essner, *La Quête de la race : une anthropologie du nazisme*, Paris, Hachette, 1995.
2. Voir Robert A. Pois, *National Socialism and the Religion of Nature*, New York, St. Martin's Press, 1986.

chevique de l'« homme nouveau » ne pouvait être plus flagrant. Comme le disait Boukharine, si les communistes pensaient qu'il existait des caractéristiques raciales et nationales si fortes qu'il faudrait des millénaires pour les modifier, alors toute leur entreprise serait absurde [1]. De là la différence dans le traitement que chacun de ces régimes réservait aux criminels. Dans le cas du nazisme, la racialisation des comportements ne laissait aux déviants aucune possibilité de redressement et de rééducation.

Quant au passé, il possédait dans l'idéologie nazie une valeur non seulement positive, mais fondamentale. Les propos de table de Hitler pendant la guerre, tout comme ses conversations avec Goebbels, offrent de nombreuses attestations de cette admiration du passé qui valait, en premier lieu, pour l'Antiquité, en particulier grecque et romaine, mais aussi pour les empires du Proche-Orient [2]. Alors que chez un Himmler, l'admiration se tournait avant tout vers le passé germanique. Les uns et les autres attachaient un prix immense à tout ce qui était ancien, à tout ce qui était proche des origines : temps de la force et de la pureté avant que la corruption et la décadence ne fassent leur œuvre. Ils s'inscrivaient, ce faisant, dans une parfaite continuité avec le romantisme allemand pour qui la germanité constituait le rameau majeur de l'humanité en tant qu'elle était la plus primitive, la plus proche des origines par la langue, l'enracinement territorial et la culture [3]. L'opposition est ici totale avec le communisme où la révolution introduisait un ordre de choses entièrement neuf. Fondée sur des forces productives sans précédent, elle porterait à son maximum la créativité humaine, elle accomplirait en quelque sorte l'humanité de l'espèce humaine.

– II –

Il ne faut pas en conclure, cependant, que dans l'idéologie nazie, la détermination par la nature et l'emprisonnement dans le

---

1. Cité par Sheila Fitzpatrick, *Everyday Stalinism : Ordinary Life in Extraordinary Times : Soviet Russia in the 1930's,* New York, Oxford University Press, 1999, p. 75-76.

2. Voir Werner Jochmann (éd.), *Monologe im Führer-Hauptquartier 1941-1944,* Hambourg, A. Knaus, 1980 ; et surtout Frank-Lothar Kroll, *Geschichtsdenken und politisches Handeln im Dritten Reich, op. cit.*

3. Voir la présentation qu'en fait, par exemple, Blandine Barret-Kriegel, *Cours de philosophie politique,* Le Livre de Poche, p. 75 *sq.*

passé étaient absolus. Même pour Hitler, l'humain gardait une spécificité dans le monde du vivant en raison de sa capacité à créer de la culture et à organiser sa vie sociale dans un cadre étatique ; l'étendue de cette capacité dépendant évidemment de la valeur raciale de chaque société. D'un côté se trouvait la race aryenne, la mieux dotée à cet égard. Et de l'autre, la race juive, aussi incapable de créer de la culture que d'édifier un État.

Le nazisme ne faisait pas non plus de l'histoire une forteresse dont aucune porte n'ouvrait sur l'avenir. Il admettait la possibilité du changement dans l'histoire, et il le faisait d'autant plus volontiers qu'il se décernait à lui-même un brevet d'innovation. Hitler n'avait pas de doute, en effet, que le nazisme représentait un phénomène inédit, une forme d'organisation sociale différente de toutes celles qui avaient existé par le passé.

Cette nouveauté résidait dans l'existence même du parti nazi, grand mouvement populaire qui se faisait l'acteur du destin collectif sous la direction d'un homme d'exception et dont la vocation était de rassembler le peuple entier après l'avoir débarrassé des allogènes et de ses « tarés ». Cette organisation nouvelle de la vie sociale entremêlait de manière inédite un mouvement partisan dynamisé par la foi de croyants, voire de croisés, et l'efficacité bureaucratique d'un État moderne.

Cette conception d'une histoire partiellement ouverte, d'une histoire créatrice grâce à la politique, une fois encore dans les bornes de la capacité inégale dont chaque race était dotée, se reflétait dans une vision de l'histoire plus complexe qu'une nostalgie indépassable ou que la reprise d'un modèle ancien. Le prestige du passé n'était pas passéisme. Le nazisme avait des objets d'admiration dans le passé plutôt qu'il n'admirait le passé, tout le passé. En réalité, il y opérait une sélection rigoureuse en fonction de ses valeurs, ce qui le conduisait à en rejeter la plus grande partie. Comme le font en général les idéologies d'extrême droite, et tout comme le faisait son contemporain, le fascisme italien, le nazisme s'était fabriqué un roman de la décadence. Et il lui donna, à ce roman, une ampleur chronologique exceptionnelle. La décadence venait de très loin de sorte que, pour l'éradiquer, il ne fallait pas moins de trois rejets qui s'étageaient sur deux millénaires. En premier lieu, le nazisme répudiait la république de Weimar, période haïe entre toutes, et aussi, mais moins complètement, le Second Empire, celui de Bismarck, que rongeait déjà la décadence. En deuxième lieu, il condamnait une grande partie de la période moderne, quelques pans faisant exception comme la Prusse de Frédéric II, en tant que cette période avait été celle de l'Allemagne morcelée, de l'Allemagne impuissante. En dernier lieu, il rayait des tables de l'histoire l'essentiel de la période chrétienne, une exception étant faite pour le Saint-Empire romain germanique : le christianisme passant, en raison de son imprégnation judaïque, pour le responsable ultime de l'abaissement de la race aryenne. Dans ce passé extraordinairement sélectif, les objets d'admiration valaient comme des illustrations qu'il s'agissait d'égaler et si possible de dépasser.

Pour le dire autrement : en raison de son racisme, le nazisme ne pouvait penser à construire un « homme nouveau » au sens plein du terme. Mais il admettait l'idée d'un changement, d'un progrès par rapport à la période de décadence antérieure, et même d'un dépassement des plus hautes réalisations du passé, dans la mesure où il serait en mesure de libérer et d'exploiter les potentialités inhérentes au noyau racial allemand qu'avaient attestées certaines périodes de l'histoire. Il est inutile de souligner le fossé qui séparait cette conception de la vision prométhéenne du communisme – un monde neuf, à créer à neuf –, tout comme de la conception civilisatrice du libéralisme, avec son idée de perfectibilité indéfinie. Même si, d'un autre côté, la proximité entre le bolchevisme et le nazisme n'est pas niable. Tous deux visaient un changement de grande ampleur et faisaient profession de volontarisme pour le réaliser, y compris par les moyens de la plus grande violence.

Encore fallait-il, pour opérer ce changement, construire des institutions et appliquer des politiques. Les institutions étaient celles que le parti nazi donnait au pays : un chef charismatique, une organisation qui embrassait toute la population, une administration qui s'ingérait dans les recoins de la vie sociale. Les politiques, quant à elles, étaient formées par un ensemble de mesures de rectification et de régénération dont une partie était d'ordre biologique et une autre d'ordre éducatif.

S'agissant du premier volet, le point de départ tenait dans le croisement inédit que le nazisme opérait entre deux courants de pensée. D'une part, « l'hygiène raciale », courant qui datait du début du siècle et qui visait à assainir biologiquement la société en empêchant la reproduction des « tarés » et en favorisant celle des éléments racialement sains. D'autre part, une utopie raciale, celle de la « renordification » de la race allemande, qu'il s'agissait d'obtenir en faisant prédominer, par une sélection rigoureuse et de longue haleine, les traits caractéristiques du type nordique. De cette double politique devait émerger une nouvelle société libérée de la dégénérescence existante et fortifiée par les retrouvailles avec la pureté de la société originelle[1].

On connaît les mesures prises de manière très conséquente dans le droit-fil de ces conceptions[2]. D'une part, des mesures de rectification et d'épuration par la stérilisation des Allemands atteints de maladies héréditaires ou ayant du sang africain, puis par l'assassinat des Allemands victimes de handicaps physiques ou de maladies mentales, puis encore, après l'éclatement de la guerre, par des projets non réalisés de stérilisation des populations slaves et surtout par l'entreprise d'extermination des juifs et des tsiganes. D'autre part, des mesures dites « positives » dont l'objectif était d'améliorer la valeur et la force raciale du peuple allemand, que ce fût par la pratique du sport ou, surtout, par des mesures natalistes qui avaient pour revers la lutte contre ceux qui attentaient à l'impératif de la reproduction, comme les homosexuels.

Pour ce qui était du second volet, une série d'institutions, au premier rang desquelles figuraient l'école et le parti, devaient créer les comportements idoines[3]. Hitler accordait une importance fondamentale à l'éducation, et ses propos, publics comme privés, dessinaient clairement le type d'hommes qu'il voulait faire advenir. Un jeune Allemand, « rapide comme le lévrier, endurant comme le cuir et dur comme l'acier », tel était l'idéal que présentait la propagande de la *Hitler-Jugend* en utilisant des comparaisons qui révèlent sans fard le déni d'humanisme qui

---

1. Voir Hans-Christian Harten, « Pädagogik und Eugenik im "rassenhygienischen" Diskurs vor 1933 », *Paedagogica Historica*, 1997/3, p. 765-800.
2. Voir Michael Burleigh et Wolfgang Wippermann, *The Racial State : Germany 1933-1945*, Cambridge University Press, 1991.
3. Cf. Hans-Jochen Gamm, *Führung und Verführung. Pädagogik des Nationalsozialismus*, Munich, List Verlag, 1964 ; Wolfgang Keim, *Erziehung unter der Nazi-Diktatur*, Darmstadt, Primus Verlag, 1995-1997, 2 vol.

était au fondement du nazisme[1]. Pour le corps et le muscle,
contre l'intellect, pour le caractère contre l'accumulation des
connaissances : les vertus requises étaient la décision, la volonté,
la dureté, l'esprit de combat, et aussi la loyauté et l'abnégation
totales, comme il sied à des êtres pour qui devait devenir loi
suprême la maxime : « Tu n'es rien, ton peuple est tout. »

Cette éducation, inculquée par les écoles et entretenue par les
multiples organisations du parti nazi, revenait à défaire chez les
jeunes générations tout ce que les civilisations chrétienne et libérale avaient sédimenté de conceptions et de comportements
humanistes. Ainsi le régime se dotait-il des instruments nécessaires à la violence totalitaire qui fermentait dès le départ dans
son idéologie : le jeune Allemand ne devait plus connaître
d'autre volonté que celle du chef et d'autre principe que la préservation de sa race, y compris par le moyen de la destruction
physique de populations entières.

De tout cela devait naître une société nouvelle – une formule
sans doute préférable à celle d'« homme nouveau » – dont les
traits marquants devaient être la santé raciale, la performance
économique, la cohésion sociale et la loyauté politique. La propagande du régime illustrait cette société désirable en donnant
en représentation une série de figures emblématiques : la mère,
le travailleur, le guerrier. Cette dernière figure tenait naturellement la place d'honneur : incarnation d'un individu-corps ins-
tinctuel plus qu'intellectuel, dévoué à sa tribu et dur envers les
vaincus. Un individu très éloigné de la vision marxiste d'un
« homme nouveau » polyvalent et épanouissant ses capacités
dans la culture comme dans la technique.

En conclusion, il n'est pas inutile de souligner que l'« homme
nouveau » nazi devait être, d'abord et avant tout, un type, une
figure collective produite par l'action plasmatrice d'un réseau
d'institutions et de politiques contraignantes. En cela, il ne diffé-
rait pas de l'« homme nouveau » fasciste ou communiste, et se
situait tout à l'opposé de la conception chrétienne d'un homme
cherchant son salut individuel selon un triptyque Dieu-intel-
ligence-vérité. Les totalitarismes poursuivaient une régénération

---

1. Cité par Jost Hermand, *Als Pimpf in Polen. Erweiterte Kinderland-
verschickung 1940-1945*, Francfort, 1993, p. 14.

organisée qui serait maintenue dans la durée, et ils pensaient l'individu qui serait le produit de cet effort organisé et durable comme une unité standardisée et normée à grande échelle : on était décidément à l'âge de la production de masse. À une différence près, toutefois : contrairement au communisme, les fascismes faisaient l'éloge de la contrainte et exaltaient la force. L'être humain avait, selon eux, un besoin naturel de tutelle et de tuteurs ; en quoi ils marchaient une fois encore sur les pas de Joseph de Maistre dans son éloge du bourreau comme ciment de la société.

Par les traits qui le définissaient, l'« homme nouveau » nazi ressemblait fortement à celui du fascisme. Dans les deux cas, il s'agissait de former un type d'homme qui représentait une combinaison de fanatique religieux, de reître médiéval et d'aristocrate méritocratique. Il était justifié de mettre en doute, à l'époque même, la nouveauté d'un tel homme que vouait à l'anachronisme, dès son apparition, l'avènement du temps de la spécialisation des compétences et de la technicisation du travail.

Par rapport à la conception fasciste, la spécificité de l'« homme nouveau » nazi tenait, en définitive, à l'importance primordiale qu'y avait le facteur biologique. Dès le début du siècle, le scientisme ambiant avait, à travers des courants comme l'eugénisme et le racisme, encouragé à imaginer des interventions pour ainsi dire biologiques du pouvoir sur la société afin de faire émerger un « homme nouveau »[1]. Le nazisme une fois constitué en tant que force politique et, surtout, une fois arrivé au pouvoir, s'ouvrit ainsi à des pratiques sans précédent dès lors que les populations étaient considérées comme des éléments du monde vivant qu'il était non seulement permis, mais nécessaire, de traiter par tous les moyens de la sélection et de l'élimination. L'« homme nouveau » se forgeait ici non seulement à travers la guerre et la conquête, comme dans le fascisme, mais encore et surtout à travers la froide liquidation des individus et des peuples qui encombraient la planète ou mettaient en péril l'avenir de la race supérieure.

---

1. Voir Reinhold Oppitz, *Freiherr von Ehrenfels und die Entwicklung des « Neuen Menschen » zu Beginn des 20. Jahrhunderts*, Diss. Mayence, 1980.

Mussolini, figure emblématique de l'« homme nouveau »

Pierre Milza
(CHEVS-FNSP)

Benito Mussolini a tout juste vingt-neuf ans[1] lorsque s'ouvre, le 7 juillet 1912, le congrès socialiste de Reggio Emilia. Depuis quelque temps déjà, il figure – en tant que chef de file du socialisme romagnol – parmi les dirigeants qui comptent dans le PSI : un « homme nouveau », si l'on veut, et qui est bel et bien perçu comme tel par les délégués au Congrès. Lorsqu'il monte à la tribune, le 8 au début de l'après-midi, pour réclamer la tête des dirigeants réformistes que sont les Bonomi, Bissolati, Cabrini et consorts, accusés d'avoir « pactisé avec la monarchie » lors de la toute récente guerre de Libye, face à une assemblée où la plupart des congressistes sont vêtus en « bourgeois », il apparaît sous les traits qui lui sont propres et qu'il a hérités de ses années de bohème et de militantisme activiste : jaquette noire usée jusqu'à la corde, lavallière noire, le visage pâle et maigre, une barbe de trois jours, les yeux flamboyants.

Tous les témoins s'accordent à reconnaître qu'il fit sur l'auditoire une immense impression. Le très modéré Cesare Sarfatti, l'époux de Margherita, dont Mussolini va bientôt faire la connaissance et qui deviendra sa plus importante et plus longue liaison féminine, brosse pour la belle intellectuelle vénitienne, alors convalescente, un portrait enthousiaste. Il a vu, écrit-elle, « un merveilleux jeune homme, maigre, à l'éloquence saccadée,

---

1. Il est né le 29 juillet 1883 à Dovio, dans la commune de Predappio, près de Forlí, en Romagne.

sèche, fougueuse : un homme de grand avenir. On entendra encore parler de lui ; il sera le futur maître du parti[1] ».

Voici donc, surgi au tout premier plan de l'organisation socialiste (Mussolini sera appelé, peu de temps après à la direction de l'*Avanti !*, principal organe de presse du parti), un *homme nouveau*, qui tranche, par son comportement, par sa mise, par sa gestuelle et par son verbe, avec la plupart des dirigeants du PSI. Il importe peu de savoir si le comportement de celui que les socialistes romagnols (et en premier lieu ceux de Forlì dont il dirige la fédération depuis janvier 1910) considèrent déjà comme leur *Duce* est le simple reflet de sa propre histoire (familiale, sociale, personnelle), ou s'il correspond à une volonté réfléchie de rupture. Ce qui compte, c'est la manière dont il est vu et apprécié par son environnement de jeunes militants, et aussi, en dehors des limites étroites du parti, par les jeunes Italiens – socialistes et syndicalistes révolutionnaires, républicains, nationalistes ou futuristes – ayant en commun le rejet radical de l'Italie bourgeoise, frileuse, timorée de l'ère giolitienne : l'*Italietta*, qui est aussi bien, estiment-ils, celle des dirigeants passablement assoupis de la social-démocratie réformiste, que celle des élites libérales, souvent issus du même milieu et ayant reçu la même formation universitaire.

C'est cette volonté de rupture qui a servi de tremplin au jeune Mussolini : dès cette date il s'impose comme figure emblématique de l'homme nouveau révolutionnaire. Or il s'agit d'une figure éminemment ambiguë. Le Mussolini du congrès de Reggio Emilia offre en effet un double visage : celui du révolutionnaire non conformiste, bousculant toutes les traditions, y compris celles des élites réformistes ; celui, d'autre part, du militant issu du peuple, porte-parole d'un monde immergé dans la tradition rurale et artisanale. Donc à la fois homme nouveau et représentant d'une culture populaire profondément ancrée dans le terroir romagnol.

Dans ce double visage résident la complexité et l'ambiguïté du concept d'homme nouveau, tel qu'il se développera et tentera de s'imposer durant le *ventennio* fasciste : à la fois volonté de rupture avec le passé et ancrage en profondeur dans ce passé.

---

1. Margherita Sarfatti, *Dux*, Milan, Mondadori, 1926, p. 176.

Conformément à une vision de l'histoire – du déroulement du processus historique – qui n'est pas linéaire mais cyclique.

Dans sa recherche d'un modèle d'homme nouveau, le fascisme a ainsi privilégié deux temps : celui du futur à construire et celui de la tradition. D'un côté, le futurisme et la modernité, qui sont censés caractériser la « révolution fasciste », de l'autre celui d'un passé lointain, mythifié, l'un et l'autre s'inscrivant à contre-courant de l'ordre bourgeois mis en place par les anciennes élites dirigeantes. Dans cet aller-retour entre passé et futur, Mussolini inscrit sa double image : celle du leader futuriste et celle du pur produit de l'Italie profonde.

À cette première ambivalence, s'en ajoute une autre. Il s'agit en effet de faire à la fois figure de « surhomme », d'individu hors du commun, et de héros familier, proche du peuple. Mussolini sera ainsi tour à tour, ou en même temps, héros quasi divinisé et « homme ordinaire » (*uomo qualunque*) affirmant son appartenance à la « race italienne ».

De cette double contradiction résulte l'image inlassablement reproduite et retouchée d'un chef charismatique érigeant sa propre personne en modèle à la fois imitable – il marque une direction : c'est la signification du mot *Duce* (guide) – et insurpassable.

On ne s'étonnera pas que dans un régime qui exalte l'action, l'énergie, les vertus viriles et guerrières, soient mis en valeur, prioritairement, les traits et les qualités physiques du dictateur. L'exhibition du corps à demi dénudé, puissant, rompu à toutes les tâches et à tous les exercices physiques, fait partie des moyens utilisés par lui pour poser en personnage hors normes. Les documents iconographiques abondent d'un Mussolini torse nu, s'activant aux travaux des champs, battant le blé au milieu des paysannes romagnoles, maniant la pelle et la pioche sur un sentier de fouilles ou de construction ferroviaire, chaussé de skis sur les pistes de Cortina d'Ampezzo ou effectuant son footing dans le parc de la villa Torlonia, son domicile privé à Rome, ou sur la plage de Riccione, avant d'aller se plonger dans les eaux de l'Adriatique.

Celle-ci était déjà fréquentée, au début des années trente, par de nombreux touristes étrangers, notamment des Allemands, des Yougoslaves et des Hongrois qui, si l'on en croit le maître d'hôtel du *Duce,* Quinto Navarra, dont le témoignage doit certes être considéré avec prudence, « n'hésitaient pas à faire à haute voix des commentaires flatteurs sur les formes athlétiques du *Duce* »[1]. Le bain du dictateur était un événement hautement médiatisé et obéissait à un rituel immuable. À l'heure fixée, Mussolini sortait de sa maison de vacances, située en bordure de la plage, « en tenue de nageur ». Il se dirigeait vers la mer à petites foulées, entre deux rangées de spectateurs (on s'en doute soigneusement triés), puis plongeait et s'éloignait du bord, suivi de près par deux nageurs émérites, l'un et l'autre fonctionnaires de police chargés de sa protection rapprochée, et qui devaient veiller non seulement à ce que personne ne s'approchât du *Duce* (à l'exception de quelque membre du clan familial ou de Margherita Sarfatti, lorsque celle-ci se trouvait « par hasard » en villégiature à Riccione), mais également à ce qu'il ne fût pas pris de malaise.

Car Mussolini forçait sa nature pour paraître – ce qu'il n'était pas – un athlète complet, excellant dans toutes les activités sportives. C'était, si l'on veut, un touche-à-tout du sport, suffisamment familiarisé avec les gestes élémentaires de chaque discipline pour faire illusion devant les photographes et les cadreurs du *cinegiornale.* Cela lui avait demandé beaucoup d'efforts, même si le travail à la forge avait développé sa robustesse naturelle, héritée de son père.

L'apprentissage des enchaînements de gestes qui font d'un individu ordinaire un bon technicien de tel ou tel sport s'acquiert de bonne heure : ce qui, au début du XXe siècle et pour longtemps encore, demeurait un privilège des familles bourgeoises. Mussolini était issu d'un milieu populaire et rural. Il avait tout jeune appris à courir, à grimper aux arbres, mais pas à manier une raquette ou un fleuret. Tout chez lui avait été en ce domaine le fruit d'un apprentissage tardif : même la natation, dont on vient de voir de quelle manière elle fut associée au charisme mussolinien. Dans le poste où Mussolini exerça pour la première fois son métier d'instituteur, à Gualtieri en Émilie (il n'avait pas dix-

---

1. Quinto Navarra, *Memorie del cameriere di Mussolini,* Milan, Longanesi, 1946, p. 85.

neuf ans), il trouvait toujours un prétexte pour ne pas se mêler aux ébats aquatiques, dans le Pô, des jeunes du village, et il s'en fallut de peu qu'il ne pérît noyé dans un trou d'eau.

Ce n'est guère qu'après la trentaine, et surtout à partir du moment où il en eut les moyens, que Mussolini put s'initier aux diverses disciplines du corps. À force de volonté et de persévérance, il réussit à devenir – avec l'aide de Camillo Ridolfi – un escrimeur redouté et un cavalier honnête. Il apprit à piloter un avion, à rouler à moto, à figurer sans être ridicule au volant d'une voiture de course ou d'un canot automobile. Mais il avait du mal à tenir sur des skis et à faire bonne contenance sur un court de tennis. Peu importe : l'image globale qui ressortait de son activité omnisports était celle d'un homme-orchestre que nulle difficulté et surtout nul danger ne pouvaient arrêter. Et c'est cette image-là qu'ont retenue nombre de ses contemporains, peu sensibles à ce que nous considérons aujourd'hui comme une gesticulation bouffonne.

Peut-être, après tout, plus que le mythe du surhomme, au demeurant abondamment exalté par son entourage et par les services de la propagande, est-ce cette opiniâtreté, cette bonne volonté laborieuse, cette obsession de la performance, fût-elle dérisoire, qui a séduit les Italiens. La représentation du corps du dictateur rendait celui-ci plus proche, plus charnellement lié à son peuple que ne pouvaient l'être, sous d'autres cieux, un Hitler, un Salazar ou un Franco : même si ce corps n'était pas tout à fait celui d'un être surhumain, s'il lui avait fallu lutter pour vaincre ses faiblesses, et s'il n'était pas complètement imperméable à la maladie.

Car derrière l'apparente vigueur du maître de l'Italie fasciste se cache un homme dont la santé est loin d'être excellente, et les Italiens le savent. On trouve dans les archives de son secrétariat particulier des centaines de lettres et de messages émanant de personnes appartenant à tous les milieux, résidant dans toutes les parties de la Péninsule, parfois à l'étranger, et qui, à un moment ou à un autre, ont éprouvé le besoin de s'adresser au *Duce* pour lui faire part de l'intérêt qu'elles portaient à sa condition physique, pour lui indiquer l'adresse d'un praticien réputé ou d'un guérisseur, ou pour lui conseiller quelque remède miraculeux, susceptible de le débarrasser des crises récurrentes de gastrite aiguë, vraisemblablement d'origine psychosomatique, qui coïncidaient chez lui avec des périodes de stress intense, liées aux aléas de sa vie personnelle et de son activité gouvernementale[1].

L'un des atouts utilisés par Mussolini pour bâtir sa légende fut non de cacher son mal – connu de tous, *urbi et orbi*, depuis les toutes premières années du règne –, mais de l'instrumentaliser pour conforter son image d'homme fort, insensible à la fatigue et à la douleur, menant une vie ascétique, celle-là même qu'il offrit en modèle au peuple italien lorsque vint le temps de l'austérité et du rationnement. Ne devait-il pas, en septembre 1941, déclarer devant ses ministres réunis au Palazzo Venezia que le jeûne imposé par les difficultés de ravitaillement était un bienfait pour l'Italie? « Que personne ne pense que la carte d'alimentation sera supprimée à la fin de la guerre. Elle restera en vigueur tant que je vivrai. Parce qu'ainsi tous les Agnelli et les Donegani ne mangeront pas davantage que le dernier de leurs ouvriers. Si l'on trouve que 200 grammes de pain c'est peu, eh bien! je déclare que la ration sera encore réduite au printemps et j'en suis heureux, parce que nous verrons finalement sur le visage du peuple italien, les traces de la souffrance, ce qui nous sera utile au moment de la paix[2]. »

Passons sur ce que ce discours peut comporter d'illusion ou de cynisme, s'agissant de contraintes alimentaires auxquelles aucun Italien n'était censé devoir échapper : y compris les magnats de l'industrie et leurs familles. Ce qui est important ici c'est le lien que Mussolini établit entre la souffrance d'un peuple et sa grandeur. Les grands peuples, estime-t-il, sont ceux qui sont capables d'endurer les plus dures épreuves. Aussi faut-il juger positivement tout ce qui est à même de fortifier et d'endurcir la « race » : la faim, le froid – Ciano rapporte dans son *Journal*

---

1. Mussolini a été soigné pendant pratiquement toute la durée de sa présence à la tête de l'Italie fasciste pour un ulcère à l'estomac provoquant de violentes douleurs gastriques. Or l'autopsie qui a été effectuée après son exécution par les partisans en avril 1945 a révélé l'absence de véritable ulcère. Le docteur Cattabeni a publié un compte rendu de l'autopsie dans la revue *Clinica nuova* des 15 juillet-1er août 1945. Ce texte intitulé *Rendiconto di un'autopsia d'eccezione* a été reproduit en annexe *in* G. Pisano, *Gli ultimi cinque secondi di Mussolini*, Milan, Il Saggiatore, 1996.

2. Galeazzo Ciano, *Journal politique, 1937-1943,* O. Zeluck, 1946, II, p. 59.

que le *Duce* se réjouissait lorsqu'il neigeait sur Rome – et bien sûr la guerre. Nous y reviendrons.

Touche-à-tout érigé par la propagande fasciste en personnalité d'exception pourvue de tous les dons, Mussolini ne l'a pas été seulement dans le domaine du muscle. Ses qualités intellectuelles et son talent politique ont également fait l'objet d'une instrumentalisation systématique de la part des thuriféraires du régime et de son chef. Là encore, il faut admettre que ces derniers ne partent pas de rien. Mussolini ne fut ni le surdoué ni l'esprit universel dont les courtisans et les agents du *Minculpop* s'ingéniaient à vanter les mérites. Mais il n'en réunit pas moins un certain nombre de talents qui, conjugués, finissent par le singulariser au regard de nombreuses personnalités politiques de son temps, en Italie comme hors d'Italie. Il est peu de domaines où l'ancien instituteur socialiste ait particulièrement brillé, mais ce *self made man* n'en a pas moins manifesté des aptitudes honnêtes dans nombre de disciplines de l'esprit, patiemment cultivées avec une volonté de revanche, qui trahissait chez lui un authentique complexe d'infériorité.

Les vexations que le futur *Duce* avait dû endurer au collège, de la part des « petits messieurs » qui formaient la clientèle ordinaire des pères salésiens, puis dans sa vie professionnelle et durant son exil en Suisse, avaient laissé des traces profondes que venaient continûment raviver la conscience qu'il avait des carences de sa propre éducation. Non qu'il ne sût pas en même temps jouer avec habileté de ses allures plébéiennes, de ce qui, dans sa rusticité même, le rendait proche du peuple et apte, non seulement à comprendre celui-ci, mais à parler, *stricto sensu*, le même langage que lui. Mais il souffrit longtemps de sentir entre lui et les représentants de l'ancienne classe dirigeante, ou ceux de l'*establishment* réformiste, un fossé impossible à combler, parce qu'il y a des choses que l'on n'apprend à dire, à faire et à penser qu'à un âge où lui-même maniait les pinces et le soufflet dans l'atelier paternel, tandis que d'autres pouvaient bénéficier du dressage social propre aux familles bourgeoises, des leçons d'un précepteur, ou du passage par la voie royale du lycée et de l'université.

De là, une fois accompli le cursus de l'élève-instituteur – à l'école normale de Forlimpopoli d'où il sortit au début de l'été 1901 – sa boulimie, sa frénésie d'apprendre, pour tenter de reprendre un peu du terrain perdu sur ses contemporains mieux partagés que lui. De là cette « culture d'autodidacte » que certains historiens – et parmi les plus sérieux – considèrent aujourd'hui encore avec une certaine condescendance et qui, de fait, s'est construite de manière désordonnée, au fil de lectures glanées au hasard des circonstances et des compagnonnages, à commencer par celui de ses deux mentors féminins : Angelica Balabanoff et Margherita Sarfatti. À cette culture acquise sur le tas ont manqué les bases que donnent la fréquentation prolongée des humanités classiques et l'approfondissement d'une discipline universitaire, bagage ordinaire des hommes politiques de l'époque libérale, socialistes compris. Encore que les bases fournies aux jeunes élèves-maîtres durant les sept années passées au collège Giosue Carducci, antichambre de l'école normale, d'où Mussolini sortira avec une « licence d'honneur », fussent loin d'être négligeables.

Au total, une culture et des compétences qui sont le fruit d'un apprentissage patient et du désir opiniâtre d'égaler et de dépasser les autres. Sans être pour autant un esprit universel, comme les services de propagande du régime se plairont à en répandre l'image, Mussolini a pu ainsi donner l'illusion d'être une sorte d'« homme-orchestre », dans le domaine intellectuel comme dans ceux du sport et de l'activité manuelle. N'a-t-il pas été, avec des fortunes diverses, maître d'école, professeur de français, journaliste de talent, directeur de plusieurs feuilles locales ou régionales, puis du principal quotidien socialiste, écrivain, romancier, auteur dramatique, commentateur de Nietzsche et de Sorel, etc. Cela ne suffit certes pas à faire de lui un équivalent moderne de Pic de la Mirandole, mais les caudataires fascistes n'y regardaient pas de si près : comme en témoigne – entre mille exemples – cet extrait d'un éditorial publié en 1927 dans *Critica fascista*, la revue de Giuseppe Bottai, pourtant considéré comme le plus intellectuel et le plus « libéral » des dirigeants fascistes : « Le seul grand artiste du régime est pour l'heure son fondateur, Mussolini. Tous les discours qu'il a prononcés, tous les articles et essais politiques qu'il a écrits suffisent à faire de lui notre plus grand prosateur contemporain. À notre avis, la récente circulaire aux préfets constitue, du point de vue artistique, le plus remarquable morceau de prose de ces dernières années, le chef-d'œuvre de la littérature fasciste[1]. »

Ceci nous ramène à l'image de l'homme nouveau, telle qu'elle a été façonnée et instrumentalisée par les desservants du culte de la personnalité mussolinienne et par Mussolini lui-même. Le *Duce* n'est pas seulement exalté en tant que dirigeant politique de génie : après tout, ses admirateurs étrangers, Churchill et Gandhi en tête, ne disent pas autre chose. Il est encensé pour l'universalité de ses talents, pour être à la fois capable de conduire une voiture de course ou un avion, de faire la moisson auprès des colons de l'*agro romano*, de réciter des pages entières de Manzoni et de Carducci et de gouverner l'Italie. Un homme de la Renaissance si l'on veut, ou un empereur de la paix romaine : Laurent le Magnifique ou Marc-Aurèle.

Comment toutes les représentations magnifiées du *Duce*, telles qu'elles apparaissent à travers l'immense corpus de photographies, de bandes d'actualités du *cinegiornale* Luce, d'œuvres sculpturales et picturales, etc., peuvent-elles coexister avec ce qui a été dit plus haut du souci qu'a eu le maître de l'Italie fasciste de conserver une certaine proximité avec son peuple ? Au point de jouer sur ce que sa personnalité conservait de la rusticité de ses origines, voire sur la perméabilité de son corps à la maladie et à la souffrance. Sans doute tenons-nous là l'une des clés de sa réussite auprès des masses italiennes. Mussolini n'offre pas en effet à celles-ci l'image d'un surhomme, pourvu à la naissance de tous les dons et de toutes les vertus. Il est au fond un Italien ordinaire qui a su, à force de volonté et de courage, se hisser au rang des héros et des demi-dieux. En sa personne s'est opérée la mutation de l'*uomo qualunque* en un homme nouveau que ses compatriotes ne sauraient certes égaler – il faut bien qu'il y ait une distance entre le guide et le troupeau –, mais dont les meilleurs d'entre eux doivent pouvoir se rapprocher.

L'homme nouveau italien sera donc celui qui, sans pouvoir se hisser au même niveau que lui, saura développer des qualités identiques à celles qui ont fait de Mussolini ce qu'il est. L'école fasciste, l'éducation fasciste, les mouvements de jeunesse, les

---

1. *Critica fascista,* 15 février 1927.

organes d'encadrement du corps social contrôlés par le parti, sont là pour faciliter cette transformation de l'individu et l'image omniprésente du *Duce* pour indiquer dans quelle direction doit s'effectuer l'ascèse de chacun.

Or, de plus en plus, au fur et à mesure que s'opère la militarisation de la société, la figure qui s'impose est celle du combattant. L'homme nouveau n'est pas seulement une métaphore destinée à mobiliser le peuple italien et notamment les jeunes. Il est déjà présent dans toute une partie du corps social : celle qui a donné à l'Italie ses héros, connus ou inconnus. Le fascisme, on le sait, s'est nourri, en Italie comme ailleurs, du souvenir et du mythe de la guerre. Ses premiers adhérents furent pour la plupart de jeunes anciens combattants, souvent issus des rangs des *arditi*, les unités de choc vouées aux opérations les plus audacieuses et les plus meurtrières. Mussolini n'appartenait pas à cette élite combattante, faite d'hommes ordinaires que la guerre a transformés en héros. Mais il a fait une guerre courageuse, comme des millions d'autres Italiens que la grande tuerie a révélés à eux-mêmes et qui forment à ses yeux – alors que, rentré du front et encore mal rétabli de ses blesssures, il vient de reprendre la direction de son journal – l'« aristocratie des tranchées » (*Trincerocrazia* : c'est le titre d'un article paru en décembre 1917 dans le *Popolo d'Italia*). « Les myopes et les idiots ne la voient pas, écrit-il. Et pourtant cette aristocratie effectue déjà ses premiers pas. Elle revendique sa part de monde. Elle esquisse déjà, avec une certaine précision, ses tentatives de "prise de possession" des positions sociales. [...] L'Italie va vers deux grands partis : ceux qui y sont allés et ceux qui n'y sont pas allés ; ceux qui ont combattu et ceux qui n'ont pas combattu[1]. »

La guerre est à peine achevée que déjà celui qui va devenir le *Duce* du fascisme, en attendant d'être celui de l'Italie tout entière, a en tête de fonder une nouvelle société sur le modèle du combattant. Il va désormais s'appliquer à en incarner les vertus et à résumer en sa personne la mutation accomplie par des dizaines de milliers de jeunes gens qui ont grandi dans l'atmosphère lénifiante de l'Italie giolitienne et que l'épreuve des

---

1. Benito Mussolini, « Trincerocrazia », *Il Popolo d'Italia,* 15 décembre 1917.

armes a transformés en héros. C'est dans leurs rangs qu'il va recruter ses premiers partisans et les cadres de ses bandes armées lorsqu'il s'agira de barrer la route aux « défaitistes », puis aux « bolcheviks ». Il le dit clairement lorsque, s'adressant le 10 novembre 1918 à un groupe d'*arditi*, tandis que l'on célèbre officiellement la victoire dans Milan pavoisée et inondée de fleurs, il déclare ceci : « Je vous ai défendus lorsque le lâche philistin vous diffamait. Je sens quelque chose de moi en vous et peut-être vous reconnaissez-vous en moi. Vous représentez l'admirable jeunesse guerrière de l'Italie. Les éclairs de vos poignards et le tonnerre de vos grenades feront justice de tous les misérables qui voudraient entraver le chemin de la plus grande Italie. Elle est à vous ! Vous la défendrez ! Nous la défendrons ensemble [1] ! »

On ne saurait affirmer plus nettement la volonté de s'approprier la gloire et les vertus de l'élite combattante. Peu importe que Mussolini ait ou non porté la chemise noire des *arditi*, puis de leurs héritiers squadristes au temps des expéditions punitives contre les « ennemis de la nation ». Symboliquement, il endosse leur identité et il éprouve d'autant moins de scrupule à le faire qu'après tout il a été un soldat sans reproche et a, comme beaucoup d'autres, payé un lourd tribut à la défense de la patrie. Devenu le maître tout-puissant de l'Italie fasciste, il s'appliquera à faire fructifier ce capital symbolique. Parmi les représentations du dictateur qui sont offertes aux masses italiennes à partir du début des années trente, c'est de plus en plus souvent le soldat qui est l'objet de la scénographie fasciste. Et plus précisément le milicien, héritier à son tour de la geste squadriste.

La mise du dictateur reflète assez fidèlement l'évolution du régime et la militarisation du concept d'homme nouveau dans la tête des promoteurs de la « révolution culturelle » fasciste. Affichant son mépris pour le comportement « bourgeois », Mussolini abandonna assez tôt la tenue civile pour les uniformes militaires. Il arbora d'abord, dans certaines circonstances, une sorte de tenue mixte : jaquette civile et chapeau melon sur chemise noire, culotte de cheval et bottes de cuir. Puis il adopta l'uni-

---

1. Cité *in* Giorgio Pini, Duilio Susmel, *Mussolini, l'uomo e l'opera*, vol. I, *Dal socialismo al fascismo*, Florence, La Fenice, 1963, p. 365.

forme de « caporal d'honneur » de la Milice, emblématique à la fois de la relation de proximité qu'il s'efforçait de maintenir avec ses partisans et avec son peuple – le grade de caporal était le seul qu'il eût gagné pendant la guerre – et de l'aura qui était censée entourer la Milice : « armée citoyenne », armée militante, armée des fidèles, opposée à l'institution militaire traditionnelle, avec sa hiérarchie issue des élites de l'« ancien régime » et les liens étroits qu'elle conservait avec la monarchie. C'est seulement après qu'il eut obtenu en mars 1938, par un vote « spontané » de la Chambre des députés et du Sénat et conjointement avec le roi, le grade de « premier maréchal de l'Empire », que le *Duce* voulut bien se couler dans le somptueux uniforme qui était assorti à son rang, et que confectionnait à ses mesures un tailleur réputé de la via Cavour[1].

Je conclurai sur une image qui me paraît résumer le rapport que Mussolini entretenait, au milieu des années trente, avec ce qui allait constituer au cours de la période précédant immédiatement la guerre le mythe de l'« homme nouveau ». Cette image figure sur la page de couverture du supplément illustré du *Corriere della sera*, daté du 3 mars 1935. Le *Duce*, en uniforme de caporal d'honneur de la milice, brandit une pioche avec laquelle il s'active à la démolition d'un édifice vétuste situé au-dessus des forums impériaux à Rome. À ses côtés, le dessinateur a représenté deux ouvriers assistant Mussolini dans son activité de terrassier. Tout est dit : l'appartenance du dictateur au monde des travailleurs, l'intérêt qu'il porte aux activités manuelles et aux tâches les plus pénibles, sa volonté de garder le contact avec les petites gens et le souci qu'il a de « travailler pour le peuple », ainsi que son statut de « bâtisseur » et de restaurateur de la romanité impériale. Mais l'uniforme est là pour rappeler que l'homme nouveau dont il incarne symboliquement les vertus civiques et morales est aussi un combattant mobilisé en permanence au service de la nation, comme l'était le légionnaire romain de la haute époque : comme lui-même, réplique moderne d'un Cincinnatus tout prêt à troquer la charrue pour le glaive.

1. Quinto Navarra, *Memorie...*, *op. cit.*, p. 58.

Le salazarisme et l'homme nouveau
Essai sur l'État nouveau et la question du totalitarisme dans les années trente et quarante

Fernando Rosas
(Université nouvelle de Lisbonne)

Tentative de définition synthétique du système des valeurs, de l'axiologie et de l'idéologie de l'État nouveau dans les années trente et quarante, ce bref essai s'attache à développer l'idée suivant laquelle les « vérités indiscutables », proclamées lors de l'an X de la Révolution nationale, et leur vision totalisante se traduisirent par la création d'un appareil d'inculcation idéologique étatiste et autoritaire ayant prise sur le quotidien de chacun, de la vie de famille en passant par l'école, le travail, les loisirs. Ainsi, l'objectif fut bien de créer cet « homme nouveau » particulier du salazarisme.

En s'appuyant sur les travaux de recherche les plus récemment publiés sur la propagande[1], l'éducation nationale[2], la création

---

1. Cf. Jorge Ramos do Ó, *Os anos de Ferro – o dispositivo cultural durante a « Política do Espírito », 1939-1949*, Lisbonne, Estampa, 1999, et Heloísa Paulo, *Estado Novo e Propaganda em Portugal e no Brasil, o SPN e o DIP*, Coimbra, Ed. Minerva, 1994.

2. Cf. António Nóvoa, « À Educação Nacional », *in* Fernando Rosas (ed.), *Portugal e o Estado Novo (1930-1960)*, Joel Serrão et A. H. de Oliveira Marques (eds), *Nova História de Portugal*, vol. XII, Lisbonne, Ed. Presença, 1992, p. 456-519. Du même auteur, entrées sur « l'éducation nationale » et les divers sous-systèmes de l'éducation *in* F. Rosas et J.M. Brandão de Brito (eds), *Dicionário de História do Estado Novo*, vol. I, Lisbonne, Círculo de Leitores, 1996, et *in* António Barreto et M. Filomena Mónica (eds), *Dicionário de História de Portugal*, vol. I, Porto, Ed. Figueirinhas, 1999. Cf. également Maria Cândida Proença (ed.), *O Sistema de Ensino em Portugal, sécs. XIX e XX*, Lisbonne, Ed. Colibri et Instituto de História Contemporânea da FCSH – UNL, 1998.

d'une « culture populaire »[1], l'orientation et le contrôle des loisirs[2], la politique du régime en direction des femmes[3], nous chercherons à démontrer que le salazarisme, pendant cette période de son histoire fondée sur une idée mythique de la nation, a tenté, lui aussi, de « racheter les âmes » des Portugais. Cette mission d'éducation et de propagande fut confiée à des organismes d'État, chargés de diffuser les idées de la Révolution nationale. Dans ce contexte, nous soutenons l'idée que l'État nouveau, à l'instar d'autres régimes fascistes ou fascisants de l'Europe, a alimenté et cherché à exécuter, à partir des organes de l'État spécialement créés à cet effet, un projet totalisant de rééducation des « esprits », de création d'un nouveau type de Portugaises et de Portugais régénérés par l'idéal purement national dont le régime se considérait porteur. Idéal qui, loin de se limiter à une proclamation de principe ou de se restreindre à la formation d'une élite, a été introduit autoritairement dans l'espace privé, cherchant à modifier les comportements des masses. C'est dans ce sens que nous parlerons d'« appétence totalitaire » du régime dans les années trente et quarante, sans oublier de relever les singularités parfois notables de cet « homme nouveau » de l'État nouveau, qui le distinguent certainement d'autres régimes du même genre.

---

1. Cf. Daniel Melo, *Salazarismo e Cultura Popular (1933-1958)*, thèse de Mestrado, Curso de Mestrado de História dos sécs. xix e xx, FCSH – Universidade Nova de Lisboa, Lisbonne, 1997.

2. Cf. José Carlos Valente, *Estado Novo e Alegria no Trabalho – Uma história política da FNAT (1935-1958)*, Lisbonne, Ed. Colibri/INATEL, 1999.

3. Cf. Irene Flunser Pimentel, *Contributos Para a História das Mulheres no Estado Novo – As organizações Femininas do Estado Novo. À « Obra das Mães Pela Educação Nacional » e a « Mocidade Portuguesa Feminina (1936-1966)*, thèse de Mestrado, Curso de Mestrado de História dos sécs. xix e xx, FCSH – Universidade Nova de Lisboa, Lisbonne, 1996. Voir également Anne Cova et António Costa Pinto, « O Salazarismo e as Mulheres. Uma abordagem corporativa », in *Penélope*, n° 17, 1997, p. 71-94.

LES MYTHES IDÉOLOGIQUES FONDATEURS DE L'ÉTAT NOUVEAU.
LES « VÉRITÉS INDISCUTABLES » DE L'AN X

À partir du milieu des années trente, idéologie et propagande du régime sont fixées de façon stable, jusqu'à l'après-guerre : s'opère alors la fusion des valeurs nationalistes de nature intégriste et catholique conservatrice avec les influences radicales et fascisantes héritées de la guerre civile d'Espagne et de la triomphale montée des fascismes et de l'hitlérisme en Europe [1].

Cette évolution de l'idéologie appelle deux observations. La première est que sa nature ultraconservatrice et intégriste réduisait la base politique et idéologique réelle de la plate-forme des diverses droites soutenant le régime. Par exemple, le républicanisme conservateur sur le plan politique, ou les idéologies technocratiques du réformisme agraire et de l'industrialisme, sur le plan économique et social, se reconnaissaient difficilement dans le discours ruraliste, dans ce traditionalisme empreint de méfiance envers le progrès matériel, consubstantiels d'une grande partie des « vérités indiscutables » de la propagande officielle du régime. L'État nouveau, politiquement et économiquement, dans l'équilibre qu'il réalisait entre les différentes droites, allait bien au-delà du caractère délibérément réducteur de son discours officiel. Ainsi, dans les discussions stratégiques concernant l'avenir économique du pays – comme au premier Congrès de l'industrie de 1933, lors du premier congrès de l'Union nationale l'année suivante, dans la presse de l'association industrielle portugaise ou encore dans les écrits de Ferreira Dias [2] –, la défense politique du régime ou l'apologie du « nationalisme portugais » s'opéraient sur une ligne distincte du discours officiel, à partir de prémisses faisant l'éloge de la fonction rédemptrice de la science et de la technique, plutôt que de celle de « l'esprit ».

---

1. La composante « fasciste », on le verra plus loin, est moins perceptible au niveau des contenus que de la définition des cibles, des instruments, des méthodes et de l'iconographie qui accompagnaient son énoncé et sa pédagogie.

2. Cf. Fernando Rosas, *Salazarismo e Fomento económico*, Lisbonne, Ed. Notícias, 2000.

La seconde observation concerne les fluctuations du discours : celles-ci doivent être mises en rapport avec les diverses conjonctures historiques de la période, les menaces de la guerre et les mutations rapides du monde de l'après-guerre.

Dans les années trente et quarante, à l'époque de l'âge d'or du projet idéologique totalitaire de l'État nouveau, non sans nuances et divisions internes, le régime définit un discours de propagande clair, agressif, fondateur d'un nouvel ordre : procédant à la révision « purificatrice » de la mémoire historique[1], élaborant le concept intégrateur et unificateur de « culture populaire » et de racines national-ethnographiques[2]. En mettant fin au « siècle noir » du libéralisme, au nom d'une idée mythique « de l'essence portugaise », au-delà du temps et des classes, l'État nouveau avait entrepris de « rééduquer » les Portugais, de regénérer la nation, lui permettant de renouer avec son destin providentiel.

Il est possible de tenter de synthétiser les directions essentielles de ce discours en énumérant quelques mythes fondateurs.

En premier lieu, le mythe de la palingénésie, du retour de la « renaissance portugaise », de la « régénération » opérée par l'État nouveau, interrompant la « décadence nationale » provoquée par plus de cent ans de libéralisme monarchique et son paroxysme républicaniste : une idée commune à toute la droite anti-libérale portugaise, renforcée et redéfinie à partir de la réaction à l'Ultimatum de 1890, partagée aussi par le courant régénérateur nationaliste républicain que l'État nouveau synthétisa et récupéra[3].

En second lieu, le mythe central de l'essence du régime, autrement dit du nouveau nationalisme. L'État nouveau n'était pas un régime de plus dans l'histoire politique portugaise. Il signifiait la reprise du cours véritable et authentique de l'histoire nationale,

---

1. Cf. Sérgio Campos Matos, *História, Mitologia e Imaginário Nacional. À História no Curso dos Liceus (1895-1939)*, Lisbonne, Livros Horizonte, 1990.

2. Cf. Daniel Melo, *op.cit.*, p. 43 et p. 173.

3. Cf. Rui Ramos, *À Segunda Fundação*, José Mattoso (ed.), *História de Portugal*, vol. VI, Lisbonne, Ed. Estampa, 1994, p. 565 et s.

consécutif à la fermeture par la Révolution nationale de la parenthèse obscure de ce siècle antinational presque a-historique du libéralisme. L'État nouveau surgissait ainsi comme l'institutionnalisation du destin national, la matérialisation politique, au xxᵉ siècle, d'une essence historique portugaise mythique. Pour cela, il s'accomplissait, il ne se discutait pas, discuter signifiant remettre en cause la nation. Le célèbre slogan « Tout pour la nation, rien contre la nation » résume pour l'essentiel ce mythe providentialiste.

Le troisième, je l'appellerai le mythe impérial, dans une large mesure hérité de la tradition républicaine et monarchique antérieure, avec sa double vocation, historique et providentielle, à coloniser et à évangéliser. L'acte colonial de 1930 affirmait dans son article 2 : « Il est de l'essence organique de la nation portugaise d'assumer la fonction historique de posséder et de coloniser des territoires d'outre-mer et de civiliser les populations indigènes. » Ceci devait être non seulement « la mission de l'homme blanc » mais, dans le discours impérial de l'État nouveau, une des missions de l'homme portugais, continuant la geste héroïque des navigateurs, des saints et des chevaliers. Le dessein mythique de la race se concrétisait dans l'idéal retrouvé de l'empire ; l'empire, comme entité ontologique, devait concrétiser cette vocation.

Le quatrième mythe est celui de la ruralité : une ruralité traditionnelle considérée comme une vertu spécifique, où s'exprimaient les véritables qualités de la race et où se fortifiait l'être national. Plus tard, en 1953, évoquant le premier plan de développement, et aussi paradoxal que cela puisse paraître, Salazar déclarait que « ceux qui ne se laissent pas obséder par le mirage de l'enrichissement indéfini, mais aspirent par-dessus tout à une vie certes modeste mais saine, attachée à la terre, ceux-là ne pourront jamais suivre les chemins où l'agriculture cède le pas à l'industrie ». Et il poursuivait : « Je sais que nous payons ainsi une taxe de sécurité, un prix politique et économique, mais je sais que la sécurité et la modestie ont aussi leurs compensations [1]. » La terre fut donc considérée comme première et principale source de

---

1. Salazar, *Discursos e Notas políticas*, vol. V, Coimbra, Coimbra Editora, p. 104-105.

richesse, chemin de l'ordre et de l'harmonie sociale, berceau des vertus ancestrales nécessitant la tutelle attentive et paternelle de l'État.

Le cinquième mythe pourrait être celui de « la pauvreté honnête », le mythe « des médiocrités dorées », celui d'un pays pauvre rivé à son destin rural. « Vivre habituellement » devint, dans le pays du grand dessein salazariste, le paradigme de la seule félicité possible. Le Portugal devait donc, pour utiliser une formule du chef du gouvernement, suivre une « vocation de pauvreté ».

Le sixième mythe serait celui de l'ordre corporatiste comme expression de l'ordre naturel des choses. L'idée qu'il existait, de façon intemporelle, une hiérarchie sociale spontanée et harmonieusement établie dans le cadre d'une société organique fut synthétisée efficacement par cette maxime de Carneiro Pacheco : « Une place pour chacun, chacun à sa place. » La rencontre de l'État avec la solution organique, corporative et antilibérale, permettait ainsi de révéler une autre vocation de l'essence portugaise : une vocation d'ordre, de hiérarchie et d'autorité naturelle.

Septième et dernier mythe, celui de l'essence catholique de l'identité nationale, qui entendait la religion catholique comme élément constitutif de l'être portugais, comme attribut marqueur de sa propre nationalité et de son histoire. À ce sujet, Gustavo Cordeiro Ramos expliquait en 1936 : « Sous le masque du laïcisme, on a fait une œuvre criminelle, antisociale et antipatriotique de déchristianisation. La religion doit être considérée comme une nécessité de l'État. [...] L'ordre nouveau avec ces concepts dominants, d'autorité et de nation, ne peut se comprendre qu'en admettant un ordre supérieur. Il est inacceptable sans l'idée et la pratique de Dieu[1]. » Prolongeant ce raisonnement, Carneiro Pacheco donnait les éclaircissements

---

1. Gustavo Cordeiro Ramos, *Os Fundamentos Éticos da Escola no Estado Novo*, Lisbonne, Ed. União Nacional, 1937, p. 371, 373 et 378. Gustavo Cordeiro Ramos (1888-1974), professeur à l'Université, ministre de l'Instruction publique de janvier 1930 à juillet 1933, fut l'un des premiers à traduire la pensée de Salazar en matière d'enseignement et à poser les bases d'une école nationaliste d'inculcation des valeurs patriotiques et morales. (*Note du traducteur.*)

suivants : « Une chose est la séparation de l'Église et de l'État que conserve la Constitution de 1933, une autre est l'esprit laïc qui est contraire à la Constitution, à l'ordre social, à la famille et à la propre nature humaine. Bien pire que les ténèbres de l'analphabétisme dans un cœur pur est l'instruction matérialiste et païenne qui asphyxie les meilleures inclinations[1]. » Salazar devait résumer cette axiologie en proclamant, dans son célèbre discours de l'an X à Braga, lors des commémorations du dixième anniversaire du « 28 mai », les « vérités indiscutables » de la Révolution nationale : « Nous ne discutons pas Dieu et la vertu, nous ne discutons pas la patrie et son histoire, nous ne discutons pas l'autorité et son prestige, la famille et la morale, le travail et son devoir[2]. »

Il faut ici souligner que les « valeurs de Braga » n'étaient pas une simple plate-forme de l'unité politique et idéologique de l'État nouveau, ou une simple morale abstraite des comportements en société. Elles impliquaient une morale de rééducation et de régénération, tant collective qu'individuelle, dont résulterait, par l'action de l'État dans les différentes strates privées et publiques, le modelage de cet « homme nouveau » particulier au salazarisme. Celui-ci devait être capable d'assumer le destin ontologique de la nation qui le précédait et se superposait à lui, subordonnant ses attitudes, pensées et façons de vivre aux nécessités de « l'intérêt national » : moins par la sujétion de l'individuel au collectif qu'à travers un parrainage des esprits et des « manières d'être » en accord avec les « valeurs portugaises » de toujours que le régime définissait, représentait et avait comme mission de faire appliquer.

Cet être rénové, expurgé des vices du libéralisme, du rationalisme et de la contamination marxiste ; cet être, réintégré par l'action tutélaire de l'État dans le véritable « esprit de la Nation », devait « craindre Dieu », respecter l'ordre établi et les hiérarchies sociales et politiques comme découlant de l'organisation naturelle et éternelle des sociétés ; un être prêt à servir la patrie et l'empire ; un être remplissant ses devoirs envers sa famille et son travail, dépourvu « d'ambition maladive » et

---

1. Carneiro Pacheco, « Na recepção ao pessoal do ensino primário », in *Escola Portuguesa*, n° 69, 1936, p. 3.
2. Salazar, *op. cit.*, vol. II, p. 130.

« antinaturelle », un être satisfait de son honnête modestie. Telles étaient les « vertus de la race », expression même de cette référence essentielle de la ruralité, de cette terre fertilisée par la sueur de ceux qui travaillent, mère de la richesse, de la tempérance et de l'ordre.

« RACHETER LES ÂMES ». LES APPAREILS DE PROPAGANDE ET DE PÉDAGOGIE IDÉOLOGIQUE DU RÉGIME

De cette essence de la nation et du régime découlait son appétence totalisante. Comme devait le déclarer Salazar en 1934, « nous ne reconnaissons pas la liberté contre la Nation, contre le bien commun, contre la famille, contre la morale[1] ». Pour ne pas nier la nation elle-même, l'État nouveau devait réaliser la mission essentielle de ramener les Portugais au « nouvel ordre moral » qui la rachetait et la réalisait. C'est pour cela que dans le Portugal salazariste, à l'instar de ce qui se passait dans d'autres dictatures de nature fasciste et porteuses d'un projet totalitaire, le discours idéologique ne se limitait pas à un simple énoncé, même s'il restait exclusif et univoque. Il se présentait comme un double guide pour l'action : une orientation pour la politique en général, mais, de façon très particulière, une sorte de catéchisme pour le « rachat des âmes » mis en pratique par des organes de propagande et d'inculcation idéologique expressément créés à cet effet.

Comme le souligne Jorge do Ó, « l'idéologie ne devait pas être un énoncé programmatique : elle devait obstinément rechercher la réalité en sortant d'elle-même et en imprégnant les pratiques[2] ».

Il pourrait être démontré que la pensée profonde de Salazar concernant les relations du pouvoir avec les masses prenait ses distances par rapport à cette vision quelque peu massificatrice : conservateur autoritaire de formation catholique, adversaire convaincu du « démon » libéral et des idées socialistes et communistes, sa pensée reflétait essentiellement la tradition contre-révolutionnaire de la droite conservatrice, tout en étant façonnée

---

1. *Ibid.*, vol. I, p. 309.
2. Jorge do Ó, *op. cit.*, p. 50.

par les enseignements du catholicisme social. Dans ses écrits, Salazar s'était soucié très tôt de la formation des élites. Il était, pour ainsi dire, à l'image de l'ensemble de la droite catholique de son temps, un conservateur élitiste typique : l'avenir de la nation et du régime dépendait surtout des élites éduquées dans l'esprit du véritable intérêt national.

Au long d'années de discours et d'écrits politiques, le chef du régime accumula des remarques et des références sur la « bonté maladive », le caractère instable, inconséquent, impressionnable, quelque peu infantile et irresponsable du peuple portugais. En définitive, le peuple voulait seulement « être bien gouverné ». Et c'était bien là la tâche des élites. Ainsi, elles sauraient contrôler et conduire la masse, révéler les potentialités des « vertus du peuple portugais » – son attachement stoïque à l'ordre, au travail, à l'âpreté de la vie –, organiser le consensus et la résignation, en somme garantir la stabilité et la durée du régime : c'est là que devait résider l'art suprême de gouverner.

Nous sommes bien loin, malgré tout, du projet totalisant que l'État nouveau semble proposer à partir du milieu des années trente. En fait, sous l'effet de l'affirmation du fascisme italien, du national-socialisme et des « régimes d'ordre » dans toute l'Europe, avec l'impact de la guerre civile d'Espagne et de la « menace rouge » tant dénoncée, non seulement contre le régime, mais contre la souveraineté nationale et la « civilisation chrétienne occidentale », de l'intérieur du régime, relayée par une partie de la population, la pression fascisante s'imposa au détriment du point de vue conservateur dominant dans l'oligarchie du régime, en lui imposant des concessions et des reculades. C'est dans cette situation qu'allait s'élaborer une dynamique fascisante. Elle se manifesta dans l'apparition, « à partir du bas », d'organisations de mobilisation et d'inculcation idéologique que l'État nouveau dut accepter, cherchant toujours à les contrôler et à les placer sous sa tutelle.

C'est la « pression sociale et politique de la base », celle des différents groupes de la droite radicale, que Luís Nuno Rodrigues[1] analyse comme « déterminante » dans l'apparition de la légion portugaise (LP) au cours de l'été 1936. De même,

1. Luís Nuno Rodrigues, *A Legião portuguesa*, Lisbonne, Estampa, 1997.

l'initiative du noyau dur et militant du syndicalisme corporatif, en grande partie d'origine national-syndicaliste, fut décisive dans le lancement, avec l'appui décisif de Pedro Teotonio Pereira, de la Fondation nationale pour l'allégresse dans le travail (FNAT) en 1935 : une organisation influencée par le *dopolavoro* et plus encore, du point de vue organique, par la *Kraft durch Frei* allemande allant bien au-delà des modestes desseins de Salazar pour une « œuvre » de « valorisation du travail national[1] ». Au niveau de certains secteurs de l'État, comme celui de l'éducation nationale, on observe également un processus, mûri de façon controversée au sein du régime depuis des années, mais résolu seulement en 1935, se traduisant par une inflexion radicale et de tendance totalisante des politiques de l'enseignement et de l'encadrement de la jeunesse et des femmes.

Au moyen de telles organisations, nouvelles ou « réorientées », il s'agit d'influencer le « caractère », le « goût », la « culture », l'imaginaire des Portugais, selon une double direction.

D'un côté, il s'agit de rééduquer les élites ou d'en créer de nouvelles, responsables de l'encadrement et de l'orientation des organisations de masse et du goût et des loisirs des masses : élites syndicales, élites des organisations corporatives rurales, éducateurs des écoles primaires, nouveaux agents culturels et artistiques.

Il convient de signaler que dans le domaine de l'éducation nationale ou de la « politique de l'esprit » le « dispositif culturel » de l'État nouveau édifié à partir de 1933, prévoyait notamment la création du Secrétariat à la propagande nationale (SPN), attribuant déjà un rôle périphérique et subalterne au savoir académique et à la culture scientifique et universitaire, cantonnés à une fonction d'approbation et de légitimation des grands thèmes de la propagande.

Les experts du savoir académique furent relégués au second plan devant l'affirmation, sur l'estrade de la propagande, de nouveaux artistes, idéologues et agitateurs du SPN.

D'un autre côté, l'orientation idéologique de l'enseignement vise le « savoir, écrire, compter » pour l'enseignement primaire

---

1. José Carlos Valente, *op. cit.*, p. 39.

et secondaire, mais critique le « savoir encyclopédique » d'inspiration républicaine – comme incitation à des attentes plus dange-
reuses et inconvenantes – dans la façon de véhiculer les savoirs
indispensables pour que chacun se retrouve et se place dans une
hiérarchie sociale cristallisée et intemporelle. De même, elle
dévalorise le savoir pratique, le savoir-faire, la rationalité scientifique, relégués dans les catégories subalternes de l'enseignement technique et largement absents de l'enseignement
secondaire et même des universités[1]. Au sein de « l'éducation
nationale », la science, la technique, la pluralité des savoirs sont
considérées avec méfiance. Et l'université, où persiste cette suspicion, est complètement coupée, quant à elle, des tâches de formation à d'autres niveaux.

La formation des masses joua également un rôle central dans
ce dispositif à travers la massification de l'enseignement primaire et le projet d'éducation morale et spirituelle des milieux
populaires, urbains et ruraux, aux valeurs d'une « culture populaire », national-ruraliste, ethnographique et corporative[2]. La
FNAT et la Commission centrale des maisons du peuple (*Junta
central das casas do povo*, JCCP) furent les instruments de cette
propagande nationale.

Une telle ambition « totalisante » fut clairement énoncée et
revendiquée par plusieurs hiérarques du régime. Gustavo Cordeiro Ramos, ancien ministre de l'Instruction des premiers gouvernements de Salazar et inspirateur des réformes éducatives de
1936, germanophile déclaré, s'exprimant cette même année
devant le Centre d'études corporatives de l'Union nationale
(UN), rappelait que « dans les États rénovés, il y a une conception unitaire de la vie et de l'homme, un principe de totalité qui
se traduit dans la politique, l'économie, la science, la culture et
l'éducation ». Et il poursuivait, citant Francesco Vito : « chercher à faire une révolution économique sans la révolution spirituelle de l'individu et de la société, est une simple utopie[3] ».

De même, Carneiro Pacheco, le ministre fondateur de « l'Édu-

---

1. Cf. António Novoa, « A Educação nacional » et « O Ensino universitá-
rio », *in* F. Rosas et J.M. Brandão de Brito (eds), *Dicionário de História do
Estado Novo, op. cit.*
2. Cf. Daniel Melo, *op. cit.*
3. Gustavo Cordeiro Ramos, *op. cit.,* p. 364.

cation nationale » en 1936 soulignait qu'au Portugal « la restauration nationale », si prometteuse sur le plan financier, économique et social, « était très en retard dans les esprits ». Il constatait « un déficit de mentalité », « une insuffisance morale », « une indiscipline mentale de la jeunesse » qui l'amenaient à conclure que « le pays n'accompagne pas spirituellement le rythme de l'État nouveau ». Il fallait s'occuper de cela, et évidemment à partir de l'État, dès lors que celui ci « a le droit, plus que le droit, le devoir de sélectionner tous les agents du développement, de l'intelligence et de la formation spirituelle[1] ».

À partir de 1933 avec la création du SPN, puis dans la deuxième moitié des années trente, le vaste système de propagande s'organisa autour de quatre piliers. Deux d'entre eux intégraient ce que nous pourrions appeler le « système d'énonciation » : conception et divulgation de l'information, de croyances, de valeurs, de la culture, des artefacts de « l'esprit » en général. Le SPN, dépendant de la présidence du Conseil, était le centre unificateur de l'idéologie. Plus spécifiquement, dans le domaine de la fixation et de la diffusion de l'idéologie coloniale, aussi bien dans la métropole que dans les colonies de l'empire, l'Agence générale des colonies, organisme du ministère des Colonies, jouait un rôle analogue. Dans les deux cas se croisait l'exercice d'un « pouvoir d'influence » – celui de conditionner et de discipliner les conduites au nom de principes déclarés communs – avec son revers, l'exercice « d'un pouvoir d'inflexion », celui qui, par la menace, par la punition, et par la censure préalable, interdisait les valeurs et les comportements considérés comme déviants.

Le vaste appareil de « l'éducation nationale » constituait le troisième pilier du dispositif. Au cœur de celui-ci figurait le ministère du même nom, rebaptisé par Carneiro Pachero en 1936, lors de la « réforme nationaliste » de la vieille « instruction publique ». Il devait être relayé par la Jeunesse portugaise (*Mocidade portuguesa*, MP) et par l'Œuvre des mères pour l'éducation nationale (OMEN), dont dépendait la Jeunesse portugaise féminine (MPF).

---

1. Carneiro Pacheco, « Declarações de Sua Excelência o ministro da Instrução pública no acto de posse », in *Escola portuguesa*, Ano II, n° 69, février 1936, p. 1-2.

Enfin, l'appareil corporatif tout entier doit être considéré comme le quatrième pilier, de l'Institut national du travail et de la prévoyance jusqu'au patronat, des syndicats nationaux aux Maisons du peuple et Maisons des pêcheurs. Deux organismes étaient plus spécifiquement dévolus à « l'éducation des esprits » : la FNAT, née en 1935, et la JCCP, superstructure dirigeante des Maisons du peuple, qui exerçait les fonctions de la FNAT pour le monde rural et de la pêche.

De l'énonciation à la mise en forme : l'esprit comme matière première

L'idée de la création du SPN, « vendue » avec insistance par António Ferro à Salazar, avait été acceptée par celui-ci, au moins au début, sur la base d'une mission restreinte de propagande : valoriser l'œuvre du régime face aux calomnies et aux attaques de ses ennemis, éviter, en informant les masses, malaise et mécontentement.

En octobre 1933, le chef du gouvernement admettait devant Ferro : « Politiquement, il n'existe que ce que le public sait qu'il existe[1]. » Il glosa souvent sur cette formule en d'autres occasions – « en politique ce qui paraît est » – toujours pour insister sur la nécessité de l'existence et de l'intensification de la propagande concernant les desseins et les actes de l'État nouveau. Mais il faut dire que, bien avant sa nomination comme directeur du SPN, António Ferro avait des idéaux plus ambitieux et radicaux quant aux tâches du nouvel organisme, et à la « politique de l'esprit » à laquelle il pourrait donner « élévation, sens, éternité ». L'esprit dont il parlait n'était pas « une fantaisie », « mais une arme indispensable pour notre résurrection ». Dans cette acception, l'esprit serait ainsi une « précieuse matière première de l'éducation des hommes et de l'âme des peuples[2] ». Né dans la perspective de faire connaître l'œuvre du gouvernement, le SPN, sous la conduite de Ferro, devait acquérir une autre enver-

1. Salazar, *op. cit.*, vol. I, p. 259.
2. António Ferro, « Política do Espírito », in *Diário de Notícias*, 21 novembre 1932.

gure et une dimension plus conforme à celle des organes similaires des dictatures européennes : rééduquer les esprits et les mettre en harmonie avec l'idéologie de la « nouvelle Renaissance ».

Le SPN se constitua ainsi comme un espace par excellence de la « mise en scène » de la politique et de l'idéologie du régime, de sa norme esthétique et de sa diffusion massive, à travers un appareil d'agitation impressionnant et tentaculaire. En peu de temps, son action se déploya dans le domaine des arts plastiques (cherchant à marier le modernisme esthétique avec les valeurs ruralistes et conservatrices du discours officiel), de la propagande moderne – le cinéma, la radio, l'affiche –, de la littérature – s'efforçant de lancer des prix littéraires –, et de la consommation culturelle de masse : promotion d'un « théâtre du peuple », réinvention de l'ethnographie et de la culture « populaires », création d'un tourisme officiel et populaire, mise en scène des « fêtes populaires », des « cortèges historiques » et de l'ensemble des grandes manifestations du régime. Il va de soi que la censure préalable – sous le contrôle du SPN à partir de 1940 – s'exerçait sur l'ensemble de ces domaines, à l'exception du livre où les difficultés de contrôle *a priori* se transformaient en répression *a posteriori*.

Pour les auteurs de la réforme éducative de 1936, ou, si l'on veut, pour les idéologues fondateurs de « l'éducation nationale », l'objectif à atteindre ne pouvait pas être plus clair : « l'éducation [...] ne peut se limiter à l'élaboration des programmes de constructions d'écoles, mais elle doit viser l'orientation juste de la vie individuelle et nationale ». Comme le rappelait Cordeiro Ramos, dans les dits « États rénovés », ceux auxquels le salazarisme se rattachait, « l'action de l'école s'est élargie : son but n'est pas seulement d'enseigner et d'éduquer politiquement dans le sens noble du mot ». En somme, disait-il, seule l'éducation « forme l'homme nouveau[1] ». Telle était la tâche de l'État nouveau. Mais en considérant le rôle fondamental qu'y jouait le « foyer familial » et n'ignorant pas que la crise des valeurs avait elle aussi atteint et affaibli les familles, l'État devait les surveiller, les aider et les accompagner dans cette mis-

---

1. G. Cordeiro Ramos, *op. cit.,* p. 364 et 367.

sion : « L'État ne peut se désintéresser de savoir dans quelles
conditions vit l'enfant ; une relation intime et constante entre les
autorités scolaires et les familles devient indispensable pour que
le travail éducatif n'en souffre pas. » L'école devait donc
connaître « la vie de l'élève en dehors du milieu scolaire et exercer ainsi son action dans ce vaste champ de l'action éducative et
de la réglementation sociale[1] ». Le nouveau ministre de « l'Éducation nationale », Carneiro Pacheco, dans sa proposition de
réforme de l'enseignement primaire qu'il présenta à l'Assemblée
nationale, invoquait le « manque de préparation de la famille au
travail éducatif », tandis que la Chambre corporative estimait
que cette « incapacité de la famille pour l'action formatrice »
devrait être « compensée par l'État ».

Lorsque Carneiro Pacheco, titulaire du nouveau portefeuille
de « l'Éducation nationale », reçut les hommages des instituteurs, il leur communiqua ce qu'il attendait d'eux : « aider les
parents à façonner le futur homme portugais dans la cire sensible
et plastique qu'est le cerveau de l'enfant ». En définitive, seuls
les « éducateurs avec un esprit neuf peuvent former les hommes
nouveaux », et les instituteurs devaient être « l'armée en première ligne dans l'offensive bienfaisante pour l'éducation nationale[2] ». L'offensive intervenait sur plusieurs fronts, dans un
véritable projet destiné à placer l'école, à tous les niveaux, au
service de cet effort pour façonner les consciences : révision des
programmes scolaires en accord avec les principes idéologiques
du régime et l'adoption de « livres uniques » dans les principales
disciplines de l'enseignement primaire et secondaire ; organisation d'un système centralisé de surveillance politique permanente des activités, des opinions et des attitudes des enseignants
qui, d'autre part, deviennent la cible d'une sélection soignée et
d'une épuration politique ; recours régulier à des initiatives et à
des cérémonies politiques ou politico-religieuses dans les écoles,
destinées à former idéologiquement les élèves, à tester les professeurs et à maintenir une tension mobilisatrice – classes et
conférences obligatoires sur la signification des affiches de propagande distribuées par le ministère, cérémonies rituelles
d'intronisation des crucifix dans les salles de classe, semaine

---

1. *Ibid.*, p. 370 et 375.
2. Diário das Sessões da Assembleia nacional.

coloniale, célébration des anniversaires de l'entrée de Salazar au gouvernement et d'autres éphémérides nationalistes.

Une organisation paramilitaire d'encadrement de la jeunesse fut mise en place, l'Organisation nationale de la Jeunesse portugaise (*Mocidade Portuguesa*, MP), avec inscription obligatoire pour les élèves de l'enseignement primaire et secondaire : elle détenait le monopole de toutes les activités sportives et celui des initiatives parascolaires. Comme l'écrivait Marcello Caetano, son commissaire national le plus éminent, « la Jeunesse portugaise cherche à utiliser tous les matériaux possibles pour réaliser une synthèse formatrice de l'homme nouveau ». De cette tâche, il ressort que la « famille portugaise est très souvent atteinte de maux qui diminuent ou annulent sa capacité éducative ». Il faut « collaborer avec la famille » chaque fois que cela est possible et, sinon, « chercher à agir sur les parents, à travers les enfants. Nous sommes à une époque où souvent les parents doivent être éduqués par les enfants [1]... ».

L'Œuvre des mères pour l'éducation nationale (OMEN) était destinée à la formation du triptyque femme/épouse/mère, pilier domestique d'une famille saine, reproductrice de l'idéologie naturelle au sein du foyer familial et, surtout, dans l'éducation des enfants, dans la foi et la morale catholique ainsi que dans les principes d'ordre, d'honneur, de devoir et de nationalisme. En ce sens, l'OMEN, où le rôle dirigeant des cadres féminins des organisations catholiques était plus net, prétendait non seulement agir directement sur l'ambiance familiale en la corrigeant – « rééduquer les mères pauvres et riches » – mais aussi sur la formation des futures mères et épouses, à travers la Jeunesse portugaise féminine placée sous sa tutelle. Dotée d'un statut comparable à celui de la Jeunesse portugaise (MP), la Jeunesse portugaise féminine visait plus spécifiquement à préparer les jeunes femmes à leur rôle au sein du foyer vu comme « cellule de base » de l'organisation sociale [2].

Au sein de l'organisation corporative, la FNAT et le JCCP visaient à une double mission : créer des élites du syndicalisme

---

1. Marcello Caetano, *A Missão dos Dirigentes. Reflexão e Directivas pelo Comissário nacional*, Lisbonne, Ed. Mocidade Portuguesa, 1942, p. 7 et 31.
2. Cf. Irene F. Pimentel, *op. cit.,* p. 211 s., p. 303 s.

corporatiste, tâche que la FNAT a prise en main de 1935 jusque dans les années cinquante, mais aussi mobiliser et éduquer les masses laborieuses. Cette tentative de mobilisation a bien été marquée dans la FNAT jusqu'au début de la Seconde Guerre mondiale, surtout avec les efforts d'appropriation et de transformation du 1er mai en « fête du travail » avec une forte empreinte rurale, à mi-chemin entre le défilé politique et la foire du Minho. C'est dans cette direction qu'agissait le journal *1º de Maio*, de contenu ouvriériste et corporatiste, édité par la FNAT entre 1939 et 1942 : le noyau syndicaliste dirigeant l'organisation pesa de façon analogue dans le lancement de la Légion portugaise, milice du régime, en 1936[1].

Le rôle premier de la FNAT visait à encadrer les temps libres des masses, à l'intérieur ou hors du lieu de travail, à orienter leurs distractions en les écartant de l'influence délétère de la « taverne » ou de l'action subversive, en les coulant dans le moule de la « culture populaire ». Le peuple, le « vrai peuple » comme l'appelait António Ferro, était celui qui participait à cette re-création mythique d'une réalité essentielle comme cadre de vie, de ce national-ruralisme corporatif réinventant des musiques, des danses, un folklore, des habitudes, des traditions, des comportements, en accord avec l'esprit d'une ethnographie élaborée à sa mesure. « L'homme travailleur » qui s'y dessinait était un chef de famille courageux, respectueux, simple, obéissant, ancré dans le petit monde de sa famille et de son voisinage, fidèle aux traditions de toujours et à « l'ordre naturel des choses », même quand le destin l'arrachait au village pour le lancer dans ce milieu hostile et dangereux de l'usine et de la ville. Recréer cette ambiance ruralisante, ce village mythique, dans les quartiers populaires et dans les entreprises était l'objectif de la FNAT et de son réseau de Centres pour l'allégresse dans le travail (CAT) dans les usines, dans les bureaux, dans les syndicats nationaux et les autres organismes corporatifs, dans les cités ouvrières où leur fut légalement attribué le monopole de l'organisation des loisirs, des matchs de ping-pong aux excursions de fin de semaine.

---

1. J.C. Valente, *op. cit.,* p. 62 s.

Dans les Maisons du peuple et dans les Maisons des prêcheurs fonctionnaient, avec des fonctions identiques, les Centres de récréation populaires (CRT) sous la tutelle de la JCCP. Appuyant, orientant ou unifiant ces initiatives, la FNAT possédait un large éventail d'activités permanentes, les cantines, les colonies de vacances, les voyages touristiques, la gymnastique, les compétitions sportives, les spectacles musicaux, les célèbres soirées des travailleurs, le cinéma, les groupes folkloriques, les « musées » et autres initiatives ethnographiques, la définition de la hiérarchie corporative... Des instruments mis au service de ce suprême dessein culturel et politique consistant à « rendre portugais les Portugais ».

SECONDE GUERRE MONDIALE ET APRÈS-GUERRE : CONTENTION ET FORMALISATION DU PROJET TOTALISANT

Les principales organisations de mobilisation et de propagande du régime, après avoir connu leur apogée dans la seconde moitié des années trente, vécurent, au début de la Seconde Guerre mondiale, puis dans les années cinquante, un double phénomène d'altération. Cette évolution intervint sous l'effet, d'un côté, d'une relative « défascisation », intervenue dès avant le conflit mondial ; de l'autre, dans l'après-guerre, à travers une espèce de formalisation progressive des institutions d'inculcation, avec le maintien des anciens dispositifs institutionnels, mais le changement progressif de leur contenu discursif, de leurs objectifs et de leurs méthodes.

Il est clair qu'il y avait de bonnes raisons pour que l'État nouveau, surtout à partir de la fin de la guerre civile espagnole et jusqu'au début du conflit mondial, montre quelque appréhension face à la dynamique fascisante des organisations de mobilisation et d'encadrement qu'il avait laissé créer ou qu'il avait pris l'initiative de susciter. Le fait est que la fin de la guerre d'Espagne, si elle se soldait bien par le triomphe franquiste sur « l'Antéchrist », impliquait également l'hégémonie d'une Phalange qui ne cachait pas ses desseins annexionnistes vis-à-vis du Portugal, avec, fait plus grave, la naissance de la « nouvelle Espagne » sous la tutelle de ceux qui lui avaient donné militairement la victoire, l'Italie fasciste et l'Allemagne hitlérienne, ennemis de la

Grande-Bretagne, la « vieille alliée » du Portugal, dans la guerre qui se profilait à l'horizon. De ce point de vue, la « fascisation » du régime, passés les premiers enthousiasmes, fut bientôt considérée avec réserve par une oligarchie traditionnelle habituée, avec profit, à compter sur l'armée et l'Église pour « maintenir l'ordre » et qui, devant la militarisation des forces civiles sans tutelle étroite de l'État, voyait les mobilisations autonomes de la « populace » comme des éléments susceptibles de provoquer une déstabilisation, de faire éclater les hiérarchies traditionnelles et de mettre en cause « l'intérêt national ». La neutralité portugaise fut déterminée par ces réalités qui supposèrent aussi, à partir de l'hiver 1942, une prudence idéologique accrue à l'égard des régimes fascistes.

En septembre 1937, la Légion fut le premier des organismes à être soumis à une reprise en main par le régime, suivant une procédure – amenée à se répéter – de « normalisation », de nettoyage ou d'épuration plus ou moins étendue, visant la même finalité : conserver une autonomie politique et idéologique en renforçant la tutelle de l'État à travers les ministères compétents (Guerre, Intérieur, Éducation, Présidence) ; ne consentir qu'à des processus de militarisation et d'armement de faible ampleur dans les organisations paramilitaires, explicitement placées sous le commandement et la stratégie des Forces armées ; annuler ou vider les composantes de mobilisation de masse et le discours idéologique populiste radical qui lui était associé ; ne pas accepter une excessive concentration de pouvoirs de direction politique et idéologique dans un seul de ces organismes, surtout la FNAT, en les répartissant au sein d'autres organes d'encadrement et de propagande ; occulter, dès le début de la guerre, les références à la filiation du processus de « totalitarisation » du régime portugais et de ses organes avec leurs homologues fascistes et nazis ; corriger un certain mimétisme iconographique et symbolique jusqu'alors fréquent, en opérant une sorte de renationalisation des principes et des méthodes du dispositif de propagande de l'État nouveau portugais.

Il convient de souligner cependant que, dans ce mouvement de contention idéologique, de « déradicalisation », de nationalisation des objectifs, de mise au pas et de bureaucratisation des volontés et des manières d'agir, on n'a jamais remis en question ni l'orientation idéologique de base ni la nature totalitaire des dispositifs eux-mêmes. Tous continuèrent à exister pendant et après la guerre, avec les mêmes objectifs, la même logique d'action, mais seulement avec moins de velléités d'autonomie, de militarisation, de mobilisation ou de radicalisation. En cela on peut parler d'une « défascisation » relative qui touche plus les procédés que les contenus et les logiques des appareils, bien que les premiers aient fini par liquider bureaucratiquement l'intention originelle des seconds.

Mais l'essence du projet, son appétence totale et régénératrice de l'homme, ne fut pas vraiment mise en cause, non en raison d'une décision politique affichée, mais à cause des changements économiques et sociaux amorcés dans les années cinquante. Devenues de lourdes administrations publiques, les anciennes organisations de propagande, de mobilisation et d'inculcation avaient définitivement perdu leur élan. La « croisade corporative » à travers laquelle le régime, en pleine guerre froide, dans la première moitié des années cinquante, essaya de réactiver les corporations comme des bastions de l'anticommunisme et du paradigme ruralisant, précipita quelques-unes unes d'entre elles, surtout au niveau de l'éducation, de la jeunesse et de l'organisation corporative, dans un curieux jeu d'apparences et de changements invisibles. Le ministère de l'Éducation nationale et l'appareil corporatiste substituèrent peu à peu, très lentement, l'objectif de créer un homme nouveau à celui visant à favoriser l'homme travaillant à la productivité de l'économie. Les priorités de l'enrichissement et du marché, silencieusement, remplaçaient celles de « l'esprit ». De vieilles étiquettes sur des bouteilles neuves.

EN GUISE DE CONCLUSION

Finalement, on peut affirmer avec certitude que cet « homme nouveau » de la propagande, de l'« éducation nationale » et de la « culture populaire » était malgré tout un « homme vieux », non pas celui de la mobilisation révolutionnaire mais celui de l'ordre contre-révolutionnaire et conservateur. Homme type du nouveau régime, il n'en fut pas moins aussi un homme utopique, à façonner de façon autoritaire, par l'action conjuguée des politiques de l'esprit et de la répression, définies et appliquées par l'État. Ce chef de famille paysan, honnête, pieux et sage était cet « homme nouveau » spécial du salazarisme, réactivé non par l'action du parti d'avant-garde qui n'a jamais vraiment existé, mais par l'intervention formatrice d'organes spécialisés de l'administration ou de l'organisation corporative, en collaboration avec l'Église et dans l'optique d'une vision totalisante de la société à caractère nationaliste, corporatiste, catholique, ruraliste et autoritaire.

On pourrait dire que son profil était différent de celui du régime mussolinien ou du resplendissant et implacable « homme aryen », qui d'ailleurs n'était pas nouveau, dans la mesure où, pour les nazis, il devait représenter la supériorité d'une « race de seigneurs » existant naturellement dans la hiérarchie biologique de l'humanité. Pourtant, au-delà des différences idéologiques, ces archétypes sont liés par un dessein commun : fabriquer par la force, sans alternative, en niant les espaces privés ou d'autonomie, un nouvel être vertueux qui serait le support de la défense et de la reproduction de « l'ordre nouveau ». Il est sans doute intéressant et remarquable que, dans certains cas, il puisse apparaître comme un guerrier moderne et viril et, dans d'autres cas, comme un paysan, modeste et honnête. Mais ces figures constituent deux espèces de la même famille : la famille des régimes à vocation totalitaire, à laquelle l'État nouveau portugais, avec son indiscutable spécificité, a aussi appartenu pendant cette période historique.

Adaptation et traduction de Yves Léonard

« L'homme nouveau » salazariste
Élites et centres de socialisation politique dans l'État nouveau portugais

António Costa Pinto
(ICS, université de Lisbonne)

Les dictatures associées au fascisme s'impliquèrent, à droite, dans une tentative de construction d'un « homme nouveau », créant de puissantes institutions de socialisation politique et de contrôle de la société civile, mouvement indissociable du déplacement de l'axe du pouvoir en direction du chef et des partis uniques, viviers et formateurs des nouvelles élites. Pourtant, dans le cas du salazarisme, ce mouvement fut limité. La dictature de Salazar, fortement inspirée par le catholicisme social et par certains éléments d'une droite radicale maurrassienne, fut, pour l'essentiel, dominée par les secteurs conservateurs, avec une forte composante militaire. L'absence de fascisme originel comme élément dominant du nouveau pouvoir politique autoritaire et, plus particulièrement, l'incapacité du parti unique à s'imposer ont permis à des institutions puissantes, comme l'Église catholique, de se consacrer à « la formation des âmes » sous l'État nouveau salazariste.

Le fascisme italien et le national-socialisme allemand essayèrent différentes formes de direction charismatique et de totalisation du pouvoir politique, plus ou moins présentes dans d'autres dictatures de la période[1]. Après la prise du pouvoir, aussi bien le Parti fasciste que le Parti national-socialiste furent

---

1. Cf. Stanley G. Payne, *A History of Fascism*, Madison, University of Wisconsin Press, 1995 ; Roger Griffin, *The Nature of Fascism*, Londres, Pinder Publishers, 1991 ; Roger Eatwell, *Fascismo. Verso un modello generale*, Rome, Antonio Pellicani Editore, 1999.

des instruments puissants de « l'ordre nouveau », agents d'une « administration parallèle » et protagonistes d'innombrables tensions à l'intérieur de ces systèmes politiques dictatoriaux. Transformés en partis uniques, ceux-ci s'épanouirent en tant que formateurs d'une nouvelle classe dirigeante, en agents d'une nouvelle médiation entre l'État et la société civile, ouvrant une tension parti unique/État[1]. Cette tension fut responsable de l'apparition de nouveaux centres de décision politique qui, d'un côté, se concentrèrent entre les mains de Mussolini ou d'Hitler, en même temps qu'ils s'éloignaient du gouvernement et de l'élite ministérielle, chaque fois plus contrôlés ou relégués à l'arrière-plan par le parti unique et par son « administration parallèle ». Dans le cas portugais, malgré la présence d'une inspiration fasciste au fondement même de diverses institutions de l'organisation officielle de la jeunesse et la milice, une telle délocalisation ne devint jamais réalité, ce qui conditionna la définition d'un modèle et d'une pratique de la « nouvelle élite » fasciste, autorisant la coexistence de divers centres contradictoires.

Cette contribution entend analyser la composition et les voies de recrutement de l'élite dirigeante du salazarisme autour de trois axes fondamentaux : charisme et décision politique, caractéristiques du rapport entre dictateur et élite gouvernementale, composition de cette structure, voies de recrutement et rôle du parti unique dans le processus de sélection du gouvernement et dans le système politique dictatorial. Une attention particulière sera portée aux relations parti-dictateur-État, à la sélection et à la composition politique de l'élite gouvernementale et à l'impact de celles-ci dans le déplacement du lieu de décision politique et dans le type d'encadrement de la société civile. Éléments qui permettent d'expliquer la grande difficulté du salazarisme à concevoir la formation d'un « homme nouveau » équivalent à celui du fascisme ou du nazisme[2].

---

1. Cf. Samuel P. Huntington et Clement H. Moore (eds), *Authoritarian Politics in Modern Societies. The Dynamics of Established One-Party Systems*, New York, Basic Books, 1970 ; Roger Brooker, *Twentieth-Century Dictatorships. The Ideological One-Party States*, Londres, MacMillan, 1995.

2. Voir António Costa Pinto, « Elites, Single Parties and Political Decision-making in Fascist era Dictatorships », *Contemporary European History*, vol. 11, n° 3, août 2002, p. 429-454.

La dimension de la personnalité du chef est particulièrement importante dans les régimes dictatoriaux, même si son
impact sur le fonctionnement des systèmes politiques se
révèle d'une grande difficulté d'interprétation[1]. Son analyse
sera placée au second plan, au profit du processus de mise en
valeur du charisme du pouvoir des dictateurs, ou plutôt du
type de légitimité du chef dans ses relations avec l'État et la
société civile. Comme l'a souligné Rainer Lepsius, « il est
difficile de distinguer l'idolâtrie d'un chef et le charisme »,
mais ce qui nous intéresse ici ce sont les degrés de « désinsti-
tutionalisation des normes » et de dépassement de l'autoritarisme bureaucratique par le chef et ses séides[2]. Une
seconde dimension de cette contribution, se référera au mode
de décision politique et gouvernementale en relation avec le
pouvoir du dictateur, soit ce que certains analystes du
nazisme ont caractérisé comme la tension « dictateur fort/
dictateur faible »[3].

Les relations du parti unique avec le gouvernement, avec
l'appareil d'État et la société, paraissent essentielles à la
compréhension des différences de fonctionnement des dictatures
de « l'époque du fascisme ». Le parti et ses organisations
d'encadrement ne furent pas seulement, en certains cas, un pôle
alternatif d'encadrement de la société, parallèle aux institutions
étatiques. Ils tentèrent aussi de contrôler la bureaucratie et la
sélection de l'élite gouvernementale, forçant quelques dictateurs
à un équilibre instable, même si celui-ci se révélait être le principal agent de mise en valeur du charisme. La « dualité de pouvoir » parti-État paraît être le facteur déterminant pour expliquer
typologies et classifications des dictatures associées au fascisme

---

1. Voir Jean Blondel, *Political Leadership. Towards a General Analysis*,
Londres, Sage, 1987 ; Fred I. Greenstein, *Personality and Politics. Problems
of Evidence, Inference and Conceptualization*, Princeton, Princeton Univer-
sity Press, 1987.
2. Voir M. Rainer Lepsius, « Charismatic Leadership : Max Weber's
Model and Its Applicability to the Rule of Hitler » *in* Carl F. Graunmann et
Serge Moscovici (eds.), *Changing Conceptions of Leadership*, New York,
Springer-Verlag, 1986, p. 55.
3. Cf. Hans Mommsen, *From Weimar to Auschwitz*, Princeton, Princeton
University Press, 1991, p. 163-188.

définies comme « autoritaires » et « totalitaires » ou « autoritaires » et « fascistes »[1].

POUVOIR ET DÉCISION POLITIQUE DANS LE SALAZARISME

L'État nouveau s'est consolidé dans les années trente à partir d'une dictature militaire implantée en 1926, sous la direction d'un jeune professeur universitaire catholique, Oliveira Salazar, arrivé au gouvernement en 1928 comme ministre des Finances[2]. Avec un parti unique faible, créé par le ministère de l'Intérieur et initialement contrôlé par l'administration, Salazar a surtout gouverné avec ce dernier[3]. Conforté par une Constitution plébiscitée en 1933, produit d'un compromis entre une légitimité corporative et une tendance plus libérale, Salazar a créé un parti unique à partir du gouvernement, l'Union nationale (UN), qui est toujours resté faible et élitiste dès sa fondation en 1930. Sans donner à ce parti une quelconque prééminence sur le gouvernement et l'administration, celui-ci remplissait une fonction de contrôle politique et de sélection des membres de la Chambre des députés et de l'administration locale, tout en assurant des fonctions de légitimation par des « élections sans enjeu » réalisées régulièrement[4].

Si nous utilisons la typologie webérienne avec rigueur, Salazar ne peut être considéré comme un leader charismatique. La

---

1. Juan J. Linz, *Authoritarian and Totalitarian Regimes*, Boulder, Lynne Rienner, 2000 et, du même auteur, *Fascism, Breakdown of Democracy, Authoritarian and Totalitarian Regimes : Coincidences and Distinctions*, Mimeo, 2001. Pour une vision d'ensemble, voir Roger Griffin, « The Primacy of Culture : The Current Growth (or Manufacture) of Consensus within Fascist Studies », *Journal of Contemporary History*, vol. 37, 1, janvier 2002, p. 21-44.

2. Cf. António Costa Pinto, *The Salazar's Dictatorship and European Fascism. Problems of interpretation*, New York, SSM-Columbia University Press, 1995.

3. Cf. Manuel Braga da Cruz, *O Partido e o Estado no Salazarismo*, Lisbonne, Presença, 1988.

4. Voir Philippe C. Schmitter, *Portugal : do Autoritarismo a Democracia*, Lisbonne, Imprensa de Ciências Sociais, 1999, p. 71-102.

personnalisation du pouvoir et la fabrication du culte du chef par les appareils de propagande – inhérentes à la majorité des dictatures du xxᵉ siècle – ne sauraient être confondues avec le charisme, catégorie parfois usitée pour le salazarisme. Mais Salazar était avant tout passé maître dans la manipulation d'une légitimité légale et rationnelle, avec un usage forcené de recours au charisme qui dépassait la médiation bureaucratique et gouvernementale entre son personnage et la « nation ». D'un autre côté, l'origine militaire de son régime lui avait légué un président de la République, le général Carmona, fortement légitimé par le suffrage direct et ayant la capacité de le démettre. L'utilisation d'une échelle de centralisation de la décision, justifierait pleinement l'expression de « dictateur fort » pour caractériser l'exercice du pouvoir par Salazar.

Il apparaît évident que, au-delà du style et de la personnalité du dictateur, il existe quelques facteurs structurels de la société portugaise et du système politico-administratif hérités du passé qui peuvent renforcer cette caractéristique du salazarisme : une petite métropole, une administration centralisatrice, un poids important de l'appareil d'État et une faible société civile, une élite sociale et administrative lettrée très limitée, avec des centres de formation universitaires élitistes et d'accès très restreint[1]. Le fondement catholique traditionaliste ainsi que la formation juridique et financière du dictateur, associés à ce qui sera le style très particulier de la gestion courante de l'État, singularisaient en un sens Salazar et le distinguaient des dictateurs de l'époque.

Froid et distant à l'égard de ses ministres et de ses sympathisants, entretenant un cercle réduit de « conseillers politiques », Salazar a imprimé à la gestion gouvernementale et politique un style propre dont la première caractéristique était une minutie informative et centralisatrice quasi obsessionnelle. Au contraire des dictateurs qui concentraient sur leur propre personne les

---

1. Voir Hermínio Martins, *Classe, Status e Poder*, Lisbonne, ICS, 1998, p. 105-112 ; António Costa Pinto et Pedro Tavares de Almeida, « On Liberalism and Civil Society in Portugal », *in* Nancy Bermeo et P. Nord (Eds), *Civil Society before Democracy*, New York, Rowman & Littlefield, 2000, p. 3-21.

questions centrales – en général la politique extérieure, la sécurité intérieure et les forces armées –, Salazar ajoutait à celles-ci, au moins au stade de l'analyse, la décision concernant les thèmes plus techniques.

Quelques-uns de ces traits s'affirmèrent dès sa prise de pouvoir comme ministre des Finances, encore sous la dictature militaire, notamment dans le domaine du budget et des comptes publics de l'État. Une fois devenu président du Conseil, son attention s'étendit pratiquement à toute la production législative, bien au-delà des seules nécessités de contrôle communes aux autres systèmes politiques dictatoriaux. Au lieu de s'entourer de ministres dotés d'une forte compétence spécifique, Salazar ne leur laissait pas une grande marge d'autonomie de décision. Par ailleurs, le niveau d'information auquel il avait accès se révélait également impressionnant, même à des strates hiérarchiques inférieures à celle de ministre.

L'histoire de la relation entre Salazar et ses ministres pendant la période étudiée est celle de la concentration du pouvoir de décision chez le dictateur et de la minoration de l'autonomie laissée tant aux ministres qu'au président de la République[1]. Un des premiers symptômes de ce processus se refléta dans la disparition de la collégialité du Conseil des ministres qui, par ailleurs, réduisit de façon drastique le nombre de ses réunions de travail à partir de 1933.

Une caractéristique de la relation du dictateur avec ses ministres consistait à souligner la légitimation « technique » de ses fonctions. Les sujets proprement politiques du régime ne relevaient pas, en général, du ministère, la pratique étant le traitement direct avec Salazar. C'était par exemple le cas du Secrétariat à la propagande nationale (SPN) dirigé par António Ferro, dépendant de la présidence du Conseil, sans oublier, entre autres, le cas des Corporations, sous la direction de Teotónio Pereira, un sous-secrétariat d'État qui deviendra un ministère seulement après 1945. Le discours officiel de Salazar consistait à souligner que « la politique, comme art humain, [est] toujours

---

1. Cf. António Costa Pinto, « O Império do Professor : Salazar e a elite ministerial do Estado Novo, 1933-1945 », *Análise Social*, 157, hiver 2001, p. 1055-1076.

nécessaire, dès qu'il y a des hommes ; le gouvernement (...) sera de plus en plus une fonction scientifique et technique [1] ».

Comme régime politique, il importe cependant de souligner que le lieu du pouvoir et de la décision politiques était toujours entre les mains du dictateur et de son gouvernement, sachant que c'est par eux que passait la décision dans la plupart des cas. Dans d'autres régimes dictatoriaux, le gouvernement et l'administration étaient subordonnés au parti unique, siège véritable du pouvoir. Au Portugal, pareille évolution ne se produisit jamais. Et même quand l'État nouveau créa des organisations comme la Jeunesse portugaise (*Mocidade Portuguesa*, MP) – organisation para-militaire de la jeunesse – ou la Légion portugaise (LP) – milice anti-communiste –, celles-ci furent étroitement contrôlées par les ministères de l'Intérieur et de l'Éducation, le même phénomène s'observant avec la PVDE (PIDE après 1945) – la police politique du salazarisme –, organisme étroitement dépendant du ministère de l'Intérieur [2].

L'ÉLITE MINISTÉRIELLE

L'élite gouvernementale de l'État nouveau présentait comme caractéristiques générales : jeunesse et rupture avec le passé libéral, provenance d'une élite sociale et bureaucratique restreinte et fermée, domination quasi exclusive des hautes sphères des forces armées, de la haute administration et des universités, celles-ci avec une très forte prédominance des professions juridiques.

Les mutations les plus significatives introduites par le salazarisme résidaient dans la diminution de la composante militaire qui, malgré tout, continua à alimenter l'élite ministérielle à hauteur de 28 % (surtout pour les postes militaires et des colonies)

---

1. Cité *in* Franco Nogueira, *Salazar,* vol. III, Coimbra, Atlântida, 1978, p. 290.

2. Cf. Simon Kuin, « Mocidade Portuguesa nos Anos Trinta : a instauração de uma organização paramilitar de juventude », *Análise social,* 122, 1993, p. 555-588 ; Anne Cova et António Costa Pinto, « Femmes et salazarisme », Christine Fauré (dir.), *Encyclopédie politique et historique des femmes,* Paris, PUF, 1997, p. 685-699 ; Luís Nuno Rodrigues, *A Legião Portuguesa. A Milícia do Estado Novo, 1936-1944*, Lisbonne, Estampa, 1996.

et l'ascension sans précédent de l'élite universitaire qui contrôla près de 40 % des postes ministériels, dont 20 % de professions libérales. Il faut également souligner le nombre écrasant des professions relevant de l'administration publique, sachant que près de 78 % des ministres furent, d'une manière ou d'une autre, des fonctionnaires publics. En outre, une analyse plus fine des quelque 20 % de professions libérales révélerait des croisements entre celles-ci et l'État.

La quantité de professeurs d'université et, en leur sein, des professeurs de droit, mériterait une attention particulière, dans la mesure où elle constitue une des singularités les plus significatives du salazarisme, au regard des autres dictatures et régimes politiques de l'époque. D'autant que cette spécificité ne caractérise pas seulement la période étudiée mais s'inscrit dans la longue durée, au point de devenir un facteur structurant de la composition de l'élite politique de l'État nouveau.

La prédominance des licenciés en droit au sein de l'élite administrative était une caractéristique de l'Europe continentale et était héritée du passé [1]. Même s'il n'existe pas de chiffres pour les années trente, il est probable que ceux-ci occupaient la majorité des postes d'encadrement supérieur de l'administration publique portugaise. Le cas portugais illustrerait, dans les années trente et au cours des décennies suivantes, l'hypothèse de Ralf Dahrendorf selon laquelle « le véritable équivalent continental des *public schools* anglaises en tant que mode d'accession au pouvoir étaient les études de droit [2] ».

Les facultés de droit de l'université de Coimbra et de Lisbonne étaient déjà les principaux centres de formation de l'élite bureaucratique et politique portugaise, mais leur caractère d'équivalent portugais des « grandes écoles » françaises se renforça tout au long de la période [3]. Certes avec quelque continuité héritée de la république libérale, une partie des professeurs de droit s'est transformée en super élite, irriguant les sphères dirigeantes du monde économique, administratif et politique.

---

1. Voir John A. Armstrong, *The European Administrative Elite*, Princeton, Princeton University Press, 1973.
2. Cité *in* Hermínio Martins, *op. cit.*, p. 111.
3. Sur les grandes écoles et leur rôle dans la formation des élites françaises, voir Ezra N. Suleiman, *Elites in French Society. The Politics of Survival*, Princeton, Princeton University Press, 1978.

L'écrasante majorité des ministres de Salazar n'avaient guère exercé d'activité politique durant la période libérale, la plupart d'entre eux n'assumant aucune charge dans le système politique républicain. Quelques-uns commencèrent même leur vie politique après le coup d'État de 1926. Tous, pratiquement, étaient issus, en termes d'idéologie et de filiation politique, du conservatisme catholique et monarchiste. Outre cette double condition, il est fondamental de souligner, surtout en relation avec la dictature militaire, la diminution des ex-affiliés des partis républicains et conservateurs ainsi que l'essor d'une élite issue du camp monarchiste qui se composait déjà de quelques éléments formés au cours de leur jeunesse par l'Intégralisme lusitanien. Ceux qui provenaient de l'univers catholique augmentèrent également légèrement. La plupart n'avaient pas d'affiliation antérieure et seule une infime minorité était passée par les nationaux-syndicalistes de Rolão Preto, un parti fasciste dissous par Salazar en 1934[1]. Quant aux militaires, non répertoriés en termes d'appartenance partisane, le fait le plus marquant était pour eux de mener, dès lors, une carrière militaire moins liée au champ politique. Restaient quelques cas de parcours liés à l'univers conservateur, associés à une « droite des intérêts », plus pragmatique et informelle[2].

L'utilisation des catégories « militaires », « politiques » et « techniciens » permet de rendre compte de la dimension comparative assez importante dans l'étude des élites autoritaires, à savoir celle de ses sources de recrutement et du rôle de certaines institutions plus « politiques » dans l'accès au gouvernement, particulièrement dans le cas où celui-ci se révèle le lieu central du pouvoir politique[3].

Dans le cas du salazarisme, les catégories sont étanches : ainsi les Forces armées – comptaient des cadres politisés et participant

---

1. Cf. António Costa Pinto, *The Blue Shirts. Portuguese Fascists and the New State,* New York, SSM-Columbia University Press, 2000.
2. Cf. Pedro Aires Oliveira, *Armindo Monteiro. Uma biografia política*, Lisbonne, Bertrand, 2000, p. 56.
3. Cf. Harold D. Lasswell et Daniel Lerner (eds), *World Revolutionary Elites. Studies in Coercive Ideological Movements*, Cambridge (MA), The MIT Press, 1965.

aux organisations politiques du régime – ainsi le Parti unique, le parlement et la direction de milices, comme la LP. Cependant, même si le cas portugais confirme la tendance à une présence plus grande de « politiques » dans la phase d'institutionnalisation et de consolidation des dictatures, l'élite gouvernementale des années trente affichait une majorité de « techniciens » (40 %), devant les « politiques » (31 %)[1]. Ces résultats reflètent une présence moindre des institutions proprement politiques du régime comme élément central dans l'accession au gouvernement. Il faut noter toutefois que, même chez les « politiques », l'imbrication avec l'élite universitaire était forte.

LES VOIES D'ACCÈS AU POUVOIR GOUVERNEMENTAL

Quelles sont donc les principales voies d'accès, observées à travers les fonctions politiques exercées avant l'arrivée à des postes de responsabilité ministérielle du salazarisme ? Des vingt-huit ministres que compte cette période, rares sont ceux à avoir exercé des fonctions dirigeantes dans les organisations miliciennes de type MP ou LP (2). Rares également sont ceux à avoir commencé leur carrière dans l'administration locale, soit comme gouverneurs civils (4), soit comme maires (6). Il faut souligner que quelques-uns d'entre eux étaient des militaires et que l'exercice des fonctions de gouverneur civil par des officiers de l'armée était un héritage de la dictature militaire qui ne dissipera qu'à la fin des années trente.

Plus significatif était le nombre de députés et de ceux qui occupaient des fonctions dirigeantes de l'Union nationale (10). Même si la condition de dirigeant et même de membre du parti était loin d'être un préalable nécessaire à l'entrée au gouvernement, cette appartenance constituait un *cursus honorum* courant. Soulignons également, parmi ces ministres, le caractère cumulatif de l'exercice de hautes fonctions dans l'administration

---

1. Pour la période qui va de 1932 a 1947, Paul Lewis arrivait à une conclusion proche. Voir « Salazar's Ministerial Elite, 1932-1968 », *Journal of Politics*, 40, août 1978, p. 622-647.

publique ou le système universitaire. La participation au Parti unique était ainsi « une grande aide combinée avec d'autres qualifications : une carrière académique ou dans la haute administration, ou l'identification à des groupes d'intérêt ou religieux [1] ».

Il faut également souligner que, très rapidement, la progression *via* le sous-secrétariat ou le secrétariat d'État s'imposa également dans le *cursus honorum* des ministres, le nombre d'entre eux à avoir déjà occupé de tels postes se révélant significatif dès cette période. D'un autre côté, même si la coalition qui renversa la République libérale comprenait un nombre important et différenciée de « familles politiques », certaines d'entre elles exclues de la construction du salazarisme, il est difficile de parler d'elles, en tant qu'acteurs du processus de décision, en leur conférant la connotation habituelle d'une structuration minimale, comme dans le cas du franquisme. En utilisant une définition minimaliste – noyaux formels et informels de pression politique à l'intérieur du régime reconnus comme « tendances » –, deux « familles » émergèrent, parfois imbriquées, d'un poids important : les catholiques et les monarchistes [2]. Mais leur rôle dans la structuration de l'élite gouvernementale est moins net dans le cas portugais que dans le cas espagnol, sachant que le dictateur était moins enclin à penser en termes d'équilibre de « familles » au sein du régime.

Le parti unique portugais ne fut guère un élément central dans la décision politique ou la sélection de l'élite ministérielle, sa structure d'organisation restant faible et dépendante. Diverses organisations se maintenaient dans l'orbite étroite des ministères, comme la milice, les organisations de jeunesse et la police politique. Le Secrétariat à la propagande nationale était un embryon d'appareil étatique, équipé d'une direction générale dépendant directement de Salazar et non du parti. La FNAT, modeste version portugaise du *Dopolavoro*, dépendait du

---

1. Cf. Juan J. Linz, « An Authoritarian Regime : Spain », *in* Stanley G. Payne (ed.), *Politics and Society in Twentieth Century Spain*, New York, Franklin Watts, 1976, p. 184.

2. Cf. Manuel Braga da Cruz, *Monárquicos e Republicanos sob o Estado Novo*, Lisbonne, D. Quixote, 1987.

sous-secrétariat d'État aux Corporations[1]. Le rôle du parti fut plus important dans la sélection de l'élite parlementaire et locale, mais son appareil fut toujours réduit et dépourvu d'organisations d'encadrement[2].

Dans le cas portugais, il n'existe donc pas de tension Parti unique/État comme mode de fonctionnement du système politique dictatorial, de structure de la décision politique et de son implantation dans l'administration; aucune menace émanant d'institution politique autonome ne se manifesta : chacune étant subordonnée au dictateur.

CONCLUSION : CHARISME, ÉLITES ET SOCIALISATION POLITIQUE

Dans les processus de transition à l'autoritarisme au cours des années vingt et trente, il n'y a pas eu de corrélation étroite entre la nature plus ou moins violente de la rupture avec l'ordre démocratique (Portugal et Espagne) ou de prise de pouvoir par la voie « légale » (Italie, Allemagne) et la radicalisation après la consolidation de l'ordre dictatorial. Salazar, arrivé au pouvoir après un coup d'État, ou surtout Franco, à l'issue d'une guerre civile, disposaient dans ce cas d'une marge de manœuvre bien plus grande que Mussolini ou Hitler, tous deux arrivés au pouvoir par la voie « légale » et avec l'appui d'une droite autoritaire moins encline aux aventures charismatiques et totalisantes[3]. La différence résidait surtout dans le parti et dans le chef qui dominèrent la transition, et non dans la nature de celle-ci.

Bien que la prise de pouvoir ait été seulement rendue possible avec l'appui des autres groupes autoritaires et conservateurs, la nature du pouvoir exercé par le chef et de la relation de celui-ci avec le parti s'est révélée l'axe essentiel de la variation. Comme cela a été observé par de nombreux historiens, la question fonda-

---

1. Cf. José Carlos Valente, *Estado Novo e Alegria no Trabalho. Uma História Política da FNAT (1935-1958)*, Lisbonne, Colibri, 1999.
2. Cf. Rita Carvalho, *A Assembleia Nacional no Após-Guerra, 1945-1949*, Porto, Afrontamento, 2002.
3. Cf. sur ce thème Juan Linz et Alfred Stepan (eds), *The Breakdown of Democratic Regimes*, Baltimore, The Johns Hopkins University Press, 1978; Dirk Berg-Schlosser et Jeremy Mitchell (eds), *The Conditions of Democracy in Europe, 1919-1939*, Londres, Macmillan, 2000.

mentale est : « jusqu'à quel point la composante fasciste s'est-
elle émancipée de la prédominance des patronages conservateurs
et à quel degré celle-ci s'éloigna-t-elle – une fois au pouvoir –
du conservatisme pour une orientation plus radicale[1] ? » L'axe
chef-parti paraît être l'élément fondamental de radicalisation.

Que ce soit le nazisme ou le fascisme italien, tous deux se
caractérisaient par l'ouverture d'une « tension » et d'un déplacement du pouvoir de décision vers le chef et vers des institutions
politiques autonomes, aux dépens du gouvernement et de l'appareil d'État. Ici le chef assumait progressivement une fonction
centrale et une concentration du pouvoir au détriment du parti et
du gouvernement, le premier, bien qu'étant contrôlé, transformé
en une « armée de disciples »[2] indispensable à l'exercice progressif du pouvoir charismatique. Dans le cas du salazarisme et
du franquisme, gouvernement, administration et « grands
corps » n'ont jamais souffert d'une mise au second plan comparable.

Comme formes de dictatures, les frontières de ces régimes
furent fluides, démontrant une étonnante capacité du fascisme à
pénétrer la droite autoritaire dans les années vingt et trente, qui
adopta bien de ses institutions, modèles et composantes idéologiques. Le cas le plus paradigmatique fut sans doute celui du
franquisme du début des années quarante, mais aussi du salazarisme, émule d'une certain manière du fascisme italien au pouvoir. La résolution différente de ce que Robert O. Paxton appelait une « quadruple lutte pour le pouvoir » (entre le chef, son
parti, la bureaucratie et les institutions comme l'Église, les
forces armées et les élites économiques) fut, cependant, fondamentale[3].

Comme formes de régimes monocratiques, les dictatures de
l'époque du fascisme se caractérisaient « par un sélecteur
unique », le dictateur, dont le pouvoir de choisir fut toujours

---

1. Cf. Aristotle A. Kallis, « The "regime-model" of Fascism : a Typo-
logy », *European History Quarterly*, vol. 30 (1), 2000, p. 96-97.
2. Cf. Ian Kershaw, *Hitler,* 2 vols., Londres, Allen Lane, 1998-2000 [tra-
duction en français, Flammarion].
3. Cf. Robert O. Paxton, « The Five Stages of Fascism », *The Journal of
Modern History*, 70 (mars 1998), p. 18.

énorme[1]. Mais il est intéressant de souligner que ces dictateurs faisaient leurs choix dans le réservoir des dirigeants fascistes et nazis, faisant peu de concessions à d'autres voies après la consolidation de leur pouvoir, leur donnant ainsi la légitimité dont le PNF ou le NASDAP avaient besoin. Dans le franquisme, le parti était encore l'élément dominant, mais bien plus sensible aux autres « familles politiques », surtout l'armée et l'Église. Le salazarisme se situe à un autre point du spectre, avec un parti unique et une très faible composante fasciste, et une faible influence comme moyen d'accès au gouvernement. Comme l'a souligné Clement H. Moore, « le parti ne peut asseoir sa légitimité sans acquérir quelque autonomie comme instrument de sélection de l'élite dirigeante. Les dictateurs qui sont arrivés au pouvoir par d'autres moyens ont eu plusieurs fois des difficultés à créer un parti pour légitimer leurs régimes[2] ». Salazar créa un parti mais lui attribua des fonctions très limitées. Le cas portugais semble confirmer ainsi l'hypothèse soulignée par Juan J. Linz selon laquelle lorsque le parti unique est faible, réduites sont les possibilités d'accéder à l'élite gouvernementale « sans appartenir à un corps supérieur de l'administration », ou aux groupes d'intérêt : le parti n'est qu'une sorte de garantie complémentaire[3].

Dans le cas portugais, le gouvernement fut non seulement le *locus* du pouvoir, l'essentiel de la décision politique passant par lui ; en revanche, le parti unique exerçait une influence mineure, tant dans l'accession au gouvernement, qu'en tant qu'instrument d'encadrement de la société civile. La variable explicative la plus opératoire quant aux évolutions de la composition de l'élite ministérielle, de son poids dans la décision politique et des voies

---

1. Cf. Robert D. Putnam, *The Comparative Study of Political Elites*, Englewood Cliffs, Prentice Hall, 1976, p. 52-53.

2. Clement H. Moore, « The Single Party as a source of Legitimacy », *in* Samuel P. Huntington et Clement H. Moore (eds), *op. cit.*, p. 51.

3. Cf. Juan J. Linz, cité *in* Viver Pi-Sunyer, *El personal politico de Franco, 1936-1945*, Barcelone, Editorial Vicens-Vives, 1978, p. 69. Ceci est d'ailleurs la tendance générique pour tous les systèmes politiques, de fait « quand les partis sont faibles de même que le secteur privé, les organisations publiques et semi-publiques deviennent des sources naturelles de recrutement ». Cf. Jean Blondel, *Government Ministers in the Contemporary World*, Londres, Sage, 1985, p. 62.

d'accès à celle-ci, est la présence ou non d'un parti fasciste dans le processus de transition au régime dictatorial et, une fois le régime institutionnalisé, le rôle de celui-ci. Plus le rôle du parti est fort et exclusif, plus le rôle de l'élite ministérielle est réduit dans la décision politique. De cette gradation dépend également la réduction du poids des grands corps de l'administration dans la composition de l'élite et du gouvernement dans la décision politique. Ainsi, la nature de la relation entre le dictateur et son « groupe de suiveurs » – ici les partis fascistes transformés en partis uniques –, fut l'élément clé de la subversion du lieu de la décision politique dans les dictatures associées au fascisme.

Sans cette relation dictateur-parti et sans l'existence d'un parti unique comme instrument fort de socialisation politique, il est difficile d'imaginer un formatage idéologique et la formation d'une élite modelée par les valeurs du fascisme. Le salazarisme fut l'exemple paradigmatique d'un « pluralisme limité » fait système, avec des centres divers et de faibles instruments de socialisation. « L'homme nouveau » du salazarisme des années trente, vivant essentiellement à la campagne, était probablement celui de la « leçon de Salazar » des manuels scolaires, modelés par la « reconquête catholique » : respectueux et croyant en Dieu, travailleur et heureux de son rôle social dans la « production nationale », fier de sa patrie ancienne, veillant sur sa femme et ses enfants. Même s'il y eut des penchants fascistes au sein de la *Mocidade Portuguesa* ou de la Légion, avec son « culte du chef » plus païen et communautariste, le camp conservateur et catholique domina ainsi systématiquement tant l'élite du salazarisme que la « nationalisation » de la société portugaise.

Traduction et adaptation Yves Léonard

L'influence du modèle catholique dans la conception franquiste de l'homme nouveau (Espagne 1930-1945)

Josefina Cuesta
(université de Salamanque)

Pour comprendre la conception franquiste de l'« homme nouveau », il convient d'évaluer l'influence décisive du modèle catholique. Celle-ci est manifeste si l'on considère l'idéologie des mouvements d'allure fasciste ou para-fasciste, dont les trois chefs de file essentiels sont J. A. Primo de Rivera, fondateur de la Phalange en 1933, Ramiro Ledesma Ramos, fondateur des *Juntas de ofensiva nacional-sindicalista* (JONS), et Onésimo Redondo, créateur des *Juntas castellanas de acción hispánica*. En 1937, après le soulèvement militaire de 1936, la Phalange, réunie aux autres mouvements, devint le parti unique du régime dont Franco était le chef, en incorporant d'ailleurs d'autres éléments traditionalistes ou purement conservateurs.

Comme on le sait, ni J.A. Primo de Rivera, ni Onésimo Redondo, ni Ramiro Ledesma ne participèrent à la guerre civile. J.A. Primo de Rivera, prisonnier des républicains, fut fusillé en 1937. Désormais, il devint *l'Absent*, pour les nationalistes. Mais c'est bien son idéologie, comme celle d'autres hommes politiques, qui inspira la doctrine du nouveau régime dans sa période initiale, c'est-à-dire entre 1936 et la fin de la Deuxième Guerre mondiale.

L'« HOMME NOUVEAU » DE JOSÉ ANTONIO PRIMO DE RIVERA
AU FRANQUISME.

LE CATHOLICISME DE JOSÉ ANTONIO PRIMO DE RIVERA

Comme les autres théoriciens des mouvements fascistes de l'entre-deux-guerres, J. Antonio Primo de Rivera critique le libéralisme comme le communisme qui méconnaissent, selon lui, la nature profonde de l'être humain. Il défend une conception de « l'homme catholique » mais avec toutes sortes de limitations et de simplifications.

José Antonio Primo de Rivera résuma ses idées fondamentales dans les *27 Points du programme de la Phalange espagnole*. On y considère l'homme « comme la réunion d'un corps et d'une âme, c'est-à-dire comme capable d'un destin éternel, comme porteur de valeurs éternelles ». Quant à la liberté de l'homme, « on la respecte seulement – écrit-il – quand on estime, comme nous, que cette liberté est porteuse de valeurs éternelles[1] ». (...) Et il ajoute : « On respecte véritablement cette liberté dans un système de hiérarchie, de liberté et d'ordre[2]. » Et de nouveau, Primo de Rivera conditionne le respect de la dignité humaine à ces trois notions : « autorité, hiérarchie et ordre[3] ».

Un certain sens messianique se manifeste dans l'un des points, qui associe le spirituel au nationalisme hispanique radical : « Par son sens de la Catholicité et de l'Universalité, l'Espagne a gagné sur la mer et sur la barbarie des continents inconnus, elle les a gagnés pour incorporer leurs habitants à une entreprise universelle de salut. C'est pour cela que l'on peut affirmer que toute reconstruction de l'Espagne doit se faire dans un sens catholique[4]. » Et « même si le temps des persécutions religieuses est révolu », on affirme que « la violence peut être

---

1. « Quand elle est impliquée dans l'enveloppe corporelle d'une âme qui est capable d'être condamnée et de se sauver ». José Antonio Primo de Rivera, « Discurso de la fundación de Phalange Española, en el Teatro de la Comedia de Madrid, 29 octobre 1933 », in *Obras completas*, Madrid, Delegación Nacional de la Sección femenina de F.E.T. et de la J.O.N.S., 1954, p. 61.
2. *Id., O.C.*, VII, p. 61.
3. *Ibid.*, p. 91.
4. *Ibid.*, p. 92.

licite, quand elle est employée au service d'un idéal qui la justifie[1] ».

Par ailleurs, on trouve, dans ce programme, des accents inspirés par le contexte historique espagnol, et spécialement le passé
récent : Comme dans la distinction opérée par José Antonio
Primo de Rivera entre el « *señorito* » « forme dégénérée du "seigneur" et [...] *"hidalgo"*, c'est-à-dire, le vrai seigneur, capable de
renoncer à des privilèges de commodité et de plaisir, en fonction
de la haute idée qu'il se fait du "service" des autres. Le fondateur de la Phalange se sépare ainsi de la droite traditionnelle, en
se déclarant convaincu qu'on ne risque sa vie que pour des raisons fortement spirituelles. Il va même jusqu'à dire que les
milices conservatrices, voulant défendre des biens purement
matériels, n'ont pas de place dans le combat à mort qui est
engagé et qui est le nôtre ». Il en vient à affirmer : « Sans doute,
en ce moment, nous mis à part, l'unique organisation civile forte
est l'organisation socialiste[2]. »

Les *27 Points* n'en sont pas moins foncièrement autoritaires
en déclarant, par exemple : « La dignité humaine, l'intégrité de
l'homme et sa liberté sont des valeurs éternelles et intangibles.
Mais seul est vraiment libre celui qui appartient à une nation
forte et libre[3]. » On en revient ainsi à la véritable question. Qui
est-ce qui rend une nation forte et libre ? Les Points de la Phalange le déterminent en définissant un ordre nouveau opposé à
l'état de chose actuel. L'homme nouveau doit s'insérer dans cet
ordre nouveau, à la coloration nettement nationaliste et « espa-
gnoliste ».

En mars 1935, dans une conférence prononcée au Théâtre
Calderón de Valladolid, José Antonio Primo de Rivera insista :
« L'homme doit être libre, mais la liberté n'existe qu'à l'intérieur d'un ordre[4]. » Propos réitéré quelques jours plus tard, dans
un cours de formation pour les membres de la Phalange, intitulé
« État, individu, liberté », en proclamant : « L'individu intervient dans l'État pour remplir une fonction, et non pas par
l'intermédiaire des partis politiques, ni en tant que représentant

---

1. *Ibid.*, p. 447.
2. *Ibid.*, p. 163.
3. *Ibid.*, p. 340.
4. *Ibid.*, p. 425.

d'une fausse conception de la souveraineté, mais parce qu'il a un métier et une famille et parce qu'il appartient à une commune où il réside[1]. » Ce sont bien là les bases d'un État hostile à la souveraineté populaire, et rejetant les partis politiques traditionnels.

Si l'on compare l'ensemble de ces conceptions à celles de Hitler en particulier, on peut noter que l'on relève, chez José Antonio Primo de Rivera « une volonté d'Empire » quelque peu apparentée à l'idée germanique de vocation universelle attribuée à une race et à une doctrine.

Pourtant, les doctrines considérées se rapprochent davantage des conceptions du modèle catholique proposé par les régimes de Mussolini et surtout de Salazar. Ainsi, les uns et les autres ne retiennent pas le modèle de l'homme nouveau de race pure, du nazisme, mais leur modèle catholique ne se conçoit que dans l'appartenance à un ordre nouveau. La volonté de subordonner l'homme à cet ordre y reste toujours présente, héritage de la culture anti-démocratique où ces doctrines s'enracinent.

C'est sur ces bases que Franco, devenu dictateur, fonda sa « démocratie organique » : famille, commune, syndicat unique, pouvoir unique. Il est à remarquer qu'entre la Phalange, le mouvement national, tel que l'a conçu Franco, et ce qu'on appelle en Espagne les traditionalistes, il y a des points communs : tous les trois visent à la résurrection, historiquement impossible, des structures et des relations sociales d'origine médiévale. Mais il faut, cependant, reconnaître aux traditionalistes, qui ont participé au sanglant conflit de 1936-1939, qu'ils combattaient aussi pour la restauration des *Fueros*, garantissant libertés et autonomies des communes.

TOTALITARISME ET CATHOLICISME CHEZ ONÉSIMO REDONDO

Mais l'« homme nouveau », avec des racines plus ou moins « catholiques », n'apparaît pas seulement chez José Antonio Primo de Rivera. Un projet analogue fut porté par deux autres personnalités politiques espagnoles moyennant quelques nuances importantes.

L'un de ces hommes est Onésimo Redondo, qui est le chef,

---

1. *Ibid.*, p. 477.

d'abord, d'une petite association politique, *Juntas castellañas de Actuación Hipánica* qu'il rattache plus tard à *las Juntas de Ofensiva Nacional Sindicalista* (JONS), fondées par Reamiro Ledesma Ramos, évoqué plus loin. Onésimo, comme on l'appelait familièrement à l'époque, développe une conception de la catholicité différente de celle de José Antonio. Celle-ci se donne à lire dans le passage suivant : « Si Mussolini se rallie – avec plus d'audace que de rigueur – à la Rome impériale et à la Rome catholique, nous trouverons nos racines dans l'Empire hispano-atlantique, dans l'Hispanité qui, si elle n'a pas la force d'expansion de Rome, a sur elle l'avantage de survivre grâce à une langue, et des croyances fondamentales communes – grâce à une histoire vécue en commun, grâce à des aspirations, à une même et nécessaire régénération. »

Ce redressement et cette régénération par et avec les peuples de l'Hispanité, « telle est la tâche suprême que Dieu nous réserve. Voilà la voie de notre révolution. Pour la résurrection de toutes les Espagnes nous devons être prêts tous à mourir[1] ». Ils reconnaissent, en plus, que « la volonté des Espagnols s'est déplacée à gauche... les ennemis de l'Église catholique l'ont emporté sur l'esprit évangélique, et les coutumes chrétiennes se sont perdues, surtout dans le prolétariat des grandes villes[2] ».

FORMATION CATHOLIQUE

Au sein du triumvirat pro-fasciste espagnol, Onésimo Redondo est le plus déterminé par la tradition catholique dans laquelle il fut élevé. Rattaché au groupe catholique de l'Association catholique nationale de propagandistes (ACNP), dont l'un des dirigeants était son confesseur, son existence atteste de la force de tels liens. Son mariage eut lieu dans le Palais archi-épiscopal de Valladolid et fut célébré par l'archevêque et son activité politique s'exerça en relation avec des groupes catholiques : il prononça des discours dans la « Casa social de Valladolid » (Maison sociale de Valladolid), dans les « Luises » (les associations juvéniles créés par les Jésuites, premiers adeptes

---

1. *JONS*, n° 4, septembre 1933.
2. *Anónimo Libertad*, n° 5, 12 juillet 1931.

d'Onésimo Redondo) et reçut la collaboration de jeunes catholiques dans la revue *Libertad*, créé par Onésimo Redondo et publiée entre 1930 et 1934. Il fut également accueilli, au Portugal, par les Jésuites lors de son exil en 1932.

Pourtant, malgré ses liens, si constants et profonds, le catholicisme n'est pas un composant fondamental de sa philosophie et de son activité. Il est toujours soumis au caractère national et nationaliste de son mouvement. Il se soucie beaucoup plus des valeurs collectives – la Patrie et sa projection impériale, l'État, les *Juntes* castillanes qu'il fonde – et ne se préoccupe pas vraiment de la conception d'un homme nouveau puisque dans une large mesure la jeunesse remplace, dans sa philosophie, cette idée d'homme nouveau.

LA JEUNESSE, UN ACTEUR SOCIAL NOUVEAU

Ainsi, un biographe d'Onésimo Redondo affirme : « Nous nous trouvons face à un mouvement de jeunes gens. Ledesma et Redondo s'adressent surtout aux jeunes, mécontents des valeurs qu'ils considèrent dépassées et contre lesquelles ils ne peuvent que tenter de renouveler la vie espagnole. Les membres des JONS sont des contestataires de l'époque qu'ils durent vivre[1]. » Dès le début, les JONS apparaissent comme un mouvement composé de jeunes gens. « Renonçant à la simple forme, à ce que l'on appelle une question de régime, la jeunesse nationale doit atteindre la conquête totale de l'État espagnol (...) (*La Conquista del Estado*), qui ne pourra survenir uniquement à l'aide de la création d'un nouveau parti, ni avec l'accord externe de ceux déjà existants, mais avec l'irruption dans la vie publique d'une jeunesse (...) bouleversée dans ses idées et ses habitudes politiques et, (...) *révolutionnaire* (sic)[2]. » Jeunesse « patriotique et belliqueuse » – « discipline et audace, c'est notre devise[3] » –,

---

1. J. L. Minguez Goyanes, *Onésimo Redondo 1905-1936. Precursor sindicalista*, Madrid, Ed. San Martin, 1990, p. 39.
2. *Igualdad*, n° 29, 5 juin 1933. Cité par J.L. Minguez Goyanes, *op. cit.*, p. 113.
3. Onésimo, Redondo, Caudillo de Castilla, s. l. Ediciones Libertad, 1937. « A los jóvenes ! », texte publié dans *Libertad*, n° 2, 1931.

une minorité possédant la foi et l'organisation ; inondée de ténacité, sincérité et idéalisme ; encourageant la création d'« une armée de jeunes gens », qui puisse remplacer efficacement les partis politiques et qui soit un véritable instrument de conquête d'une « Espagne libre, grande et unique ». « Et le peuple se tournera vers la jeunesse qui – elle seule – possède une doctrine, une aptitude combative et une capacité révolutionnaire pour invalider le marxisme et instaurer avec fermeté un ordre nouveau, un État national[1]. »

Cette jeunesse devrait s'éloigner et lutter contre « la claudicante mentalité d'une génération sans patriotisme, toute francisée, spirituellement morte », et s'éloigner également de ce que Redondo appelait, en utilisant les mots d'Ortega y Gasset, l'« ancienne politique ». Il entendait par là « cet État, ces Cortes et cette Constitution (...) un système ancien, effarouché, empli d'ignorance, inondé de préjudices libéraux (...) et trahissant les intérêts des peuples[2] ». Et il conclut : « Le Parlement ne suffit pas. La Constitution ne vaut rien. Tout cela est entaché de complicité avec les ennemis de l'Espagne (...). C'est à l'État de dire à tous que seule la jeunesse, armée nationale, peut dissiper les cauchemars marxistes... Le peuple est avec nous. L'Espagne a besoin de nous[3]. »

Le national-syndicalisme serait, d'autre part, un mouvement essentiellement antidémocratique. La démocratie et le libéralisme apparaissent comme des valeurs dépassées, appartenant au XIXe siècle. Au lieu de cela, cette doctrine se teinte d'éléments totalitaires, plus accentués chez Ledesma que chez Redondo, qui les remplace par une conception du pouvoir plus traditionaliste et par une accentuation de l'aspect catholique[4].

Si chez José Antonio, la liberté est la liberté dans le cadre de l'ordre, chez Onésimo la liberté n'est plus qu'une certaine liberté chrétienne fondée sur la religiosité. Pour lui, l'homme nouveau est au-dessus de la justice formelle, il a le droit d'agir :

---

1. *Igualdad*, n° 53, 13 novembre 1933. Voir aussi : *Libertad*, n° 58, 18 juillet 1932, n° 63, 2 novembre 1933. J.L. Minguez Goyanes, *op. cit.*, p. 114.

2. *Igualdad*, n° 11, 23 janvier 1933, *Libertad*, n° 73, 5 février 1934, n° 63, dans J.L. Minguez Goyanes, *op. cit.*, pp. 114-15.

3. Anónimo, *Libertad*, janvier 1934.

4. J. L. Minguez Goyanes, *op. cit.*, p. 39.

voilà ce qui compte. Conception ainsi résumée : « Liquidation de la liberté française et maçonnique, de la liberté de parler et d'écrire. Liberté chrétienne et espagnole de toutes les activités utiles[1]. »

Onésimo Redondo défendit lui aussi la violence : « Il est impossible de vivre sans guerre. Les provocations marxistes sont intolérables. La Franc-maçonnerie se développe sans entrave. Ou bien nous renonçons à tout honneur et à toute liberté, ou bien nous pourchassons, quelqu'en soit le prix, le marxisme en le prenant à la gorge – *les acogotamos como sea* – et nous exterminons par tous les moyens les maçons. »

Si Onésimo Redondo conçut une doctrine de l'homme nouveau reliée avant tout à la jeunesse et au passé historique de l'Empire espagnol, José Antonio lui, on l'a vu, se représenta « l'homme nouveau comme un homme essentiellement catholique ». Franco n'oublia jamais cette thèse du fondateur de la Phalange, il la reprit pour appuyer son pouvoir sur l'Église catholique : pendant des années, un pacte implicite liant pouvoir politique et pouvoir religieux resta en vigueur.

NATIONALISME ET CATHOLICISME

Redondo ne cacha jamais ses convictions catholiques. « Le plus officiellement catholique de tous les phalangistes », selon Dionisio Ridruejo[2], mais il s'éloignait des traditionalistes et des partis de la droite confessionnelle en séparant clairement sa politique du catholicisme, tout en critiquant durement les républicains anticléricaux. Sa philosophie était claire sur ce point : « Le nationalisme ne doit pas être confessionnel, dire qu'un mouvement politique est "confessionnel" implique que celui-ci tend, de façon directe et particulière, à arborer la religion en tant que devise, à la défendre comme étant une des fins propres au parti. C'est pourquoi nous déclarons que le nationalisme, en particulier le nationalisme espagnol, ne doit pas être confessionnel. Cette affirmation, bien qu'elle ne s'oppose en aucun cas à la doctrine et aux normes générales de l'Église, contrarie profondément

1. Anónimo, *Libertad*, février 1934.
2. Dionisio Ridruejo, *Casi unas memorias*, Barcelone, Planeta, 1976.

l'opinion d'un grand nombre de catholiques que l'on peut appeler "militants" ou catholiques enthousiastes[1]. » Ce qui ne veut pas dire que le national-syndicalisme des JONS rompe avec les éléments clairement catholiques. En définissant les JONS, Redondo reconnaît qu'elles « se fondent sur l'exaltation de ce qui est national et sur le compromis totalitaire d'une Justice sociale qui ne provoque pas de haine entre les classes sociales (...) Voilà le mandat absolu de la nouvelle justice sociale, devant jouir d'un sens chrétien positif qu'il serait d'ailleurs inconvenant de cacher ». Là, en plus de sa formation catholique, le Castillan et agrarien Onésimo rend hommage à une longue tradition, présente dans la campagne castillane, fondée sur la syndicalisation catholique des paysans, caractérisée par son harmonie et par un affrontement évident avec les syndicats socialistes qui, eux, défendent la lutte des classes.

En résumé et selon les déclarations d'un des ses biographes, Redondo prétendait inaugurer une nouvelle ère[2], « une révolution sociale, une transformation radicale du pays, et tout ceci lié à la présence constante d'une série de valeurs morales et religieuses qu'il considérait indissolublement unies à la propre essence de l'Espagne[3] ».

Nous avons évoqué le lien existant entre Onésimo et Redondo et les milieux catholiques de son époque, les écrits du premier adressés aux « kostkas » (organisations de jeunes gens dans les collèges régentés par des Jésuites)[4], l'influence de sa doctrine,

1. *Libertad*, n° 38, 29 février 1932. Deux ans plus tard, lorsque les partis de la droite espagnole se sont organisés et ont gagné les élections, en dirigeant la politique républicaine de la droite lors de la seconde biennale (1934-1936), Redondo se réfère en ces termes à un de ces partis confessionels, « Où va "Acción Popular"? » : « C'est également un parti bourgeois : il a eu le mérite d'organiser la plus intense partie des masses conservatrices, dissipée et inconsciente il y a deux ans (...). De plus, selon ses propres déclarations, c'est le groupe le plus proche du Vatican par ses orientations politiques. Un parti qui, en plus d'être catholique au fin fond de lui-même, se sent obligé de conserver dans ses actes politiques, la douceur ecclésiastique qu'il proclame jour après jour dans son rejet de la violence ». *Libertad*, n° 72, 29 janvier 1934.
2. « En las puertas de una nueva edad », in *Onésimo Redondo, Caudillo de Castilla, op. cit.*, p. 139-163.
3. J. L. Minguez Goyanes, *op. cit.*, p. 161.
4. « A los kostkas », texte sans date recueilli par J. L. Minguez Goyanes, *op. cit.*, p. 106.

pendant les premiers mois, parmi les monarchistes et les étudiants catholiques de Valladolid. Mais parallèlement, les catholiques de son temps n'échappèrent pas aux critiques et furent accusés d'un catholicisme dépourvu d'âme et de vie, se caractérisant par « le doute et la nonchalance », « l'indifférence et le scepticisme », fondé surtout sur les activités religieuses, privé d'enthousiasme et connaissant une crise spirituelle et une décadence évidente. Il est également critiqué car il reflète un monde démodé, un passé caduc [1].

L'HOMME NOUVEAU DE « RACE HISPANIQUE » DE RAMIRO LEDESMA RAMOS

Dans l'insistance sur la notion de race, réside la singularité de la position de Ramiro Ledesma Ramos, fondateur des JONS (*Juntas de ofensiva nacional sindicalista*). Des idéologues considérés, il est le plus totalitaire et le moins catholique. À sa formation philosophique et académique très solide, s'ajoute une pratique qui le transforme en meneur de l'action politique directe.

S'appuyant sur certaines idées philosophiques de José Ortega y Gasset, Ramiro Ledesma s'écarta de lui à sa convenance. Il se comporta de la même façon avec José Antonio, après l'unification, en 1934, de leurs groupes politiques respectifs.

Ce n'est que dans la revue de las JONS qu'apparaît le facteur religieux avec l'affirmation du « plus grand respect pour la tradition religieuse de notre race ». Il faut remarquer l'assujetissement de la tradition religieuse à la race, d'après ce que l'on constate au point 3 du manifeste *La conquista del Estado*. L'éloignement de Ledesma par rapport aux catholiques est assez important. Ainsi, il affirme : « Voilà où sont arrivés les représentants politiques de la plupart des catholiques espagnols (...) après deux siècles durant lesquels ils n'ont cessé de dire et de redire

---

1. « ... et le reste du peuple chrétien qui passe les heures et les minutes dans l'agitation de ses commerces ou dans le confort du divertissement et de l'agrément ; qui apprécie la vie de l'âme en tant qu'occupation essentiellement secondaire et passive, satisfaite grâce à la (courte) messe du dimanche, dépourvue d'une moindre ferveur ; discerne grâce au malveillant apostrophe de béats (*sic*) ceux qui se surpassent par leur délicatesse spirituelle dans la relation avec leur Dieu ». Écrit sans date ni titre, probablement rédigé en 1924, selon J. L. Minguez Goyanes, *op. cit.*, p. 107, le passage se trouve p. 108.

que l'Espagne devait au catholicisme tout ce qui est et a été au long de l'histoire, depuis son unité en passant par son empire et sa culture. Eh bien, les voilà les parlementaires insignifiants de Gil Robles, tous catholiques, abandonnant aux mains du gouvernement Samper la solution du conflit[1]. »

LE PROGRAMME DE RAMIRO LEDESMA

En ce qui concerne son projet politique, Ledesma n'utilise pas le catholicisme comme support de l'homme nouveau puisque, plus tard, dans le programme politique des JONS et dans sa reproduction de la revue JONS Ledesma énonça, une fois de plus, dix-huit points fondamentaux où l'on pouvait trouver ce qui suit : « Tout le pouvoir appartient à l'État » – « Il n'y a de liberté politique que dans l'État, ni au-dessus de l'État ni face à l'État ». « La valeur politique majeure chez l'homme est sa capacité de "connivence" civile dans l'État », et la faculté d'imposer aux personnes et aux groupes sociaux le devoir de se soumettre aux fins de la Patrie (point 2); respect maximal pour la tradition religieuse de notre race (point 3); l'expansion impériale de l'Espagne (point 4); substitution du régime parlementaire par un régime autoritaire (point 5); extermination et dissolution des partis marxistes (point 7); activité directe du parti (point 8); syndicalisation obligatoire de tous les producteurs (point 9); les corporations économiques et les syndicats doivent être placés sous la protection de l'État (point 10); l'État doit garantir à tous les travailleurs espagnols le droit à la nourriture, à la justice et à une vie digne (point 12); développement de l'exploitation familiale et communale de la terre (point 13); peines très sévères contre ceux qui spéculent sur la misère et l'ignorance du peuple (point 16); investir de responsabilités les jeunes gens de la Patrie, c'est-à-dire les personnes de moins de quarante-cinq ans (point 18)[2]. Nous pouvons donc facilement

---

1. R. Ledesma Ramos, *Escritos politicos. 1933-1934*, Madrid, Herederos de Ramiro Ledesma Ramos, 1985, p. 219; *La conquista del Estado*, n° 35, p. 264.

2. « El nacional-sindicalismo quiere », programme politique de las JONS, fac-similé de sa reproduction dans la page dernière de la revue *JONS*, reproduit dans R. Ledesma Ramos, *Escritos politicos. 1933-1934, op. cit.*, p. 49.

constater une certaine coïncidence avec Onésimo Redondo, puisque l'homme nouveau de Ledesma n'est, ni plus ni moins, que le jeune combattant appartenant à n'importe quelle classe sociale, intégré dans les milices d'un parti d'action directe. De plus, il s'agit d'un révolutionnaire « avec une éducation insurrectionnelle, une formation politique [1] ». Le plus significatif dans sa doctrine est l'affirmation suivant laquelle : « Face à la société et à l'État communiste nous devons opposer les valeurs hiérarchiques, l'idée nationale, l'efficacité économique. » D'autres points du Manifeste coïncident davantage avec José Antonio et Onésimo : affirmation des valeurs hispaniques : « Diffusion impériale de notre culture » (point 6) ; collaboration authentique avec l'université espagnole (point 8) ; intensification de la culture des masses par les moyens les plus efficaces (point 9) ; lutte contre les régionalismes aspirant à une autonomie politique ; enfin et surtout, structuration syndicale de l'économie, justice sociale et discipline sociale.

Le fait d'être le fondateur des JONS nous montre dans quelle mesure la dialectique de Ramiro Ledesma comporte certains aspects de la méthodologie anarchiste, même si ce fut José Antonio qui mentionna textuellement la « dialectique des coups de poing et des pistolets ». Si Redondo s'exprime à travers la revue *Libertad* et ensuite *Igualdad* (Égalité), Ledesma le fait à travers *La conquista del Estado* (La conquête de l'État) [2]. D'ailleurs, cette dernière n'est pas seulement une publication, c'est également le manifeste politique répandu dans toute l'Espagne en février 1931 où l'on définit, comme principes fondamentaux d'action, la suprématie de l'État, l'affirmation nationale, l'exaltation universitaire et juvénile, l'articulation territoriale de l'Espagne, la structure syndicale de l'économie et « notre organisation » dont Ledesma affirme : « Nous naissons pour atteindre l'efficacité révolutionnaire. C'est pourquoi nous ne cherchons pas à gagner des voix mais plutôt des minorités audacieuses et courageuses. Nous sommes à la recherche de jeunes équipes militantes armées de fusil et de discipline guerrière, des

---

1. *Ibid.*, p. 102.
2. Il avait déjà publié un opuscule, *La conquête de l'État*, et un *Manifeste politique de JONS*, dans la revue du même nom, *La conquista del Estado*, (qui commence à apparaître) en mars 1931.

milices civiles qui puissent détruire l'armature bourgeoise et anachronique d'un militarisme pacifiste. Nous réclamons l'homme politique avec un sens militaire de responsabilité et de lutte [1]. »

UN HOMME NOUVEAU ?

L'« homme nouveau » de Ramiro Ledesma se définit surtout par son rapport à l'État plutôt que par sa position à l'égard de la religion catholique. Compte tenu de ses références au concept de race, il n'est pas excessif d'affirmer que R. Ledesma est le plus proche du nazisme. Il porte quelques jugements très négatifs non seulement à l'égard de la maçonnerie, mais aussi du judaïsme. Pour lui, l'homme nouveau est évidemment et surtout le jeune guerrier, le *condottiere*. À ses yeux, Hitler est un modèle d'homme nouveau ; « il tient entre ses mains le destin de l'Allemagne, il a assez de décision et de caractère pour affronter les plus graves responsabilités. C'est peut-être l'exemple le plus pathétique que nous offre l'Histoire quant au nombre et au caractère angoissant des difficultés auxquelles il doit faire face tout au long du chemin. Dans de telles circonstances, le spectacle de tout le détritus international et dégradant qui lutte contre lui, à l'aide d'armes infâmes, est dramatiquement grotesque ». C'est lui qui cache le moins sa sympathie pour Hitler comme nous pouvons le constater dans son *Discours aux jeunesses espagnoles* lorsqu'il affirme : « Voilà pourquoi l'anti-capitalisme de l'hitlérien est différent de celui du marxiste. Le premier voit dans le système capitaliste non seulement un régime concret de relations économiques, mais il voit également le juif ; ainsi, il ajoute au concept économique strict une notion raciste. L'idée antisémite et l'idée anticapitaliste ne représentent presque qu'un seul élément pour le national-socialisme [2]. » En plus, il souligne le caractère interclassiste de sa doctrine : « de sorte que le marxisme laissa de côté une zone sociale très large, composée juste-

---

1. *La conquista del Estado*, an I, n° 1, 24 mars 1931.
2. Ramiro Ledesma Ramos, *Fascismo en España ? « Discurso a las juventudes de España*, Barcelona, Ariel, 1968, p. 303 (1ʳᵉ édition de 1935, publié sous le pseudonyme de « Roberto Lanzas »).

ment de personnes qui étaient un produit des formes économiques les plus nouvelles, des gens qu'il était difficile de classer (...) et qui, en plus, ne faisaient pas partie des salariés, c'est-à-dire de petits industriels sans capital, des employés de bureau appartenant à de grandes entreprises, toute la jeunesse universitaire et les petits propriétaires cultivant leurs terres[1]. »

UN HOMME NOUVEAU DANS LE FASCISME ESPAGNOL ?

Il est très difficile de tracer le profil de l'homme nouveau pendant le totalitarisme pro-nazi-fasciste, d'où surgit le militarisme du général Franco. Le grand paradoxe de l'homme nouveau, c'est celui de sa lutte entre une nouvelle notion de modernité et son ancrage dans un passé glorieux et impérial. Franco sut mettre à profit un tel flou conceptuel pour confisquer le pouvoir. Pour établir sa dictature personnelle, particulièrement militariste, totalitaire et cléricaliste, Franco définit les bases idéologiques et politiques du coup d'État du 18 juillet 1936. Il se fonda principalement sur quatre éléments : la Phalange espagnole de José Primo de Rivera, l'agrarisme initialement castillan et antiséparatiste d'Onésimo Redondo, le parti unique et le syndicalisme d'action directe de Ramiro Ledesma Ramos et l'historicisme nostalgique et contradictoire de la Communion traditionaliste[2].

---

1. *Idem*, p. 310.
2. Nous devons citer encore, avec beaucoup de nuances, les traditionalistes, également connus sous le nom de Requetés. Les traditionalistes ont leurs origine, en Espagne, dans le conflit dynastique du xixᵉ siècle (les guerres carlistes) qui opposa les monarchistes ultra-conservateurs aux libéraux parlementaristes. Lors du conflit parlementaire et durant les émeutes qui ont lieu dans les rues avant la guerre civile de 1936, les traditionalistes entrent en scène comme un étrange groupe de monarchistes catholiques. Contrairement à la Phalange de Primo de Rivera, au « jonsisme » de Ramiro Ledesma et au castillanisme de « Acción Hispánica » d'Onésimo Redondo, qui sont des leaders incontestés et notoires, la personnalité politique plus apparente des traditionalistes est Manuel Fal Conde, qui rassemble, en 1934, les groupes plus combatifs de « carlistas » dans les « bataillons des Requetés », en constituant l'organisation politique appelé Communión Tradicionalista. Fal Conde participera avec ses partisans à la guerre civile, depuis le 19 juillet 1936, mais en avril 1937 il s'opposera sans succès au décret d'unification de Franco, aux Phalangistes et aux Jonsistes. Politiquement, ils ne font pas partie du groupe de la droite démocrate chrétienne de Gil Robles et de Jiménez Fernández ; en

Ils avaient pour dénominateurs communs : le rejet absolu du système démocratique fondé sur la souveraineté populaire et le pluripartisme ; le catholicisme en tant que justification du nationalisme impérial ; lutte sans merci contre le marxisme et n'importe quelle autre forme « bourgeoise » d'activités, non seulement libérales mais également démocrates-chrétiennes ; la consécration de la violence afin de conquérir le pouvoir, l'antisémitisme et la proscription persécutrice de la maçonnerie et du communisme.

En dépit de ces valeurs communes, l'homme nouveau présenta différents visages chez les penseurs fascistes.

Onésimo Redondo, connu au début des années trente sous le nom de « Caudillo de Castille », possédait une idée centrale et centraliste du nouvel État puiqu'il critiqua constamment le séparatisme catalan. L'homme nouveau d'Onésimo est l'homme castillan. Il partage les mêmes sentiments politiques que des personnages légendaires, comme le Cid, et oublie à tort et délibérément que l'Empire espagnol en Amérique latine est unilatéral. L'Empire européen de Charles Quint constitue la partie la plus importante de l'Europe. D'ailleurs, la conquête du Nouveau Monde est bien menée dans ce sens, dans le fascisme espagnol et en particulier chez Onésimo. L'homme nouveau d'Onésimo Redondo est castillan mais aussi atlantique, ce qui d'ailleurs est bien paradoxal.

Pour José Antonio Primo de Rivera, l'homme nouveau se fonde sur une idée de spiritualité catholique, ce qui donna lieu à un célèbre énoncé, répété mille et une fois pendant la dictature : « l'homme, porteur de valeurs éternelles ». L'objectif de l'homme nouveau chez J. Antonio se définit également à l'aide de l'une de ses phrases lapidaires : « Pour l'Empire vers Dieu. » Il ne faut pas oublier qu'Onésimo, provenant de la campagne de Castille, contredit l'idée corporative de l'État en tant qu'unité totale : aussi, seul l'espace de liberté de ce vieil « homme nouveau » a sa place. Ne négligeons pas également le fait que José Antonio Primo est un avocat et un homme politique qui, d'une certaine façon, fut influencé par l'héritage de son père, le dicta-

---

visant un catholicisme intégriste avec l'objectif de la restauration d'un passé lointain, de droits régionaux ancrés dans la tradition médiévale, ils ne contribuent qu'à obscurcir le panorama du catholicisme espagnol que Franco introduira plus tard dans le national-catholicisme de son régime politique.

teur Primo de Rivera. Si la formation d'Onésimo fut celle d'un homme de terrain, celle de José Antonio était celle d'un juriste et d'un politicien populiste fort d'une expérience parlementaire.

Primo de Rivera, Onésimo Redondo et Ramiro Ledesma avaient disparu lorsque Franco prit la tête de ce que l'on appela le Mouvement national : un véritable parti politique unique. Il comportait trois piliers fondamentaux : l'Armée ultraconservatrice, professionnelle, forte et disciplinée (d'un État policier); l'Église catholique, longtemps pouvoir de fait et pouvoir spirituel complice; le syndicat unique et obligatoire pour les travailleurs. La Magistrature, en l'absence de séparation des pouvoirs, était subordonnée au régime. Les « Cortes » étaient, en fait, le Parlement du Parti unique : celui du dictateur, malgré sa composition corporatiste-tripartite.

FRANCO À LA RECHERCHE DE SON HOMME NOUVEAU : « *RAZA* »

La guerre civile achevée, et en plein conflit mondial, le dictateur espagnol trouva le temps d'écrire un roman : *Raza*[1], qui bientôt fut porté au cinéma[2].

Le roman n'avait pas la prétention d'être une œuvre philosophique, mais poursuivait un double objectif : relecture de l'Histoire d'Espagne depuis le désastre de 1898, et mise en perspective de la figure du dictateur dans son milieu familial.

Le roman se proposait de caractériser l'univers mental des personnages et de présenter les modèles auxquels le Caudillo voulait s'identifier.

L'action se déroule dans une famille de vieille ascendance militaire et maritime. Le père, militaire, est mort dans les combats de la guerre de Cuba. La mère, bourgeoise catholique, très religieuse « semble murmurer une prière à chaque son de cloche »; des trois fils, deux sont des modèles et le dernier, un contre-modèle. Comme chez Primo de Rivera, pluralisme et diversité ne conviennent guère à Franco. Le fils aîné s'éloigne

---

1. Jaime de Andrade, *Raza*, Madrid, Fundación Nacional Francisco Franco, 1981 (1re éd. de 1942).

2. Franco ne paraît ni comme auteur du roman ni comme scénariste du film, il utilise un pseudonyme : Jaime de Andrade.

progressivement de la famille, il renonce à la carrière militaire –
« il a démenti nos espérances » – et, devenu avocat, il devient un
républicain convaincu.

Ce personnage du fils aîné participe à peine à la saga familiale, pas plus qu'à celle de la Patrie, et apparaît seulement dans
le roman en contrepoint et comme un exemple à rejeter. Il
semble n'incarner aucune des vertus du moment, pas même la
liberté. On constate, ainsi, le peu de valeur attribué à ce qui est
étranger aux institutions traditionnelles : famille, armée, Église.
Aussi bien l'Université que le milieu politique incarnent la décadence de l'Espagne. Rien n'est dit, par ailleurs, des croyances
religieuses du personnage.

Les deux fils qui restent, ainsi que le gendre, sont militaires et
ont été formés loin de l'Université, à l'Académie militaire de
l'héroïque Tolède. Héroïque dans la Reconquête et dans cette
nouvelle *Reconquista* qu'est la guerre civile.

LE HÉROS MILITAIRE ET MARTYR

Le second fils, qui suit la carrière militaire, représente le
modèle véritable, et toute l'œuvre, depuis la mort héroïque du
père, tourne autour de lui. Il incarne la figure idéale que Franco
aurait aimé être, si bien que le déroulement de l'œuvre tout
entière se confond avec l'itinéraire du héros. Un héros dont les
deux valeurs fondamentales sont le Devoir et l'Honneur. Sur ces
deux concepts, essentiels dans la vie militaire, reposent la carrière de notre protagoniste et sa marche vers l'héroïsme.

C'est un militaire qui se présente tout de suite comme un
catholique. Sa vie est une synthèse entre pratique religieuse et
activité militaire. En fait, l'œuvre toute entière relève d'un national-catholicisme parfaitement intégré.

En premier lieu, la formation reçue à l'Académie militaire
associait, d'une manière magistrale, le spirituel et l'héroïque :
« les épisodes guerriers et les événements religieux ». On y présentait l'Histoire de l'Espagne comme une symbiose associant
les deux : « Je ne m'étais pas rendu compte de ce que nous
devions au bon roi Recaredo (Recarede) ; pour moi c'était un roi
goth parmi d'autres (...) mais c'est à lui aussi que nous devons
notre foi catholique. C'est lui qui a réconcilié l'Espagne avec

l'Église en abjurant à Tolède l'hérésie arienne, en 586. Grâce à lui, nous avons échappé à l'hérésie[1]. »

Tout en défendant la catholicité et en refusant l'hérésie, le Caudillo ne semble pas, en 1942, prendre trop de distance vis-à-vis des trois grandes religions. Si Tolède donne des leçons de vie militaire, elle donne aussi des leçons de pluralisme religieux et de coexistence des trois cultures. C'est le seul passage de l'œuvre où l'auteur semble défendre le pluralisme religieux. Sous forme d'un dialogue, susceptible d'être repris et diffusé, l'accent est mis sur le thème épineux des juifs. Nous sommes en 1942 : « (Les personnages passent devant l'ancienne synagogue de Santa Maria la Blanca). Peut-on évoquer une église de juifs ? – De Juifs ? – Qui peut le savoir ! – Synagogue, mosquée, église sont passées de mains en mains. Juifs, maures et chrétiens se sont rencontrés ici et par leur contact avec l'Espagne se sont purifiés. Mais, au delà et au-dessus de cette acceptation pluri-religieuse il y a le nationalisme espagnol ! (...) L'Espagne est la nation la plus aimée de Dieu, aussi, dans les jours difficiles, l'aide divine ne lui fait pas défaut, ni celle de son incontestable patron (saint Jacques). L'étranger pourra nous diffamer, mais il ne pourra pas nous enlever cette gloire[2]. »

Cette prise de position politique précède la remise de diplôme à l'Académie, au cours de laquelle la célébration religieuse trouve évidemment sa place.

LE HÉROS RELIGIEUX

Le troisième fils de cette famille Churruca, incarne directement les valeurs religieuses. « Il a abandonné le service de la Marine pour celui de Dieu[3]. » Second modèle, sa progression spirituelle s'appuyant elle aussi sur l'honneur, le conduit vers le martyre : « Je suis, comme vous, un soldat du plus illustre des Capitaines et, dans le sacrifice, la mort ou la douleur, soufferts à son service, je trouve la plus sublime des récompenses. » Cela fait penser au moine-soldat, dont parle souvent José Antonio.

1. *Ibid.*, p. 64.
2. *Ibid.*, p. 71-72.
3. *Ibid.*, p. 83.

Avec la seconde République espagnole les luttes anti-religieuses aboutiront à une mort héroïque du personnage : « Dans maints lieux en Espagne, couvents fermés et Église persécutée témoignent de la souffrance des membres de l'Église. » Cette persécution atteint le troisième fils à l'occasion de la guerre civile. Ce sera en Catalogne, où les Républicains s'en prennent à une communauté de Frères de Saint Jean de Dieu, qui laisseront orphelins les enfants de leur hospice. « La Révolution rouge qui, dans la majorité des provinces, s'avance dévastatrice, débordant ceux-là mêmes qui avaient pensé la diriger, présente en Catalogne ses aspects les plus pervers. Au milieu de la folie anti-religieuse, qui détruit les églises et prend la vie des plus saints parmi les hommes, sont soigneusement choisis ceux des religieux qui seront épargnés. Sans résistance, sans un geste de douleur ou de recul, marchent en file interminable, entre insultes et baïonnettes, les fils de Saint Jean de Dieu. Les chants liturgiques s'élèvent de cette sainte procession de martyrs. [...] Les voix de bourreaux arrêtent au bord de la mer la procession héroïque, les ombres des religieux s'élèvent vers le ciel, enveloppées des rayons de la lune. Sereins et le regard vers le ciel, ils attendent le sublime sacrifice[1]. »

Mais la mise en scène de l'héroïsme militaire dépasse encore celle du martyre, quant à sa signification et à son symbolisme religieux. Le héros militaire, lui aussi, « offre son sang qui est à l'Espagne[2] ». Il prie et se confesse avant de mourir. Il passe devant un tribunal, souffre son propre Gethsémani, et son corps, criblé de balles, est recueilli par de saintes femmes. Les deux frères se présentent dans la persécution comme le Christ dans sa marche au Calvaire.

Ce sont aussi de saintes femmes qui recueillent, soignent et embaument le corps du militaire. Mais le roman ne laisse pas mourir son héros, qui est, finalement, un « ressuscité ». « Oui, c'est moi. Je suis ressuscité[3]. » Les balles ne sont pas parvenues à en finir avec lui, le peloton d'exécution ayant eu peur de l'aviation ennemie. « Il avait reçu quatre coups de fusil et l'aide de Dieu[4]. »

---

1. *Ibid.*, p. 119.
2. *Ibid.*, p. 101.
3. *Ibid.*, p. 167.
4. *Ibid.*, p. 135.

Simple, assez mal écrit, et bien traditionnel, ce roman doit beaucoup aux récits destinés à la jeunesse publiés à l'époque. Mieux que bien des discours, il exprime avec force l'imaginaire politique, social et religieux du Caudillo.

Une conception tripartite et traditionnelle de la société s'y affiche : « Ceux qui luttent, ceux qui prient et ceux qui travaillent. » Toutefois, les travailleurs sont oubliés, le soldat et le moine constituant les figures de premier plan. Le peuple est assimilé aux manifestations politiques de la IIe République, à travers des évocations de « la racaille, la canaille, les criminels maîtres de la rue ». Un autre contre-modèle, en somme.

Les femmes, catholiques et pieuses, sans métier, vouées aux tâches de la maison, sont replacées dans leurs différentes classes sociales et présentées avec un évident paternalisme.

Le modèle de la famille *hidalga* est bien dessiné, avec ses origines militaires et sa double aspiration à l'héroïsme, qu'il soit militaire ou religieux. Peu de place est finalement accordée au modèle religieux, qui est dessiné à partir de trois traits : la communauté, à laquelle il appartient et avec laquelle il meurt collectivement, l'action sociale, avec une conception de la Bienfaisance restant celle de la société pré-industrielle, enfin la fidélité aux traditions familiales, avec ses vertus : l'Honneur et le Devoir.

En revanche, le cycle du héros militaire s'impose. Le modèle catholique – mort et résurrection, grâce à l'action de la Providence – permet d'insister sur ce militaire « ressuscité » après un parcours qui comporte condamnation, Calvaire, saintes femmes – lesquelles sont, dans ce cas-là, des femmes du peuple –, et passage de la mort à la résurrection. Pour qu'il n'y ait aucun doute, chez le lecteur du roman ou les spectateurs du film, le texte lui-même reprend les affirmations du héros, qui se sent « martyr et miraculé ». N'est-il pas un « homme nouveau », ce militaire de devoir et d'honneur ainsi récupéré pour la nouvelle cause ?

Mais ce modèle n'appartient pas seulement à l'Histoire. Le roman se charge de le faire revivre dans le temps présent. Si un lecteur sceptique voulait le rejeter dans le passé et dans la littérature, l'auteur répond à la question :

« Est-il vrai qu'ont existé de tels hommes ?

Oui. Ils existent et ils existeront. Ils viennent de notre propre chair et, si des esprits pusillanimes et pessimistes peuvent avoir une autre opinion, la vie leur apportera à chaque instant un démenti[1]. »

Ces deux visions de l'homme nouveau, tant celles de J. A. et celles des autres théoriciens fascistes ou para-fascistes de l'Espagne des années trente, que celle de Franco, de *Raza*, persisteront, certes, après 1945, et continueront à marquer les modèles humains d'un régime qui durera encore trente ans. Mais ce régime passera par bien des étapes et connaîtra bien des transformations idéologiques. Ces transformations ont bien évidemment influé sur le (ou les) types humains prônés et mis en avant par la propagande officielle : on pourrait en distinguer plusieurs – depuis les « catholiques sociaux » de droite, inspirés de certains modèles européens, jusqu'aux technocrates efficaces –, mais ce n'est plus notre sujet.

---

1. *Ibid.*, p. 32.

Profil racial de l'homme nouveau
sous le fascisme italien

Marie-Anne Matard-Bonucci
(université de Versailles Saint-Quentin-en-Yvelines,
CHEVS-FNSP)

L'« homme nouveau » surgit très tôt dans l'horizon idéologique du fascisme. Pour en esquisser la silhouette, la propagande proposa quelques modèles issus du panthéon national ou
de la récente épopée fasciste. Dans ce défilé d'hommes
d'exception, Mussolini s'imposa d'emblée comme l'incarnation la plus proche de l'idéal type. « Il suffit de l'observer
comme je le fais depuis dix ans, dans ses attitudes, ses discours, ses décisions, pour s'imprégner de substance fasciste,
pour s'illuminer de lumière fasciste, pour comprendre comment doit être l'Italien nouveau de l'ère fasciste, nouveau de la
tête aux pieds, *intus et in cute*, dans la sensibilité et dans la
mentalité », écrivait, dans son *Code de la vie fasciste* Mario
Carli en 1928[1]. Figure centrale de la doctrine et mythe pour
l'action, l'« homme nouveau » fut un idéal auquel pouvait (pré)
tendre tout Italien à condition qu'il accordât son comportement
et ses idées au dogme fasciste.

À partir de 1938, une telle conception héritée du modèle chrétien et assimilable, *mutatis mutandis,* au « salut par les œuvres »
fut concurrencée, et en partie contrecarrée, par la doctrine de la
race[2]. Non seulement les Juifs, considérés comme n'apparte-

---

1. Mario Carli, *Codice della vita fascista*, Rome, Istituto editoriale del Littorio, A. VI, p. 7.
2. Plusieurs points du texte intitulé « Il fascismo e i problemi della
razza », publié le 14 juillet par *Il Giornale d'Italia*, document marquant le
coup d'envoi de la campagne raciale, désigné par la suite comme « manifeste
de la race » ou « manifeste des savants italiens », mettaient l'accent sur la

nant pas à la race italienne, étaient exclus de l'avenir radieux promis à l'homme nouveau fasciste mais ils furent présentés par la propagande comme autant de contre-modèles de la nouvelle humanité. En dépit de ce changement radical, le régime fasciste s'efforça de marteler l'idée suivant laquelle l'adoption des lois raciales s'inscrivait dans la continuité d'une politique de protection « quantitative » et « qualitative » de la race, par l'exclusion des éléments « impurs ». À partir de 1938 s'imposa de fait la double définition d'un homme nouveau « racialement pur » et « raciste ». Celle-ci se greffa sur le tronc déjà ancien des politiques en faveur de la race. Elle en constitua un rameau singulier, fortifié par le triomphe des sciences raciales en Allemagne[1]. Un rameau appelé à devenir, espérait-on, le bois dur et inflexible dont on ferait l'homme nouveau.

En effet, l'adoption des lois antisémites répondit à un impératif politique : relancer la révolution totalitaire fasciste. Elle représenta une tentative de réponse à l'échec, ou tout au moins à la difficile réalisation de la révolution culturelle et anthropologique souhaitée par Mussolini dès les années vingt. Elle procéda de la quête d'un nouveau souffle idéologique susceptible de modifier les comportements et les modes de pensée des Italiens jugés trop proches de l'ancien régime à la fin des années trente. En abattant la carte du racisme et de l'antisémitisme, non sans fascination pour le modèle national-socialiste, les fascistes pariaient sur l'efficacité plus grande d'un contre-modèle par rapport au modèle, le caractère des Italiens étant susceptible de se transformer en opposition à la figure archétypale du juif mais aussi à travers une pratique, celle de l'exclusion.

---

dimension biologique du concept de race. Le noms des dix signataires, professeurs ou assistants à l'université, fut rendu public 10 jours après la parution du texte. Les universitaires bénéficiant d'une véritable notoriété étaient Nicola Pende, Directeur de l'Institut de pathologie médicale de l'Université de Rome et Sabato Visco, directeur, dans la même université, de l'Institut de physiologie générale. Le manifeste a été publié *in* G. Israel, P. Nastasi, *Scienza e razza nell'Italia fascista*, Il Mulino, 1998. R. Maiocchi, *Scienza italiana e razzismo fascista*, la Nuova italia, Florence, 1999, p. 365-368.

1. Sur l'influence idéologique de l'Allemagne, je renvoie à l'article que j'ai publié : « L'antisémitisme fasciste, un "transfert culturel" de l'Allemagne vers l'Italie ? », in *Relations Internationales*, n° 116, hiver 2003, p. 483-494.

Ainsi, les mutations affectant les contours de l'homme nouveau accompagnèrent autant qu'elles déterminèrent l'évolution du régime vers une idéologie raciste et antisémite.

DE LA RÉGÉNÉRATION PHYSIQUE ET RACIALE DE L'HOMME NOUVEAU...

En 1942, Vincenzo Mazzei, jeune assistant à l'Université de Rome, éprouvait le besoin, après d'autres, de commenter les lois raciales adoptées quelques années plus tôt[1]. Sans remettre en cause le bien-fondé de la politique antisémite, il contestait la thèse officielle suivant laquelle la démographie fasciste avait représenté la première phase du racisme car « il est légitime de parler de racisme seulement s'il y a opposition de races[2] ». En dénonçant ce qu'il considérait comme une lecture *a posteriori*, Mazzei visait relativement juste. Jusqu'à la guerre d'Éthiopie, sans être totalement absente de certains secteurs de l'opinion, la dimension raciste avait été fort peu présente dans l'idéologie fasciste.

Pour autant, la question de la race, dans un sens physiologique et biologique, ne fut pas indifférente aux constructions visant à définir l'homme nouveau fasciste avant même l'adoption des lois raciales.

Avant l'avènement du fascisme, l'Italie avait pris sa part au mouvement scientifique et intellectuel européen de développement des sciences du vivant, de l'eugénisme, et de l'anthropologie. Cette dernière discipline avait connu un essor tout particulier dans la péninsule autour, notamment, de Cesare Lombroso et Giuseppe Sergi[3]. Dès la fin du XIXe siècle, une idéologie scientiste et « racialiste[4] » avait imprégné de larges secteurs des

---

1. V. Mazzei, *Razza e nazione*, Éd. Italiane, Roma, 1942. Je remercie Élise Lacroix de m'avoir procuré ce texte, difficile à trouver.

2. *Ibid.*, p. 7.

3. Sur ces aspects, voir : Pogliano, « Scienza e stirpe. Eugenica in Italia, 1912-1939 », in « *Passato e presente* », n° 5, 1984. G. Israel, P. Nastasi, *op. cit., sopra*.

4. Par « racialisme » nous entendons la démarche qui tend à identifier des « races » sur la base de données supposées scientifiques (génétiques, biologiques, physiques) sans y associer une volonté d'exclusion ou de persécution. Sur les usages de l'anthropologie ou de la génétique par le racisme, J. Tar-

sciences sociales et de la vie intellectuelle. L'issue de la Grande guerre avait vu l'épanouissement de théories liant le rang de la nation et son poids démographique [1]. Dès cette époque, Corrado Gini invitait les gouvernements à freiner l'émigration [2].

Dès le milieu des années vingt, la démographie s'imposa comme l'une des préoccupations majeures de Mussolini. Il *numero come forza* devint l'un des axes majeurs de la bataille démographique dont les grandes lignes furent tracées dans le discours dit de l'Ascension, prononcé par le *Duce* le 26 mai 1927. À cette date, le combat avait déjà été engagé par la création d'institutions nouvelles parmi lesquelles l'ONMI (Œuvre nationale de la maternité et de l'enfance) en 1925, l'ISTAT (Institut central de statistique) en 1926, et l'adoption de mesures encourageant la natalité.

La politique en matière d'émigration fut également considérée comme l'un des fronts de la bataille démographique. Entérinant le mouvement de fermeture des frontières des pays développés, le gouvernement revendiqua bientôt l'arrêt de l'émigration de masse comme relevant du dessein d'ensemble de protection de la nation et de la race. Dès 1926, Mussolini avait comparé les migrants à des globules rouges absorbés par des organismes anémiés, les pays étrangers. De volonté de défense d'une identité nationale, la politique démographique fut présentée comme stratégie de sauvegarde d'une force vitale collective, caractéristique intrinsèque du groupe [3].

À cette conception d'ensemble de la nation, imprégnée de racialisme répondit une certaine image de l'homme nouveau fas-

---

nero, *Le racisme*, Éd. Milan, 1995. Voir également, P.-A. Taguieff, *La force du préjugé. Essai sur le racisme et ses doubles*, Paris, La Découverte, 1988.

1. Sur les débats autour de la question de l'émigration et de la population dans l'Italie libérale, Carl Ipsen, *Demografia totalitaria*, Bologne, il Mulino, 1997, p. 17-67.

2. G. Israel, P. Nastasi, *op. cit.*, p. 105. Sur Corrado Gini, figure centrale de la démographie européenne et de la démographie fasciste, S. Bertaux, « Démographie, statistique et fascisme : Corrado Gini et l'ISTAT, entre science et idéologie (1926-1932) », in *Roma moderna e contemporanea*, numéro spécial sous la direction de Antonella Romano, « Rome et la science », n° 3, septembre-décembre 1999, p. 571-598.

3. Une telle évolution est perceptible à la lecture de certains articles du *Bolletino sulla emigrazione*, publication mensuelle à caractère officiel du Commissariat général de l'émigration, dès les années vingt.

ciste. Valorisé dans son être biologique, celui-ci devait avoir pour qualité première la vitalité démographique, se démarquant du malthusianisme bourgeois. La procréation – *procré-action* – fut présentée comme un acte fondamentalement politique. En 1928, Mussolini rédigea la préface de l'ouvrage de Riccardo Korherr intitulé *Régression des naissances, mort des peuples*[1]. S'insurgeant contre l'hédonisme bourgeois, il lui opposait l'homme nouveau et son aptitude à cultiver un instinct vital au sens le plus élémentaire du terme : « Si un homme n'éprouve pas la joie et l'orgueil d'être "continué" comme individu, comme famille et comme peuple, il ne peut être fasciste[2]. »

La préoccupation quantitative fut accompagnée d'une réflexion sur les modalités d'une amélioration qualitative de la race suivant la distinction formulée dès les années vingt par Ettore Levi, futur directeur de l'ISTAT[3]. Ainsi, l'homme nouveau ne devait pas seulement être régénéré moralement mais aussi physiquement : « Le fasciste, l'Italien de demain doit représenter l'antithèse la plus totale du citoyen démo-libéral, malade de tous les scepticismes, affaibli par toutes les démagogies. Il faut le rendre même physiquement différent », déclara Mussolini en 1929[4].

L'idée que la santé morale allait de pair avec l'activité sportive s'imposa dans d'autres contextes politiques européens, y compris démocratiques[5]. Le fascisme y ajouta ses motivations propres[6]. Instrument d'un encadrement privilégié de la jeunesse, le sport fut particulièrement propice aux rites collectifs de masse qu'affectionnait le régime. Les sociétés modernes s'étaient efforcées, depuis longtemps, d'assujettir les corps pour mieux

---

1. R. Korherr, *Regresso delle nascite : morte dei popoli*, Préface de Spengler et de Mussolini, Rome, Libreria del Littorio, 1928.

2. *Ibid.*, p. 22.

3. Ettore Levi fut l'un de ceux qui contribuèrent à la diffusion d'une telle distinction.

4. Cité *in* P. Orano (*a cura di*), *Inchiesta sulla razza*, p. 57.

5. Voir notamment, Hubscher Ronald (dir.), *L'Histoire en mouvement. Le sport dans la société française, xix*-*xx* siècles*, Paris, Colin, 1992.

6. S. Pivato, *L'era dello sport*, Giunti, Florence, 1994. P. Ferrara, *L'Italia in palestra. Storia, immagini e documenti della ginnastica dal 1833 al 1973*, Rome, La Meridiana, 1992.

contrôler les esprits[1]. Le fascisme tenta de contrôler le corps social par la régie des corps en mouvements. Il tenta aussi d'inventer une orthopédie politique, le sport devant contribuer à façonner l'Italien nouveau, régénéré du point de vue physique comme moral. Pourtant, jusqu'au milieu des années trente, de la valorisation physique de la race au racisme « tout court », le pas ne fut qu'occasionnellement franchi[2].

La politique de protection qualitative de la race fut également accompagnée d'une idéologie et d'un dispositif visant à freiner l'urbanisation et à promouvoir le ruralisme[3]. En 1928, un petit livre vendu au bénéfice d'un Groupe fasciste de quartier de Turin était publié sous le titre *I cavalieri della Terra. Verso il nuovo italiano rurale*[4]. Rédigé alors même que le régime s'efforçait de susciter discours et écrits autour de l'homme nouveau, cette publication est représentative d'une littérature de propagande ordinaire sur la question. Il constitue un véritable condensé de la conception « racialiste » de l'homme nouveau.

Rédigé à l'intention des podestats, curés, propriétaires terriens, et maîtres d'écoles, le livre délivrait un portrait essentiellement traditionaliste du nouvel Italien rural : « Il croit en Dieu, dans la patrie, dans la famille. Il croit que l'esprit doit l'emporter sur la matière. Il croit au miracle quotidien qui s'opère tous les jours sous ses yeux. Il croit au pouvoir de la volonté sur les instincts brutaux. Dans son vocabulaire est contenue la phrase mussolinienne : *perseverando arrivi*. "Durer" est son verbe

---

1. M. Foucault, *Surveiller et punir*, Paris, Gallimard, 1975.
2. Comme par exemple, dans une directive à la presse de juillet 1933, reprochant au *Messagero* d'avoir montré, sur une image sportive, un Balilla avec « le nez épaté, les lèvres épaisses et les cheveux crépus, un vrai nègre, en somme... », cela a beaucoup déplu car cela donne de l'Italie l'image d'une nation qui a besoin d'avoir recours à la jeunesse nègre pour les championnats de Balilla. Rome : Archivio Centrale dello Stato, Agenzia Stefani, carte Morgagni, b. 29.
3. A. Treves, *Le migrazioni interne nell'Italia fascista*, Turin, Einaudi, 1976. M. Stampacchia, *« Ruralizzare l'Italia ». Agricoltura e bonifiche tra Mussolini e Serpieri, 1928-1943*, Milan, Angeli, 2000.
4. Drovetti & Bertinetti, *I cavalieri della terra*, Turin, Giulio Del Signore, 1928, 194 p.

préféré[1]. » Tradition et morale tiraient donc le gentilhomme rural vers le passé. Le conservatisme était pondéré par l'exaltation de la puissance de la volonté, dans une tonalité très « nouveau régime ». Toute forme de modernité n'était pas exclue mais circonscrite, pour l'essentiel à l'expérience d'une productivité intensive et à l'exercice d'un « sport rural » : à travers des compétitions de « taylorisme agricole », les agriculteurs seraient invités à réaliser des exploits sportifs et économiques en maniant la charrue, la bêche ou la faux. Un curieux chapitre sur la « gymnastique rurale » inventoriait chacun des gestes utiles au travail de la terre sous l'angle de leur bénéfice physique et musculaire.

Au contact de la glèbe, l'Italien devenait donc un homme quand auparavant il n'était qu'un sous-homme. L'ambition des auteurs, interprétant celle du pouvoir fasciste, était moins de proposer une restauration qu'une Rédemption par le retour à la terre. Sous une forme qui se voulait pédagogique, de petits dialogues mettaient en scène le citadin et le gentilhomme campagnard moderne : « J'aime trop la ville. Je ne peux pas vivre en dehors d'elle. La terre qui s'attache aux chaussures, pour ne pas parler du reste, me déprime... Toi au contraire tu t'y trouves bien. Tu es hâlé. On voit sur ton visage la satisfaction d'avoir refait l'Italie » constatait l'homme des villes. « Peut-être est-ce la satisfaction d'avoir simplement fait deux petits Italiens », répliquait le campagnard. L'échange se poursuivait de la sorte : « Tu as réussi à cultiver des épis de blé gros comme le poing et des grappes de raisin dignes de la terre promise. Es-tu chevalier du mérite agricole ? » « Non, j'ai simplement réussi cela : d'être devenu un homme » « pourquoi avant tu étais quoi ? » « Un "mannequin" (en français) » « tu exagères » (...) « non j'étais un *mannequin*, je te répète. Ma volonté se diluait dans l'abîme de la plus complète impuissance. Le monde n'avait plus aucun sens... tout me semblait vain... »

En mettant l'accent sur la production et la reproduction, le gentilhomme campagnard pointait deux des vertus cardinales du « *cavaliere della terra* ». Comme souvent, l'exaltation des traditions s'exerçait en opposition à une altérité stigmatisée dans la dénonciation de la ville, des effets délétères des *jazz band* ou du

---

1. Chapitre « Le nouvel Italien rural », *op. cit.*, p. 117-120.

charleston : une xénophobie discrète, qui fut, en revanche, formulée de façon plus explicite par l'un des idéologues du ruralisme fasciste, Mino Maccari, le chef de file de *Strapaese*, contempteur de « l'invasion de la pensée et des modes étrangères[1] ».

Expression d'un héritage nationaliste et « vitaliste » qui avait imprégné l'ensemble de la culture politique italienne dès la fin du XIXe siècle[2], le nouvel Italien rural rendait largement compte du projet de régénération morale et physique de la race propre au fascisme. Ruralisme, politique nataliste, hostilité déclarée à l'émigration ou l'urbanisation constituèrent plusieurs facettes de la démographie totalitaire fasciste[3]. Elles captèrent et diffractèrent le reflet d'un « Italien racial » : individu attaché à la préservation et au développement de sa « race », entendue comme nation mais aussi comme groupe identifiable par des qualités physiques et morales. Elles s'accrochèrent à un noyau d'institutions appelées à jouer un rôle important dans la politique antisémite[4].

... AU RACISME, LEVIER DE RÉGÉNÉRATION POLITIQUE

Pourtant, l'antisémitisme d'État représenta bien une nouvelle étape dans l'impossible quête de l'homme nouveau fasciste. Une discontinuité que les idéologues racistes s'efforcèrent de nier : l'invention d'une tradition constituant à leur yeux une stratégie pour durer et une réponse anticipée aux accusations de suivisme à l'égard de l'Allemagne : rien ne permet d'affirmer que les politiques démographique, sanitaire, ruraliste ou sportive représentèrent le premier acte d'un scénario programmé dès les années vingt et conduisant ensuite à l'exclusion des juifs de la

---

1. Sur Maccari, L. Mangoni, *L'interventismo della cultura : Intellettuali e riviste del fascismo*, Bari, Laterza, 1974, p. 93-195.
2. E. Gentile, *Le origini dell'ideologia fascista*, Rome-Bari, Laterza, 1975.
3. Sur le rôle assigné à la démographie dans le projet de société totalitaire, Carl Ipsen, *Demografia totalitaria*, Bologne, Il Mulino, 1997.
4. Sur les continuités institutionnelles, voir C. Ipsen, *op. cit.*

vie nationale. L'explication maintes fois réitérée par les hiérarques fascistes, de Bottai à Farinacci, suivant laquelle les lois antisémites constituait le moment « qualitatif » d'une politique démographique axée sur le quantitatif constitue bien un argument de seconde génération. La continuité majeure résida dans la capacité du régime à valoriser cet héritage racialiste et à en reconstruire les significations *a posteriori*.

À partir de 1938, la propagande antisémite se construisit en réutilisant textes et discours produits dans le cadre des politiques sanitaires et démographiques antérieures, comme si la familiarité avec les mots et l'intertextualité, tenaient lieu de démonstration de la thèse de la continuité politique. De fait, la « *difesa della razza* », avait été le slogan programmatique des politiques démographiques et sanitaires, avant de devenir le titre de la principale revue du racisme à l'italienne[1]. De nombreux discours ou pamphlets propagandistes commençaient par une anthologie de citations de Mussolini appelant de ses vœux la régénération physique des Italiens[2].

L'invention d'une tradition fasciste en matière de racisme et d'antisémitisme ne permit pas d'éviter la question du choix du moment de l'adoption des lois raciales. Dans les discours officiels, la conquête de l'Éthiopie était présentée comme l'élément déclencheur, le régime prenant conscience alors de la nécessité de protéger la race non seulement en tant que telle mais aussi face aux éléments extérieurs qui la menaçaient[3]. L'arsenal juridique destiné à réprimer, afin de sauvegarder le « prestige de la race », la pratique du concubinage entre Italiens et Éthiopiennes

---

1. À titre d'exemple, voir l'album photographique réalisé en 1932, pour le 10ᵉ anniversaire de la Marche sur Rome, par l'Institut Luce : « La difesa della razza » constituait l'un des chapitres de l'ouvrage.

2. Voir par exemple, de P. Orano, « Il grido del *Duce* per la razza », in *Inchiesta sulla razza* (dir. P. Orano, p. 49-60.)

3. Cette reconstruction officielle fut pourtant contestée par Vincenzo Mazzei en 1942. L'auteur de *Razza e nazione* estimait en effet que l'explication de la lutte antijuive devait être cherchée ailleurs car celle-ci « ne pouvait être assimilée à la lutte contre le métissage, de même que l'on ne peut affirmer que les Juifs sont une race inférieure ». *In* V. Mazzei, *op. cit.*, p. 64. L'explication retenue par Mazzei reprenait cependant l'une des thèses mises en avant par la propagande officielle suivant laquelle les Juifs avaient eux-mêmes pratiqué un « racisme intégral » formant une nation dans la nation.

fut souvent mentionné comme anticipation des mesures antisémites, notamment en matière de mariages mixtes[1].

À l'évidence, l'Éthiopie joua un rôle dans la maturation d'un
antisémitisme d'État. Toutefois, la relation unissant les deux
événements relève moins de la généalogie politique et idéologique – l'antisémitisme prolongeant naturellement le racisme –
que d'une causalité liée au fonctionnement même du régime et à
la centralité de la quête de l'homme nouveau dans ce dispositif.

Le climat de l'Italie fasciste pendant la guerre d'Éthiopie est
désormais bien connu. Dans le cadre d'une intensification sans
précédent de la propagande, l'aventure éthiopienne et ses retom-
bées diplomatiques donnèrent lieu à plusieurs mois de mobilisation populaire, de fièvre nationaliste, de mises en scène et de
liturgies politiques. L'idéal de l'homme nouveau fasciste sembla
quelque temps s'incarner dans celui des légionnaires ou volontaires prêts à s'embarquer pour l'Afrique.

La propagande de conditionnement visant à populariser la
conquête italienne fut accompagnée d'une propagande de haine
massive et virulente, prenant pour cible les démocraties occidentales, et, sur un mode particulièrement avilissant, le négus et les
Éthiopiens[2]. La campagne de dénigrement des Éthiopiens fut
l'occasion de multiples variations autour du thème de la supériorité de l'homme blanc dans des registres humoristiques, scatolo-
giques, ou pseudo-scientifiques. Considérés comme un peuple
non civilisé, les Éthiopiens étaient cependant susceptibles d'être
éduqués, voire fascisés, puisque des organisations étaient spécifiquement créées à leur intention. Les différences de race et de

---

1. Concernant les lois contre le métissage et l'ensemble de ces aspects :
F. Le Houerou, *L'Épopée des soldats de Mussolini en Abyssinie 1936-1938.
Les « Ensablés »*, L'Harmattan, 1994. D'autre part, en opposant Omoro et
Musulmans d'une part aux Amharas, et en décrétant l'infériorité des seconds
par rapport aux premiers, les autorités fascistes avaient élaboré un racisme à
usage politique, la hiérarchie entre les groupes ethniques étant pensée comme
outil de domination (*Ibid.*, p. 90-93). A. Del Boca, *Gli Italiani in Africa
orientale, II, La conquista dell'Impero*, Rome-Bari, Laterza, 1979 ; A. Sbac-
chi, *Il colonialismo italiano in Etiopia, 1936-1940*, Milan, Mursia, 1980.
2. Sur la propagande pendant la guerre d'Éthiopie, A. Mignemi (dir.),
Immagine coordinata per un impero, Etiopia, 1935-36, Turin, Forma, 1980 ;
*La menzogna della razza, Documenti e Immagini del razzismo e dell'anti-
semitismo fascista*, Bologne, Grafis, 1994.

développement imposaient une politique de séparation entre les Italiens et les Éthiopiens, les retards et défauts des seconds justifiant la répression pratiquée par les premiers. Ainsi, l'homme nouveau était appelé à prendre conscience de sa supériorité raciale au contact de cet Autre déshumanisé qu'était l'Éthiopien.

De la campagne éthiopienne à la campagne antisémite, en dépit des similitudes attenantes aux modalités de fonctionnement de la machine propagandiste et des registres ignominieux dans lesquels celle-ci opéra, la fonction des discours de haine apparaît comme différente et l'antisémitisme semble irréductible à la simple extension d'un principe d'exclusion mis en branle lors de la guerre d'Éthiopie.

Quand fut lancée la campagne antisémite en 1938, l'altérité radicale des Juifs fut maintes fois mentionnée. Ils furent souvent, eux aussi, l'objet de procédures propagandistes visant à les déshumaniser, suivant un topos classique de l'antisémitisme. Toutefois, à la différence des Éthiopiens ils furent présentés aussi comme le double en négatif de l'homme nouveau fasciste.

Définir par la négative les caractéristiques du fasciste et de l'homme nouveau était un procédé classique de la littérature politique du régime, bien avant l'adoption des lois raciales. Le profil du « Cavaliere della terra » déjà évoqué, avait été taillé à coups d'antithèses, l'homme nouveau rural se démarquant du citadin improductif dépeint sous les traits de l'oisif, du parasite, de l'intellectuel ou du parleur[1]. En 1928, dans son Code de la vie fasciste, Mario Carli avait défini, sous forme de liste alphabétique en 24 points, tout ce que l'homme fasciste n'était pas[2]. Au cours des années vingt et trente, le double négatif de l'homme nouveau emprunta successivement (parfois simultanément) les habits de l'antifasciste, du bourgeois « démo-libéral », citadin et malthusianiste et, suivant les aléas de la diplomatie, du Français, du Britannique ou de l'Américain, le dénigrement répondant à des finalités autant internes qu'extérieures. Avec le conflit éthiopien puis la guerre d'Espagne, la figure de l'ennemi extérieur prit le pas sur celle du contre-modèle intérieur.

En 1938, le climat avait changé[3]. Tandis que la « pacifica-

---

1. *Op. cit.*
2. M. Carli, *op. cit.*, p. 10-13.
3. Sur cette période : R. De Felice, *Mussolini il Duce. Lo stato totalitario, 1936-1940*, Turin, Einaudi, 1981.

tion » de l'empire était à peu près réalisée et que le désengagement d'Espagne était à l'ordre du jour, la nécessité de relancer la mobilisation des structures politiques, des élites, de la presse et de la nation apparut comme une nécessité. Giovanni Ansaldo, fin connaisseur du régime et plus particulièrement de la propagande, analysait en ces termes, dans son journal, la finalité de la campagne antijuive à la date du 7 août 1938 : « faire un peu de neuf, faire bouger un peu les choses, vivifier la presse[1]. » La quasi-contemporanéité de la relance de la campagne anti-bourgeois et de la campagne antisémite s'inscrivent dans ce contexte bien particulier de stase dans la dynamique totalitaire.

S'exprimant devant le conseil national du PNF, le 25 octobre 1938, Mussolini avait défini le bourgeois comme « l'ennemi du régime » : « La bourgeoisie est une catégorie à caractère politico-moral. (...) Le bourgeois est l'ennemi du sport. Il est naturellement pacifiste, compatissant et "pietiste", prompt à s'émouvoir, toujours humanitaire et infécond. Infécond parce que le bourgeois calcule tout (...) alors que la fécondité est une donnée de l'instinct. » Maître dans l'art du télescopage par l'image, en 1938 *La difesa della razza* présenta un photomontage montrant un Juif d'Europe orientale, identifiable à sa barbe et à son chapeau, caché derrière des persiennes. Le sens de l'image était indiqué par une citation de Mussolini : « Les hommes qui restent toujours derrière les persiennes sont ceux que je désigne moralement comme bourgeois. » Qualifié parfois d'ennemi, le bourgeois ressortissait pourtant davantage de la catégorie du contre-modèle, la polémique restant circonscrite à un combat de mots, jamais suivi de mesures économiques et sociales.

En revanche, le Juif cumula le statut de contre-modèle (partageant la plupart des défauts imputés au bourgeois) et d'ennemi désigné de la nation. S'agissant des Juifs, la campagne d'infamie devait se prolonger, et se prolongea effectivement, par la mise en œuvre de la « séparation » et l'application des lois anti-sémites[2]. Selon ses partisans, l'antisémitisme aiderait à tremper le caractère des Italiens, encore trop éloigné du tempérament

---

1. G. Ansaldo, *Il giornalista di Ciano*, Bologne, Il Mulino, 2000.

2. R. De Felice, *Storia degli ebrei italiani sotto il fascismo*, Turin, Einaudi, 1988 (1ʳᵉ éd. 1961). M. Sarfatti, *Gli ebrei nell'Italia fascista*, Turin, Einaudi, 2000.

fasciste, en générant un nouveau type de comportement, ferme, viril, dénué de sensiblerie. Peu importait que l'arianité correspondît effectivement à une réalité scientifique et biologique – plusieurs idéologues, à l'instar de Giacomo Acerbo ou de Roberto Farinacci pensaient le contraire – l'essentiel était d'utiliser le racisme et l'antisémitisme comme levier politique[1]. À travers la figure du Juif ennemi et contre-modèle pouvait s'accomplir la révolution intérieure dont les Italiens avaient besoin. La condamnation d'un groupe humain désigné comme ennemi les inciterait sans doute à intérioriser l'esprit du fascisme lequel ne pensait le monde qu'en entités collectives. La postface de l'édition italienne des *Protocoles des Sages de Sion,* en octobre 1938, était à cet égard explicite : « On vous dira : il existe de bons juifs, travailleurs, honnêtes, qui n'ont rien à voir avec les crimes de leurs confrères militants bolcheviques ou maçons. Pourquoi les incriminer eux aussi et adopter à leur égard un comportement hostile ? Voici le type de raisonnement qu'inspire un sentiment d'humanité et de pitié devant les situations individuelles ; rappelons à nos concitoyens que l'histoire de l'humanité est une histoire de collectivités nationales et raciales, dans laquelle l'individu disparaît[2]. »

Reconstituant, *a posteriori*, les causes ayant conduit à l'adoption des lois raciales, Julius Evola considérait toujours la quête de l'homme nouveau comme le moteur principal du tournant raciste. Si l'expérience éthiopienne avait favorisé l'émergence d'une conscience raciale, si les lois antisémites étaient une réaction aux menées du judaïsme international, l'essentiel n'était pas là : « Il y eut une troisième raison, la plus importante. Mussolini espérait que sa "révolution" n'aurait pas une portée simplement politique, qu'elle pourrait parvenir à créer un nouveau type d'Italien ; il pensait – à juste titre – qu'un mouvement aussi bien qu'un État ont besoin, pour survivre et s'affirmer, d'une substance humaine bien différenciée leur correspondant. Et il reconnut les possibilités offertes à ce sujet par le mythe de la race et du sang[3]. »

---

1. G. Acerbo, *I fondamenti della dottrina fascista della razza*, Roma, 1940, XVIII.
2. *I Protocolli dei saggi di Sion*, Milan, Éd. Mundus, 1938.
3. J. Evola, *Le Chemin du Cinabre*, trad. de l'italien, Turin, Éd. Arktos, 1982, p. 147.

De fait, l'idéal de l'homme nouveau était, depuis longtemps déjà, au cœur des préoccupations de Julius Evola, principale figure intellectuelle du racisme à l'italienne [1]. Pendant quelques années, dans le « Diorama Filosofico », page périodique qu'il dirigeait dans *Il regime fascista*, il s'était efforcé de « contribuer à la formation de l'Italien nouveau ». Avant de le sacrer idéologue officiel du régime, Mussolini avait toujours regardé avec attention, et une certaine bienveillance, celui qu'il considérait comme « inventeur de fantômes à abattre [2] » sans doute parce qu'il avait compris qu'un régime totalitaire avait un besoin vital d'ennemis et d'un mouvement perpétuel, comme l'ogre de chair fraîche, pour assurer sa survie [3]. Evola avait perçu la la guerre d'Éthiopie comme une « petite guerre sainte », encore éloignée d'une « grande guerre sainte » à travers laquelle s'accomplirait la révolution fasciste : soit la lutte contre un ennemi intérieur dont le racisme spirituel était la clef de voûte. La race était un levier, le levier permettant d'accomplir une révolution spirituelle : « La science est certes en mesure de mettre en évidence, au moyen des résultats obtenus par la génétique, la théorie de l'hérédité, la démographie ou la pathologie, l'importance de la race. Mais cela peut tout au plus favoriser l'éveil d'un sentiment de race, non le créer. Aussi faut-il qu'une réaction interne se produise, et pour cela le "mythe" – en tant qu'"idée-force",

1. Sur Evola, M. Tarchi, « Julius Evola e il fascismo : note su un percorso non ordinario », in *Cultura e fascismo*, (M. Biondi, A. Borsotti dir.), Florence, Ponte alle Grazie, 1990, p. 123-142. F. Germinario, *Razza del sangue, razza dello spirito, Julius Evola, l'antisemitismo e il nazionalsocialismo (1930-1943)*, Bollati Boringhieri, 2001.
2. Voir, Y. De Begnac, *Taccuini mussoliniani*, Bologne, Il Mulino, 1990, p. 406. Mussolini désignait ainsi Evola et Preziosi.
3. H. Arendt a mis l'accent sur le « mouvement » comme composante des régimes totalitaires : « Ni le national-socialisme, ni le bolchevisme ne proclamèrent jamais qu'ils avaient établi un nouveau régime, ni ne déclarèrent que leurs objectifs étaient atteints avec la prise du pouvoir et le contrôle de l'État. Leur idée de la domination ne pouvait être réalisée ni par un État ni par un simple appareil de violence, mais seulement *par un mouvement constamment en mouvement* : à savoir la domination permanente de tous les individus dans toutes les sphères de leur vie », in *Le système totalitaire*, Paris, Le Seuil, 1972, p. 49.

qu'idée animatrice – est beaucoup plus efficace que n'importe quel ordre de considérations scientistes [1]. »

L'homme nouveau, tel que le concevait Evola, était donc celui qui parviendrait à accomplir ce travail de soi sur soi qui passait, aussi, mais pas seulement, par le rejet de l'Autre. Le racisme qu'il préconisait était bien spirituel dans la mesure où la révolution intérieure, thème cher au fascisme, représentait l'objectif principal : il devait assurer le triomphe et la pérennité de la « race intérieure ou race aryo-romaine », qualifiée encore de « race de l'homme fasciste ou race de l'homme mussolinien ». Son racisme n'en était pas moins biologique sans être « naturaliste », Evola s'inscrivant dans le renouveau des sciences raciales lié à la théorie de l'hérédité. Revendiquant sa proximité à l'égard de Ludwig F. Clauss [2], Evola affirmait : « l'essence de la race doit être recherchée dans un "style", dans une manière d'être. Ici, la race devient une sorte de "ligne" constante qui s'exprime non seulement à travers les caractéristiques physiques – c'est à dire à travers la race du corps – mais aussi dans la façon d'utiliser certaines dispositions ou aptitudes psychiques [3] ». En définitive, si le style et la « race de l'esprit » étaient essentiels à

---

1. J. Evola, *Éléments pour une éducation raciale*, Pardès, 1984 (traduction de *Indirizzi per una educazione razziale*, 1941), p. 26.

2. Sur L. F. Clauss, E. Conte, C. Essner, *La Quête de la race. Une anthropologie du racisme*, Paris, Hachette, 1995.

3. *Éléments, op. cit.*, p. 26. Telle était la conception que Julius Evola réussit à imposer comme version officielle du fascisme (sans s'imposer pour autant comme chef de file incontesté à l'intérieur même du lobby antisémite). Cette approche fut cependant reproposée par de très nombreux théoriciens du racisme. Ainsi, Leone Franzi, médecin, assistant en pédiatrie à l'Université de Milan, signataire du Manifeste de la race, mettait l'accent sur la singularité du racisme à l'italienne, dans une brochure intitulée : *Phase actuelle du racisme allemand* : « Si le racisme allemand est une construction qui tourne autour d'un centre vital constitué du primat du sang entendu dans ses manifestations matérielles, psychologiques et spirituelles (...) et renonce à la possibilité d'améliorer la race en dehors d'une politique fondée sur la sang, le racisme fasciste se fonde au contraire sur le primat absolu de la volonté qui ne s'accommode donc pas de limites biologiques. Tandis que dans le cas allemand, le vouloir être soi signifie appartenir à la race élue, le racisme fasciste voit dans ce mouvement – un attachement aux traditions et à sa propre physionomie – seulement une étape de son chemin ; mais le but ultime est la volonté de dépassement de soi-même. » *Fase attuale del razzismo tedesco, Quaderni dell'Istituto di cultura fascista*, Rome, p. 55.

l'homme nouveau, le sang n'en demeurait pas moins un préalable : « On naît aryen ; on ne le devient pas », écrivait-il dans *La difesa della razza*.

DONNER UN VISAGE AU MYTHE : *LA DIFESA DELLA RAZZA*

Vitrine et miroir du racisme à l'italienne, *La difesa della razza* fut créée en août 1938 quand le mythe pour l'action se mua en pratique de persécution[1]. Revendiquant un statut « polémique, documentaire et scientifique », la luxueuse revue dirigée par Telesio Interlandi, fut la chambre d'écho d'un chœur souvent discordant, les diverses « sensibilités » du lobby raciste et antisémite s'y exprimant de façon parfois contradictoire[2].

La conception de l'homme nouveau se trouvait au centre du débat. Dans l'exercice d'un dialogue critique avec le national-socialisme et plus particulièrement avec Rosenberg, plusieurs

---

1. La revue était dirigée par Telesio Interlandi (1894-1965), journaliste fasciste proche de Mussolini, fondateur et directeur du journal romain *Il Tevere*, connu pour sa sensibilité antisémite. Plusieurs des signataires et inspirateurs du Manifeste de la race étaient au comité de rédaction, comme Lidio Cipriani, directeur de l'Institut d'anthropologie de l'Université de Florence, Guido Landra, assistant d'anthropologie à l'université de Rome, Leone Franzi, déjà cité, Marcello Ricci, assistant à l'Institut de zoologie de Rome, Lino Businco, assistant de pathologie générale à l'Université de Rome. En octobre 1938, la revue annonce des tirages entre 130 000 et 140 000 exemplaires (*DR*, numéro 5 de l'An I). Vers 1940, 20 000 exemplaires étaient imprimés tandis que l'on recensait 5000 abonnements. Le comité de rédaction était pratiquement identique à l'Ufficio Razza, constitué au sein du ministère de la Culture populaire.

2. En avril 1940, Giorgio Almirante, secrétaire de rédaction, de la revue admettait : « Le racisme, en Italie, a eu la singulière destinée de naître déjà beau et adulte comme Minerve sortit du cerveau de Jupiter. Les fameux dix points du manifeste du 15 juillet 1938 éclatèrent à l'improviste, pour tous ceux qui dormaient, et dans ce domaine beaucoup de monde dormait, et le commentaire des mesures adoptées précéda l'élaboration systématique des concepts du racisme. Ainsi, tandis que l'Italie s'est dotée d'une doctrine officielle très claire, voire exhaustive, consignée dans la loi de l'État, il manque, encore aujourd'hui, une interprétation satisfaisante et complète de celle-ci, et même, des flous et des divergences non négligeables existent. » : « Viaggio razziale per l'italia : Littoria e l'Agro pontino », *in* DR, a. III, n° 12, 20/04/1940.

années avant le tournant antisémite du fascisme, Evola avait déjà signalé le danger qu'un racisme à fondement exclusivement biologique puisse hypothéquer tout projet politique de « révolution intérieure » et de réforme des pratiques individuelles et collectives [1]. La question des rapports entre le déterminisme racial et le volontarisme politique revint de façon récurrente à partir de 1938. La discussion, parfois orageuse, s'organisa autour de quelques groupes aux contours mouvants : des adeptes d'un racisme à dominante mystique et spiritualiste, autour de Julius d'Evola, aux défenseurs d'une conception plus politique et nationaliste, en passant par le groupe hétérogène, des « scientifiques ». En leur sein, les lignes de fracture, assez semblables à celles qui traversaient la raciologie allemande, opposaient les partisans d'une conception essentialiste et les tenants d'un modèle plus évolutionniste, hérité de l'eugénisme. Entre ces différents pôles, se déployait tout un éventail de prises de positions susceptibles de s'infléchir au gré des alliances, le « capital idéologique » du racisme totalitaire devenant le pivot autour duquel se recomposaient les rivalités politiques dans l'espace de conflictualité rétréci du régime totalitaire [2]. La nécessité, pour éviter que le racisme à l'italienne ne passe pour une contrefaçon de l'idéologie nazie, de se démarquer de l'Allemagne dont l'influence était néanmoins patente et avec laquelle laquelle des relations étroites furent établies [3], vint compliquer davantage la question.

Les dirigeants de *La difesa della razza* comptaient parmi les défenseurs les plus acharnés d'un racisme biologique. Ils n'en

---

1. Sur la pensée de J. Evola, et plus particulièrement sur le débat avec le national-socialisme, F. Germinario, *op. cit.*, p. 58-92.

2. Sur les familles idéologiques du racisme, M. Raspanti, « I razzismi del fascismo », in *La menzogna della razza, op. cit.*. Sur Lidio Cipriani, F. Cavarocchi, « La propaganda razzista e antisemita di uno "scienzato" fascista. Il caso di Lidio Cipriani », in *Italia contemporanea*, juin 2000, n° 219, p. 192-225.

3. L'Ufficio razza du Minculpop dont les membres, on l'a vu, figuraient aussi au comité de rédaction de la revue, constitua une bibliothèque faisant venir de nombreux livres d'Allemagne, achetant régulièrement la presse allemande dont le *Stürmer* et le *Völkische Beobachter* qui constituèrent autant de sources iconographiques et documentaires pour la revue. En décembre 1938, une mission d'information sur le racisme fut organisée en Allemagne. Guido Landra et Lino Businco y participèrent. Les documents concernant l'Ufficio Razza sont à l'Archivio centrale dello Stato, Roma, Min cul pop, Gab, b.151.

publièrent pas moins, très régulièrement, des articles de Julius Evola, la position de quasi-monopole de la revue l'obligeant à composer avec l'ensemble des sensibilités du racisme. Composer en s'opposant. Telle fut la stratégie de Giorgio Almirante, secrétaire de rédaction, lequel s'insurgeait en avril 1940, contre le spiritualisme raciste, présenté comme un nouvel avatar de l'idéalisme crocien[1] : « La race a dû passer à travers les fourches caudines de l'esprit (...) et elle s'est finalement à moitié identifiée avec la volonté. Je ne suis pas Italien en raison de mon sang et de celui de mes ancêtres, de ma culture et de la culture de mes ancêtres, de mon histoire et de celle de mes ancêtres ; mais parce que ma volonté créée ma race comme ma fantaisie pourrait créer un mythe. Ce qui signifie que si je voulais ne pas être Italien, je pourrais et que si, non Italien, je voulais l'être, je le pourrais aussi. Ce qui signifie également, en d'autres termes, que si un juif veut devenir Italien, il peut le faire lui aussi, car, comme c'est étrange, on en arrive toujours aux Juifs. » L'anthropologue Guido Landra, l'un des fondateurs du racisme biologique et inspirateur du manifeste de la race se voulait plus nuancé. À diverses reprises, il suggéra une solution de compromis, synthèse des diverses sensibilités du racisme biologique : « Pour l'Italie, le concept de race n'a rien de fataliste : en première ligne, on trouve la volonté et le souffle de l'esprit. (...) Si tout était hérédité dans la race, nous devrions renoncer à toute possibilité d'amélioration et tomberions dans le déterminisme le plus aveugle ; si dans la race tout était variation, les races n'existeraient qu'en fonction de leur milieu. Le but de la politique raciale est de défendre la race, en protégeant la dimension héréditaire et en développant ce qui peut être variable[2]. »

---

1. DR, a. III, n° 12, 20 avril 1940.
2. G. Landra, « Il concetto di razza in Germania e in Italia », DR, a. II, n° 9. Guido Landra fut en charge de l'enseignement de la « politique de la race » dans les cours de formation politique du Parti fasciste. Voir le compte-rendu du séminaire sur la race qu'il organisa dans le cadre du « Centro di preparazione politica » in DR, a. III, n° 8, 20/02/1940. Après un relevé des discussions, Landra y présentait quelques points ayant, selon lui, suscité un consensus et dont on peut penser qu'ils représentaient la position de synthèse qu'il voulait proposer aux racistes fascistes.

Tribune de discussion à l'intérieur du lobby raciste et anti-sémite, *La Difesa della razza* fut également une revue de combat, destinée principalement à une élite cultivée d'étudiants et d'enseignants susceptibles de devenir à leur tour les propa-gandistes du racisme[1]. Toutefois, à travers l'iconographie, et plus particulièrement grâce à ses couvertures destinées à l'affi-chage, elle visait aussi un plus large public.

L'image fut une façon d'éluder les dilemmes des idéologues incapables de s'accorder sur le chemin qui mènerait de la race vers l'homme nouveau fasciste. Au fil d'articles qui s'effor-çaient de démontrer la continuité des caractéristiques soma-tiques et spirituelles de la race italienne, une abondante illustra-tion fut produite, composée de portraits d'époques les plus diverses, clichés de statues, peintures, dessins, gravures. L'usage du portrait à des fins scientifiques – et idéologiques – n'était pas nouveau en Italie. Des sciences telles que l'anthropo-logie l'avaient abondamment utilisé. Au sein même de la revue, les images de populations africaines mais aussi les masques et documents ethniques provenaient du fonds constitué par l'anthropologue Lidio Cipriani. Surtout, la tradition proprement italienne se trouva revigorée par les pratiques de l'image et du portrait élaborées et théorisées dans le cadre de la raciologie allemande, de Fischer à Günther en passant par B. K. Schultz. Comme on pouvait l'escompter, la publication de photographies de jeunes et beaux spécimens de la « race italienne », le plus souvent athlètes ou soldats, dont l'apparence flatteuse était sup-posée dire l'appartenance raciale, fut l'expression la plus directe du racisme biologique de la revue. De telles images pou-vaient sembler banales, le fascisme ayant bâti, dès les années vingt, son autoportrait par l'accumulation d'images d'une jeu-nesse saine et combative. Elle l'étaient moins du fait de l'envi-ronnement iconographique qui en modifiait la signification et de mises en scène récurrentes, largement inspirées de la presse de propagande national-socialiste, les confrontant à des photo-graphies de juifs ou individus « décadents » au physique dis-gracieux.

---

1. Les archives de *la Difesa della razza* ont été détruites. On peut se faire une idée du type de public qu'elle prétendait atteindre par le courrier des lec-teurs, lequel met en scène des représentants de classes moyennes cultivées.

Dans le bric-à-brac d'images publiées par *La difesa della razza*, beaucoup provenaient d'un patrimoine artistique et documentaire ancien. L'Antiquité était surreprésentée : s'y côtoyaient consuls et guerriers romains, figurines étrusques, demi-dieux grecs chers à Julius Evola et divinités romaines échappées du catalogue de l'Exposition du bimillénaire d'Auguste[1]. La recherche d'une tradition d'antisémitisme à l'italienne conduisit également à l'exhumation de quelques figures de l'histoire de l'Église comme comme Giacomo della Marca qui avait su prêcher la séparation des juifs et des chrétiens et dont la « *milizia* » était célébrée ou encore Bernardin de Feltre « très grand Italien et antisémite du xvᵉ siècle ».

La peinture de la Renaissance constitua une source particulièrement précieuse. L'explosion artistique dont l'Italie avait été le théâtre attestait du génie de la race tandis que les visages peints sur les œuvres d'art étaient valorisés comme des instantanés du « type » même de l'Italien[2]. De plus, la valeur esthétique des peintures rendait plus saisissant encore le contraste avec l'imagerie de haine omniprésente dans la revue. Un filon, celui du Juif ennemi et contre-modèle, qui était tout aussi hétérogène que les flux d'images censées représenter la race italienne : gravures moyenâgeuses d'homicides rituels et caricatures ignominieuses du dessinateur nazi Fips, dessins antisémites de Caran d'Ache et photographie de juifs empruntées au Stürmer.

En pariant sans doute sur l'effet d'accumulation et le sens produit par effet d'« inter-icônité », les propagandistes pouvaient espérer donner forme à l'homme nouveau racial. Toutefois, une stratégie iconographique bien plus élaborée fut déployée sur les couvertures de la revue, assimilables à autant de petits coups d'éclat propagandistes. Par un usage habile de techniques graphiques proches de la publicité, par l'emploi du photomontage et d'ingénieuses mises en scène, la revue inventa un nouveau langage iconographique réussissant à montrer efficacement ce que la propagande écrite disait plus laborieusement.

---

1. *Mostra augustea della romanità*, catalogue de l'exposition, Rome, 1937.
2. Article de O. Gurrieri sur Leonardo da Vinci, DR, IV, n° 13, p. 11.

Ainsi, la doctrine raciste de l'homme nouveau fut très simplement résumée par le montage photographique figurant en couverture des trois premiers numéros. Trois portraits étaient alignés en profondeur. L'aryen était incarné par le Doryphore de Polyclète. Les deux autres clichés plaçaient côte à côte une sculpture en bois, censée représenter un Juif de caricature[1] et une photographie de femme africaine[2]. Un glaive séparait le premier des deux autres. L'homme nouveau était à la fois le Doryphore de Polyclète, dont les traits devaient être considérés comme l'expression la plus pure de la race aryenne, mais aussi l'homme invisible dont la main brandissait l'épée. Présenté seul, le Doryphore serait sans doute apparu comme l'incarnation glacée d'un modèle usé, comme l'énième version d'une iconographie antique maintes fois exploitée par la propagande du régime. La mise en perspective des trois personnages était une façon d'en souligner, trait pour trait, les différences irréductibles tandis que l'intrusion du glaive les signalait comme ennemis, matérialisant de la sorte le combat à mener.

Jugée particulièrement emblématique du racisme à l'italienne, pour avoir réuni l'image de l'homme nouveau racial et raciste, cette image fut reproduite en couverture de chaque numéro, sous forme de logo. Toujours aussi inventive sur le plan graphique, la revue ne représenta que rarement, par la suite, l'homme nouveau dans cette double « qualité ». S'il fut valorisé dans son rôle d'acteur du combat en faveur de la race, ce fut souvent sur un mode elliptique : sous la forme d'un poing serré, écrasant des serpents lesquels, dans un ultime sursaut de vie, formaient une étoile de David; par le souffle de l'inconnu qui avait à peine éteint le chandelier à sept branches et recouvert le Talmud et la Thora avec un volume de la loi fasciste.

Pourtant, un très grand nombre de couvertures, reflétant les obsessions du groupe de racistes scientifiques, figuraient l'apocalypse du métissage et de la décadence moyennant une esthétique du contraste et de l'étrange particulièrement « parlante » : Antinoos marqué au visage par une étoile de David et une empreinte digitale[3]; tête laurée surmontée d'une énorme arai-

---

1. Une sculpture du IIIe siècle, localisée au *Rheinische Landesmuseum di Treviri* selon un commentaire figurant en pages intérieures.
2. Photographie issue du fonds photographique de Lidio Cipriani.
3. DR, a. I, n° 4, 20/04/38.

gnée[1], caractères hébreux en surimpression sur un détail de cavalcade de la colonne d'Antonin[2].

Avec l'entrée en guerre, ce type de représentation plaçant l'homme racial dans une situation défensive se firent moins nombreuses tandis que les allégories visant à l'exaltation de la race fleurissaient, les fresques de la chapelle Sixtine de Michel-Ange offrant des ressources inépuisables, comme si elles permettaient un retour à la genèse de la race : la création d'Adam s'imposa comme l'image même du nouvel homme[3]. La figuration du combat pour la race s'effaça au profit d'allégories bellicistes et l'homme de « race italienne » fut ramené à sa dimension essentielle de guerrier[4]. De façon significative, la couverture du 5 mai 1941 présentait une épée en majesté, celle-là même qui avait permis la « séparation » des races : elle se détachait sur fond de ciel nuageux tandis que des cavaliers défilaient dans le lointain. La guerre était peut-être en train de réaliser le dessein assigné au combat pour la race : changer le caractère des Italiens[5].

C'est également pendant la guerre, à partir de 1941, que les images de beaux « spécimens » italiens, gymnastes, athlètes, soldats quittèrent les pages intérieures pour conquérir la couverture[6]. Le 20 mars 1943, un photomontage représentait un jeune couple en train de se hisser sur une pile de livres d'anthropologie, de sciences de la race et de biologie. Grâce à cet édifice, le jeune homme parvenait à faire sauter le verrou d'une porte[7].

---

1. DR, a. III, 3-5/12/39. On trouvera quelques reproductions de ces couvertures dans la contribution, en collaboration avec S. Luzzato, « La Vetrina della razza », in Dizionario del fascismo, 2003, Turin, Einaudi, vol. 2.

2. DR, a. II, n° 14, 20/05/39.

3. Voir a. IV, numéros 8-10-22.

4. Voir notamment les couvertures de l'an III, des numéros 15, 24 et la couverture du numéro 13 de l'an IV.

5. En 1943, Mussolini considérait toujours la guerre comme le moyen de « tremper le caractère des Italiens » : « Messieurs, on ne fait pas la guerre sans haine de l'ennemi. On ne fait pas la guerre sans le haïr du matin au soir, à toutes les heures du jour et de la nuit, sans propager cette haine et sans en faire l'essence intime de son être. Il faut se débarrasser une bonne fois de tous les sentimentalismes. » Discours de Mussolini publié in Gerarchia, a. XXII, n° 1.

6. Voir notamment a. V (numéros 1, 2, 3, 8, 11).

7. DR, a. VI, n° 10, 20/03/1943.

Ouvrait-elle l'avenir de l'homme nouveau racial et raciste ? L'image, optimiste, démentait les propos amers des idéologues, à l'instar de Guido Landra, lequel constatait à la même époque que la transformation des Italiens avait à peine commencé[1].

---

1. « Presente e avvenire del razzismo italiano », DR, a. VI, n° 12, 20/04/ 1943.

Deuxième partie

Réformer la société
pour changer l'homme

Le Parti national fasciste et
les organisations de masse

Marco Palla
(université de Florence)

L'idéologie de l'« homme nouveau » a joué un rôle important dans la longue histoire du fascisme italien. Toutefois, son importance et sa signification ont évolué au cours des vingt-six années séparant la fondation des faisceaux de combat, en mars 1919, et la chute de la république sociale italienne en avril 1945. Si la diachronie complexe de cette parabole ne saurait être reconstruite ici, il importe de souligner que c'est au cours des années trente, alors que le fascisme est un régime solidement établi, et fort, en particulier, de son dispositif propagandiste, que l'idéologie de l'homme nouveau fut à son apogée conditionnant l'évolution même du régime.

Lors de la phase de naissance et d'affirmation du fascisme, avant l'arrivée au pouvoir, la thématique de l'homme nouveau fut présente et non dénuée d'importance auprès de certains leaders et de la fraction la plus politisée des militants fascistes, mais son influence fut minorée en raison de la primauté – revendiquée par Mussolini lui-même – de l'action sur la doctrine et l'idéologie.

Lors de cette première phase et lors des années comprises entre 1922 et 1924 qui précèdent le tournant fascistissime, l'essentiel réside moins dans la définition théorico-idéologique que le fascisme propose de sa propre identité politique et culturelle (en incluant le thème de l'homme nouveau) que dans l'entrée en scène puis l'arrivée au pouvoir d'un nouveau *leadership*, destiné à renouveler de façon notable la classe politique italienne. L'homme nouveau ne s'incarne pas tant dans une idéologie que dans une réalité : celle des hommes neufs du personnel politique et de la classe dirigeante qui réussirent à contrôler les principaux leviers du pouvoir exécutif central après s'être emparé des commandes de l'appareil d'État en périphérie.

HOMME NOUVEAU, HOMMES NEUFS ET HOMMES JEUNES

Les principaux représentants de la classe politique fasciste étaient effectivement *homines novi*, en raison de leur âge, de leur culture et souvent de leurs origines sociales. Mais la nouveauté consistait moins en l'accomplissement d'un processus de régénération intérieure – vécu à l'échelle individuelle avec souffrance et passion – qu'en l'affirmation de la politique du fait accompli, de l'usage de la force, des programmes de subversion par la violence, du coup mortel porté au cœur des institutions de la vieille Italie libérale. Beaucoup de fascistes connurent alors leur première expérience politique, la passion de ces néophytes étant proportionnelle à l'intensité propre à l'initiation.

Les *homines novi* fascistes apparaissaient aussi, surtout, complètement différents des gérontocrates libéraux (Giovanni Giolitti en 1920 avait 80 ans) en raison de leur jeunesse et parfois de leur extrême jeunesse. Le plus vieux des leaders fascistes, en 1922, était Benito Mussolini, qui devint, à 39 ans, le plus jeune président du Conseil des ministres dans l'histoire d'Italie : vers 1924, Italo Balbo, Giuseppe Bottai, Dino Grandi étaient des hommes de moins de trente ans. Jeune devint synonyme de nouveau et une bonne part de la rhétorique fasciste sur la jeunesse alimenta, à plus long terme, le mythe de l'homme nouveau. Les fascistes « vainqueurs » de la « veille[1] » avaient un chef, Mussolini, *primus inter pares*, l'homme-guide d'un groupe de leaders et collaborateurs liés à lui dans un constant dialogue de coopération.

Lors des années trente, à l'époque du régime triomphant, le *Duce* suprême et démiurge, se situait bien au-dessus de ses subalternes, dans une relation hiérarchique contenue dans l'expression même de « hiérarques », utilisée pour qualifier ceux dont la mission était d'exécuter les directives de Mussolini et

---

1. La « veille » désigne, dans la terminologie fasciste, la période de conquête du pouvoir.

non de participer, avec lui, au processus de décision. Le pouvoir de la nouvelle classe politique fasciste se transforma donc, avec le temps, en une structure rigide, fonctionnant de haut en bas, sur un mode profondément inégalitaire au niveau du *leadership* comme dans le rapport entre le *Duce* et la masse des fascistes. La relation directe chef-peuple que Mussolini cherchait à alimenter par diverses expériences nouvelles, dérivait cependant, d'un principe qui n'avaient rien de nouveau : celui du chef charismatique, héritage d'un passé ancien. Le « peuple » de l'Italie fasciste était archaïque et atavique par certains côtés, sans être pour autant identifiable au peuple d'ancien régime. En effet, l'homme de l'ancien régime était atomisé, isolé, perdu au sein d'une multitude de sujets, pièce inerte d'une construction plus vaste que lui, s'abstenant de participation à la vie sociale et politique, absent du réseau de relations tissées par l'État. L'une des nouveautés véritables de l'homme nouveau fasciste résidait dans le fait que l'« homme-masse » était constamment sollicité, invité à se mobiliser et à s'activer dans un rapport d'obéissance au chef. Le militantisme politique actif et la disponibilité au combat (le statut du PNF de 1932 disait que le parti était une « milice civile ») devaient être une caractéristique de l'homme-masse agrégé et encadré, non sans préparation, dans les organismes collectifs de l'État-parti. L'« homme nouveau » devait être, en substance, le soldat fasciste enrégimenté – mais actif et mobilisé aussi sur la base d'une participation volontaire – dans les organisations de masse du régime : un projet, une conception, une expérience qui se posaient en antithèse radicale de la démocratie, et prétendaient inventer un instrument moderne pour dépasser et enterrer l'individualisme et les droits civils inaliénables qui lui étaient attachés, « en régénérant » de nouvelles formes de communautarisme populiste préférées à la citoyenneté.

L'HOMME-MASSE DU FASCISME

La nouveauté de l'homme-masse du fascisme n'était pas nécessairement « moderne » et se fondait, outre sur le principe du chef charismatique, sur des institutions traditionnelles comme la famille, l'école, l'Église. La modernité caractérisait davantage les formations de masse du régime et l'organisation politico-militaire que les institutions sociales du nouvel État-parti du fascisme. De fait, le régime n'entreprit aucune réforme sociale s'en remettant à la rhétorique politique et à la propagande pour son dessein de régénération de l'homme masse.

Conformément à la nature profondément anti-égalitaire et anti-émancipationniste du fascisme, l'idéologie de l'« homme nouveau » se conjuguait exclusivement au masculin, cultivant jusqu'à la nausée le culte de la virilité, excluant toute perspective de parité de la condition des femmes et *a fortiori* de promotion sociale pour celles-ci. La femme-militante était doublement subalterne : dans l'État-parti, à l'égard du *Duce* et des hiérarques hommes ; au sein de la famille, soumise à l'autorité du père puis du mari.

L'homme masse, en tant que militant fasciste et soldat devait obéir, combattre et croire, mais croire dans une idée transmise d'en haut, non susceptible d'être discutée ou interprétée. Au fil du temps, le *Duce* ne s'imposa plus seulement comme chef charismatique d'un régime en voie de consolidation mais en chef de guerre. L'« homme nouveau » devait être « *persuaso a consentire* », selon l'expression du philosophe Giovanni Gentile, convaincu en son for intérieur de servir la patrie fasciste jusqu'au bout et de se dévouer totalement à la nation italienne en temps de paix et de guerre, jusqu'au sacrifice volontaire. Chef, hiérarques et appareil de l'État-parti étaient les artisans et médiateurs de cette adhésion et de ce dévouement total de l'homme-masse, incapable désormais de discuter ou d'exprimer des dissensions, exécutant volontaire des ordres, rééduqué par le catéchisme politique fasciste. Les mots d'ordre de Mussolini devaient être appris par cœur et exécutés avec émotion et enthousiasme, moyennant le sacrifice à l'État-parti de la sphère individuelle de la rationalité et de la réflexion. Si le processus d'auto-persuasion échouait, l'État-parti pouvait recourir à la coercition, à l'image du proverbe latin, né de l'expérience d'une société esclavagiste : *coactus tamen voluit*. Parfois, l'exercice de la contrainte pouvait induire la volonté d'obéir, mais parfois seulement. Le consensus, dans sa signification littérale la plus authentique, représentait un fait plus exceptionnel que normal, rare et non habituel : apprécié du régime, il devait toujours confirmer la règle de l'obéissance de l'homme masse.

L'AFFIRMATION D'UN FASCISME DE MASSE

Pour comprendre la nature, les fonctions et la dynamique des organisations de masse du régime fasciste italien dans les années trente, il importe donc de retracer les étapes de la conception, de l'organisation et de la montée en puissance des organisations fascistes. Ainsi, le mouvement des *fasci* changea de nature avec la fondation du Parti National Fasciste et surtout avec la conquête du pouvoir par Mussolini en 1922. La construction d'un régime autoritaire, dictatorial et policier aux tendances totalitaires à partir de 1925-1926, changea les conditions historiques du recrutement fasciste de masse. Formé en opposition à l'autorité de l'État, le Parti, par la suite, perdit son autonomie et fut pris dans le jeu d'une relation complexe de dépendance à l'égard de l'État. La formation du fascisme de masse occupa un très bref laps de temps, comme pour les autres expériences similaires européennes, soit des mouvements fascistes de masse qui n'arrivèrent jamais au pouvoir, soit de celles qui furent couronnées par un succès, soit des collaborations installées au pouvoir par l'occupation militaire allemande. Pour n'en donner qu'un seul exemple, le Parti national-socialiste de Hitler obtint seulement 2,6 % aux élections du Reichstag de 1928 et devint peu après, dans les années 1930-1933, le plus important parti de masse en Allemagne (et la formation remportant le plus de suffrages). Les fascistes italiens furent insignifiants comme force politique et électorale aussi bien en 1919 que pour la plus grande partie de l'année 1920. La naissance d'un fascisme de masse intervint entre le début de l'année 1921 et le printemps 1922 : en dix-huit mois, le fascisme devint la principale force politico-militaire italienne même s'il n'obtint pas encore le poids électoral correspondant, qu'il atteignit, en revanche, en 1924, grâce aux changements de circonstance et au contrôle du pouvoir exécutif.

La symbiose entre organisation politique et organisation militaire, le contrôle territorial et militaire des zones cruciales de la péninsule (les principales voies de communication fluviales, routières et ferroviaires, et quelques-unes des plaines les plus productives en plus des nombreux centres urbains), l'usage d'une violence politique à l'encontre des adversaires, la préférence de la politique du fait accompli à l'élaboration doctrinale valurent à Mussolini et à ses partisans des succès de plus en plus nombreux. Dans la formation rapide d'une base sociale de masse fasciste, les déséquilibres de l'implantation territoriale eurent un rôle significatif et une portée historique. De ce point de vue, le rôle de l'idéologie comme véhicule principal du prosélytisme fasciste peut être ramené à sa juste valeur : « l'antiparti » devint facilement un parti et l'orientation républicaine fut abandonnée sans traumatisme excessif. En dix huit mois, l'idéologie n'eut pas le temps de se diffuser et de circuler.

Les instruments de communication de masse du fascisme étaient peu nombreux : le quotidien de Mussolini, *Il Popolo d'Italia* et, seulement à partir de décembre 1920, un autre quotidien, *Il Popolo di Trieste*, existaient aux côtés de nombreux périodiques locaux mais à bas tirage, souvent destinés à une courte durée de vie en raison du manque de financements ou des luttes intestines qui paralysèrent les fascismes de la périphérie. En 1919-1920, la fonction de la discussion politique et de l'élaboration idéologique avait une importance remarquable parmi les faisceaux urbains et entre leurs adhérents peu nombreux : à ce moment-là, les villes étaient le seul lieu de présence fasciste et la discussion politico-idéologique concernait un nombre restreint de partisans convaincus ou de sympathisants, dotés d'un certain niveau d'instruction, lecteurs de journaux ou consommateurs de presse politique. À partir de 1921, l'expansion du fascisme coïncida avec l'explosion croissante du fascisme rural, avec une campagne militaire permanente de terrorisme des *squadre* (escadrons fascistes, escouades), accompagnée d'une vaste et dure guerre sociale : dans les campagnes et dans les périphéries on ne discutait pas de politique, on lisait peu de journaux, et d'ailleurs on lisait peu en général, on ne perdait pas de temps à élaborer des doctrines : on combattait, les armes à la main, autant pour défendre les intérêts matériels que les exigences prosaïques. Rituels et liturgie accompagnèrent naturellement la violence des *squadre* ou furent les composantes visibles qui en justifiaient « moralement » l'adoption aux yeux même des fascistes. À travers ces nouvelles pratiques, les militants étaient invités à la pratique d'une « nouvelle politique ».

Les racines locales du fascisme de masse furent un élément fondamental de son identité. Le phénomène militaro-politique du *squadrismo* et l'exercice privé de la violence coïncidèrent avec la transformation du fascisme d'une élite politique (avec quelques milliers d'inscrits, 17 000 en 1919 et 20 000 en 1920) à un mouvement de masse. Suivant la phase de reflux révolution-naire, le fascisme acquit sa première physionomie de masse après l'échec de l'occupation ouvrière des usines et après la fin des luttes victorieuses des paysans à l'automne 1920 : à partir de ce moment, les fascistes se préparèrent à la contre-offensive militaire, financés par les industriels et directement dirigés par les propriétaires terriens. Au lieu d'être isolés politiquement, ceux-ci se virent alors cooptés et légitimés, aux élections admi-nistratives de l'automne 1920, par les libéraux, les nationalistes, les cléricaux et les forces modérées en opposition au parti socia-liste et au parti catholique démocratique. En mars 1921, les par-tisans de Mussolini furent multipliés par quatre (80 476) par rap-port au début de l'année. La grande partie d'entre eux (52,36 %) était concentrée dans seulement sept des soixante et onze pro-vinces que formaient le royaume d'Italie à cette époque (trois en Émilie, Bologne, Ferrare, Modène ; deux en Lombardie, Milan et Crémone ; deux dans les Trois Vénéties, Trieste et Vérone) comprenant seulement deux grandes villes italiennes. L'accord avec le plus influent leader des libéraux, Giolitti, officialisa la légitimation des faisceaux aux élections de mai 1921. Le résultat (trente-cinq députés fascistes au Parlement) fut modeste, mais, en vertu de cet accord politique décisif avec l'*establishment*, la force organisée en fut plus que doublée (187 098 au 31 mai 1921). La majorité des fascistes (51,22 %) était concentrée dans seulement dix-sept des soixante et onze provinces, n'incluant que trois grandes villes (six dans les Trois Vénétie, quatre en Lombardie, quatre en Émilie, une chacune en Toscane, Ombrie et Piémont).

Un an plus tard, en mai 1922, avant la crise finale de l'État libéral, grâce aux compromis politiques manifestes et aux complicités dissimulées, aux impunités judiciaires et au soutien militaire des forces armées régulières, les 332 000 fascistes furent non seulement les plus forts du moment, mais aussi le plus fort parti de masse qui ait jamais existé dans l'histoire de l'Italie. La majeure partie d'entre eux (50,11 %) était concentrée dans treize provinces, incluant seulement trois grandes villes

(cinq en Émilie, quatre en Lombardie, deux dans les Trois Vénétie, une chacune en Toscane et Piémont). Trieste détenait la
suprématie nationale pour plus d'une année mais la cédait maintenant à Crémone ; Florence du sixième ou septième rang passant au second. D'autres éléments peuvent confirmer cette tendance historique. En mars 1921, 71,65 % des fascistes se
concentraient dans seulement 20 provinces (six en Émilie, cinq
en Lombardie, cinq dans les Trois Vénétie, deux au Piémont,
deux dans les Pouilles). En additionnant d'autres provinces avec
des chefs-lieux importants, on obtient une concentration des
82,16 % dans moins de la moitié des provinces du royaume
(vingt-huit sur soixante et onze). Il faut cependant noter que la
somme des sept grandes zones métropolitaines représentait seulement 10,51 % des forces fascistes (Rome, Turin, Naples,
Gênes, Palerme, Florence, Catane). En mai 1921, dans 27 provinces (sept lombardes, sept des Trois Vénétie, trois toscanes,
cinq émiliennes, trois des Pouilles et une d'Ombrie) étaient présents 72,61 % excluant 7 grands pôles urbains. L'axe géographique de la présence fasciste restait centré sur la Vallée
padane, sur la ramification de la Vénétie vers le nord-est et la
ramification émilio-toscane vers le centre. Un noyau dans les
Pouilles s'était consolidé, complètement différent du reste de
l'Italie méridionale et insulaire. La petite province de Crémone
comptait le triple des fascistes de la métropole de Naples ; Florence surpassait de plus du double de toute la région du Latium
avec la capitale du royaume ; Mantoue avait le triple des inscrits
de Turin ; Pavie presque le double de ceux de Gênes ; Parme
quatre fois plus qu'à Palerme ; Massa Carrara le décuple de
Catane.

Dès cette époque, les fascistes furent prisonniers d'alliances
de nature à « modérer » la dimension révolutionnaire de l'idéologie. L'apport social et le soutien économique des grands
propriétaires, des fermiers capitalistes qui employaient la main-
d'œuvre salariée et des autres strates intermédiaires furent dominants. Les paysans rejoignant les faisceaux étaient en général
des sans-emploi, plus rarement des métayers et des journaliers.
Le petit propriétaire pouvait se rebeller contre les socialistes qui
imposaient les conditions contractuelles et menaçait la socialisation des terres ; après la destruction des organisations socialistes
et catholiques, le syndicat fasciste assura le monopole du place-

ment de la main-d'œuvre et beaucoup de travailleurs agricoles devinrent fascistes par nécessité ou par opportunisme. La démagogie syndicale fasciste faisait en général suite à l'organisation du *squadrismo* et des violences terroristes sur une large échelle.

Les faisceaux étaient concentrés du nord au centre, et sous-représentés au sud et dans les îles, relativement à la densité démographique : le lent processus de rééquilibrage après octobre 1922 eut un effet seulement au début des années trente. Alors seulement, la distribution des inscrits du PNF sur le territoire national fut effectivement homogène sinon totalement proportionnelle à la densité de la population dans les différentes circonscriptions régionales. Ce phénomène eut, pour le sud et les îles, deux implications principales. Le fascisme méridional y devint un phénomène politique de masse essentiellement *après* la constitution du gouvernement national de Mussolini en octobre 1922. Né à l'époque de la normalisation « post-révolutionnaire » et sans avoir connu les phases de consolidation autonomes d'avant la Marche sur Rome, celui-ci fut condamné à un rôle secondaire dans la configuration complexe de la classe politique du régime. La grande partie des ministres et sous-secrétaires de Mussolini de 1922 à 1943 étaient originaires du Nord et du centre de l'Italie ; et il en était de même des secrétaires fédéraux d'un parti centralisé et bureaucratisé comme le PNF de 1926 à 1943. L'analyse peut être étendue au Grand Conseil avec des résultats analogues. Le régime pour toutes les années trente et les premières années de la décennie suivante continua à être dirigé par des hommes qui devaient leur carrière politique à l'enracinement géographique et social que le fascisme de masse avait acquis au centre-nord du pays *avant* octobre 1922.

L'optique nationale ne saurait occulter une géographie plus fine, celle de l'implantation locale du parti fasciste. Celui-ci fut une réalité de masse, et en même temps « nationale », seulement dans une partie bien délimitée de l'Italie, dans les petits centres urbains plus que dans les métropoles, dans les plaines plus que dans les territoires de collines et de montagnes. L'unification nationale du PNF fut un processus lent, graduel et ardu, réalisé à l'issue d'une longue phase de « normalisation ». Elle supposa l'affaiblissement et l'épuisement des tensions et pressions venues « d'en bas » et de la périphérie et la disparition de ce qu'elles supposaient d'autonomie politico-idéologique du fascisme « révolutionnaire ».

Ainsi, les brouilles et luttes intestines présentées en général comme manifestations de *dissidentismo* peuvent être considérées comme l'une des réactions physiologiques d'une force politique et sociale ayant atteint des dimensions de masse et devant compter avec un enracinement territorial déséquilibré et la nécessité d'unir différentes composantes de pouvoir « féodal ». Le rapport Parti-État s'établit à travers une série d'accords, de négociations, de combinaisons pour la répartition du pouvoir, les compromis locaux précédant et conditionnant le compromis historique national de 1922. À son tour, la conquête du pouvoir après 1922 finit par déverser sur la périphérie tout le poids du conditionnement national, représenté par l'exigence suprême de Mussolini de « durer ». Avant octobre 1922, le fascisme était une force centrifuge, déchirante et destructrice : après la marche sur Rome, il dut s'adapter à l'innovation extraordinaire induite par la désignation à la présidence du conseil dans la capitale du Royaume d'Italie, de son chef politique. La conciliation entre parti et État fut non seulement possible mais avantageuse pour tous les deux, en dépit des cicatrices profondes qu'avaient laissé la phase d'assaut au pouvoir central et l'instauration d'une dictature centralisatrice : le centralisme politique et administratif s'exerçant autant au niveau du sous-gouvernement local qu'à l'échelle de la vie interne du PNF.

Le fascisme au pouvoir apporta en dot à l'État une force de masse organisée et beaucoup « d'hommes nouveaux », en mesure de déraciner la démocratie, abolissant les autonomies locales, la liberté d'association politique et syndicale, la liberté de la presse, le parlement élu au suffrage universel et proportionnel. Une étroite association s'établit entre le fascisme et l'appareil central et périphérique de l'État, les organismes bureaucratiques et administratifs, les institutions publiques, les forces armées et la magistrature, ayant pour conséquence une profonde et durable altération de l'État de droit. L'« affaissement » de l'État de droit marqua la fin de l'Italie libérale, mais non des libéraux, ni de la libre initiative économique, ni de la propriété privée.

Les faisceaux de combat avaient eu un organisme central

informel dans le faisceau milanais et dans le quotidien dirigé par Benito Mussolini. Le PNF maintint pour quelque temps un double siège, milanais et romain, et il n'y eut pas jusqu'à 1926, un bulletin central des directives politiques comme les *Fogli d'Ordini* (les Feuilles d'Ordres). Même après 1926 aucun journal officiel central du parti ne vit le jour : *Il Popolo d'Italia* ne pouvait en tenir lieu. Le caractère local du journalisme fasciste – *Cremona Nuova* devenue ensuite *Il regime fascista* de Farinacci, et *Il corriere padano* de Balbo – fut assez durable.

Entre 1921 et 1926, les dirigeants du PNF étaient en théorie élus par la base (en réalité de façon irrégulière). Avec l'afflux des adhésions, consécutif à la Marche sur Rome, en particulier en provenance du sud et des îles, le PNF, né avec l'identité d'une force centrifuge, fut soumis à une évolution centralisatrice, autoritaire et à tendance totalitaire. Dès la fin de 1921, en adoptant une subdivision en fédérations provinciales, le parti se coula dans le moule territorial et administratif de l'État italien. De plus, chaque fédération provinciale avait juridiquement les mêmes caractéristiques et prérogatives, indépendamment de la force autonome de l'organisation politique et militaire des fascistes propre à chaque province. Chaque secrétaire fédéral avait les mêmes fonctions, indépendamment du poids numérique inégal des faisceaux locaux.

CENTRALISATION ET DIFFUSION TERRITORIALE DU PNF

L'organisation du PNF fut perfectionnée de façon à rééquilibrer l'implantation territoriale. Dans chacune des provinces du royaume, passées de soixante et onze à quatre-vingt-dix en 1927, existait une fédération dirigée par un secrétaire fédéral : une carte politico-administrative sans rapport avec la réelle implantation du parti au sein de la population. Chaque secrétaire fédéral de province constituait le sommet d'un organigramme qui s'étendait sur tout le territoire de la province : les secrétaires des faisceaux de chaque commune constituaient le directoire de la fédération provinciale. Les secrétaires fédéraux étaient rassemblés dans le directoire national du parti. À partir de 1926 tous les dirigeants du PNF, du secrétaire national aux secrétaires des *Gruppi rionali* (groupes de quartier créés dans les agglomérations les plus importantes) furent désignés d'en haut. Un tel maillage finit par constituer un système efficace pour que le parti épouse les contours géographiques et sociologiques du pays.

Si la classe dirigeante nationale du régime fasciste compta peu de méridionaux au sein des organisations fascistes, leur pourcentage s'accrut à la faveur de plusieurs facteurs. En 1923, la fusion des fascistes et des nationalistes fut une première contribution importante au rééquilibrage territorial des forces, puisque les nationalistes (presque 150 000) étaient surtout implantés au sud. Alors qu'au centre-nord, nationalistes et libéraux, notables locaux et cléricaux constituèrent les alliés, les « compagnons de route » et les partisans du mouvement fasciste jusqu'à la fin de 1924-25, au sud et dans les îles, ceux-ci intégrèrent rapidement les structures fascistes. Le ralliement des « anciens combattants » dans les Abruzzes, en Campanie, dans les Pouilles, en Sardaigne. Ainsi, au sud du pays, la base de masse du fascisme fut créée avec retard par rapport au centre nord en incluant bon nombre de « non fascistes » qui rallièrent le parti détenant le pouvoir national. À distance de plusieurs années, intervenant auprès des cadres dirigeants du PNF en 1942, Mussolini revenait sur cette singularité majeure du sud : le fascisme y avait été « phénomène posthume », consécutif au succès quand les fascistes du Centre-nord avaient fait preuve de dynamisme et s'étaient battus. Seules les Pouilles et la ville de Naples avaient connu des pratiques squadristes, un fascisme autonome de masse avec le visage de « l'anti-État ». Dans le reste du Mezzogiorno et dans les îles, après octobre 1922, le PNF se montra en général plus pro qu'anti-État, adhérant sur une base conservatrice et conformiste à l'œuvre centralisatrice d'un gouvernement autoritaire. Ce fascisme ultra-monarchique (et clérical, déjà avant les accords du Latran de 1929) devint effectivement populaire, ralliant sur la base d'une idéologie nationale-étatique des antifascistes dont on pouvait observer, en revanche, la persistance, au centre-nord après 1926.

En l'état des travaux sur la question, il est toutefois difficile de définir très précisément la composition sociale du fascisme de masse dans les années trente et quarante. Le système du parti unique établi en 1926 ne modifia pas instantanément la distribution des forces fascistes du pays. Celle-ci se modifia, au cours des années trente, épousant de plus en plus la sociologie des *cento Italie.* On peut présumer que le rééquilibrage territorial et le caractère semi-volontaire des inscriptions a pu faciliter la correspondance croissante des organismes fascistes de masse avec la stratification sociale de l'époque. Vraisemblablement les organisations fascistes de masse se limitèrent à « reproduire » – et contrôler – la structure sociale existante sans chercher à modifier les équilibres sociaux.

Bien que le fascisme fût lié avec presque toutes les strates sociales, celui-ci ne pouvait être considéré comme un parti interclassiste : 40 % des inscrits étaient des travailleurs contre 60 % qui appartenaient aux classes moyennes. À son tour, la petite-bourgeoisie était fortement sous-représentée par rapport à la haute bourgeoisie. Si l'on considère plus précisément le rapport entre ces photographies de la composition sociale que sont le recensement de 1921 ou la sociologie des conscrits des forces armées, et les informations dont on dispose pour le Parti fasciste, il apparaît que certaines catégories étaient sous-représentées tels les ouvriers agricoles, ouvriers d'industrie et artisans. Parmi les catégories fortement impliquées dans l'engagement figuraient les étudiants, employés, commerçants et exploitants tandis que les professions libérales et les industriels l'étaient plus encore. Dans l'ensemble, le parti fasciste était plus « bourgeois » que le parti nazi de Hitler, en dépit de sa base de la masse. Au sommet, 90 % de cadres du PNF appartenaient à la bourgeoisie. Les données statistiques montrent que les organismes fascistes de masse suivaient les indicateurs sociaux, sans réussir à remodeler la société. La permanence des structures économiques, sociales, professionnelles et culturelles de l'époque pré-fasciste risquait toutefois de compromettre le dessein visant à créer « l'homme nouveau » comme un homme-masse, produit de la réorganisation totalitaire du fascisme et d'une restructuration radicale, hiérarchique, homogène et organique, génético-raciale des Italiennes et Italiens.

LES ORGANISATIONS FASCISTES, CREUSET DE FORMATION DE L'HOMME-MASSE OU INSTRUMENT DE NORMALISATION SOCIALE ?

D'organisation de combat, le parti-milice se transforma donc en instrument de normalisation et de contrôle social, trait d'union entre le pouvoir fasciste et la société locale, courroie de transmission de la propagande et exécutant de la consigne mussolinienne : « aller vers le peuple ». Cette évolution fut déterminée dans une large mesure par la transformation des mécanismes de recrutement. À l'adhésion volontaire, dans les années 1921-1922, de jeunes hommes fougueux, protagonistes du *squadrismo* et du déchaînement de la terreur contre les adversaires politiques succéda un recrutement fondé sur des procédures automatiques. De ce fait, dans le cadre du régime, le parti changea de nature. L'adhésion naturelle par le biais des organisations de jeunesse constitua une première forme de recrutement « automatique ». Avec un changement d'état-civil et le passage naturel de l'enfance à la jeunesse puis à la maturité, un individu changeait automatiquement de place dans les organisations masculines et féminines du régime. La scolarisation, les possibilités offertes par le réseau associatif du Dopolavoro étaient autant de moyens favorisant l'encadrement de la population. Seule la Milice, composée d'hommes de 18 à 50 ans, demeura une organisation proche de l'esprit des origines, valorisant le volontariat et la fidélité politique. L'inscription aux syndicats fascistes fut de plus en plus nécessaire dans le monde du travail et sur le marché de l'emploi. D'autre part, une série de règlements adoptés au début des années trente prescrivait l'inscription obligatoire au PNF pour participer aux concours publics et pour faire carrière dans la fonction publique. Le sigle du PNF inspira la blague la plus populaire d'Italie, Parti national fasciste devenant « Par nécessité familiale ».

Le prosélytisme se vérifiait dans l'OND (*Opera nazionale dopolavoro*), l'institution fasciste la moins politisée, à laquelle on accédait sans examens particuliers ou limites d'âge, en payant des inscriptions très basses et à la portée d'un public effectivement populaire. D'un point de vue moral et psychologique, adhérer à l'OND ne provoquait pas de crise de conscience ou de dilemme personnel : le consentement requis était vague et superficiel, intervenant parfois avec enthousiasme. Le « dopolavoriste » moyen, même le plus fasciné par le mythe de Mussolini, ne correspondait pas au prototype de « l'homme nouveau » rêvé par les idéologues fascistes. Mais l'organisation du Dopolavoro fut tributaire également des disparités géographiques et économiques du pays : au nord et au centre, où l'OND avait récupéré le réseau associatif démocratique et socialiste, faisant l'acquisition des biens matériels, du patrimoine et parfois des locaux, la tâche d'organiser le temps libre était relativement facile ; au sud les cercles fascistes du Dopolavoro ne se substituaient à personne mais devaient construire une réalité associative populaire *ex nihilo*, s'appuyant presque exclusivement sur les cercles urbains des notables et des bourgeois méridionaux. Les plus larges organisations fascistes des adultes, les syndicats et le Dopolavoro, croissaient du fait des adhésions fortement conditionnées sinon coercitives, dans le premier cas, et d'adhésion fondées sur des attentes généralement apolitiques, dans le second. D'autres organisations de masse, mais bien plus étroites, étaient conditionnées par des facteurs à leur tour différents. La Milice développait des fonctions d'inspection, de prévention et de répression de police politique, s'annexant de fait la collaboration de la sécurité publique : elle ne devait pas tant organiser le consensus qu'entraîner aux armes les fascistes les plus fidèles, exercer quelques centaines de milliers de volontaires à la mobilisation militaire, proposer une formation idéologique dans l'éducation « pré-militaire » des jeunes. « Obéir » et « combattre », certes, mais cela n'était pas un privilège des seuls effectifs volontaires : dans les guerres d'Éthiopie et d'Espagne, le nombre de soldats avait augmenté parce que beaucoup de chômeurs ne trouvaient pas mieux que la paye offerte par le régime pour la participation à cette entreprise.

Dans le cas des organisations de jeunesse, la dimension volontaire de l'adhésion était particulièrement faible, susceptible de fonctionner seulement au niveau des jeunes élites relativement instruites et proches de l'âge « adultes ». Le recrutement des masses des jeunes en âge préscolaire ou dans les premières années de scolarisation de base prit la forme d'une persuasion autoritaire en direction des familles, sur un mode conformiste allant jusqu'à la contrainte. Mais l'adhésion aux organisations fascistes se faisait rarement en dehors des canaux scolaires qui fournissaient les listes nominatives de toute la masse des jeunes italiens scolarisés. Il était logique que l'ONB puis la GIL perdent le contact avec les jeunes des couches les plus pauvres de la population, entrés précocement sur le marché du travail, ou en général avec les jeunes filles qui fréquentaient beaucoup moins que les garçons les niveaux supérieurs du collège et du lycée. Avec la croissance de l'âge, les effectifs des organisations de jeunesse fascistes diminuaient en conséquence de la diminution de la scolarité de masse. Si la scolarisation (et en particulier la scolarisation féminine) diminuait des régions septentrionales et centrales vers les régions méridionales et insulaires, les processus de recrutement des jeunes fascistes allaient de pair. À partir de la constitution de l'ONB en 1926 jusqu'à l'introduction des différentes catégories de jeunes dans la GIL en 1937, le phénomène de recrutement des jeunes fascistes se transformait toujours plus en une conscription de fait, parallèle à l'encadrement et à la militarisation croissante de la société des années trente et du début des années quarante.

Les références pour la plupart des données statistiques sont dans mes travaux : Marco Palla, « I fascisti toscani », *in* Giorgio Mori (ed.), *Storia d'Italia. Le regioni dall'Unità ad oggi, La Toscana*, Turin, Einaudi, 1986, p. 453-528 ; M. Palla, « Sul regime fascista italiano. Precisazioni terminologiche e interpretative », in *Italia contemporanea*, 1987, n° 169, p. 17-35 (aussi, en partie, en traduction portugaise, *O regime fascista italiano*, *in* AA.VV., *O Estado Novo. Das Origens ao Fim da Autarcia 1926-1959*, vol. I, Lisbonne, Editorial Fragmentos, 1987, p. 59-75 ; M. Palla, « La presenza del fascismo. Geografia e storia quantitativa », in *Italia contemporanea*, 1991, n° 184, p. 397-405 ; M. Palla, « Fascismo. I. Il movimento », *in* Bruno Bongiovanni et Nicola Tranfaglia (ed.), *Dizionario storico dell'Italia unita*, Rome-Bari, Laterza, 1996, p. 322-334 ; M. Palla, « Il fascismo », *in* Roberto Finzi (ed.), *Storia d'Italia. Le regioni dall'Unità a oggi, L'Emilia Romagna*, Turin, Einaudi, 1997, p. 577-596.
Dans le texte sont utilisés en particulier Renzo De Felice, *Mussolini il fascista. I. La conquista del potere 1921-1925*, Turin, Einaudi, 1966 ; Emilio Gentile, *Storia del partito fascista 1919-1922. Movimento e milizia*, Rome-Bari, Laterza, 1989 ; Dante L. Germino, *The Italian Fascist Party in Power. A Study in Totalitarian Rule*, Minneapolis, University of Minnesota Press, 1959 ; Adrian Lyttelton, *La conquista del potere. Il fascismo dal 1919 al 1929*, Rome-Bari, Laterza, 1974.

Traduction Sandrine Bertaux

Stratégies institutionnelles et création de l'homme nouveau dans l'État fasciste

Didier Musiedlak
(université de Paris X-Nanterre, IEP Paris)

Selon la doctrine fasciste, la création d'un homme nouveau s'inscrivait dans un processus permanent de transformation engagé depuis la Marche sur Rome. Il s'agissait par conséquent d'une œuvre de longue haleine, menée selon les principes d'une *révolution continue* qui devait atteindre le cœur des institutions comme des consciences. Cet homme nouveau devait présenter, selon Mussolini, des traits originaux qui auraient permis de le distinguer des hommes de la Renaissance ou des Italiens issus de la latinité[1]. Ce n'est qu'au prix d'une modification profonde des modes de vie que cette nouvelle humanité devait surgir. Dans ce dispositif, le parti constituait le maillon essentiel de cette dynamique révolutionnaire en vue de promouvoir l'homme fasciste. Comme Parti de la Nation, il exerçait par conséquent sa mission auprès de l'ensemble du peuple italien. Chaque *Camicia nera*, au sein de la communauté nationale, se devait d'être l'incarnation de cet Italien nouveau, croyant, discipliné, combattant, cet homme intégral voulu par le fascisme sous l'emblème du *fascio Littorio*. À ce titre, selon la formule du *Duce*, le Parti formait « l'aristocratie éducative et formatrice du peuple italien, le centre de propulsion de toute activité, l'épine dorsale du régime ». Pour cette raison même, les hiérarques devaient montrer l'exemple et se comporter comme l'avant-garde du peuple.

Le hiérarque, selon Mussolini même, devait concentrer en sa personne toutes les qualités exigées des masses. À l'occasion du

---

1. A. Canepa, *L'organizzazione del PNF*, Palerme, F. Ciuni Libraio Editore, 1939, p. 15-16.

grand rapport de 1937, le *Duce* en avait esquissé le portrait. Tout hiérarque devait disposer d'un sens absolu du devoir, de l'esprit de sacrifice, d'un profond désintérêt, d'un courage physique et d'une morale au-dessus de tout soupçon. Dans ses instructions données à Rino Parenti en 1933, Mussolini avait mis l'accent sur la conformité qui devait exister entre la vie publique et privée[1]. En raison de sa position, tout membre influent du Parti se devait de se tenir à distance des établissements de luxe, aller le plus souvent à pied, maintenir une grande simplicité de vie. Détenant une foi fasciste éprouvée, il devait également aller au peuple pour pouvoir en recueillir les sentiments et en interpréter les besoins.

Personnifiant la révolution, naturellement jeune, préférant le risque et doté de l'étoffe du héros, le hiérarque devait se montrer toujours prêt au combat et accepter le principe de la rotation des charges. Bon père de famille, honnête, juste, le vrai fasciste était celui qui faisait preuve de sensibilité ce qui, selon Davide Fossa, en 1942 pouvait se résumer comme un « ensemble de foi et d'intelligence, d'honnêteté et de sagesse, de prudence, de courage, et de bonté[2] ».

Servir la révolution réclamait par conséquent une sélection particulièrement sévère des cadres et une adaptation continue des institutions afin de les rendre plus perméables à l'éclosion de cette élite authentiquement fasciste. Il était par conséquent en premier lieu nécessaire de construire, sur le plan politique, un État totalitaire qui soit conforme à la logique même et aux buts fixés par la révolution fasciste. La coexistence entre élites fascistes et préfascistes a souvent été perçue comme la preuve du caractère non totalitaire du régime fasciste dans les institutions. En raison de la prétendue faiblesse du parti, le régime ne serait pas parvenu à modifier en profondeur le jeu politique selon les conclusions avancées par A. Aquarone et de D. Fisichella ce qui a donné lieu à la thèse du totalitarisme manqué.

Cette thèse de l'absence d'emprise du PNF sur la vie de la société civile et politique a été récusée par l'historiographie

---

1. La consegna del *Duce* a Rino Parenti (24 juin 1933), *in* A. Canepa, *ibid.*, p. 186.
2. D. Fossa, « Partito di massa e Selezione dei Quadri », in *Gerarchia*, juin 1942, n° 6, p. 232.

depuis une vingtaine d'années. À partir d'un examen critique des actes du Grand Conseil et du PNF comme des grandes revues du régime telle que *Gerarchia*, P. Pombeni a pu mettre en valeur la complexité de l'État fasciste qui reposait sur une « constitution matérielle » associant direction monocratique (Mussolini) et un Parti puissant[1]. Tout en prenant acte de sa marginalisation sur le plan de la décision politique, le PNF avait néanmoins continué d'assurer une fonction de médiation sociale sur le plan de la représentation politique dans un État pourtant caractérisé par son extrême centralisation. On sait également que R. De Felice avait montré que le fascisme italien avait bel et bien nourri un projet d'essence totalitaire à partir de 1938[2]. En évoquant le principe d'une *svolta totalitaria*, ce dernier avait ainsi réintroduit le Parti comme agent premier de la politisation de la société civile, sans pour autant lui redonner un rôle dans le mécanisme de la décision politique. En procédant de la sorte, il avait cependant permis de rouvrir le débat sur la fonction du parti dans la structure de l'État fasciste en le désignant comme *structurellement* totalitaire. C'est en partant de cette nouvelle approche qu'E. Gentile est parvenu à dégager l'originalité du modèle totalitaire italien fondée à la fois sur l'autorité du *Duce* et un parti puissant dans le cadre d'un projet de révolution continue. Dans ce cas de figure, la radicalisation constatée en 1938 n'était pas le signe du passage au totalitarisme mais la manifestation de son accélération[3]. En l'absence de frontières bien définies, le Parti avait poursuivi une politique permanente d'expansion, en particulier vers les institutions traditionnelles de l'État durant plus de vingt ans.

L'étude des archives des deux Chambres a permis de corroborer l'existence de cette voie italienne au totalitarisme à travers la mécanique et l'agencement interne des stratégies mises en œuvre par le Parti[4].

---

1. P. Pombeni, *Demagogia e Tirannide. Uno studio sulla forma-partito del fascismo*, Bologne, Il Mulino, 1984, p. 459 et s.
2. R. De Felice, *Mussolini il Duce, II, Lo stato totalitario, 1936-1940*, Turin, Einaudi, 1981, p. 9 s.
3. E. Gentile, *La via italiana al Totalitarismo*, Rome, NIS, 1995, p. 117 s.
4. D. Musiedlak, *L'État fasciste et sa classe politique, 1922-1943*, 2 vol., IEP, 1999 *Lo Stato fascista e la sua classe politica*, 1922-1943, Bologne, Il Mulino, 2003.

CONSTRUCTION TOTALITAIRE ET CRÉATION DE L'HOMME NOUVEAU :
UN CHANTIER PERMANENT

Le 31 octobre 1922, Mussolini fut chargé par le roi Victor Emmanuel de former un nouveau gouvernement. Son arrivée au pouvoir s'apparentait ainsi à une *révolution légale* sans remise en cause apparente du cadre constitutionnel hérité de la monarchie Libérale. Le nouveau chef du fascisme, quoique porté par un mouvement de masse, ne disposait à la Chambre que d'une poignée de députés et au Sénat d'aucun représentant du Parti fasciste (PNF). Au moment du vote sur la confiance à la Chambre, le 17 novembre 1922, le groupe fasciste ne représentait qu'une infime minorité d'électeurs. Le président du groupe parlementaire (Mussolini) n'avait même pas été en mesure de faire appliquer la discipline de vote parmi les membres (27 sur 35 députés). Pour s'imposer dans le pays, le mouvement devait se doter impérativement d'une majorité.

Pour répondre à cet objectif, Mussolini et le PNF procédèrent à divers ajustements du système électoral entre 1923 et 1934 afin de faire coïncider le nouvel État avec la Nation au sein d'un État qui affirmait sa vocation totalitaire.

Les élections d'avril 1924 inaugurèrent un processus de désignation par le haut qui fut ensuite étendu lors de la consolidation de la dictature. En 1924, la désignation des candidats qui devaient assurer la majorité fut confiée à la Pentarchie (F. Giunta, G. Acerbo, M. Bianchi, A Finzi, E. Rossi). Profitant du fait que Mussolini était peu familier des questions électorales, le groupe obtint une certaine latitude pour confectionner les listes. Installée à partir du 1er février 1924 au Viminale à proximité du bureau de la présidence du Conseil, la Pentarchie reçut officiellement pour consigne d'ignorer les partis. Pour le *Duce*, ce choix établi par le haut s'inscrivait ainsi dans la stratégie qui consistait à briser les structures traditionnelles des partis déjà affaiblis par la nouvelle répartition des électeurs en quinze circonscriptions. Le travail s'avérait particulièrement délicat. Plus de 3000 aspirants à la candidature avaient déjà fait connaître leurs intentions. En outre, les Pentarques devaient également tenir compte des rapports de force existant au sein de chaque circonscription et tenter ainsi de trouver un délicat équilibre entre les hiérarques du Parti, toujours prompts à se quereller, et les notables locaux très présents en particulier dans le Mezzogiorno. Les travaux se déroulèrent quotidiennement en présence des préfets de chaque circonscription électorale, des maires des chefs lieux de province, des représentants des différents partis et organismes politiques recensés à l'échelle de chaque région. Le 13 février 1924, le *listone* fut présenté à Mussolini. Il comprenait 356 noms. Souvent assimilé à une nouvelle opération à caractère transformiste par les contemporains (P. Gobetti), le *listone* ne contribua pas seulement à favoriser la dislocation de l'ancienne classe politique[1], il doit être interprété également comme la première étape en vue de promouvoir un État fasciste reposant sur l'intégration des cadres du Parti au sein de l'Assemblée.

L'intégration des députés libéraux au sein de la liste a manifestement été moins forte que ne le laisse entendre la tradition historiographique qui s'est en fait contentée de reprendre purement et simplement comme source digne de foi la liste fournie par Cesare Rossi[2]. Leur nombre a pourtant été délibérément ou inconsciemment exagéré par « l'éminence grise » du Régime[3]. Si certaines inexactitudes ne prêtent pas à conséquence, comme l'intégration des quatre députés indépendants des Pouilles (N. Grecis, F. Manfredi, D. Mongio et G.F. Tosi), d'autres en revanche sont plus signifiantes. La liste contient en effet le nom de plusieurs personnalités dont les convictions fascistes ne peuvent guère être mises en doute. La Pentarchie a par conséquent procédé à une sélection des candidats selon des critères stricts que révèle l'examen des itinéraires.

Le fait d'avoir servi la nation et d'avoir ainsi contribué à sa rédemption a constitué un premier élément de distinction[4].

---

1. Sur la dimension transformiste de l'opération, cf. R. De Felice, *Mussolini Il Fascista, La conquista del potere, 1921-1925*, Turin, Einaudi, 1976, p. 538.

2. C. Rossi, *Il Delitto Matteotti nei procedimenti giudiziari e nelle polemiche giornalistiche*, Milan, Casa Editrice Ceschina, 1965, p. 581-587, C. Rossi, *Trentatre Vicende Mussoliniane*, Milan, Casa Editrice Ceschina, 1958, p. 183.

3. M. Canali, *Cesare Rossi. Da Rivoluzionario a eminenza grigia del Fascismo*, Bologne, Il Mulino, 1991.

4. Voir l'étude pionnière de J. Petersen sur le phénomène de génération, « Wählerverhalten und soziale Basis des Faschismus in Italien zwischen 1919 und 1928 », in *Faschismus als soziale Bewegung, Deutschland und Italien im*

L'étude du *Tesseramento* (adhésion au PNF) menée auprès des libéraux comme des candidats fascistes est, à ce titre, tout à fait révélatrice. Elle révèle que 72,2 % des nouveaux députés présentaient ainsi une conformité à l'égard du PNF. La majorité des secrétaires fédéraux en poste (62,6 %) avait été incorporée à la Chambre soit 47 sur les 75 fédérations existantes. Avec 62,3 % de candidats « encartés » à l'échelon national, ces élections révélaient l'enracinement du phénomène fasciste dans la péninsule.

La question de l'élargissement progressif de la majorité fasciste fut ensuite résolue en recourant à la création du collège unique national qui constitue la seconde étape de la consolidation totalitaire au sein des institutions.

Malgré les efforts déployés, le PNF avait pu seulement obtenir l'adhésion de 276 députés. Le Parti disposait d'une majorité de *tesserati* à la Chambre (62,3 %), mais la fascisation des parlementaires était à peine ébauchée. La sécession de l'Aventin et le vote de la motion Turati, le 9 novembre 1926, qui destitua les députés contestataires posaient avec acuité la question de la constitution d'une majorité. La représentation politique resta, par conséquent, une question permanente pour le régime. Dès le 20 décembre 1924, Mussolini avait proposé de revenir au collège unique uninominal. Mais le 26 mai 1927, dans son discours sur la politique intérieure, le *Duce* avait révélé la nature de ses projets. Il s'agissait d'ensevelir « le mensonge du suffrage universel démocratique » en proposant la désignation d'une nouvelle Chambre « élue à travers les organisations corporatives de l'État ». Le projet discuté au Grand Conseil, présenté par Mussolini à la Chambre, le 14 mars 1928, fut finalement approuvé le 17 mai. Le nombre des députés était réduit à 400 selon le principe du collège unique national. Les organisations syndicales (*Confederazioni nazionali di sindacati*) recevaient pour mission de proposer un nombre de candidats qui correspondait au double des députés à pourvoir (800). En outre, des « personnalités morales » agréées et des associations diverses ayant pour vocation la culture, l'éducation, l'assistance, ou la propagande, étaient chargées de proposer un nombre équivalent à la moitié du nombre des futurs députés (200). Ces listes de candidats

---

Vergleich, Herausgegeben von W. Schieder, Göttingen, Vandenhoeck & Ruprecht, Auflage 1983, p. 138 s.

étaient ensuite soumises au Grand Conseil auquel incombait le choix définitif.

Les confédérations syndicales admises, au nombre de treize, étaient celles dont le décret du 1er juillet 1926 avait reconnu la légitimité. Le 17 janvier 1929, le Grand Conseil était officiellement chargé de choisir les candidats dans les associations et organismes moraux dont le nombre était expressément fixé. Il procéda à l'examen des 1000 candidats qui lui étaient proposés à partir du 18 février 1929. La liste des 400 candidats avait été déposée officiellement le 26 février 1929 et rendue publique le 4 mars au *Journal officiel* par Mussolini, en tant que président du Grand Conseil, et avec la co-signature d'A. Turati, le secrétaire du PNF. Fixées au 24 mars 1929, les élections permirent d'élargir de façon substantielle la majorité fasciste à la Chambre. Sur les 399 députés (400 avec Mussolini), on dénombrait 85,5 % de députés membres du Parti. Tous les députés furent reconnus élus par le président de la commission des élections R. Farinacci.

Le Grand Conseil avait fait preuve d'un certaine prudence dans ses choix. La moitié des députés de l'ancienne législature avait été reconduite dans ses fonctions (198). Au total, 85,5 % des députés avaient rejoint le PNF et répondaient par conséquent au critère énoncé par Mussolini en regard de la détention de la « foi fasciste ». Roberto Farinacci en tant que président de la commission des élections avait par conséquent tout lieu de se montrer satisfait.

La politique de présence, au sein des associations agréées pour désigner les candidats, offrit au PNF la possibilité de faire nommer nombre de membres de l'appareil du Parti au sein de la nouvelle Assemblée. La plupart des dirigeants du Parti présentaient un état de service impressionnant sur plan militaire et étaient par conséquent liés aux organisations patriotiques. Ces élections de mars 1929 démontrèrent que le Parti, en raison de la politique menée dans les organisations et associations, remportait de vifs succès.

Le 19 janvier 1934 prit fin la 28e législature (1929-1934) avec la dissolution de la Chambre. Le système de désignation des candidats par le Grand Conseil (2 septembre 1928) restait inchangé. Les 13 confédérations syndicales furent par conséquent reconduites pour désigner les candidats selon la procédure qui avait fait ses preuves en 1929. Comme lors du plébiscite précédent, une commission parlementaire fut chargée de dresser la liste des associations (14 octobre 1933). Le groupe des 400 candidats sélectionnés fut ensuite soumis à l'approbation populaire le 25 mars 1934. La consultation électorale se traduisit par un « imposant plébiscite (qui) réaffirmait l'adhésion, pleine, totalitaire du peuple italien au régime fasciste », mais démontrait aussi, comme eut à le relever le souverain dans le discours inaugural du 4 mai 1934 – XII – l'acceptation des inévitables « transformations d'ordre constitutionnel » assignées à la législature comme nouvelles tâches. La nouvelle Chambre pouvait légitimement se dénommer « fasciste » comme se plut à le dire le président Costanzo Ciano lors de la séance de clôture de la 29e législature.

Ainsi, par bien des aspects, la nouvelle législature (1934-1939) semblait simplement reproduire la précédente. Dans sa composition interne, la nouvelle Assemblée présentait un nombre réduit d'innovations. Les trois quarts de ses membres (70,4 %) étaient issus de l'ancienne législature (283 sur 400). La Commission avait par conséquent accordé sa préférence aux anciens députés ayant fait preuve de fidélité envers le Régime. Elle avait privilégié, parmi les anciens, la génération du feu en leur accordant une large place (62,5 %). Pourtant, derrière cette apparence d'immobilité que conférait le maintien des groupes et des associations chargés de proposer les candidats, de profonds changements étaient intervenus au cours des cinq années qui venaient de s'écouler. La position du Parti s'était en effet considérablement renforcée. La plus grande partie des associations patriotiques étaient désormais sous contrôle. Le 17 décembre 1931, A. Starace avait assuré la succession de G. Giuriati à la présidence de l'*Unione nazionale ufficiali in congedo d'Italia*.

Le Parti était en train de remporter la bataille qu'il avait engagée pour conquérir le terrain associatif. La désignation des candidats intervint au moment même où la machine se redéployait à l'initiative de Starace. La définition du PNF, depuis 1932, comme une milice civile aux ordres du *Duce* et au service de l'État fasciste n'avait fait qu'entériner l'évolution en cours. En 1934, l'ensemble des associations qui devaient désigner les candidats pour la nouvelle Chambre étaient pratiquement toutes entrées dans la mouvance directe du Parti. Ainsi à la veille des élections, la majorité des associations concourant à la désignation des députés était peuplée de fascistes propres à suivre les directives du Parti.

Ce programme d'intégration toujours plus poussée du Parti dans la société civile reçut une première application concrète au sein des corporations lors de leur mise en place en mai 1934. Les 23 secrétaires fédéraux nommés à la Chambre durent, dans leur majorité (16), se reconvertir dans le nouvel ordre corporatif, soit pour y assurer la représentation du PNF, soit au titre de conseillers. La consultation de mars 1934 apparaissait par certains aspects comme la victoire du Parti. En s'assurant le contrôle progressif de la société civile, le PNF administrait la preuve qu'il était le maître du jeu, en tenant les différentes associations qui concouraient à la désignation des candidats. Il disposait ainsi, désormais, d'un puissant capital d'influence pour modifier la représentation politique. Cette « fièvre en matière d'organisation » conduisait inévitablement à corroder et à réduire la sphère d'influence de l'État. Il est en conséquence erroné d'évoquer le principe d'une prétendue dépolitisation du Parti au seuil des années trente. La stratégie de la politisation de la société civile débouchait inévitablement sur le politique, en estompant progressivement la frontière qui séparait l'exercice même du politique et du social. Elle consistait à privilégier le contrôle de l'instance sociale en considérant le pôle politique comme un élément dépendant et en conséquence *momentanément* secondaire. Le PNF ne faisait en cela que reprendre la ligne qui avait été tracée auparavant par le PSI pour consolider son implantation[1]. Le Parti fasciste, en la circonstance, se retrouvait également sur les mêmes positions que celle du NSDAP qui cherchait à « politiser l'ensemble de la société » en accordant la plus grande attention au contrôle des associations. Chacune d'entre elles, au sein du maillage social, devenait un des éléments constitutifs de la communauté du peuple et, à ce titre, devait être conquise pour manifester la parfaite synchronisation et intégration de chacun des membres au sein du groupe formé (*Nach der Gleichshaltung*

---

1. P. Corner, *Fascism in Ferrara 1915-1925*, Oxford University Press, 1975, p. 94. Sur l'influence du modèle du PSI sur Mussolini même, J.E. Miller, *From Elite to Mass Politics Italian Socialism in the Giolittian Era, 1900-1914*, Kent State University Press, Ohio, 1990, p. 207.

kommt die Betreuung)[1]. Cependant, l'ensemble des scrutins, celui de 1929 comme celui de 1934, avaient démontré que le PNF ne pouvait pas apparaître en tant que corps politique constitué sans encourir les foudres du *Duce*. Le Parti était puissant mais il était dans le même temps condamné à taire cette puissance sur le plan politique. La définition de cette stratégie souterraine a longtemps été interprétée comme un échec à la suite du naufrage de la Chambre qualifiée de corporative. Certes, l'expérience de 1934 n'avait pas suscité l'enthousiasme des députés ni même de l'ensemble des dirigeants du PNF. Mais elle ne remettait pas pour autant en cause les fondements de la puissance du Parti et de son action qui demeuraient intacts.

C'est en tout cas par le biais de la manipulation du système électoral que le fascisme est parvenu à se doter d'une majorité. Sans la modification de la loi électorale, l'entreprise de conquête nationale du fascisme aurait échoué. Parmi les députés de la 26ᵉ législature (1921), seule une minorité (55 députés) avait pu en définitive être gagnée. C'est en conséquence en maintenant la stratégie d'intégration par le haut, inaugurée par la Pentarchie puis poursuivie par le Grand Conseil (1928), que le régime a fini par phagocyter les institutions de l'Italie libérale. La continuité dans l'effort a prévalu. On est ainsi passé d'une situation de minorité de fascistes à la Chambre (10,3 % durant la 26ᵉ législature) à celle d'une majorité acquise dès la fin de la 27ᵉ législature (1929) pour atteindre 94 % en 1939.

À l'égard du Sénat composé de membres nommés à vie, l'entreprise de subversion ne pouvait être identique à celle de la Chambre. Elle revêtit un double aspect. La création d'un appareil à vocation partisane fut progressivement mis en place. Regroupant entre 1922 et 1929 les sénateurs qui se considéraient comme proches du régime, cette cellule interne prit l'appellation d'*Unione nazionale fascista del Senato* en 1929. Elle passa ensuite sous le contrôle direct du secrétaire du PNF, A. Starace, en 1932, lorsque la détention de la carte du Parti devint obliga-

---

1. Sur les motivations du NSDAP sur le plan du contrôle des associations, H.H. Thamer, *Verführung und Gewalt. Deutschland 1933-1945*, Berlin, Siedler, 1986, p. 361. L'auteur évoque un processus de désagrégation touchant l'organisation de l'État au moyen de ce contrôle (*die schrittweise Zersetzung geregelter Staatsorganisationen durch den Kontroll*).

toire pour chaque membre. En 1930, 53,9 % des sénateurs étaient membres de l'Union nationale. En 1943, la quasi-totalité des sénateurs était sous contrôle (93 %). Parallèlement au renforcement de cette structure, Mussolini procéda à la nomination massive de sénateurs sous la forme de « fournées » comme en 1939 (219 sénateurs).

Le régime put ainsi obtenir le contrôle de la classe politique qui était une question de survie dès lors que toute loi devait être votée par le parlement. L'expression du vote joua en fait un rôle essentiel dans la consolidation de l'État fasciste qui fonctionna selon les principes d'un État de droit dénaturé.

Le passage progressif à l'État totalitaire revêtit ainsi en Italie l'aspect d'une cancérisation des institutions. Comme en Allemagne, les élites, dans un premier temps, éprouvèrent un certain soulagement à la suite du maintien d'un « État de droit national » (M. Stolleis) dans le cadre des institutions traditionnelles. Mais contrairement au modèle nazi où le *Reichsrat* fut aboli et le *Reichstag* émasculé dès 1933, le système fasciste conserva le « système parlementaire » pour en faire un instrument en vue de subvertir l'ancien ordre légal. Sans la sanction des assemblées ou des commissions, le processus législatif s'interrompait, ouvrant ainsi une crise au sein des institutions. Cette originalité contribua à assurer la survivance d'un État de droit dénaturé qui contraignit Mussolini à une intervention permanente dans le système politique. Le pays perdit en effet progressivement une partie des éléments constitutifs de l'État de droit libéral (séparation entre espace public et privé, libertés fondamentales) au profit de nouvelles normes « fascistes » dont l'objectif était la création d'une communauté nationale dotée d'un nouvel idéal. La rupture du principe d'égalité, la persécution des minorités politiques ou « raciales » furent établies selon des dispositifs juridiques qui furent approuvés par la classe politique. Pour ce faire le *Duce* dut pactiser avec les experts et d'une façon générale avec les élites qui avaient pour charge de mettre en œuvre la décision au sein des institutions[1]. Le système fasciste italien resta à cet

---

1. Sur les résistances rencontrées par Mussolini au sein du Conseil d'État, cf. l'étude inédite de G. Melis, « Le Conseil d'État », in *Les élites du régime de Vichy et de l'Italie fasciste*, Université Paris-X Nanterre, École française de Rome, Université de Rome, 2000.

égard davantage régi par un recours à la loi « normale » plus que par les mesures arbitraires à caractère terroriste. Le « double État » ne prit pas la forme extrême qu'il revêtit en Allemagne avec la création d'un État SS même si la « légalité nationale-socialiste » définie par le programme du parti nazi et les « ordres du *Führer* » ne firent pas pour autant disparaître l'ancien espace juridique[1].

C'est seulement à partir de cette refonte des appareils sous l'emprise du PNF que le régime put s'atteler à de nouvelles structures politiques propres à générer l'homme nouveau en ayant recours à l'innovation constitutionnelle.

INNOVATION INSTITUTIONNELLE ET HOMME NOUVEAU

Instaurée le 19 janvier 1939, la Chambre des faisceaux et des corporations est une institution fort mal connue. L'ouverture des Archives de la *Camera dei deputati* et la publication des actes de la commission préparatoire de la nouvelle Assemblée permettent d'aborder la question sous un jour nouveau[2]. Selon la formule du *Duce*, la fondation de *la Camera dei fasci e delle corporazioni* apportait enfin « une solution logique et moderne, et par conséquent fasciste, au problème de la représentation et à la collaboration sur le plan législatif entre le gouvernement et les exposants directs des forces politiques et économiques de la nation[3] ». Elle était, en conséquence, la pièce maîtresse de l'État totalitaire.

---

1. M. Stolleis, *The Law under The Swastika. The Study of National Socialist Legal History*, introduction générale, Chicago, University of Chicago Press, 1998, p. 13.

2. ASCD, Consiglieri nazionali fascisti, 1-47, 940 pièces. L'étude très fouillée de F. Perfetti, *La Camera dei Fasci e delle Corporazioni*, Rome, Bonacci Editore, 1991, permet de restituer le rôle des principaux protagonistes sur le plan de la fondation de l'institution au moyen des procès verbaux et documents de la commission Solmi qui ont été conservés par la famille Rossi Merighi. Les textes sont publiés en annexe, p. 239 et s. A. Acquarone n'avait pas pu disposer de cette source dans sa grande étude, *L'organizzazione dello stato Totalitario*, Turin, Einaudi, 1965, p. 274, note 2.

3. *La legislazione fascista nella XXIX legislatura*, 1934-1939, Vol I, A cura del Senato del Regno e della Camera dei Fasci e delle Corporazioni *Roma*, Tipografia della Camera dei Fasci e delle Corporazioni, 1939, p. 50 s.

La nouvelle Assemblée fut perçue à l'époque comme le symbole même du régime. Dans ses deux interventions devant les chambres (29 novembre 1938, Chambre des députés, 14 décembre 1938, Sénat), Mussolini présenta la réforme comme le prolongement des réformes constitutionnelles engagées depuis la Marche sur Rome. Dans le même temps, il y percevait la mise à mort du mandat législatif au profit d'un processus permanent de rénovation de l'organe législatif à partir du principe de la rotation des individus appelés à exercer les charges du Parti et des corporations. Cette nouvelle Chambre reposait sur le Conseil national du PNF et sur le Conseil national des corporations[1]. En faisaient partie de droit le *Duce* du fascisme, les membres du Grand Conseil. La Chambre était ainsi l'incarnation même des forces du fascisme. Outre cette fonction de représentation, le nouveau dispositif offrait un immense avantage, celui de disposer d'un cadre juridique suffisamment malléable pour supporter et imprimer des déformations. Le changement le plus important tenait à la position du *Duce* dans l'édifice[2]. Lui seul était habilité à reconnaître la qualité de conseiller national par décret. La dernière nouveauté, la plus spectaculaire, résidait dans le fait que les conseillers nationaux étaient contraints d'abandonner leur siège dès l'instant où ils quittaient la fonction exercée dans les Conseils qui concouraient à former la Chambre des faisceaux et des corporations[3]. Le Parti national fasciste et le ministère des Corporations étaient appelés, après la première constitution de la Chambre à faire part des changements intervenus dans leur personnel afin que d'un côté on puisse procéder à la déclaration de *decadenza* de la charge de conseiller national et de l'autre procéder à de nouvelles nominations[4]. C'était en conséquence le principe même d'une Chambre

---

1. La constitution du Conseil national du Parti national fasciste fut réglée par la réforme du statut du Parti approuvée le 28 avril 1938 et modifiée par décret le 21 novembre 1938.
2. Sur cette question centrale, R. De Felice, Mussolini *Il Duce*, 2, *Lo Stato Totalitario*, *op. cit.*, p. 36-38 ; P. Pombeni, *Demagogia e Tirannide, uno studio sulla forma-partito del Fascismo*, Bologne, Il Mulino, 1984, p. 308-309 ; E. Gentile, *La via italiana al Totalitarismo*, Rome, NIS, 1995, p. 211-215.
3. *Legge istitutiva della Camera dei Fasci e delle Corporazioni*, 15 février 1939.
4. *Ibid.*, circulaire du 15 février 1939, *op. cit.*

perpétuelle dont les éléments pouvaient être modifiés de façon permanente selon le bon vouloir du *Duce*. L'inauguration de la nouvelle Chambre était prévue pour le 23 mars 1939, qui correspondait au 20ᵉ anniversaire de la fondation des Faisceaux italiens de combat. Le 11 mars 1939, fut rendu public le premier décret du *Duce* reconnaissant la qualité de conseiller national aux membres du Grand Conseil du fascisme, du Conseil national du PNF et du Conseil national des corporations[1]. La liste comprenait 681 conseillers nationaux auxquels il faut ajouter le *Duce del fascismo, capo del governo* qui en faisait partie de droit. La Chambre des faisceaux et des corporations se voulait une institution révolutionnaire. Il convient précisément de prendre la mesure de la novation apportée par sa création au moyen de l'étude de sa structure. Le principe de la nomination par fonction avait pour ambition de briser les anciens vestiges de la représentation parlementaire et de lutter contre la bureaucratisation des institutions fascistes. Dans l'esprit de Mussolini, ce système souple et malléable offrait la possibilité de transformer insensiblement le personnel en y plaçant des membres de plus en plus sûrs. À terme, dans sa logique finale, le système créé aurait dû permettre de faire tomber la monarchie. Le décret du *Duce* du 11 mars 1939 donne une image très précise de la nouvelle Assemblée au moment de la cérémonie de l'inauguration à partir de l'étude des 681 premiers conseillers nationaux nommés. La nouvelle Chambre est loin de présenter un ensemble équilibré entre les forces issues des faisceaux de combat et celles provenant des corporations. Ce sont en fait les représentants des corporations qui en forment la base. Par rapport au Conseil national des corporations, le Conseil national du PNF formé des membres du secrétariat général, du directoire, des secrétaires fédéraux et des inspecteurs du Parti apparaît incontestablement sous-représenté. Il ne comprend que 20,6 % des effectifs, soit 141 membres, contre 500 pour les corporations qui totalisent 73,4 % de l'ensemble des conseillers nationaux. Les secrétaires fédéraux avec 103 membres ne représentent que 15 % des effectifs du groupe, les inspecteurs du PNF dont le nombre n'est pas défini par les réformes du statut du PNF n'apportent qu'un assez

---

1. *La Gazzetta ufficiale*, Edizione Straordinaria, 11 mars 1939.

faible contingent (4 %). Certes l'étude du cursus « parlementaire » des 681 conseillers nationaux permet d'affirmer que le Régime est en fait parvenu à renouveler le personnel dans une proportion importante. Ce sont en fait 359 conseillers nationaux qui font, pour la première fois, leur entrée à Montecitorio, soit 52,7 % de l'ensemble du groupe, 359 sur 681 membres. Avec le principe de la Chambre perpétuelle comme le rouage essentiel de la révolution fasciste. La mobilité pouvait devenir un instrument politique de première importance pour accentuer la révolution. Pour certains conseillers nationaux, il est possible de dénombrer jusqu'à six, voire sept changements de fonction entraînant un processus de confirmation du titre de conseiller national. Dans le groupe des 681 premiers conseillers nationaux, la mobilité a affecté en premier lieu les membres du Parti, en particulier la catégorie la plus exposée à une mutation, celle des secrétaires fédéraux. Avec 103 représentants au sein de la Chambre soit 15 % du groupe au 11 mars 1939, les secrétaires fédéraux étaient considérés comme l'élément le plus sûr de la Révolution *delle Camicie Nere*. Dès 1939, environ 16,5 % des secrétaires fédéraux connurent une mutation. Le mouvement s'accéléra très nettement en 1940. Cette année constitue incontestablement la période la plus intense dans cette politique de relève des équipes. En effet 60,2 % des fédérations changèrent de mains. La plus forte poussée se produisit le 28 mars 1940 avec le changement de titulaires de 29 fédérations. En 1942, en terme de mobilité cumulée le renouvellement avait atteint 87,6 % des postes des secrétaires fédéraux. À l'inverse, peu de membres du Conseil national des corporations furent exposés à cette mobilité. L'écrasante majorité (308 sur 500) put, par conséquent, conserver son affectation d'origine.

Parallèlement à cette politique de mutation concernant les 681 premiers conseillers nationaux, le régime était confronté, dans le même temps, à la nécessité d'ouvrir ses rangs à de nouveaux talents s'il souhaitait modifier l'assise de la nouvelle Assemblée. Progressivement, en fonction des départs, le *Duce* a intensifié sa politique en ce domaine pour renouveler les cadres. Il s'agit d'un effort continu. Dès le 2 mai 1939, le *Duce* procède à la nomination d'un nouveau conseiller national. Entre le 2 mai 1939 et le

24 juin 1943, Mussolini, en tant que *Duce, capo del governo*, a ainsi investi 252 conseillers supplémentaires. Le nouvel apport était donc de l'ordre de 27 % pour un nombre total de 933 conseillers nationaux. Sur un plan global, cette politique de redéploiement des cadres dirigeants était liée au durcissement interne qui intervint au sein du régime dès le début de 1940. Ce sursaut totalitaire est étroitement associé au contexte de l'entrée en guerre de l'Italie et à son impréparation non seulement militaire mais aussi politique et morale. C'est en fonction de ce constat de crise du régime qu'il faut comprendre le processus de radicalisation des années 1940-1941. L'éventualité d'une guerre contre la France rendit en premier lieu nécessaire une reprise en main de l'appareil d'État qui était dominé par des oligarchies. Puis, la guerre elle-même, et surtout les échecs en Grèce en novembre 1940, ne firent en fait que confirmer l'ampleur de la crise qui entra alors dans une phase aiguë, en particulier dans le Parti dont on dénonçait les excès et la corruption, les dérives clientélaires, l'inadaptation à forger une nouvelle classe dirigeante.

La création de la nouvelle institution favorisa-t-elle l'éclosion d'une nouvelle avant-garde composée d'hommes nouveaux ?

L'étude des rotations des charges tend en fait à montrer que les purges se sont bel et bien intensifiées à l'encontre des membres du Parti, en particulier durant la gestion d'E. Muti. Le groupe formé des 103 secrétaires fédéraux nommés conseillers nationaux en mars 1939 est purgé à 61,2 %. Le second groupe nommé entre mars 1939 jusqu'à la fin du régime (156 secrétaires fédéraux) n'est guère épargné par la direction du parti. Au total, E. Muti procéda ainsi à l'épuration de 49,2 % des cadres du PNF. C'est en fait l'équipe nommée de 1933 à 1938 par A. Starace qui paya le plus lourd tribut. Cette politique anti-staracienne constitue la caractéristique dominante de la ligne politique suivie par Muti. La venue aux affaires d'Adelchi Serena ne mit pas un terme à ce changement de garde. La purge devint cette fois un instrument de revanche des Staraciens à l'encontre des secrétaires fédéraux nommés par Muti. Cette politique marque un tournant dans l'épuration. La révocation affecta en fait, dans une proportion constante et régulière, les nouveaux secrétaires fédéraux (sous l'action conjointe d'A. Serena, A. Vidussoni et de C. Scorza). Cette politique n'eut cependant pas pour effet de renouveler le sommet de l'appareil du parti en apportant un peu de sang neuf.

La méfiance de Mussolini contribua à cet échec en affaiblissant délibérément le Parti. Son esprit resta hanté par la crainte d'un débordement qui représenta jusqu'au 25 juillet un véritable cauchemar. Mussolini tenta ainsi jusqu'au bout ce difficile jeu d'équilibriste qui consistait à vouloir renforcer le Parti pour assurer le succès du front interne tout en cherchant dans le même temps à le canaliser. Cette contradiction majeure rend compte des multiples changements de secrétaires généraux. Mussolini exigea le départ d'A. Serena en décembre 1941 pour confier le PNF au jeune et inexpérimenté A. Vidussoni. Le 19 avril 1943, au terme d'un ultime changement de cap, le *Duce* optait de nouveau pour la vieille garde en désignant C. Scorza à la tête de l'organisation.

La politique de la révolution permanente fit en outre apparaître au grand jour l'appauvrissement des ressources partisanes. L'étude des mouvements relatifs à la gestion des différents secrétaires fédéraux sur le plan de l'appareil central montre que les efforts des successeurs d'E. Muti n'ont pas permis d'enrayer la crise du Parti. Une paralysie progressive semble avoir engourdi l'organisme à un moment où précisément la survie même du régime était en jeu. Les différents secrétaires semblent avoir éprouvé des difficultés grandissantes à faire mouvoir la machine partisane comme l'atteste la diminution croissante des mouvements de personnels. Si E. Muti arrive à procéder à 91 mouvements et reclassements, Serena à 92, leur nombre se réduit sensiblement durant la gestion d'A. Vidussoni (74) et surtout durant celle de Scorza (56).

La faible initiative témoignée en matière de nominations, l'incapacité de l'appareil à se régénérer au moyen des purges, démontraient que le système n'était plus à même de se reproduire. Le Parti n'est pas parvenu à favoriser le passage à la seconde génération. La montée des jeunes ne s'est pas réalisée. Le 18 mai 1942, à son retour de Cagliari, le *Duce* en avait fait l'amer constat devant les membres du directoire du PNF. Le groupe des anciens secrétaires fédéraux nommés par A. Starace (mars 1939) comprenait seulement trois membres sur 103 dont l'âge était compris entre 20 et 30 ans. L'ossature était formée des 30-40 ans (64,1 % de l'ensemble) avec un âge moyen de

38 ans. L'arrivée des 156 nouveaux secrétaires nommés après le 11 mars jusqu'à la fin du régime n'a pas infirmé cette tendance. Certes, il est vrai que le groupe comprenait un peu plus de jeunes (14 sur les 150 identifiés pour la tranche d'âge comprise entre 20 et 30 ans). Mais le phénomène nouveau concernait la poussée des plus de 40 ans (de 29,1 % à 41,8 %) aux dépens du groupe des trentenaires (moins 22,4 %) avec en corollaire un vieillissement du groupe (39 ans).

La mobilité a surtout fonctionné pour les secrétaires fédéraux mais elle a essentiellement favorisé l'érosion graduelle du groupe et sa fragilité. Le principe de la rotation des cadres, conçu comme un instrument de lutte contre les oligarchies et la bureaucratie, a peu touché les corporations. En outre, la responsabilité de Mussolini dans la crise ne peut être éludée puisqu'il a délibérément entretenu les conflits entre le Parti et les corporations afin de mener à bien sa politique de *containment* du PNF dans les institutions.

L'évolution de la composition globale de la Chambre des faisceaux et des corporations est à ce titre éloquente. Les trois états conservés mettent en évidence une oscillation en matière d'effectifs. Dans son rapport du 10 mai 1941, D. Grandi insistait surtout sur le caractère limité des variations. Selon l'estimation produite, le nombre des conseillers nationaux serait passé de 682 (Mussolini compris) à 691 le 23 mars 1941. Les pointes maximales auraient été enregistrées à la hausse le 27 mai 1939 (684 conseillers) et à la baisse le 27 février 1940 (655 conseillers). Le second état repousse la limite supérieure au 23 mars 1942 avec un total de 702 conseillers. La dernière source indique qu'en 1943 au moment de la clôture, la Chambre comprenait 641 conseillers (2 août 1943). La reconstruction proposée par nos soins permet de corroborer un certain nombre d'hypothèses précédemment formulées, relatives à l'équilibre des forces et à la poussée du PNF. Plusieurs moments ont été privilégiés. Deux états de la Chambre ont été établis respectivement au 31 mars 1940 et 1941. Le troisième porte sur avril 1942, le quatrième à la fin du régime, le 25 juillet 1943. La recomposition proposée montre que les effectifs sont passés de 681 en mars 1939, à 655 le 31 mars 1940, pour s'élever ensuite progressivement en 1941-1942 avec respectivement 687 et 700 conseillers, avant de connaître une chute sensible au 25 juillet 1943, avec 622 conseillers (Mussolini non compris).

ÉVOLUTION DE LA CHAMBRE DES FAISCEAUX ET DES CORPORATIONS										
PÉRIODES	1939		1940		1941		1942		1943	
Corporations	500	73,4 %	495	75,6 %	495	72,1 %	498	71,1 %	456	73,3 %
Direct. PNF	6	0,9 %	6	0,9 %	4	0,6 %	8	1,1 %	5	0,8 %
Sec. Féd.	103	15,1 %	103	15,7 %	119	17,3 %	123	17,6 %	95	15,3 %
SG. PNF	7	1 %	6	0,9 %	6	0,9 %	5	0,7 %	5	0,8 %
INSP. PNF	25	3,7 %	4	0,6 %	18	2,6 %	18	2,6 %	12	1,9 %
Ass. Fasc.	8	1,2 %	13	2 %	17	2,5 %	15	2,1 %	26	4,2 %
GD. Conseil	17	2,5 %	28	4,3 %	28	4,1 %	13	1,9 %	7	1,1 %
Ministr. Secrét.	15	2,2 %					20	2,9 %	16	2,6 %
TOTAL	681	100 %	655	100 %	687	100 %	700	100 %	622	100 %

Cette élaboration diffère très peu des fragments statistiques fournis à l'époque. Tout concourt à indiquer que 1942 marque le sommet sur le plan du nombre de conseillers. Dans l'état présenté au Roi en juillet 1942, D. Grandi situe ce point le 26 février 1942 avec la présence de 704 conseillers nationaux. Le 23 mars 1942, les effectifs portent sur 702 conseillers. On note en revanche une différence entre l'estimation faite par les services de la Chambre et l'élaboration proposée. Le 2 août 1943, le nombre des conseillers recensés était de 641 pour 622 le jour du 25 juillet 1943. Ainsi composée, la Chambre des faisceaux et des corporations conçue comme l'incarnation des forces vives du Fascisme était aussi l'institution la plus adéquate pour saisir l'état de crise du régime. La conjoncture est à ce titre tout à fait révélatrice. Elle apparaît surtout comme la résultante des efforts déployés par le PNF pour asseoir son hégémonie au sein de l'institution. C'est effectivement en 1941 et au printemps 1942, que le PNF est le mieux représenté au sein de la Chambre sans que pour autant il parvienne à inverser la hiérarchie des forces. La position des secrétaires fédéraux avec 119 conseillers le 31 mars 1941, puis 123 en avril 1942 n'a jamais été aussi forte. C'est en fait la concrétisation des efforts déployés par Adelchi Serena pour faire du Parti la pièce maîtresse du régime. Mais cette poussée est restée relative. Avec 23 à 24 % de la représentation, le PNF n'est pas parvenu à réduire la position de force occupée par les corporations qui ne descendent à aucun moment en dessous des 70 %. La composition de la Chambre, le 25 juillet 1943, apparaît bien comme l'expression de la crise du régime et de son épuisement. À cette date, l'ensemble des forces représentées à la Chambre est touché. Le nombre des secrétaires fédéraux est à son niveau le plus bas (95). Le Mouvement est à la recherche d'un second souffle qu'aucune force nouvelle n'est en mesure d'impulser.

En conséquence, le long effort entrepris par le régime en vue de promouvoir un cadre politique propice à la création de l'homme nouveau s'est concrétisé dans les institutions. Mais les résultats n'ont pas été à la mesure des attentes en raison de l'absence de relève de génération et des conflits répétés qui agitaient le sommet de l'État opposant, en particulier, Mussolini au Parti.

Le colon : figure de l'homme nouveau dans le Portugal de Salazar?

Yves Léonard
(IEP Paris, CHEVS-FNSP)

La question de la nature du régime salazariste, la plus longue des dictatures de droite du xxᵉ siècle européen, a suscité bien des polémiques et une demande sociale à laquelle historiens et politologues ont tenté de répondre, le salazarisme, trop souvent négligé dans l'étude comparative des régimes non démocratiques, offrant d'intéressantes pistes de réflexion. Que le salazarisme n'entre pas dans la catégorie des fascismes est un constat sur lequel s'accordent aujourd'hui la plupart des historiens qui préfèrent considérer comme l'archétype de l'autoritarisme réactionnaire un régime dont le mot d'ordre ambigu était de « faire vivre le Portugal habituellement », ainsi que Salazar l'avait lui-même déclaré à Henri Massis. Que le salazarisme ait par contre tenté, à « l'époque du fascisme », de recouvrir d'un « badigeon à la romaine », selon la célèbre formule de René Rémond, les manifestations classiques d'un conservatisme musclé, plusieurs exemples le montrent[1].

L'intensité de ce coup de « badigeon à la romaine » pose la question de l'existence et de la nature d'une composante totalitaire à la fin des années trente. La réponse à cette question divise encore la communauté des historiens autour de deux lectures

---

1. Cf. notamment António Costa Pinto, « Le salazarisme et le fascisme européen », *Vingtième Siècle. Revue d'histoire*, n° 62, avril-juin 1999, p. 15-25 et *Salazar's Dictatorship and European Fascism. Problems of Interpretation*, New York, Social Science Monography – Columbia University Press, 1995; Yves Léonard, *Salazarisme et fascisme*, Éditions Chandeigne, 2ᵉ édition 2003.

proposées par Fernando Rosas et António Costa Pinto. De son côté, Fernando Rosas souligne avant tout le rôle clé d'un « nouvel homme ancien » modelé non seulement par le Secrétariat à la propagande nationale (SPN), mais aussi par le ministère de l'Éducation nationale de Carneiro Pacheco et par les institutions de mobilisation des masses (Fédération nationale pour la joie au travail – FNAT –, Jeunesse portugaise – *Mocidade portuguesa*) créées en 1935-1936. Autour de ce « nouvel homme ancien » se serait ainsi édifié un *Estado Novo* « tendantiellement totalitaire », du moins durant la phase 1936-1939. António Costa Pinto relève quant à lui la faiblesse de ces différents instruments de socialisation et met l'accent sur la volonté manifestée en toutes circonstances par le régime salazariste de construire une société sans conflit. Société sans conflit qui consacrerait la figure d'un « homme habituel », celui de la « leçon de Salazar » des manuels scolaires, un homme vivant essentiellement à la campagne, respectueux, obéissant et croyant en Dieu, travailleur et heureux de son rôle social dans la « production nationale », fier de sa patrie incarnée dans un château médiéval, un homme attentionné à l'égard de sa femme et de ses enfants.

Fernando Rosas et António Costa Pinto ont volontairement laissé dans l'ombre la question de l'homme colonial dans leurs réflexions, tout en ayant justement relevé l'importance de cette question, non seulement au regard du nationalisme salazariste, mais aussi des principaux mythes instrumentalisés par le régime. D'aucuns ont déjà souligné le rôle et la force de cette « mystique impériale », forgée dans les années trente, qui culmine lors des commémorations de 1940 et de l'Exposition du monde portugais. Mais la figure de « l'homme colonial » a été peu étudiée, du moins durant cette période, et la question de sa place dans le régime rarement prise en compte. Il ne s'agit pas ici de tenter de concilier les deux approches proposées par Fernando Rosas et António Costa Pinto, mais bien de procéder à une étude de cas pour tenter de répondre à la question suivante : le colon, ou plutôt « l'homme colonial », n'aurait-il été pas une – sinon la – figure de l'homme nouveau dans le Portugal de Salazar ?

Après avoir rappelé à quel point l'homme colonial émerge progressivement comme la figure emblématique d'un système de représentations et d'un imaginaire forgés dans le cadre de la

« mystique impériale » des années trente, sera soulignée l'ambivalence de ces représentations qui ne réduisent pas, tout en lui empruntant bien des traits, l'homme colonial à l'homme habituel de la « leçon de Salazar ». Passant de l'analyse des représentations à celle des pratiques, l'accent sera alors mis sur le caractère faiblement mobilisateur de ce modèle « d'homme colonial » élaboré dans les années trente.

La « mystique impériale » des années trente

Dans les années trente, le Portugal de Salazar ne peut se penser « petit » : héritage diffus d'une mémoire collective imprégnée à la fois du souvenir idéalisé de la geste protéiforme des Découvertes, abondamment commémorée depuis les années 1880, et du souvenir traumatique de l'Ultimatum britannique de 1890 symbolisant l'étroite subordination du pays sur la scène internationale, rappelée cruellement lors de la Grande Guerre. Le nationalisme d'empire instillé depuis la crise de l'Ultimatum est syncrétique, plongeant ses racines dans l'idée, largement consensuelle au sein des élites portugaises, que le Portugal ne peut rayonner sur la scène internationale que grâce à sa présence outre-mer, idée selon laquelle le Portugal ne saurait être grand sans ses colonies.

À la fin des années trente, la propagande salazariste diffuse la fameuse carte de l'Europe qui fait apparaître en rouge, superposés au Reich allemand, à la France, à l'Espagne et à l'Europe centrale, les territoires du vaste empire colonial portugais (Angola, Mozambique notamment), avec pour légende, en majuscules et caractères gras : « *Portugal não é um país pequeno* » (« Le Portugal n'est pas un petit pays »). De la symbolique « carte rose » (*mapa cor-de-rosa*) des années 1880, représentant la liaison Est-Ouest en Afrique australe entre l'Angola et le Mozambique, liaison à laquelle la monarchie portugaise doit renoncer après la crise de l'Ultimatum, de cette carte et des commémorations de la fin du XIXe siècle autour des grands héros nationaux de l'expansion maritime, aux mises en scène orchestrées par l'*Estado Novo* pour développer une « mystique impériale » dans les années trente, il y a plus continuité que rupture véritable. Certes, les moyens, le contexte, l'impact et même les objectifs de ces manifestations diffèrent, mais il s'agit plus d'une différence de degré que de nature. Un même sentiment de grandeur habite les élites portugaises et s'exprime dans ces commémorations sous la forme plus ou moins nostalgique de l'évocation du passé glorieux, d'un âge d'or mythifié, celui des Découvertes. Depuis la promulgation de l'Acte colonial, le 8 juillet 1930, les colonies font l'objet d'une intense propagande. Salazar, qui ne se rendra jamais outre-mer, les considère comme les « grandes écoles du nationalisme portugais », lorsqu'il répond à une question d'António Ferro, directeur du Secrétariat à la propagande nationale (SPN) :

– A. Ferro : « Croyez-vous en l'avenir de nos colonies ? Croyez-vous à leur résurrection ? »

– Salazar : « J'y crois et c'est seulement par la foi que nous pouvons conquérir cet avenir. Nos colonies devraient être les grandes écoles du nationalisme portugais (...). Pour les gouverner, pour les administrer, il faudrait choisir le personnel parmi les meilleurs, les plus dignes, les plus capables et jamais dans le rebut de la métropole. Si nous voulons être un grand pays colonial, si nous voulons regarder l'Angola comme un Portugal plus grand, nous devons aller à nos colonies comme si nous ne sortions pas de chez nous, comme si nous n'allions pas à l'étranger[1]. »

Inspirateur de l'Acte colonial et ministre des Colonies jusqu'en mai 1935, Armindo Monteiro insiste sur la nécessité de « rappeler en permanence au pays que toute sa grandeur et ses plus riches sources de prospérité se trouvent outre-mer. Là est l'avenir, comme là était le passé (...). C'est outre-mer que réside le véritable idéal portugais[2] ». Avec la collaboration du SPN et de l'Agence générale des colonies, il crée une nouvelle revue de

---

1. António Ferro, *Salazar, le Portugal et son chef*, Grasset, 1934, p. 217.
2. Armindo Monteiro, discours prononcé à Lisbonne, le 1er juin 1933, lors de la session d'ouverture de la Ire Conférence des Gouverneurs coloniaux, *I Conferência dos Governadores Coloniais – Discursos e Entrevistas*. Lisbonne, Biblioteca colonial portuguesa, Agência geral das colónias, 1934, p. 28. Sur Armindo Monteiro (1896-1955), l'une des figures de proue de l'État nouveau salazariste, cf. Pedro Aires Oliveira, *Armindo Monteiro, uma biografia política*, Lisbonne, Bertrand Editora, 2000.

propagande coloniale *O Mundo português* (« Le monde portugais »), sinon grand public mais qui vise un lectorat assez large,
incluant notamment lycéens et étudiants : « Cette revue est destinée à des gens neufs et porte en elle de grands espoirs. Elle vient
pour animer une foi, un idéal patriotique, un espoir dans l'avenir
radieux du Portugal qu'autour de nous des générations de scep-
tiques, d'hommes découragés, d'incrédules avaient tenté
d'éteindre, parfois avec pertinence et intelligence. Elle prétend
apporter aux jeunes de nos écoles d'ici et d'outre-mer la certitude que, forts d'un passé glorieux, nous disposons de tous les
éléments pour construire une destinée prospère et prestigieuse.
Qu'elle donne la vision, l'amour et l'orgueil du véritable Por-
tual, celui qui s'étend sur plus de deux millions de km^2 aux
quatre coins du monde et qui rassemble plus de quinze millions
d'habitants [1]. »

Outre *O Mundo português*, plusieurs revues diffusent la propagande coloniale, notamment celles de l'Agence générale des
colonies ou de la Société de géographie de Lisbonne. Quant à la
presse, soumise à la censure préalable, elle consacre régulièrement articles et dossiers à l'empire colonial. L'édition est également mise à contribution. Ainsi, en 1935, paraissent les premiers
volumes de la collection « *Pelo Império* », éditée par l'Agence
générale des colonies, d'un format réduit, destinée en priorité à
un lectorat jeune, peu familier des travaux d'érudition. Cette collection rencontre un large succès, bénéficiant notamment d'une
diffusion gratuite auprès des étudiants et des lycéens. En 1940,
70 titres ont déjà été publiés, le plus souvent consacrés aux héros
et aux grandes figures militaires de la colonisation portugaise.
Au-delà de la presse et de l'édition, c'est l'ensemble de la « politique de l'esprit » coordonnée par António Ferro et le SPN qui
se mobilise autour de la propagande coloniale, enrôlant écrivains, cinéastes, peintres, sculpteurs, architectes, dont beaucoup
bénéficient de commandes publiques ou de prix, notamment littéraires, décernés par le SPN.

La « mystique impériale » est rodée tout au long des années
trente dans diverses manifestations. De l'Exposition coloniale
d'Anvers (1930) et celle du Bois de Vincennes (1931) aux expo-

---

1. Armindo Monteiro, éditorial du n° 1 de la revue *O Mundo português*,
janvier 1934, vol. I, p. 1.

sitions universelles de Paris (1937) et de New York (1939), le régime salazariste teste progressivement l'image qu'il souhaite donner de lui-même et du Portugal à travers son empire colonial. En métropole, colloques et conférences qui lui sont consacrés se succèdent à un rythme soutenu. Une première exposition coloniale est organisée à Porto à l'été 1934, présentée par le ministre des Colonies Armindo Monteiro comme « la première leçon de colonisation donnée au peuple portugais ». Cette mystique impériale atteint son paroxysme lors de « l'Exposition du monde portugais », organisée à Lisbonne du 23 juin au 2 décembre 1940 avec une débauche de moyens et un luxe ostentatoire inhabituels dans le paysage salazariste [1].

Une intense « pédagogie coloniale » se développe également dans l'enseignement primaire et secondaire afin de sensibiliser la jeunesse portugaise à l'idée d'une corrélation étroite entre grandeur nationale et idéal colonial. L'éducation morale et civique ainsi qu'une nouvelle discipline instaurée en 1936, « l'organisation politique et administrative de la nation » ont pour but de « stimuler l'ardeur civique, le patriotisme et le respect des traditions », toutes deux consacrant de larges développements à la connaissance de l'empire colonial. Au cours de l'été 1935, à l'initiative de Marcelo Caetano, futur ministre des Colonies (1944-47) et « successeur » de Salazar en 1968, est mis en place un programme « de croisières de vacances aux colonies » qui récompense quelques élèves âgés de 15-16 ans par des voyages « pédagogiques » de deux mois dans les colonies. Enfin, dès sa création en 1936, la *Mocidade portuguesa* (« Jeunesse portugaise ») apporte son concours à la diffusion de cette mystique impériale que l'Église catholique encourage également en lui conférant une dimension à la fois religieuse et nationaliste.

L'HOMME COLONIAL ET « LA MAGIE DE L'EMPIRE »

Au centre de cette mystique impériale se trouve la figure idéalisée du colon. Les responsables de la politique et de la propa-

---

1. Sur cette exposition de Lisbonne, cf. Yves Léonard, « Le Portugal et ses sentinelles de pierre », *Vingtième siècle. Revue d'histoire*, n° 62, avril-juin 1999, p. 27-37.

gande coloniales n'ont de cesse de lui rendre hommage, ainsi le ministre des Colonies Armindo Monteiro : « On n'a pas encore rendu justice aux vertus du colon portugais et, cependant, elles pourraient être montrées au monde entier comme un exemple d'audace, de mépris du danger, d'indifférence à la douleur, de sobriété, de persistance dans le travail et d'amour de la terre[1]. » À défaut d'aller leur rendre hommage sur place, dans les colonies, Salazar salue leur opiniâtreté et leurs hautes vertus morales : « Je tiens tout d'abord à rendre hommage à l'effort des Portugais que nous avons vus découvrir, évangéliser et coloniser les régions les plus lointaines et inhospitalières, laissant les traces de leur langue, de leur art, de leur religion, de leur mentalité en Afrique, en Orient, au Brésil. Aujourd'hui encore, regardons-les, quand tant d'autres, égarés par leur spéculation boursière ou leur commerce, abandonnent en masse les terres de colonisation, à la recherche d'autres terres ou bien d'aucunes, regardons-les s'accrocher avec opiniâtreté à chaque motte de terre, n'hésitant pas à réduire leur niveau de vie, s'adaptant aux difficultés et privations qui les réduisent parfois à une quasi-misère, luttant contre le climat et les maladies, les pluies et les sécheresses, les fléaux et les prix bas, mais préservant l'occupation et la possession du sol, avec un héroïsme qui force l'admiration. Car, par-dessus tout et au détriment souvent d'ambitions légitimes, le Portugal est là[2]. »

Ne rechignant pas, à la différence de Salazar, à visiter les colonies, le chef de l'État, le général Carmona ne tarit pas d'éloges : « Les colons ont démontré, de façon particulièrement impressionnante, des qualités de courage, de ténacité, d'esprit de sacrifice et d'espérance virile en des jours meilleurs, qualités qui sont leur apanage et leur légitime motif d'orgueil[3]. » À travers

---

1. Armindo Monteiro, ministre des Colonies, discours prononcé le 18 avril 1933 à Lisbonne, lors de la xxiie session de l'Institut colonial international, sous le titre général « Os Portugueses na Colonização contemporânea – Nobreza colonial », Agência geral das colónias, 1933.

2. António de Oliveira Salazar, discours du 8 juin 1936 prononcé à Lisbonne en ouverture de la 1re Conférence économique de l'empire colonial portugais, *Discursos e notas políticas*, vol. 2, Coimbra Editora, p. 158.

3. Général O. Carmona, discours prononcé à la mairie de Luanda, 1938, *O Mundo português*, no 58, octobre 1938, vol. V, p. 414.

ces éloges décernés au colon, c'est l'exemplarité de la colonisation portugaise et, au-delà, le « génie portugais » qui sont honorés : « La colonisation exige un génie spécifique, une vocation
caractéristique, une tendance intime qui tiennent du goût de
l'aventure et de l'inconnu, du mépris du bien-être immédiat et
aussi du désir de conquérir la richesse à travers mille souffrances
et mille dangers ; elle réclame une manière d'être spéciale qui,
avec une tolérance et une pitié infinies envers tout ce qui est
inférieur chez les habitants de la brousse, présente un désir
intransigeant d'élever ces hommes, de mettre à profit leurs aptitudes et leur activité, d'ouvrir leur intelligence et leurs sentiments à la lumière d'une vie plus noble. Le succès d'une colonisation n'est pas la résultante de facteurs quantitatifs en hommes
ou en capitaux ; il dépend essentiellement de la qualité des éléments qui s'y engagent, de leurs vertus en premier lieu, de leur
organisation ensuite, et aussi de leur préparation[1]. »

Servir l'empire – comme colon ou comme administrateur –
est proposé comme l'idéal le plus noble aux jeunes générations,
au point « qu'il ne peut exister de carrière plus attrayante pour
un *homme nouveau* qui sent bouillonner dans son sang l'impétuosité fertile d'une énergie créatrice », comme le souligne, en
1934, Marcello Caetano dans sa « Lettre à un jeune portugais sur
le service de l'Empire » : « J'étais ainsi à rechercher un avenir
qui fût digne de toi, lorsque surgit l'idée qui aurait dû me venir à
l'esprit avant tout le reste : l'Empire colonial portugais.

Un jeune garçon doté d'aussi rares vertus physiques, intellectuelles et morales, aussi plein d'énergie, de ténacité et de
volonté, d'intelligence, de goût pour l'action, animé d'un idéal
aussi élevé de contribuer à la construction d'un Portugal plus
grand et meilleur, un tel jeune garçon a un destin tout tracé :
celui de serviteur de l'empire outre-mer. Cette idée m'est seulement venue à la fin alors que, pourtant, c'était la seule valable.
Pourquoi seulement à la fin ? Parce que, malheureusement, nous
avons été longtemps si éloignés de la réalité impériale portugaise, que, pour le commun des mortels, ce qui aurait dû occuper

---

1. Armindo Monteiro, ministre des Colonies, discours prononcé le
18 avril 1933 à Lisbonne, lors de la xxiiᵉ session de l'Institut colonial international, sous le titre général « Os Portugueses na Colonização contemporânea – Nobreza colonial », Agência geral das colónias, 1933.

la première place dans la hiérarchie des sentiments civiques, venait au dernier rang dans l'échelle des sentiments patriotiques.

Cet état d'esprit, il est nécessaire de le modifier : et c'est pour cela – comprends-moi bien António – c'est pour cela que toi, neuf, fort et plein de foi, tu vas servir l'empire !

Servir l'empire... Mais comment ? te demandes-tu.

Je devine déjà dans ton esprit des interrogations angoissées, un peu de surprise et même d'incrédulité dans le conseil de ton ami plus âgé. (...)

Je veux te voir parmi ceux qui édifient et solidifient l'empire, collaborant à cette œuvre majestueuse qui consiste à cimenter l'unité de tant de peuples et de races répartis sur tant de continents éloignés mais placés sous l'hégémonie de la civilisation portugaise et chrétienne !

(...) Voici sobrement tracé le programme de toute une vie, digne de séduire celui qui aspire à jouer sinon un rôle grandiose du moins à remplir une fonction utile dans l'œuvre de renforcement du prestige du nom portugais.

Essaye de voir s'il peut exister une carrière plus attrayante pour un homme nouveau qui sent bouillonner dans son sang l'impétuosité fertile d'une énergie créatrice[1] ! »

Dans l'ordre des représentations symboliques, le colon est idéalisé, toute une littérature coloniale – Maria Archer dans *África selvagem* ou Henrique Galvão dans *Terras de Feitiço* (1934) – s'emparant du thème et popularisant l'image du colon. En 1940, à l'occasion des commémorations des centenaires de 1140 et 1640 lors de l'Exposition du monde portugais de Lisbonne, une soixantaine de « vieux colons » d'Angola et du Mozambique se rendent en croisière en métropole, invités par les autorités salazaristes. À leur arrivée à Lisbonne le 24 mai 1940, ils sont accueillis par le ministre des Colonies et par une foule en liesse de plusieurs milliers de personnes, sans compter une délégation de la *Mocidade portuguesa* saluant bras tendu. Dans son discours prononcé le 4 juin, devant le château de Guimarães, « berceau historique du Portugal », Salazar les salue respectueusement, soulignant le lien avec le passé qu'ils symbo-

---

1. Marcello Caetano, « Carta a um jóvem português sôbre o serviço do Império », *O Mundo português*, n°s 7 et 8, juillet-août 1934, vol. I, p. 261-262.

lisent et en les présentant comme les compagnons des héros de la pacification de la fin du tournant du siècle, les Mouzinho de Albuquerque et autre Silva Pôrto[1].

En cette année 1940 de l'apogée de la mystique impériale, c'est une fiction cinématographique, *Feitiço do Império* (« la magie de l'empire »), qui va consacrer cette image idéalisée du colon en remportant un large succès populaire[2]. D'une durée de 2 h 26, réalisé par António Lopes Ribeiro, le grand réalisateur portugais de l'époque qui accueillera à Lisbonne Jean Renoir en partance pour les États-Unis – avec Antoine de Saint-Exupéry – début décembre 1940, le film est produit par la SPAC (Société portugaise d'actualités cinématographiques), l'Agence générale des Colonies et le SPN. Rodée par la *Missão Cinegráfica às Colónias de África* (avril 1938), l'équipe tourne en studio (Tobis) et en extérieur en Angola et au Mozambique, mélangeant à l'occasion fiction et documentaire, ainsi certaines scènes filmées lors du voyage de Carmona en 1938. La première a lieu le 23 mai 1940 en présence de Carmona et de Salazar. Le film remporte un large succès en salles, avant d'être projeté dans les campagnes par le cinéma itinérant.

Le film raconte l'histoire de Luís, fils d'un riche couple de Portugais installés de longue date aux États-Unis, à Boston, qui part à la découverte de ses racines portugaises, non sans dépit au début du film, alors qu'il est sur le point d'épouser une Américaine divorcée. Fasciné par la magie de l'Afrique, il va se convertir et découvrir son vrai pays, grâce à un empire colonial de cartes postales.

Le prétexte est une chasse organisée en Angola chez l'oncle de Luís, l'oncle Albert, incarnation du « mauvais colon ». Lors de son départ de Boston, ses parents l'avertissent : « Tu vas connaître finalement ton pays. Tu verras qu'il est beau. C'est le

---

1. Cf. numéro spécial que leur consacre la revue *O Mundo português*, n° 80, août 1940, vol. VII.

2. Sources documentaires : Felix Ribeiro, *Filmes, figuras e factos da história do Cinema português, 1896-1949* ; « Guia do film » *in* José Matoz-Cruz, *António Lopes Ribeiro*, Lisbonne, Cinemateca portuguesa, 1983 ; Joaquim Mota Junior, *O Feitiço do Império*, Lisbonne, Agência geral das colónias, 1940 ; cf. également Luís Reis Torgal, « Cinema e Propaganda no Estado Novo », *Revista de História das Ideias*, n° 18, 1996, p. 324-336 et Luís Reis Torgal (ed.), *O cinema sob o olhar de Salazar*, Lisbonne, Círculo de leitores, 2000, notamment p. 80-91.

pays du soleil, le pays de l'éternel printemps ». De passage à Lisbonne, Luís ne ressent rien, de même qu'en Guinée, avant d'arriver en Angola chez l'oncle Albert, fanfaron passablement ridicule qui « aime le Portugal mais pas ses colonies ». Lors de la chasse, Luís est blessé par un lion. Il est recueilli et soigné par Vitorino – incarnation du « bon colon » – aidé par « un Noir vaillant et dévoué » – illustrant ici un racisme colonial tempéré d'humanité que les Portugais sont convaincus d'incarner ; la fille de Vitorino, Mariazinha, enseigne le portugais et la religion catholique aux jeunes enfants noirs ; elle dit préférer « la brousse à la plus belle des villes » – Vitorino incarnant ainsi une version africaine du ruralisme. La conversion de Luís s'amorce via l'histoire sentimentale.

Arrivée au Mozambique, Fay Gordon, la fiancée américaine frivole, trouve la ville (Lourenço Marques) insupportable. Avec Luís, ils assistent à une fête locale à Marracuene, véritable lieu de mémoire des campagnes de « pacification » des années 1890, où Luis est fasciné par l'authenticité des Noirs locaux, alors que Fay déclare préférer « les Noirs de Harlem ». Luís lui réplique : « Tu ne peux pas t'imaginer le nouveau monde que j'ai découvert ici en Afrique. Ce qui m'impressionnait le plus dans ton pays, c'était cette force expansionniste d'une demi-douzaine d'hommes qui par leur courage, leur persévérance avaient construit à eux seuls une grande nation. » S'ensuit la rupture avec Fay. Luís retrouve Mariazinha et assiste en Angola au voyage du chef de l'État, le général Carmona. La conversion est alors totale.

Sur la route du retour vers les États-Unis, Luís éprouve pour la première fois du goût pour le fado ; arrivé à Lisbonne, il ouvre l'étui mystérieux que son père lui avait confié à Boston, lors de son départ et révèle alors à Mariazinha son contenu : « Lisbonne me paraissait plus belle que jamais. Maintenant que je connaissais l'Afrique, elle me paraissait plus grande, plus importante. J'ouvris l'étui. À l'intérieur se trouvait un petit livre : c'était *Les Lusiades* ! Et sais-tu quels furent les premiers vers qui me sautèrent aux yeux quand j'ouvris la boîte : "Enfin, formant comme le sommet de cette tête de l'Europe, voici le Royaume lusitanien, où la terre finit et la mer commence"[1]. »

---

1. Grand poème épique du XVIᵉ siècle, *Les Lusiades* de Luís de Camões (1524-1580) joue un rôle considérable dans l'imaginaire collectif des Portu-

Quant à Vitorino, le bon colon, père de Mariazinha, la nouvelle fiancée de Luís qui a su détourner celui-ci du mal américain incarné par une femme divorcée et frivole, il se rend également à Lisbonne. De retour en Angola, il déclare à sa vieille mère : « Nous, les Portugais et la mer, nous sommes à tu et à toi. Être en Afrique, c'est comme si nous étions en Beira ou en Alentejo ! » Conclusion d'un film en forme de message et de vibrant appel à émigrer vers les colonies.

Exaltant les « saines vertus » du serviteur d'un empire pluricontinental qui s'étend du Minho à Timor, *Feitiço do Império* est le plus grand film nationaliste de propagande coloniale jamais réalisé au Portugal ; son succès, en une année 1940 d'exaltation de la mystique impériale avec l'Exposition de Lisbonne, contribue à populariser l'idée coloniale et l'image du « bon colon », solide réceptacle des saines vertus de l'homme de la « leçon de Salazar » des manuels scolaires. À l'image de Vitorino – ou des « vieux colons » invités à Lisbonne en 1940 –, le « bon colon » est travailleur, modeste, sobre et persévérant ; il a cette « pauvreté honnête » qu'apprécie tant Salazar ; indifférent à la souffrance et amoureux de la terre, il sert au mieux la nation qu'il ressent au plus profond de lui ; il incarne le Portugal ; en lui sont réunies les grandes vertus historiques du peuple portugais – servir Dieu et la nation ; soldat d'une foi et d'un idéal missionnaire, il pratique l'Afrique comme un nouveau monde, comme ce « nouveau Brésil » tant vanté par les élites portugaises depuis la crise de l'Ultimatum en 1890 ; il contribue à la régénération morale et physique de la nation portugaise : « On n'a pas encore rendu justice aux vertus du colon portugais et, cependant, elles pourraient être montrées au monde entier comme un exemple d'audace, de mépris du danger, d'indifférence à la douleur, de sobriété, de persistance dans le travail et d'amour de la terre. (...) Un sentiment très fort poétise sa vie : l'amour de son pays. Le seul nom de la patrie arrache des larmes d'attendrissement de ses yeux qu'aucun autre sentiment ne pourrait faire pleurer. Parlez du Portugal à un colon lusitanien quelconque perdu dans

---

gais. L'extrait lu par Luís est l'un des passages les plus célèbres du long poème (chant III).

l'intérieur de la brousse : vous le verrez se transfigurer en sol-dat [1]. »

Le « bon colon » réalise enfin l'osmose entre « la mentalité ultramarine » et « mentalité ibérique ou rurale », dichotomie dénoncée depuis des décennies comme une cause de décadence nationale : « Depuis le début du XIXe siècle, héritant d'une longue tradition remontant au XVe siècle, le Portugal se débat entre deux mentalités qui se disputent la direction de la vie nationale : la mentalité ultramarine et la mentalité ibérique ou rurale [2]. » En outre, le « bon colon » ne peut se replier sur le rural ; par ses compétences techniques, il se doit d'incarner cette idée de « noblesse de la colonisation » chère à Armindo Monteiro : « La colonisation n'est pas une cavalcade : elle exige une préparation large et minutieuse (...). Dans la perspective de donner aux colonies les cadres techniques qui lui font défaut doit s'orienter la part la plus active de notre effort de fixation des colons [3]. » Servir, se plier, obéir, ne pas viser de gain pécuniaire, se fondre dans la masse : l'homme colonial idéalisé par le régime incarne un modèle d'homme nouveau salazariste ambivalent, à la fois vieux et passéiste mais aussi projeté tout entier vers l'avenir, celui d'un Portugal à la tête d'un vaste empire colonial.

UN MODÈLE FAIBLEMENT MOBILISATEUR

Si, dans l'ordre des représentations symboliques, ce modèle, fortement et durablement utilisé à des fins de propagande, se

---

1. Armindo Monteiro, ministre des Colonies, discours prononcé le 18 avril 1933 à Lisbonne, lors de la XXIIe session de l'Institut colonial international, sous le titre général « Os Portugueses na Colonização contemporânea – Nobreza colonial », Agência geral das colónias, 1933.

2. Cf. Armindo Monteiro, « Inimigos da Colonização », *O Mundo português*, n° 5, mai 1934, p. 194. À rapprocher de la théorie d'un António Sergio sur le conflit entre « politique de transport » et « politique de fixation » ; cf. sur tous ces points Pedro Aires Oliveira, *Armindo Monteiro, uma biografia política*, Lisbonne, Bertrand Editora, 2000, p. 115.

3. Armindo Monteiro, discours prononcé à Lisbonne, le 1er juin 1933, lors de la session d'ouverture de la Ire Conférence des gouverneurs coloniaux, *I Conferência dos Governadores Coloniais – Discursos e Entrevistas*. Lis-

révèle mobilisateur auprès des élites, il ne mobilise que très peu les masses, échouant ainsi – au moins jusqu'à la fin des années cinquante à assurer la promotion de l'émigration vers les colonies qui, en dépit des intentions affichées, reste longtemps une priorité ambiguë. Les autorités jouent de la distinction peuplement colonisateur/peuplement d'émigration autour de l'alternative ancienne qualité/quantité : « Le peuplement colonisateur ne dépend pas de la quantité, il dépend essentiellement de la qualité. Le peuplement d'émigration est automatique, le colonisateur a besoin d'être encadré. Il est donc indispensable d'établir des colons avant de peupler avec des émigrants [1]. »

« Il faut détruire l'erreur qui consiste à supposer que le fait de posséder des colonies peut résoudre, pour un peuple, le problème du placement de ses excédents démographiques ou de ses capitaux inactifs, erreur qui peut avoir des conséquences tragiques pour l'avenir de l'œuvre de la colonisation moderne. Aussi, la difficile fonction de coloniser peut-elle être tout aussi bien remplie par des peuples à population restreinte que par ceux dont les habitants se comptent par dizaines de millions d'habitants. La colonisation n'est pas une question de nombre. Pour coloniser, il importe d'avoir des colons. Mais avoir des colons n'est pas la même chose que de posséder un excédent d'habitants.

(...) Les colonies portugaises nous offrent un exemple typique : un peuple dont la population est restreinte et les ressources modestes, est néanmoins parvenu, en Afrique, à des résultats qu'on ne peut craindre de comparer avec ceux qui ont été obtenus par les pays les plus peuplés et les plus riches du monde (moyenne dans les colonies européennes : 25 Européens pour 10 000 indigènes et 24 Européens pour 1 000 km^2 ; colonies portugaises : 80 Européens pour 10 000 indigènes et 30 Portugais pour 1 000 km^2).

Une nation à la démographie restreinte a obtenu des résultats que je ne sais si d'autres ont atteint. À tort ou à raison, on attri-

---

bonne : Biblioteca colonial portuguesa, Agência geral das colónias, 1934, p. 23-56.
1. Cf. Henrique Galvão (inspector superior de administração colonial), *O povoamento nas colónias portuguesas*, Primeira conferência económica do Império colonial português, 1936.

bue à Bismarck l'affirmation que le Portugal est « un pays ayant des colonies et pas de colons ». Les chiffres démentent catégoriquement cette opinion qui court le monde et qui a été à l'origine d'injustes appréciations sur l'activité coloniale de ma patrie. Le Portugal est un des pays du monde qui a le plus de colons [1]. »

Le bilan dressé par Marcelo Caetano, ministre des Colonies (septembre 1944-février 1947), se veut nuancé : « Qu'il fût nécessaire de peupler les vastes aires désolées d'Afrique au sud de l'Équateur, personne ne le contestait. Mais quelques-uns affirmaient qu'il était important d'ouvrir les portes des colonies à ceux qui désiraient le demander, développant l'idée du plus grand nombre possible de Portugais se fixant sur place. Tandis que d'autres soutenaient que l'État devait préparer les zones à coloniser, recruter les colons, les transporter, financer leurs premiers pas, les accompagner jusqu'au succès de leur entreprise.

Chacune des solutions fut expérimentée sous le gouvernement de Salazar. La colonisation dirigée concernait surtout l'agriculture et, d'après moi, ce fut dans cette ligne que se créèrent des zones en Angola et la vallée du Limpopo (Mozambique) où les colons, recrutés au Portugal dans des zones rurales, s'occupaient de propriétés de dimension adéquate. La solution n'avait qu'un seul défaut : le colon se considérait comme une espèce de fonctionnaire public (...) J'étais, pour ma part, favorable d'une autre solution qui aurait pu s'appeler, colonisation libre régulée. À l'État de préparer les infrastructures, d'entretenir les routes, produire l'énergie, faciliter les communications, développer les marchés... et ensuite d'aider qui désirait y aller, faisant en sorte que les colons aient une préparation professionnelle qui les rendent utiles au développement économique et social des territoires et avec, si possible, une forme de capital. Il ne valait pas la peine d'envoyer en Afrique des gens analphabètes et sans profession définie, une main-d'œuvre concurrente des locaux et qui dans son inculture se jugeaient, en tant que Blancs, supérieurs aux Noirs, sans aucune raison. Pour le pro-

---

1. Armindo Monteiro, ministre des Colonies, discours prononcé le 18 avril 1933 à Lisbonne, lors de la XXIIe session de l'Institut colonial international, sous le titre général « Os Portugueses na Colonização contemporânea – Nobreza colonial », Agência geral das colónias, 1933.

grès de l'Angola et du Mozambique, ce qui importait était d'envoyer sur place des techniciens capables d'améliorer les procédures de travail, de mettre en valeur les richesses de la terre. De telle sorte que la colonisation ne devait pas se faire en masse, mais plutôt en fonction de l'évolution des conditions économiques et sociales [1]. »

Bien préparer le terrain, contrôler la situation, surveiller les structures d'accueil : les données chiffrées soulignent la relative modestie des résultats obtenus, du moins jusqu'aux années cinquante.

Nombre officiel d'émigrants

1921-1930	295 746
1931-1940	93 861
1941-1950	66 883
1951-1960	271 901
Total	728 391

Selon groupes ethniques

	1930		1940		1950		
	Angola	Mozamb.	Angola	Mozamb.	Angola		
Noirs	3 300 000	3 820 000	3 665 829	5 031 955	4 036 687	5 646 957	4 604 362
Blancs	30 000	20 000	44 083	27 438	78 826	48 213	268 903
Autres	13 500	12 000	28 035	26 237	29 648	44 000	53 392

Source des deux tableaux : Rui Ferreira da Silva, « As colónias : da visão imperial à política integracionista », *in* A. Reis (dir.), *Portugal Contemporâneo*, Lisbonne, Alfa, vol. 2, p. 503.

Si des flux migratoires significatifs vers l'Afrique ne commencent à se dessiner qu'à la fin des années cinquante, il faut y voir la persistance d'un certain nombre de réticences à l'égard de l'Afrique : celle-ci reste victime dans l'imaginaire collectif du syndrome du « vieillard du Restelo », ce personnage des *Lusiades* qui sur le quai à Lisbonne met en garde les navigateurs au moment d'affronter la « mer ténébreuse » : « Ô gloire de

---

1. Marcello Caetano, *Minhas Memórias de Salazar*, Lisbonne, Verbo, 1977, p. 194-195.

commander ! ô vaine convoitise de cette vanité qu'on appelle Renommée ! Désir trompeur, attisé par ce qu'on nomme gloire et qui n'est que du vent ! Que tu sais bien châtier et justement frapper le cœur vain qui tant te chérit ! Quelles morts, quels périls, quelles tourmentes, quelles cruelles souffrances n'essayes-tu pas sur eux !

(...)

Vers quels nouveaux désastres médites-tu d'entraîner ce Royaume et ces hommes ? Quels périls, quelles morts leur réserves-tu sous quelque trompeuse appellation ? Quelles promesses de royaumes et de mines d'or leur feras-tu si facilement ? Quelles renommées iras-tu leur promettre ? Quelles histoires ? Quels triomphes ? Quelles palmes ? Quelles victoires ?

(...)

Tu laisses l'ennemi grandir à tes portes, et pars de si loin en chercher un autre qui sera cause que l'antique Royaume se dépeuple, s'affaiblisse et se perde ! Tu cherches le péril, incertain et inconnu, pour que le Renommée te chante et te flatte, en te nommant pompeusement maîtresse de l'Inde, de Perse, d'Arabie et d'Éthiopie [1]. »

Syndrome du « *velho do Restelo* », mais aussi image longtemps très négative de contrées africaines perçues comme terres d'expiation, tout juste bonnes pour les repris de justice ou pour les opposants politiques. Enfin le *cursus honorum* des élites administratives ne passe pas nécessairement par un séjour dans les colonies, hormis pour la carrière militaire où, traditionnellement, seuls les officiers passés par l'Afrique ou les autres territoires de l'empire peuvent espérer faire carrière, la situation commençant d'évoluer dans les années cinquante avec le fort tropisme nord-atlantique que connaît l'armée, après l'adhésion du Portugal à l'OTAN comme membre fondateur en 1949 et la professionnalisation accrue des trois armes.

Fortement instrumentalisé par la propagande salazariste, l'homme colonial présente des traits d'un homme nouveau capable de régénérer la nation portugaise, pluricontinentale. Mais un décalage important se manifeste à la fin des années trente entre un système de représentations symboliques qui

---

1. Luís de Camões, *Les Lusiades*, Chant IV, traduction Roger Bismut, Robert Laffont, 1996, p. 189-191.

consacre le « bon colon » et des pratiques dominées par un désintérêt durable des Portugais à l'idée de s'installer dans les colonies. Jusqu'à la fin des années cinquante, les Portugais continuent d'émigrer massivement vers le Brésil – longtemps perçu comme un véritable Eldorado – puis vers l'Europe occidentale. Les nouveaux Brésil – Angola et, dans une moindre mesure, Mozambique – ressortissent à un imaginaire collectif qui conforte l'idée consensuelle d'un Portugal grand pays, parce que puissance coloniale. Le colon reste un personnage singulier, numériquement peu représentatif dans le Portugal salazariste des années trente et quarante. Le caractère faiblement paradigmatique de l'idée de peuplement colonisateur renvoie à une histoire longue que le régime salazariste, malgré l'importance des moyens mis en œuvre, ne parvint que très tardivement – et au pire moment, quasi concomitant du début des guerres coloniales en 1961 – à contrecarrer, traduisant au passage la relative faiblesse de « l'imprégnation coloniale » de la société portugaise, hormis ses élites, tant choyées par le salazarisme.

La norme implicite. Mythe et pratiques de l'« intellectuel d'action » dans le service de sécurité de la SS

Christian Ingrao
(CNRS, IHTP)

La SS passe pour avoir incarné la version nazie de la thématique de l'« homme nouveau ». Elle a, on le sait, prétendu en tout cas mettre en place une politique de formation d'une élite raciale et militaire, au sein d'écoles spéciales prenant en charge des enfants et les adolescents pour en faire des soldats politiques. Conçue comme une élite raciale, la SS a pourtant pris en charge des missions trop diverses pour pouvoir prétendre produire un discours normatif et des pratiques de formation unifiés dessinant, au-delà de la constante racialiste, un seul et unique modèle de l'« homme nouveau »[1].

Renonçant à décrire l'incertaine figure de l'« homme nouveau » SS, on se bornera à tenter de préciser celle présentée aux hommes du SD, le Service de sécurité des SS. Le SD a été fondé en 1931 par Reinhard Heydrich. Il est élevé au rang de service de sécurité du Reich en 1935[2], avant d'être intégré au sein du RSHA, une centrale de sécurité unifiant SD, police criminelle et Gestapo. À partir de 1934, le SD recrute de très jeunes diplômés ayant accompli de brillants cursus universitaires, qui vont fournir

---

1. Voir là-dessus les développements de Robert Koehl, *The Black Corps : The Structure and Power Struggles of the Nazy SS*, Madison, Madison University Press, 1983, 437 p. ; Martin Broszat, Helmut Krausnick, Hans Adolf Jacobsen, Hans Buchheim (Éds.), *Anatomie des SS Staates,* 2 volumes, Munich, DVA, 1979, 650 p. ; Bernd Wegner, *Hitler Politische Soldaten : Die Waffen SS 1933-1945*, Paderborn, Schöning, 1982, 363 p.
2. Sur l'évolution du SD on se reportera à George C. Browder, *Hitler's Enforcers. The Gestapo and the SS Security Service in the Nazi Revolution*, Oxford, New York, Oxford University Press, 1996, 364 p.

un travail à trois dimensions : activité de renseignement, missions d'expertise au service du gouvernement et formulation dogmatique. Experts, théoriciens, policiers et espions, ces cadres, tous membres de la SS, forment une élite culturelle et intellectuelle au sein même de l'ordre élitaire qu'est la SS. C'est au sein de ce groupe d'une centaine de personnes que l'on tentera de déterminer l'existence d'un discours et de pratiques normatifs disant et mettant en pratique une partie de la figure de l'homme nouveau de la SS. Il s'agira d'étudier les contours de cet « homme nouveau » du SD, avant de tenter comprendre dans quelle mesure la norme produite s'est réellement incarnée dans le travail au SD, faisant de lui non pas une vague figure discursive, mais bien véritablement l'objectif vers lequel tendait une politique de formation d'une nouvelle élite.

L'« INTELLECTUEL D'ACTION » : DE LA NORME AU MYTHE

Le thème de l'« homme nouveau » est omniprésent, dès la Grande Guerre, en Allemagne[1]. Vague dans ses formulations et ses contenus, cette thématique s'est cependant suffisamment répandue pour qu'on la retrouve dans nombre de romans[2], de journaux, voire de journaux de jeunesse. C'est sans doute à cette presse de jeunesse que s'adressait un lycéen qui, en 1934, décrivait sa vision de ce que devait être l'homme nouveau incarné par le « bachelier de 1934 », le premier diplômé à sortir de la nouvelle école du Troisième Reich :

« Le jugement [du] niveau des lycéens omettait [*avant la Machtergreifung, NDT*] de prendre deux points en considération : le niveau spirituel et moral. [...] On évaluait l'élève dans la répétition des connaissances du professeur [...] Le bachelier quittait l'école sans avoir acquis une personnalité [...] Qu'il ne trouve pas d'emploi, et il restait à la rue avec son "intelligence" [...] Si son père appartenait aux "mieux nantis", il pouvait alors

---

1. Voir Bernd Hüppauf, « Schlachtenmythen und die Konstruktion des "neuen Menschen" » in Gerd Krummeich, Gehrard Hirschfeld (éds), « *Keiner fühlt sich hier mehr als Mensch... » Erlebnis und Wirkung des Ersten Weltkriegs*, Francfort, Fischer, 1996, 285 p., p. 53-97.
2. Voir par exemple les ouvrages de Ernst Jünger (notamment *Le travailleur* et *Guerre et guerriers*).

compter après quelques semestres d'université, parmi les "intellectuels", constamment soucieux de maintenir la distance avec la Plèbe.

Tel était auparavant l'élève moyen.

Le bachelier de 1934 est un autre homme, un homme nouveau. La personnalité de l'élève est placée au-dessus de toutes les connaissances scolaires. La vie ne demande pas de bonnes notes en Latin ou en Grec, elle nécessite l'énergie et le courage. Il doit être un homme. Dans un corps sain, un caractère trempé. Ce sont de tels hommes dont a besoin l'Allemagne d'aujourd'hui. [...] Mais malgré tout, le savoir n'est pas oublié. Le nouveau bachelier ne tient pas son savoir et sa « vision du monde » des livres, mais il a observé la vie et le cours du monde, et il s'est instruit en eux. L'intermédiaire de la vraie connaissance est le professeur, qui [...] éduque et [...] apprend que "Patrie", "Race", "Sang", "Sol", "Honneur" et "Liberté" ne sont pas des concepts creux [...]. Quand la fin de l'année arrive [...], le bachelier [part] pour accomplir son dernier, son plus grand, son plus honorable devoir : servir l'Allemagne, où que cela soit. Tel est le nouveau bachelier. Sur lui, l'Allemagne peut espérer et bâtir, car il est un homme entier, un Allemand [1]. »

Il n'est pas inintéressant de s'arrêter quelques instants sur le parcours de l'auteur d'un long texte qui exprime tout le paradoxe du rapport entre nazisme et culture, nazisme et intellectualité, et qui, sous le couvert de décrire un « homme nouveau », présente en fait son auteur – le SS *Sturmbannführer* Dr. Heinz Ballensiefen – qui, on le verra, se concevait plus précisément comme le représentant d'un type nouveau d'« intellectuel ».

Heinz Ballensiefen est né près de Dortmund en 1912. Ayant obtenu le baccalauréat en 1934, il poursuit des études d'histoire à l'Université de Berlin. Il est ensuite intégré au ministère nazi de la Propagande [2], avant de rejoindre le SD en 1940 [3]. Au ministère comme au SD, il assume des fonctions de recherche scientifique et documentaire sur les Juifs [4]. Il s'agit là d'un militant nazi pré-

---

1. Heinz Ballensiefen, « Abiturienten von 1934 », article probablement écrit pour un journal lycéen, BADH, ZB-II/2956, A.12 (Écrits littéraires et propagandistes), non folioté.

2. *Staatsarchiv* Merseburg Rep.178 V, Nr.6, Lit. S, Bd.15.

3. Pour une biographie succincte de Ballensiefen, voir Lutz Hachmeister, Der Gegnerforscher. *Zur Karriere des SS – Führers Franz Alfred Six*, Munich, Beck, 1998, 444 p., p. 225-226.

4. Il intègre l'« Institut de recherche sur la question juive », *Institut zur Erforschung der Judenfrage : Bundesarchiv* Berlin-Lichterfelde (dorénavant BABL), Film Nr 72300, cliché 209 (Z).

coce : encore lycéen, il a adhéré au NSKK[1] ; il milite à la NSStB lors de son séjour à l'université et affirme très tôt sa spécialisation dans la production d'écrits antisémites[2], qui affirment une prétention de scientificité, Ballensiefen soutenant en 1940 une thèse d'histoire sur la « Question juive »[3]. Il dirige par ailleurs l'un des « Instituts de recherche sur la Question juive » mis en place par le SD[4], et le RSHA Amt VII B3, bureau chargé de toutes les études idéologiques concernant les Juifs.

Le texte que produit ici cet homme constitue tout à la fois une profession de foi nazie et une attaque frontale contre le système éducatif allemand traditionnel. Une profession de foi, car Ballensiefen, non content de faire de la race, de la patrie, du sang et du sol, les préceptes fondamentaux à inculquer aux bacheliers, vante aussi les mutations intervenues après la *Machtergreifung* : à temps nouveaux, homme nouveau. Il attaque ensuite la connaissance livresque, accuse les « intellectuels » d'usurper leur statut par la filiation, méprise même l'acquisition d'un savoir décrit comme obsolète, lui qui pourtant disait, dans son récit de vie, avoir grandi avec les livres, en remplacement de toute sociabilité. Ce qui se profile, dans le texte de Ballensiefen, est une attaque frontale contre le *Gymnasium*[5], cette « citadelle » de l'humanisme qui a formé les élites allemandes, leur a inculqué le latin, le grec et l'idéalisme hégélien.

Ballensiefen, par ces propos, se conforme à l'image – si rassurante à nos yeux – d'un nazisme hostile à la culture, d'un nazisme antihumaniste. Ce jugement de surface ne peut pourtant être maintenu en l'état si l'on examine son cas de plus près. Cet obscur officier SS, souvent mal noté par ses supérieurs, mène une carrière modeste, marquée pour une grande part – et c'est en cela qu'il est tout à fait représentatif des intellectuels du SD –, par des

1. Corps national-socialiste des automobilistes : structure d'encadrement des automobilistes servant de corps motorisé à la SS.
2. Fiche synoptique, *Bundesarchiv* Außenstelle Zehlendorf (dorénavant BAAZ), SSO Ballensiefen ; *Lebenslauf* non daté, *Bundesarchiv* Dahlwitz-Hoppegarten (dorénavant BADH), ZB -II/2956, A.12.
3. Heinz Ballensiefen, *Juden in Frankreich. Die französische Judenfrage in Geschichte und Gegenwart*, Nordland-Verlag, Berlin, 1939, 149 pages.
4. Documents Nuremberg (dorénavant Nur. Dok.) NG – 1730, in BABL, Film N° 58005 ; NG – 2980, BABL, Film N° 58016.
5. Le lycée traditionnel.

études d'expertise, de développement idéologique, de critique de la production littéraire et scientifique[1]. Ballensiefen – et avec lui tous ces collègues intellectuels du RSHA – ne s'inscrit-il pas, par son statut et sa fonction, dans un univers mental qui, tout en prétendant à l'élitisme culturel, se déclare anti-intellectuel ? Son attitude fait ainsi ressortir le paradoxe d'un homme qui, tout en se sentant profondément appartenir au groupe de ceux qui font profession de penser, disait en rejeter les modes d'apprentissage et l'identité.

Intellectuel anti-intellectuel, Heinz Ballensiefen n'incarne-t-il pas le rapport paradoxal du nazisme à l'humanisme et à la figure de l'intellectuel, rapport marqué par une oscillation entre fascination et détestation ? C'est cette tension dialectique que le nazisme tente de résoudre en proposant, par l'intermédiaire de la hiérarchie SS, la figure d'un homme qui ferait certes profession de penser, mais qui n'acquerrait le sceau nazi de la validité qu'en incarnant cette pensée dans l'Agir. Le terme générique d'« intellectuel d'action », jamais employé à notre connaissance, semble être le plus approprié pour délimiter les contours de cette figure normative.

Avant d'explorer les contenus de cette norme, il convient pourtant de noter, en premier lieu, qu'au moment où la hiérarchie SS s'y confronte, cette tension entre rejet de la figure classique de l'intellectuel et fascination pour celui qui fait profession de penser n'est pas inédite.

Paul de Lagarde, Julius Langbehn et Arthur Moeller van den Brück, trois grandes figures tutélaires de la révolution conservatrice, partagent, selon l'historien américain Fritz Stern, une profonde aversion pour une modernité marquée, selon eux, par le

---

1. Ballensiefen n'est spécifique que parce qu'il bénéficie d'une visibilité archivistique particulière : voir notamment *Archivum Glownje Komissija Badania Zbrodni Hitlerowskie* [Archives de la commission d'enquête polonaise sur les crimes nazis en Pologne, Varsovie] (dorénavant AGKBZH), 362/132 (Dossiers de travail de Heinz Ballensiefen); AGKBZH, 362/302 (Correspondance pour des publications concernant la politique extérieure) : BADH, ZB -I/494 (Rapports et Mémorandum du RSHA Amt VII); BADH, ZB-II/2956, A.12 (Écrits littéraires et propagandistes); BADH, ZR/811, A.3 (Rapports sur la question juive. Correspondance RSHA Amt VII avec différentes institutions), tous dossiers établis par ses seuls soins.

matérialisme et le libéralisme, laissant l'Allemagne en proie à une décadence qu'ils décrivent en se concentrant sur la critique culturelle[1]. Ces trois hommes partagent, en ce domaine, deux points communs. Le premier est une profonde aversion pour l'enseignement pratiqué dans les *Gymnasia*, dont Lagarde comme Langbehn critiquent l'immobilisme. Il est à noter, à cet égard, qu'un grand nombre d'intellectuels allemands ont développé ce sentiment de malaise ou d'aversion à l'égard des institutions d'éducation allemandes. En ce qui concerne le cas nazi, Goebbels fustigeait l'université de Heidelberg, décrivant dans une pièce de théâtre fortement autobiographique le désespoir qui l'étreignait dès qu'on l'évoquait devant lui. Son héros ajoutait pour ne laisser aucune ambiguïté : « Je hais Heidelberg la molle[2]. » Sentiment partagé par un grand nombre de lettrés, l'aliénation générée par des études secondaires figées dans la domination sans partage de la philosophie hégélienne et de la germanistique constitue le point de départ de l'analyse des auteurs étudiés par Stern, qui font de la carence éducative du *Gymnasium* l'un des facteurs prépondérants dans la dégénérescence de l'Allemagne. Les auteurs s'accordent par ailleurs pour critiquer les personnels enseignants, incarnant en eux la figure du Philistin petit-bourgeois. C'est précisément dans cette description de l'action des hommes de lettres, toujours dépeinte comme mesquine et matérialiste et comme une « domination des inférieurs »[3], que transparaît l'anti-intellectualisme des critiques de la modernité, anti-intellectualisme qui, à bien être examiné, pourrait bien n'être qu'une apparence. Très paradoxalement, en effet, une partie des théoriciens de la révolution conservatrice met dans les *Geisteswissenschaften* le gros de ses espoirs quant à la régénération de la nation germanique.

---

1. Le développement qui suit doit beaucoup à Fritz Stern, *Politique et désespoir. Les ressentiments contre la Modernité dans l'Allemagne préhitlerienne*, Paris, Armand Colin, 1990, 358 p., notamment p. 29-51 et 77-104 ; voir aussi p. 137-172.

2. Joseph Goebbels. *Michael. Ein deutscher Schicksal in Tagebuchblättern*, Munich, 1929. Texte cité d'après Hachmeister, *op. cit.*, p. 38.

3. L'expression est reprise du titre du livre d'Edgard Jung, théoricien de la Révolution conservatrice lié à Werner Best mais assassiné par le SD lors du Putsch de Röhm : Edgard J. Jung, *Die Herrschaft der Minderwertige, Ihre Zerfall und ihre Ablösung*, Berlin, 1927. Voir là-dessus Ulrich Herbert, *Best. Biographische Studien über Radikalismes Weltanschaung und Vernunft*, Bonn, Dietz, 1996, 695 p., p. 91-95.

Paul de Lagarde appelle ainsi à la formation d'une nouvelle religion germanique et d'un enseignement « proprement allemand ». Pour lui, les humanités réformées doivent devenir l'arme de la régénération d'une Allemagne malade. Ce commentateur érudit de l'Ancien Testament réclame une réforme de l'éducation qui a pour objectif la formation d'intellectuels idéalistes destinés à mener l'Allemagne sur la voie de la religion germanique, à l'opposé du libéralisme et du matérialisme dans laquelle, selon lui, elle se complaît. Tout en dénonçant dans de violentes diatribes les comportements des intellectuels allemands, les taxant d'ignorance et de matérialisme, Lagarde les destine donc à un rôle décisif dans l'organisation de sa « religion germanique » : apparemment anti-intellectuel, Paul de Lagarde se trouvait, en fait, lui aussi, déjà dans une posture mêlant fascination et détestation pour celui qui fait profession de penser.

Au total, la critique virulente adressée par Ballensiefen aux intellectuels se retrouve en des termes voisins dans les diatribes de Lagarde. La filiation entre les deux pensées peut donc être établie, filiation sans doute consciente même si elle est implicite : si Ballensiefen ne cite pas Lagarde dans son texte, on sait pourtant qu'il l'a lu soigneusement, cherchant à traiter de façon comparative l'antisémitisme chez Lagarde et chez Dietrich Eckardt, ce journaliste qui fit un temps office de mentor à Hitler[1]. Dans leur positionnement par rapport à la culture, à l'intellect et aux intellectuels, Ballensiefen, et avec lui le nazisme en son entier, étaient ainsi en fait les héritiers d'un courant de pensée déjà ancien, et, comme lui, résolurent cette contradiction en distillant une nouvelle figure de l'intellectuel, figure élitaire appelée à prendre la tête d'un projet de régénération de l'Allemagne. En développant la norme de l'intellectuel d'action, la hiérarchie nazie ne faisait pas acte de démiurge : elle inscrivait son discours dans une filiation.

La figure normative de l'intellectuel d'action n'en demeure pas moins ambiguë. Issue d'un rapport paradoxal à la figure de l'intellectuel, elle n'est ni une création *ex nihilo* ni le produit transparent et contrôlé d'une volonté consciente. Composée d'énoncés et de

---

1. Reliquats très dégradés d'un article sur ce thème *in* BADH, ZB-II/ 2956, A.12 (Écrits littéraires et propagandistes).

pratiques apparemment dispersés et sans liens cohérents, les discours qui en ébauchent les contours forment un ensemble sans
ordre apparent, les actes d'évaluation qui trahissent son intériori-
sation semblent parfois n'avoir aucun lien avec ces discours. Cet
état de fait n'obère pourtant pas la réalité du contenu du discours
normatif distillé en direction des intellectuels SS[1]. Ceux-ci se
voient notamment proposer des modèles de référence, et le premier d'entre eux a sans doute été Hitler. Or la présentation du
dirigeant charismatique comme premier modèle comportemental
a sans doute eu un effet déterminant sur les modes de formulation
de la norme de l'intellectuel d'action.

Mein Kampf constitue en effet l'un des lieux dans lesquels
semble se constituer la norme de l'intellectuel d'action. Hitler s'y
trouve d'ailleurs dans la même posture que Lagarde ou Ballensiefen. Il fustige en de longues envolées les « intellectuels », leur
reproche leur manque de contact avec la réalité, leurs connaissances livresques et inutiles, et sacrifie ainsi à cet apparent anti-
intellectualisme que cultivaient Lagarde, Langbehn et Moeller.
Pourtant, si la norme du penseur devant mener l'Allemagne à la
régénération s'incarnait chez eux dans le champ culturel, Hitler,
lui, l'inscrit bel et bien dans le politique, en brossant un tableau
des dirigeants ayant influé sur le « cours de l'histoire ». Il définit
alors deux types courants de figures historiques, le théoricien et
l'homme d'action[2] et distingue une dernière catégorie, très rare,
qu'il décrit en ces termes : « Dans le cours de l'existence
humaine, il peut arriver que l'homme politique s'unisse au créateur de programme [...] On doit compter parmi [ces grands
hommes] les plus grands lutteurs de l'histoire[3]. » C'est cette
figure qui s'incarne, selon le dictateur, en Frédéric le Grand,
Luther ou Richard Wagner. Ian Kershaw analyse ainsi l'envolée
lyrique du dictateur : « Hitler était convaincu qu'il réunissait dans
sa personne le théoricien ou "créateur de programme" et l'homme
d'action...[4] » N'a-t-on pas là, incarné dans le champ politique, la

---

1. Sur ces questions, Michel Foucault, *L'archéologie du savoir*, Gallimard, 1969, 275 p., notamment p. 34-35.
2. Adolf Hitler, *Mein Kampf*, Nouvelles Éditions Latines, s.d. (1934),
p. 209-211.
3. *Ibid.*, p. 211.
4. Ian Kershaw, *Hitler. Essai sur le charisme en politique*, Gallimard,
1995, p. 46.

première formulation, étrangement complète, de ce que pouvait
être pour les nazis l'« intellectuel d'action » ?

De fait, tout en dénigrant les intellectuels, Hitler éprouvait pour
l'activité spéculative une fascination dont il ne se départit jamais.
Le fait de tenter de se parer de capacités intellectuelles exceptionnelles est courant chez lui : alors que le débat sur la fixation
des frontières franco-allemande était en cours, Hitler appuya, par
exemple, à l'été 1940, une proposition de tracé sur la lecture –
faite d'après lui en une nuit – de la thèse d'habilitation de Franz
Petri, un ouvrage de 700 pages[1]. Il est toujours possible d'y voir
une rodomontade du dictateur : il n'empêche que le soin apporté
par Hitler à apparaître comme un homme d'action à grandes capacités intellectuelles dessine le contour de la norme de l'« intellectuel d'action ». Reste qu'Hitler est rarement donné en exemple
aux officiers du SD. C'est bien cette rareté de l'exemplarité et le
fait même que la norme de l'intellectuel d'action se soit incarnée
dans la personne du *Führer*, qui en conditionne le caractère.

D'une part, même si tous les éléments structurant la norme de
l'intellectuel d'action sont exprimés çà et là, au long de discours,
dans des pratiques d'évaluation, de promotion et de sanction, ils
semblent ne devoir jamais être expressément corrélés par les
locuteurs. Pourtant, issus de hiérarchies aux comportements unifiés, destinés à un groupe social précis, ces différents discours
font système et constituent bien une norme, même s'il s'agit
d'une norme *implicite*.

En second lieu, personnifiée par Hitler, mais aussi par Luther,
Frédéric le Grand ou Wagner, cette figure du théoricien qui se
réalise dans la lutte acquiert une dimension pratiquement ineffable. Proposé à l'imitation, le *Führer* ne peut que faire office
d'idéal asymptotique pour les officiers du SD. Et pour reprendre
la terminologie développée par Ian Kershaw[2], l'incarnation en
Hitler de la figure de l'intellectuel d'action en transforme radi-

1. Peter Schöttler, « Vom rheinischen Landesgeschichte zur nazistischen
Volksgeschichte oder die "unhörbare Stimme des Blutes" », *in* Winfried
Schulze, Otto Gerhard Oexle (Dir.), *Deutsche Historiker im Nationalsozialismus*, Francfort, Fischer, 1999, 367 p.
2. Ian Kershaw, *Hitler. Essai..., op. cit.,* Gallimard, 1995, 241 p.

calement le statut : norme implicite transparaissant à travers des discours et des pratiques dont la dispersion est toute apparente, elle tend – fugitivement – à devenir un *mythe*.

INCARNER LA NORME. LES INTELLECTUELS DU SD

La tentative nazie de façonnement d'une nouvelle élite au sein de la SS trouva ainsi, dans le SD, une incarnation spécifique, fondée sur un discours normatif très particulier, mettant en scène une figure mouvante de ce que devait être cet « homme nouveau », figure que n'épuisaient ni le dogme nordiciste ni les « préceptes éthiques » distillés par la hiérarchie SS. Certes, l'officier du SD se devait d'être un SS biologiquement irréprochable, martial dans son comportement, « correct » dans sa vie privée et la tenue financière de son foyer. Mais là ne s'arrêtait pas le discours normatif : le SD, centrale de « renseignement idéologique », se devait de recruter des SS théoriciens, des « scientifiques », qui devaient par ailleurs s'adapter aux mutations des missions du service de renseignements de Reinhard Heydrich. Conscients de ces enjeux, se représentant sans doute au moins partiellement la norme mythifiée, les hiérarques du SD mirent en place une politique très spécifique de recrutement, axée en grande partie sur les réseaux militants des universités. Recrutés, les jeunes diplômés prirent en charge un travail dont les dimensions façonnaient l'image de cet « intellectuel » du SD qui a intrigué bien des historiens. Enfin, à partir de 1938 et surtout 1939, une mutation décisive des activités du SD induite par l'émergence impériale nazie procure à la hiérarchie l'occasion unique, de conformer en masse ces jeunes intellectuels SS à la norme du penseur se réalisant dans l'action.

À partir de 1935-1937, le SD recrute au sortir des universités un nombre très important de jeunes diplômés. Plusieurs réseaux de recrutements émergent lorsque l'on examine les cursus des principaux fonctionnaires du Service de sécurité, et certaines universités allemandes font même figure de plate-forme de recrutement pour la centrale de renseignement SS. C'est le cas de Leipzig, de Heidelberg ou de Berlin. L'exemple du recrutement à Stuttgart est à cet égard tout aussi éclairant en ce qui concerne le recrutement de ces jeunes diplômés que les formes d'activisme développées par le SD. Le dirigeant de la section locale du SD

(SD Oberabschnitt, SDOA) est en effet le SS – *Standartenführer* (Colonel) Dr Gustav Adolph Scheel, qui est par ailleurs dirigeant de la NSStB[1], la ligue des étudiants nazis. Ce médecin d'une trentaine d'années – né en 1907 – incarne ainsi lui-même cette coopération organique existant entre milieux académiques et SD. C'est lui qui, s'appuyant sur la présence dans la ville du *Deutsche Auslands Institut*, organisme créé pendant la Grande Guerre pour structurer et politiser les associations d'Allemands à l'étranger[2], fait de son service un centre aux activités très spécifiques, activités orientées très tôt vers l'espionnage extérieur et le soutien aux associations activistes proallemandes de Tchécoslovaquie, de Pologne, d'Autriche. Dans cette optique, il recrute ainsi pour la SDOA de Stuttgart nombre de jeunes diplômés, historiens, économistes et juristes, qui font ensuite carrière dans les organes de répression du Troisième Reich. Parmi les jeunes intellectuels recrutés par Scheel, il convient de se pencher sur le cas de Martin Sandberger, de Hans Joachim Beyer et de Eugen Steimle. En effet, ces hommes constituent un groupe de liaison entre la NSStB dont ils sont des dirigeants actifs, le SD et le *Deutsche Auslands-Institut*[3]. La collaboration avec le DAI consiste justement à s'appuyer sur les réseaux étudiants pour mettre en place des colloques fondés sur des collaborations concernant l'histoire, la géographie et l'ethnographie folklorique[4], disciplines élevées par le SD, les universités allemandes et le ministère de l'Intérieur au rang de « sciences de légitimation » qui devait fonder scientifiquement la politique allemande de révision du traité de Versailles[5]. Mais cette dimension purement intellectuelle et militante

---

1. Sur Scheel, on ne dispose que de la biographie hagiographique de Georg Franz Willing, « *Bin Ich Schuldig?* » *Leben und Wirken des Reichsstudentenführer und Gauleiters Dr. Gustav-Adolph Scheel 1907-1979. Eine Biographie*, Leoni am Starnberger See, édition à compte d'auteur, 1987.
2. Ernst Ritter, *Das deutsche Ausland-Institut in Stuttgart 1917-1945. Ein Beispiel deutscher Volkstumsarbeit zwischen den Weltkriegen*, Wiesbaden, 1976, 168 p.
3. Voir Karl-Heinz Roth, « Heydrichs Professor : Historiographie des "Volkstums" und der Massenvernichtungen. Der Fall Hans Joachim Beyer. », *in* Peter Schöttler (éd.), *Geschichtsschreibung als Legitimationswissenschaft, 1918-1945*, p. 262-342, Francfort, Suhrkamp, 1997, 344 p., p. 269-271.
4. BABL, R – 57/743 : Correspondance de Beyer avec la NSStB et la SDOA Süd West (Sandberger, Steimle).
5. Voir sur cet acquis récent de l'historiographie allemande, Michael Fahlbusch, *Wissenschaft im Dienst der nationalsozialistischen Politik? Die « volks-*

faite de colloques et de revues scientifiques ne constitue qu'une partie de leur activité : sous son couvert, ils contribuent à mettre en place des groupes d'activistes nazis en Tchécoslovaquie, en Autriche et en Pologne, combinant activités d'organisations étudiantes et pratiques de services de renseignement. Ils s'appuient pour cela tout à la fois sur les contacts de la NSStB, sur les correspondants *volksdeutsche* du DAI, recrutant ainsi des réseaux d'indicateurs sur lesquels le SD s'appuiera lors de l'*Anschluss*, puis de l'invasion de la Tchécoslovaquie et de la Pologne[1] : l'intellectuel, l'historien, le géographe s'est fait activiste et espion nazi. N'est-ce pas là déjà une incarnation de la norme de l'intellectuel d'action, et ce par le simple fait de mettre en place ces activités spécifiques au SD ?

L'organisation de ces réseaux, mêlant militantisme nazi, activité scientifique et travail de renseignement ne constituait cependant qu'une partie des activités du SD. Celui-ci ne recrutait pas seulement des intellectuels dans cette optique. Une grande partie de son activité résidait par ailleurs dans la rédaction de rapports amenant le service de renseignement SS à faire office d'institution experte dans les domaines de l'économie, de la culture et des politiques raciales[2]. Il ne peut être question d'aborder ici chacun de ces domaines. On se bornera donc à étudier l'expertise économique.

---

deutsche Forschungsgemeinschaften » von 1931-1945, Baden-Baden, Nomos, 1999, 887 p. ; Peter Schöttler, *Geschichtsschreibung als Legitimationswissenschaft, 1918-1945*, Francfort, Suhrkamp, 1997, 342 p. ; Ingo Haar, *Historiker im Nationalsozialismus : Die deutsche Geschichtswissenschaft und der "Volkstumskampf" im Osten*, Halle-Wittenberg, Thèse dactylographiée, 1998, 431 p.

1. BADH, ZR/747, A.21 : Liste de propositions pour la Médaille du Souvenir du 13 Mars 1938 : Sandberger et Steimle sont cités avec Gustav Adolph Scheel au titre de la NSStB pour l'*Anschluss* ; BADH, ZA -V/230, A.4 : Liste de nomination pour la médaille du 1er octobre 1938 : les attendus de remise de décoration de médailles stipulent que Steimle et Sandberger ont entretenu des liens avec les étudiants sudètes.

2. Faute de place, il ne sera pas fait mention de l'activité, pourtant déterminante, du SD dans le domaine répressif. Il n'en reste pas moins que la *Gegnerforschung*, « recherche [scientifique] sur les opposants » constituait l'un des objectifs primordiaux assignés par Heydrich et Himmler au SD, et qu'il fut l'un des acteurs privilégiés de la répression nazie.

Le SD fournit ainsi des expertises et du travail de théorie économique. Les mémorandums prenant pour sujet la situation de l'industrie, de l'énergie, de l'agriculture dans telle ou telle région du Reich – ou des territoires occupés après 1939 –, l'observation des phénomènes sociaux constituent ainsi une dimension très importante en volume de la production écrite du SD. Plus profondément, sous l'influence de Otto Ohlendorf, son chef, le SD intervient dans le débat économique nazi, qui gagne en virulence tout au long de la guerre[1]. Le SD soutient des positions très dogmatiques, tentant, selon les mots de son propre chef, d'insérer l'économie « dans un contexte ethnique[2] ». Ohlendorf entend par là l'érection d'une économie « sociétale (*gesellschaftliche*), c'est-à-dire *völkische*[3] ». Aussi abscons que puisse paraître ce programme, il trouvait une incarnation particulière dans le débat économique. Contre le modèle technocratique productiviste de Speer[4], d'un côté, et contre ce que Ohlendorf appelait « les courants collectivistes du parti » de l'autre[5], le SD défendait, selon les mots de l'un de ses adversaires, le *Sturmbannführer* SS d'Alquen, rédacteur en chef de *Das Schwarze Korps*, une ligne favorable aux classes moyennes. Günther d'Alquen, jeune journaliste recruté au SD par Heydrich, faisait ainsi part de son opposition à la ligne du SD dans une lettre étonnante :

« Cher camarade Ohlendorf !

[...] Vous appréhendez la sphère du commerce du point de vue du maintien et de la promotion de l'existence d'une classe moyenne au détriment de tout autre facteur. [...] Mais je crois que [le commerce] joue dans toute la question un rôle subordonné. Car si le national-socialisme émane d'un fondement biologique, et que la SS essaye de promouvoir dans sa signification

---

1. Ludolf Herbst, *Der Totale Krieg und die Ordnung der Wirtschaft. Die Kriegswirtschaft im Spannungsfeld von Politik, Ideologie und Propaganda*, Stuttgart, DVA 1982, 650 p.

2. « Wirtschaft in völkischen Zusammenhängen », BABL, R – 31.01(Alt R – 7)/2018, folios 47-53.

3. *Ibid.*, folio 47.

4. Voir là-dessus les Souvenirs apologétiques d'Albert Speer : *Erinnerungen*, Frankfort, 1969 ; Norbert Frei, *L'État Hitlerien et la société allemande*, Paris, Le Seuil, 1994, 400 p., p. 225. ; et Herbst, *op. cit.*, notamment p. 341-352.

5. Témoignage Ohlendorf, *TWC*, Fall IX, tome I.

pratique dans un cadre élargi, il me semble alors que l'on ne peut aussi facilement s'éloigner de ces pré-conditions raciales aussi facilement. Et je prétends que l'instinct du commerce est [...] lié à l'infériorité raciale. Et je prétends que le commerce, dans la forme actuelle de commerce de détail, est éloigné des aptitudes de l'homme nordique, c'est-à-dire du Germain.

Tout cela n'a certes rien à voir avec le petit commerçant comme instance de répartition des richesses dans le cadre de l'économie politique [...][1] »

Au plan dogmatique, la réponse cinglante de Ohlendorf dit ce que les intellectuels du SD imaginaient comme projet d'« économie nazie ». Ohlendorf rappelle en effet à d'Alquen que les « commerçants ont quand même fondé Brème, Lübeck, Dantzig, Riga et posé les fondements de [notre] puissance coloniale [...] ». Il ajoute ensuite :

« Le fait décisif selon lequel le peuple allemand ne constitue pas une unité raciale en soi explique que [...] ce ne soit pas une Race [...] mais [...] bien toutes les composantes du patrimoine racial du peuple allemand qui soient représentées dans la fonction de commerçant[2]. »

Ohlendorf affecte de fustiger le racisme simpliste de d'Alquen et recadre sa théorie économique dans un nordicisme orthodoxe. Les classes moyennes qu'il entend promouvoir sont, bien entendu, épurées et nordifiées. Une fois accomplie cette renordification, Ohlendorf pensait attribuer à la classe moyenne une fonction de redistribution des richesses dans une économie sociale qui, selon lui, devait se différencier des économies capitaliste comme communiste, ces « deux dimensions certes extrêmes d'un rationnalisme aplati et simplifié » qui « [auraient] élevé le matérialisme et le rationnalisme, ignorant [tous deux] la culture et l'esprit humain, au rang de système économique et social » : par contraste, le système nazi devait, selon Ohlendorf et les experts économiques du SD, représenter « des principes d'organisation véritablement humains » combattant contre les forces de « l'autonomie de l'activité quantitativiste et calculatrice »[3].

---

1. Lettre de Günther d'Alquen à Ohlendorf, 22 juillet 1942, BABL, R – 58/951, folios 1-5, ici 1, 2 et 3.

2. Lettre Ohlendorf à d'Alquen, BABL, R – 58/951, folios 7-12, ici folio 9.

3. Otto Ohlendorf, « Bilan de politique économique », 28/12/1944, BABL, R – 3101(Alt R – 7)/2018, folios 32-37, ici respectivement folios 35-37.

Le travail d'expertise économique du SD révèle ainsi en pleine lumière son caractère théorique et dogmatique, mais aussi l'ambition nazie, pensée par les intellectuels du SD, de représenter un projet alternatif aux systèmes économiques communiste et capitaliste, une révolution globale et irréversible, qui assignait à l'économie la mission de « servir les forces de développement de l'homme allemand[1] ». L'expertise qui apparaît ici n'est pas d'ordre technocratique, d'autres bureaux de la SS se chargent déjà de la dimension technique et quantitative[2] : elle participe du débat dogmatique, débat mené par ces intellectuels d'un genre si particulier.

À partir de 1938-1939, le travail d'expertise et de renseignement effectué par les intellectuels du SD connaît pourtant une mutation déterminante, entraînée par les pratiques expansionnistes nazies. À l'occasion de l'annexion de l'Autriche, des Sudètes, de la Tchécoslovaquie et de la Pologne, le SD est chargé, avec la Gestapo, de constituer des formations chargées de prendre le contrôle policier des territoires envahis. Chargés d'arrestations d'opposants et d'hommes politiques, de confiscation d'archives et d'occupations de bâtiments, ces *Einsatzgruppen* constituent un précipité de l'activité répressive assumée au sein du Reich depuis 1933[3]. À partir de 1939, sur fond de brutalité grandissante en Pologne et plus encore en Russie[4], les *Einsatzgruppen* et

---

1. *Idem*, BABL, R – 3101(Alt R – 7)/2018, folio 37.

2. On pense ici essentiellement au *Wirtschafts-Verwaltungs Hauptamt* (WVHA), dirigé par Oswald Pohl. Voir sur cet organisme et la planification mise en place par lui, Karl Heinz Roth, « "Generalplan Ost" - "Gesamtplan Ost". Forschungsstand, Quellenprobleme, neue Ergebnisse », *in* Mechtild Rössler, Sabine Schleiermacher (éds.), *Der « Generalplan Ost ». Hauptlinien der nationalsozialistischen Planungs- und Vernichtungspolitik*, Akademie Verlag, Berlin, 1993, 378 p., p. 25-95.

3. Voir là-dessus Helmut Krausnick, Hans Heinrich Wilhelm, *Die Truppen des Weltanschauungskrieges : Die Einsatzgruppen der SIPO und des SD, 1938-1942*, Stuttgart, DVA, 1981.

4. Pour mémoire, les commandos opérant en Autriche, dans les Sudètes et en Tchécoslovaquie ne tuent « que » quelques centaines de personnes. En Pologne, les estimations s'accordent sur 10 000 morts durant les mois de campagne. En ce qui concerne la Russie, les chiffres sont au minimum à centupler, en comptant les pratiques génocides et la lutte contre les partisans. Voir là-dessus Christian Ingrao, « Violence de guerre, violence génocide. Les pratiques d'agression des *Einsatzgruppen* », *in* Henry Rousso (dir.),

l'*Osteinsatz* – le service à l'Est –, nécessitant la présence de plus en plus massive d'officiers du SD, deviennent, pour les intellectuels du SD, le moyen le plus courant de se conformer à la norme de l'intellectuel qui se réalise dans l'action.

Outre les missions déjà citées de surveillance et de contrôle policier, les *Einsatzgruppen* prennent en charge des opérations de germanisation, en expertisant la classification raciale des Polonais en fonction de leur degré d'aptitude à être germanisés, en expulsant les allogènes, en installant à leur place des colons *volksdeutsche*[1].

Pourtant, plus profondément, l'*Osteinsatz* tend, à partir de juin 1941, à se confondre avec les politiques génocides. Dès l'invasion de l'URSS, en effet, les quatre *Einsatzgruppen* formés pour l'opération Barbarossa s'en prennent de plus en plus systématiquement aux communautés juives de Russie, des anciens États Baltes, de Biélorussie et d'Ukraine. Si dans les six premières semaines de la campagne, les victimes de ces groupes sont essentiellement des hommes de 15 à 60 ans, ils massacrent par ailleurs, à partir de la première moitié du mois d'août, des femmes et des enfants en nombre grandissant. En septembre 1941, ce sont des communautés entières qui sont systématiquement et exhaustivement annihilées[2].

Il faut tenter de comprendre le niveau d'implication et la caractéristique transgressive de cette dimension de l'activité des intellectuels du SD. Le 16 août 1941, le *Sonderkommando* 11b est

---

La Violence de guerre. Approche comparée des deux conflits mondiaux, Bruxelles, Complexe, 2001.

1. Je renvoie ici à Götz Aly, « *Endlösung* ». *Völkerverschiebung und der Mord an den europäischen Juden*, Fischer, Francfort, 1995, 447 p. et pour le rôle du SD dans ces opérations, Karl Heinz Roth, *Generalplan Ost, art. cit.*, et Christian Ingrao, *Les intellectuels SS dans les services de renseignements nazis, 1900-1945*, thèse, chapitre 11 : « Penser l'Est, entre Utopie et angoisse ».

2. Cf. là-dessus, Helmut Krausnick, Hans Heinrich Wilhelm, *Die Truppen des Weltanschauungskrieges, op. cit.* ; Ralf Ogorreck, *Die Einsatzgruppen und die Genesis der « Endlösung »*, Berlin, Metropol Verlag, 1996, 240 p. ; Peter Klein (éd.), *Die Einsatzgruppen in der besetzten Sowjetunion 1941/42. Die Tätigkeits- und Lageberichte des Chefs der Sicherheitspolizei und des SD*, Berlin, Édition Hentrich, 1997, 434 p. ; Christian Ingrao, « Culture de guerre, imaginaire nazi, violence génocide. Le cas des cadres du SD », in *RHMC* N° 47-2, 2000, p. 265-289.

stationné à Tighina, ville de Bessarabie. Son chef, le Dr Bruno Müller, un jeune juriste du SD, doit annoncer à ses subordonnés, déjà rompus à des fusillades et des pogroms jusqu'alors tournés essentiellement contre les hommes valides, qu'ils adjoindront désormais femmes et enfants à leurs « opérations ». Le soir même, devant la troupe assemblée, il se fait amener une femme et son bébé, et, donnant le saisissant exemple de l'atroce besogne, les exécute d'une balle dans la tête avec son arme de service[1]. Il peut sembler s'agir ici d'un cas extrême. On sait pourtant, par les procès d'après guerre, l'implication physique de nombre d'intellectuels du SD dans les plus abjectes évolutions de la pratique génocide[2]. L'*Osteinsatz* a été pour eux le lieu de la confrontation à une violence infligée fréquemment vécue sur le mode du traumatisme. Parfaitement conscients des dégâts psychiques causés aux SS par les massacres, les intellectuels du SD contribuèrent à tenter d'en amortir les effets destructeurs, en évitant, par la fusillade en peloton[3] ou le massacre à la mitrailleuse, le face-à-face individuel des bourreaux avec les victimes, en confiant les exécutions de femmes et d'enfants aux multiples milices autochtones sur lesquelles s'appuyaient les *Einsatzgruppen*[4] et enfin, en faisant pression sur le RSHA pour obtenir des camions à gaz, eux aussi destinés à éliminer ces femmes et ces enfants[5]. Car malgré toutes les légitimations mises en place, leur meurtre constituait

---

1. Cité par Andrej Angrick, « Die Einsatzgruppe D », *in* Peter Klein, *op. cit.*, p. 88-110, ici p. 94-95.

2. Voir le cas d'Alfred Filbert, mal anonymisé sous le sigle PF par Henry V. Dicks, *Les meurtres collectifs. Une analyse psychosociologique de criminels SS*, Paris, Calmann-Lévy, 1973, 348 p., ici p. 253-284. Je remercie Raphaelle Branche d'avoir attiré mon attention sur cette étude.

3. Ohlendorf a organisé les massacres de l'*Einsatzgruppe* D de cette façon, veillant selon ses dires à ce que les choses se passent « dans ces circonstances humainement » : Témoignage Ohlendorf, Nur. Doc., PS – 2620 et NO – 2856.

4. Voir sur ce point les développements de Wolfgang Scheffler et Christian Gerlach sur la participation de milices autochtones dans Peter Klein (éd.), *op. cit.* ; et, pour un cas concret de déchargement sur les milices non allemandes, Christopher Browning, *Des hommes ordinaires, le 101ᵉ Bataillon de Police et la solution finale en Pologne*, Les Belles Lettres, 1994, 284 p., p. 117.

5. Raul Hilberg, *La destruction des Juifs d'Europe*, Folio-Gallimard, 1988, 2 tomes, 1095 p., ici tome 1, p. 288 *sq.*

toujours, pour les hommes de troupe, comme pour les intellectuels du SD, un traumatisme déstructurant, générateur d'alcoolisme[1], de comportements qualifiés de pathologiques[2], voire, dans quelques cas individuels très particuliers, de suicides[3].

Pour 70 % des intellectuels du SD, se conformer à la norme de l'intellectuel d'action signifia ainsi partir en *Osteinsatz*. À l'Est un officier du SD sur deux – approximativement 35 % du groupe – participa physiquement aux tueries. Ceux qui « résistèrent » à la dimension traumatique de la violence infligée – et ils furent nombreux – avaient montré, selon Norbert Frei « leur capacité psychique à s'impliquer dans les meurtres[4] ». Ils connurent à leur retour de l'*Osteinsatz* des promotions impressionnantes. Otto Ohlendorf, le théoricien de l'économie nazi, devenu chef de l'*Einsatzgruppe* D opérant en Crimée, fut promu à son retour Secrétaire d'État au commerce. Martin Sandberger, l'un des organisateurs de colloques d'histoire de la NSStB à Stuttgart, devint le numéro 2 de l'espionnage extérieur nazi après avoir contribué à exterminer les juifs d'Estonie. Tout se passait en fait comme si les intellectuels du SD, en devenant par la pratique génocide des « intellectuels d'action », vivaient à l'occasion de ce que Himmler appelait « la plus horrible des tâches[5] » un rite initiatique leur permettant d'accéder aux plus hautes fonctions.

On voit bien pourtant en quoi l'*Osteinsatz*, tout en constituant la pointe de diamant de l'« action » assumée par les intellectuels

---

1. L'*Einsatzgruppe* B a même un terrain d'entraînement qui sert de lieu de beuverie aux hommes de troupe et aux officiers : Rapport de l'*Untersturmführer* Luther, 22/3/1943, BADH, ZR – 920, A.49, folio 562.

2. Les nazis classent dans ces comportements pathologiques tout aussi bien les cas de somatisation, comme celui du HSSPF Von dem Bach Zelewsky ou ceux d'intellectuels du SD comme Alfred Filbert (effondrement psychique, disparition totale des organigrammes du RSHA après l'interruption de l'*Osteinsatz*) et Hans-Joachim Beyer (BADH, ZX 4592, dossier médical Hans-Joachim Beyer : une hépatite suspecte), que les cas de sadisme avérés (Cas d'examen d'un officier du SD, le Dr Lach, qui pousse le maire *volksdeutsche* d'un village au meurtre de deux non-allemands et est soupçonné de psychopathie : BADH, ZR – 908, A.2, folio 43).

3. Un seul cas avéré, en fait, celui du chauffeur d'Arthur Nebe, le chef de l'*Einsatzgruppe* B, qui se suicide aux gaz d'échappement de voiture après son retour de l'*Osteinsatz*.

4. Norbert Frei, *L'État hitlérien, op. cit.*

5. Cité par Norbert Frei, *ibid.*, p. 218.

du SD, faisait de la figure de l'Intellectuel d'action une figure normative, générant une conformation massive, mais qui n'en
demeura pas moins imparfaite. Quelques itinéraires peuvent permettre, pour conclure, d'illustrer tout à la fois cette conformation,
mais aussi les déviances et les transgressions à la figure de cet
intellectuel d'action devenu génocidaire.

Eugen Steimle, par exemple, semble représentatif du cas général. Cet historien, ancien activiste de la NSStB à Stuttgart avec
Sandberger, Beyer et Ehrlinger, fait deux séjours à l'Est et
commande le *Sonderkommando* 4a en Ukraine. Steimle, pourtant,
montre une certaine répugnance pour l'*Osteinsatz* et tente d'y
échapper au bout de quelque temps en se faisant porter malade.
Ayant passé à chaque fois plusieurs mois à l'Est, Steimle revient
au SD Ausland et devient chef de groupe à 40 ans, avec le rang de
Standartenführer SS et de n° 3 du service de renseignement extérieur. Chez cet historien, la conformation au modèle de l'intellectuel d'action est effective, ce qui se traduit par un avancement
assez remarquable, tout en ne constituant en aucune manière une
exception pour les hommes partis en *Osteinsatz*.

Son collègue au SD *Ausland*, Alfred Filbert, échoue par contre
à se conformer au modèle de l'intellectuel d'action. Il passe quelques mois en Russie à la tête d'un *Einsatzkommando*, mais la
charge psychique représentée par les massacres le conduit à un
effondrement nerveux, après qu'il a participé personnellement à
plusieurs fusillades[1]. Il est rapatrié en Allemagne et disparaît des
organigrammes du RSHA pendant plus de deux ans, ne reprenant
une activité qu'en 1944, au sein d'un service mineur, voie de
garage pour une carrière brisée par son incapacité psychique à se
conformer au modèle de l'intellectuel qui se réalise dans l'action.

Heinz Ballensiefen, qui ouvrait cette étude, représente enfin le
cas d'une non conformation au discours normatif hiérarchique.
Ballensiefen, malgré sa formulation très précoce du modèle de
l'intellectuel d'action, ne partit jamais en *Einsatz*. Il se borna, à
l'instar de tous les experts du RSHA Amt VII, chargé des
recherches idéologiques, à fournir un travail d'expertise dogmatique. Cet antisémite frénétique rédigea jusqu'en 1945 des rap-

---

1. Voir Dicks, *op. cit.*, p. 213 *sq.*

ports sur la judaïté, les Francs-maçons ou les témoins de Jéhovah, des rapports que personne, à la vérité, ne devait lire en cette année de naufrage du Troisième Reich. Ballensiefen, du fait de sa non conformation au modèle de l'intellectuel d'action, restait cet « intellectuel » qu'il fustigeait quand, encore élève, il écrit son pamphlet sur le « bachelier de 1934 » et ne connut aucun avancement entre 1943 et 1945.

Certains intellectuels SS, comme Erich Ehrlinger ou Martin Sandberger, s'acclimatèrent enfin à l'*Osteinsatz* de telle manière qu'ils en devinrent des spécialistes. Erich Ehrlinger, qui avait participé à un groupe d'intellectuels du SD s'occupant de paléographie, devint ainsi l'un de ces spécialistes, à la tête d'un commando de l'*Einsatzgruppe* A, puis en commandant les forces de la Gestapo et du SD en Biélorussie et en Ukraine. En 1944, Ehrlinger, promu officier général à 37 ans, devint le chef du personnel du RSHA, poste qui faisait de lui le second personnage des organes de répression du Troisième Reich. Avec Ehrlinger, cependant, la figure de l'intellectuel d'action ne semble-t-elle pas se dissoudre au profit du policier et du « soldat politique[1] » et génocide qu'était le SS? Ces hommes, se conformant au modèle du théoricien militant et homme d'action, cessaient pourtant, à la fin de leur parcours, tout travail de formulation dogmatique, comme si l'engagement dans l'action excluait par avance le développement idéologique; comme si le modèle de l'Intellectuel d'action était menacé d'un côté par le manque d'action, et de l'autre, par l'étouffement du travail dogmatique par l'action à l'Est : dans la conformation au modèle, l'intellectuel cesse d'être un penseur pour n'être plus que policier, espion, soldat et génocide. S'il continue à être conforme à l'image de l'« homme nouveau » SS, l'intellectuel du SD perd à l'Est ce qui faisait la spécificité du Service de sécurité : le mélange entre formulation dogmatique et activisme militant.

En ce sens, la norme de l'intellectuel d'action, norme implicite, était bien une norme impossible, un mythe.

---

1. On reprend ici le titre de l'ouvrage de Bernd Wegner, *Hitlers Politische Soldaten : Die Waffen SS 1933-1945*, Paderborn, Schöning, 1982, 363 p.

Intellectuels « éducateurs » du fascisme italien

Gabriele Turi
(université de Florence)

Le régime fasciste a souvent proclamé son intention de créer
un « Italien nouveau » : une démarche naturelle pour un régime
qui fut le premier à être qualifié de totalitaire par ses adversaires
d'abord à partir de 1923, puis par ses partisans et idéologues [1].
Le fascisme tenta de s'identifier avec la « nouvelle Italie », qui
venait d'obtenir, avec la Grande Guerre, sa première victoire,
laquelle avait complété l'unité politique de 1861 par l'unification nationale des citoyens. Le mythe du « nouveau » accompagna toute la parabole du fascisme qui se définissait comme mouvement révolutionnaire, capable de bouleverser l'ordre politique
et social existant : en ouvrant la réunion du 23 mars 1919, lors
de laquelle fut fondé le mouvement fasciste, Mussolini déclara
que le premier acte de la révolution avait été réalisé en
mai 1915, avec l'entrée en guerre de l'Italie [2] ; par la suite, les
idéologues fascistes définirent la « révolution fasciste » comme
la plus haute expression de l'idée de révolution, après l'exemple
français et russe. Les plus prestigieux intellectuels du régime, à
commencer par Giovanni Gentile, parlèrent de « nouvelle
culture du fascisme ».

En dépit de ces prétentions à la nouveauté, pour transformer
les mentalités, le régime mena une politique consistant à détruire
plutôt qu'à construire, selon les mécanismes caractéristiques des

---

1. Enzo Traverso, *Le Totalitarisme. Le xxᵉ siècle en débat*, Seuil, 2001,
p. 19 s.
2. Cité par Renzo De Felice, *Mussolini il rivoluzionario 1883-1920*,
Turin, Einaudi, 1965, p. 502.

régimes autoritaires dans la période de la société de masse. L'œuvre de propagande et d'éducation pour forger un « Italien nouveau » consista d'abord en la négation des valeurs libérales, démocratiques et socialistes. Au rang des valeurs positives figuraient principalement les références au nationalisme et à la tradition catholique. Ce n'est pas un hasard si, parmi les intellectuels destinés à éduquer et discipliner les masses, s'imposèrent ceux qui n'exaltaient pas la dimension novatrice et révolutionnaire du fascisme mais l'identifiaient avec la nation et la gloire du passé romain et chrétien, surtout après les Accords du Latran[1].

L'« homme nouveau » du fascisme resta cantonné à un imaginaire littéraire et rhétorique. Plusieurs obstacles empêchèrent sa réalisation : l'ancrage dans la tradition, les disparités sociales et de genre que le régime ne fit qu'accentuer, les différences économiques, sociales et culturelles entre les régions d'Italie qui ne s'estomperaient qu'à partir des années soixante, sous l'effet du processus de modernisation du pays. Affirmer, comme l'a fait Renzo De Felice[2], que le fascisme italien est caractérisé par le projet de créer un « homme nouveau » – alors que le noyau identitaire du national-socialisme serait l'idéologie raciale – signifie confondre la réalité des faits avec la propagande et nier les nombreux éléments communs aux deux fascismes historiques. On ne peut oublier que le tournant raciste et antisémite du régime opéré en 1938 procéda d'une décision autonome et ne dépendit pas d'un modèle nazi. Dans ce domaine, la référence au passé fut également sollicitée comme le prouve la couverture du premier numéro de la revue *La difesa della razza*, le 5 août 1938, sur laquelle apparaissaient trois profils : un glaive romain séparait un sémite et un khamite d'un arien représenté par un profil antique.

---

1. Pour une mise au point concernant ces questions, je me permets de renvoyer à l'ouvrage : Gabriele Turi, *Lo Stato educatore. Politica e intellettuali nell'Italia fascista*, Rome-Bari, Laterza, 2002.

2. Par exemple dans la préface de George L. Mosse, *La nazionalizzazione delle masse. Simbolismo politico e movimenti di massa in Germania dalle guerre napoleoniche al Terzo Reich*, Bologne, Il Mulino, 1975, p. XVII-XVIII.

POLITIQUE CULTURELLE ET CONSENSUS

L'homme n'est rien en dehors de l'histoire. « La conception fasciste est contre l'individu et pour l'État : elle est pour l'individu tant que ce dernier coïncide avec l'État, elle est conscience et volonté universelle de l'homme dans son existence historique » ; le fascisme « n'est pas seulement inventeur de lois et fondateur d'instituts, il est aussi éducateur et promoteur de vie spirituelle. Il veut refaire non pas les formes de la vie humaine, mais le contenu, l'homme, le caractère, la foi. À cette fin, il veut que la discipline et l'autorité pénètrent les esprits pour y dominer de façon incontestée. » Dans l'article *Fascisme,* paru en 1932 dans l'*Enciclopedia italiana* sous la signature de Mussolini, l'influence de Giovanni Gentile, qui collabora à sa rédaction, est évidente. L'identification de l'individu et de l'État, l'annihilation du premier au profit du second dans une optique totalitaire, est au cœur même du concept de l'« homme nouveau », ce qui, contrairement à ce qu'affirmait Renzo De Felice, ne constitue pas une spécificité du fascisme italien par rapport au fascisme allemand[1].

Sur le plan de la propagande et de l'imaginaire collectif, Mussolini s'imposa comme le modèle du nouvel Italien fasciste : l'une des premières biographies du fondateur du fascisme, publiée en 1923 par le journaliste et écrivain Antonio Beltramelli, avait pour titre *L'uomo nuovo.* Mais un modèle suppose un caractère d'exception[2] et, par conséquent, la difficulté à l'égaler. Aux exemples d'illustres Italiens choisis dans un passé ancien ou plus récent, le régime préféra la définition et la codification d'un mode d'être et surtout de *non être* : d'où les images négatives du libéralisme, de la démocratie, du socialisme ou de la mentalité bourgeoise.

Le contenu des messages politiques, sociaux et anthropologiques du fascisme italien a déjà été étudié à travers ses formes de transmission « populaires », constituées de symboles, mythes,

---

1. Renzo De Felice, *Intervista sul fascismo*, sous la direction de Michael A. Ledeen, Rome-Bari, Laterza, 1975, p. 41.
2. Luisa Passerini, *Mussolini immaginario. Storia di una biografia 1915-1939*, Rome-Bari, Laterza, 1991, p. 54.

auto-représentations, lieux de mémoire[1]. Les finalités du régime et les étapes pour y parvenir sont analogues à celles dont a parlé Franz Neumann pour le nazisme, et Hannah Arendt pour les régimes totalitaires : désagrégation des liens d'appartenance des individus, atomisation et réduction de ces derniers à une masse indistincte[2]. La portée d'un tel processus, fondé sur le recours à des moyens divers – parti, État, violence, langage – dépassa amplement le cadre des adhérents au fascisme. Ce n'est pas seulement de son expérience personnelle que parle le philologue juif et anti-nazi Victor Klemperer, lorsque après avoir analysé, sous Hitler, la langue du Troisième Reich il déclare, à la fin du cauchemar, se sentir « complètement transformé » dans sa manière de regarder la réalité[3].

On s'attachera ici au rôle assigné aux intellectuels par le régime dans le projet de transformation de l'Italien en fasciste. L'analyse ne s'attachera pas seulement aux grands intellectuels comme Giovanni Gentile et GioacchinoVolpe, sur lesquels l'historiographie s'est focalisée, mais à la catégorie des « intellectuels » entendue au sens large, suivant une approche qui prend acte du processus de modernisation de la société italienne pendant le fascisme (sans ignorer pour autant les composantes autoritaires de celui-ci). L'État fasciste ne recourt pas seulement à la violence et à la coercition pour contrôler la société. Il s'appuie également sur des nouvelles couches spécialisées dans la médiation entre l'État et la société, comme l'avait observé Gramsci dans ses *Quaderni del carcere* (Cahiers de prison) rédigés dans les années trente, qui constituent un témoignage supplémentaire des transformations socioculturelles intervenues sous le fascisme.

La distinction entre « intellectuels militants » (culturellement

---

1. Emilio Gentile, *Il culto del littorio. La sacralizzazione della politica nell'Italia fascista*, Rome-Bari, Laterza, 1993.
2. Franz Neumann, *Behemoth. Struttura e pratica del nazionalsocialismo*, introduction de Enzo Collotti, Milan, Feltrinelli, 1977 ; Hannah Arendt, *Le origini del totalitarismo*, Milan, Comunità, 1996 : « Les mouvements totalitaires sont des organisations de masse d'individus atomisés et isolés [...] ; cela déjà avant la conquête du pouvoir, sur la base de l'affirmation, idéologiquement justifiée, que ceux-ci embrasseraient en temps voulu l'entière race humaine » (p. 448).
3. Victor Klemperer, *LTI. La lingua del Terzo Reich. Taccuino di un filologo*, Florence, Giuntina, 1998, p. 351.

créatifs) et « intellectuels fonctionnaires » (organisateurs et propagandistes), établie par Mario Isenghi en 1979[1], a montré la
nécessité d'élargir la notion d'intellectuel et d'en proposer une
vision articulée : aux côtés des grands intellectuels, il convient
de prendre en compte les journalistes, enseignants d'école et
d'université, éditeurs, professions libérales, juristes, économistes, curés, techniciens, etc. soit tous ceux qui contribuent au
développement d'une « industrie culturelle » en plein essor pendant la période, pas seulement sous l'impulsion du régime. Cette
optique plus vaste permet de mieux saisir les liens entre politique et culture. « La fonction des grands intellectuels – a
observé Gramsci – en demeurant intacte se retrouve toutefois
dans une ambiance où il est beaucoup plus difficile de s'affirmer
et de se développer : le grand intellectuel doit lui aussi se plonger dans la vie pratique, devenir un organisateur des aspects pratiques de la culture, s'il veut continuer à diriger[2]. »

En l'absence d'analyse sociologique des différentes catégories
d'intellectuels, on peut néanmoins affirmer que lorsqu'ils
adhèrent au régime à l'intérieur des structures du parti et de
celles de l'État, ils se transforment en « classe politique »,
s'employant, sur des modes différents mais convergents, à
construire un nouvel État et un homme nouveau. Les études les
plus récentes ont démontré que le fascisme rechercha et obtint
en grande partie (mais pas complètement), le consensus des
classes intellectuelles moyennes par la promesse d'une amélioration de leur statut social[3]. Trait d'union entre la société civile,

---

1. Mario Isenghi, *Intellettuali militanti e intellettuali funzionari. Appunti
sulla cultura fascista*, Turin, Einaudi, 1979.

2. Antonio Gramsci, *Quaderni del carcere*, édition critique de l'Istituto
Gramsci sous la direction de Valentino Gerratana, Turin, Einaudi, 1975,
p. 688-89. La catégorie de l'intellectuel humaniste, a observé Raymond Wil-
liams, s'est drastiquement réduite, à la faveur des « producteurs culturels » et
des « nombreux genres de travailleurs intellectuels directement insérés dans
les principales institutions politiques, économiques, religieuses et sociales –
employés de l'État, experts financiers, prêtres, avocats, docteurs – et par
conséquent clairement impliqués non seulement dans les pratiques directes de
telles institutions, mais aussi dans la production et la reproduction de l'ordre
social et culturel général » (*Sociologia della cultura*, Bologne, il Mulino,
1983, p. 236). Cf. également Zygmunt Bauman, *La decadenza degli intellettuali. Da legislatori a interpreti*, Turin, Bollati Boringhieri, 1992.

3. Cf. *Libere professioni e fascismo*, sous la direction de Gabriele Turi,
Milan, Angeli, 1994, et Gabriele Turi, *Fascismo e cultura ieri e oggi*, in *Il*

dans laquelle ils opèrent traditionnellement, et l'État qui tend à coïncider avec la société civile, intellectuels majeurs et mineurs sont utilisés par le régime afin d'obtenir le consensus des masses déjà contrôlées par des mesures coercitives.

Il peut être utile de réfléchir, dans le cadre de cette discussion, sur la liaison établie par le fascisme entre force et consensus. La thématique du consensus proposée par Renzo De Felice eut le mérite d'amorcer une réflexion plus articulée sur le rapport entre le régime et la société italienne. Selon De Felice en effet, pendant les « années du consensus » et jusqu'en 1934, « la pression du régime sur la haute culture [...] fut dans l'ensemble maintenue de manière relativement supportable », permettant la survivance des voix « non conformistes », profitant également de l'absence d'une politique culturelle spécifique du régime[1]. La thèse de l'« autonomie des clercs » ne saurait pourtant être validée s'agissant du fascisme italien.

Si le fascisme ne devint pas un régime parfaitement totalitaire, le consensus ne suffit pas à caractériser la période consécutive à 1929, comme estime De Felice, la dimension répressive et policière demeurant extrêmement présente. La notion de « consensus » implique une égalité de conditions dans la relation unissant les deux parties et une liberté de choix : c'est pourquoi il est difficile de distinguer entre consensus « actif » et consensus « passif ». L'appareil coercitif d'une dictature est complexe, en Italie comme en Allemagne et ailleurs, et il ne se réduit pas au moment de la « violence » même si celle-ci est au cœur du système. La réalité du consensus doit être étudiée en situation, sans généralisation à l'ensemble de la société, en étroite connexion avec la prise en compte de la violence, au plan logique et chronologique.

En 1923, dans la célèbre intervention *Forza e consenso* (*Force et consensus*), Mussolini demandait aux libéraux : « Y a-t-il déjà eu dans l'histoire un gouvernement qui se soit exclusivement basé sur le consensus des peuples et ait renoncé à un quelconque emploi de la force ? Il n'y a jamais eu de tel gouver-

---

regime fascista. Storia e storiografia, sous la direction d'Angelo Del Boca, Massimo Legnani et Mario G. Rossi, Rome-Bari, Laterza, 1995, p. 529-550.

1. Renzo De Felice, *Mussolini il duce*, I, *Gli anni del consenso 1929-1936*, Turin, Einaudi, 1974, p. 110.

nement et il n'y en aura jamais. Le consensus est changeant comme la formation du sable au bord de la mer [...]. Retirez toute force à un gouvernement – entendons force physique, force armée – et laissez-lui seulement ses principes immortels, et ce gouvernement sera à la merci du premier groupe organisé et décidé à l'abattre[1]. » Dans la terminologie fasciste « consensus » ne revient pas fréquemment : on insiste sur « discipline », « hiérarchie », « encadrement » et « organisation », on parle de masse ou d'intellectuels. Les leaders intellectuels n'admirent pas véritablement le principe du consensus, acceptant la relation autoritaire entre l'État et la société civile et ses effets sur la vie culturelle.

À la conception « autoritaire » de l'État éthique de Gentile, le libéral Piero Gobetti opposait, en 1925, celle de Croce, détenteur d'« une idée claire de l'État, qui est force seulement parce qu'il est consensus[2] ». Gentile lui-même ne parlait guère de consensus ou le concevait dans un sens limité même lorsqu'en 1925-1926 il s'efforça de « capturer » des intellectuels d'origines diverses pour les initiatives culturelles du fascisme. Dans le *Manifesto degli intellettuali italiani fascisti* (*Manifeste des intellectuels italiens fascistes*) on lit, par exemple, que le fascisme jouit du « consensus » de la grande majorité du pays mais qu'il utilisera sa « force » afin de faire œuvre d'« attraction » et d'« absorption ». Mussolini, de façon significative, remplaça l'expression « Italie fasciste » par le terme plus extensif d'Italie « fascisée »[3].

Volpe et Bottai, deux artisans majeurs de la politique culturelle du fascisme, considérés comme plus « libéraux », étaient pourtant d'accord avec les positions de Gentile. Inaugurant l'Institut national fasciste de la culture, celui-ci en guise d'avertissement, déclarait *parcere subiectis et debellare superbos*, façon de réaffirmer que la première étape indispensable était de soumettre les ennemis[4]. De façon significative, dans l'*Enciclopedia italiana*,

---

1. Benito Mussolini, *Scritti e discorsi*, III, Milan, Hoepli, 1934, p. 78-79.
2. Piero Gobetti, *Croce oppositore* (6 settembre 1925), in *Id.*, *Scritti politici*, sous la direction de Paolo Spriano, Turin, Einaudi, 1969, p. 878.
3. *In* E. Gentile, *Le origini dell'ideologia fascista (1918-1925)*, Bari, Laterza, 1975, p. 459-66.
4. *In* Giovanni Gentile, *Politica e cultura*, vol. I, Florence, Le Lettere, 1990, p. 268.

l'entrée « *Consensus* » renvoyait à l'acception juridique de *Contrat* (1929). Dans le *Dizionario della dottrina fascista* de Amerigo Montemaggiori [1], où figuraient les termes « violence » ou « force », *consensus* était absent. En 1941, dans le *Vocabolorio della lingua italiana* de l'Académie d'Italie, œuvre commencée à partir de 1934 sous la direction de Giulio Bertoni, l'adjectif *consensuel* était curieusement expliqué sous forme d'une définition « en négatif » fondée sur une unique citation de Mussolini (« Les régimes exclusivement consensuels n'ont jamais existé, n'existent pas, et n'existeront probablement jamais »). La même optique fut codifiée en 1940 dans le *Dizionario di politica* du Parti national fasciste (PNF) : la violence y était considérée comme un concept typiquement fasciste et « moral », dérivée de la « force divine » de Vico et de Sorel – « La violence peut être étatique ou antiétatique : si elle est étatique elle est historique, si elle est antiétatique elle est un fait privé qui n'intéresse pas l'histoire » – alors que le consensus était vu, contre toute interprétation contractualiste et libérale, comme subordination hiérarchique des masses à « la volonté du chef », « puisque celui-ci en tant que chef accroît en soi et met en valeur par sa vigueur cette même volonté qui de manière moins révélée et moins énergique s'ancre dans la conscience des masses ».

Contraints ou consentants, les intellectuels grands et moyens se placèrent donc au service d'un « État éducateur » aspirant à fasciser tout le pays. En dépit de leurs différences culturelles, ils acquirent quelques traits communs pour au moins trois raisons : l'existence d'une nouvelle politique culturelle, l'affirmation d'une culture fasciste, la conception fasciste du rôle de l'intellectuel.

Le fascisme inaugure en Italie une politique culturelle nouvelle, plus ample et organisée que celle de l'État libéral. Il tient compte, en effet, des articulations d'une société de masse et de la nécessité de la contrôler non seulement avec la force, mais aussi avec des instruments capables d'exercer une hégémonie. Après la mise hors la loi des mouvements et des partis non fascistes, le secteur de la culture restait le seul dans lequel on pouvait mani-

---

1. Turin, Paravia, 1934.

fester des critiques ou des différences de vue à l'égard de l'idéologie officielle du régime. L'augmentation du nombre des revues culturelles, qui n'étaient pas seulement l'œuvre des représentants du fascisme, en témoigne. Le régime confie à ses propres revues la mission d'agréger les intellectuels et de discipliner le débat à l'intérieur du même PNF. À la conférence de la presse fasciste, fin 1924, Bottai affirma que les revues culturelles aussi devaient combattre les vieilles idées avec « une intransigeance absolue » et « encadrer » la « classe la plus réfractaire à l'inscription, celle des intellectuels qui peuvent seulement être attirés dans notre orbite par les sentiments qui leur sont chers, de la méditation et de la pensée[1] ». Gentile également rappelait, en 1925, que l'essence même du fascisme était « le moyen sérieux (moi je dis religieux), de concevoir la vie et de la vivre » ; par conséquent il n'était plus possible de « se contenter d'une revue passablement agréable et même instructive et riche d'informations et de curiosités » : une revue devait permettre de saisir l'« homme » et ses « passions » – « une passion intense et vigoureuse, capable d'investir toute une vie et de supporter toute l'âme avec cette unité constante et véhémente qui est une des caractéristiques les plus remarquables de l'esprit religieux. Ceci est le mode de vie fasciste[2] ».

Toutefois, pendant ces années-là, ne naquirent pas seulement des revues fascistes. En particulier, lors de la phase de construction du régime, des initiatives non fascistes pouvaient demeurer ou être lancées à condition qu'elles fussent dépourvues de connotations politiques. Certaines données indiquent – à côté de l'augmentation constante des périodiques à thèmes religieux, qui sont vers 1930 relativement plus nombreux que les revues politiques ou d'information – la brusque chute des revues politiques en 1926, puis leur tassement et finalement une reprise sous l'Empire. L'accroissement du nombre des autres revues fut constant, plus considérable encore dans le domaine de la culture générale et du divertissement, suivi par la philologie et la critique littéraire, et enfin les sciences historiques et géogra-

---

1. Giuseppe Bottai, « Il problema delle riviste al convegno della stampa fascista », *Critica fascista*, 3 (1925), n. 2, p. 30.
2. G. Gentile, « Le riviste del fascismo », in *Id.*, *Politica e cultura*, vol. I, *op. cit.*, p. 152.

phiques. Compte tenu du fait que les revues étaient soumises, comme les journaux, au contrôle prévu par la loi du 31 décembre 1925, ces données semblent indiquer ou un éloignement progressif des intellectuels de la politique ou un transfert de la dialectique politique dans le domaine culturel. La « critique » crocienne reste un cas exceptionnel. Mais le choix de Gobetti de publier en 1924 *Il Baretti* ou celui du groupe génois de fonder en 1926 *Pietre* – deux cas extrêmes de détachement à l'égard du fascisme – n'étaient pas des faits isolés : en utilisant les opportunités étroites qui leur restait, ils purent subsister jusqu'en 1928.

Une caractéristique du fascisme italien semble être la gradation des interventions dans le cadre culturel, qui se produisent tout d'abord dans les secteurs politiquement plus délicats (les journaux et l'école), pour frapper plus tard la haute culture (universités, édition, etc.). Dès le lendemain du 3 janvier 1925, le fascisme œuvra à la création de ses propres instituts culturels destinés à cohabiter avec les instituts déjà existants, dûment fascisés : toujours selon une logique qui met au premier plan problèmes et objectifs politiques. Il s'agit d'un programme relativement vaste et organisé, nécessitant un engagement financier – dont la nouveauté et le succès furent reconnus également par les antifascistes [1]. Son succès s'annonçait d'autant plus difficile que le pays, avant 1938, ne connut pas d'émigration intellectuelle notable.

L'Institut national fasciste de la culture présidé par Gentile, a été, à partir de 1925, avec ses revues et ses initiatives éditoriales, un instrument direct du PNF pour affirmer le « fascisme de la culture » selon les perspectives gentiliennes qui visaient à présenter le parti non pas comme une « secte », mais comme l'expression de toute la nation italienne. « Construire pour conserver, conserver pour construire » est la devise adoptée par

---

1. De son exil parisien Lionello Venturi remarquait en 1934 « le succès du fascisme dans la promotion de la culture en Italie. Mussolini a compris l'importance d'une culture orientée pour le soutien du régime, et, dépourvu de tout idéal à offrir comme but à l'intelligence, convaincu que seul l'argent peut intéresser les hommes, il fait des largesses de moyens envers les intellectuels d'une manière inconnue en Italie » (N. Travi [L. Venturi], « La cultura italiana sotto il fascismo », *Quaderni di Giustizia e Libertà*, juin 1934, p. 47).

Gentile pour la Commission pour les réformes constitutionnelles, dont il assura la présidence lorsqu'elle fut constituée en
1924[1]. Une telle devise est à l'image de la philosophie du fascisme dans son rapport de continuité avec le passé : une relation
qu'illustre la difficulté à remplacer la bureaucratie d'origine
libérale par une bureaucratie de formation fasciste[2] tout comme
la difficile construction de l'« homme nouveau ».

Dans ce même dessein, l'*Enciclopedia italiana,* placée elle
aussi sous la direction de Gentile, visait un public culturellement
élevé. Pourtant les matières « sensibles » comme politique, histoire, éducation, etc. ne pouvaient pas ne pas refléter le climat
dans lequel l'encyclopédie fut conçue, à l'instar de l'article *Fascismo*, de 1932, signé Mussolini – et reproduit à l'identique dans
l'édition de 1949 encore en circulation. L'Académie d'Italie,
inaugurée en 1929, dont le président était membre de droit du
Grand Conseil du Fascisme, eut une mission dont les objectifs
étaient bien politiques même si rien de tel n'était explicite[3].

Le régime de Mussolini ne détruisit pas les institutions existantes mais les transforma de l'intérieur. De même, dans les institutions fondées *ex novo*, il chercha des formes de continuité
avec des aspects de la culture préexistante, de manière à obtenir
aussi l'implication des intellectuels non fascistes au nom de
l'esprit national et patriotique. La situation de l'université révèle
une transformation graduelle avec la création des facultés de
sciences politiques, en 1925, l'obligation pour les professeurs de
jurer fidélité au fascisme n'intervenant qu'en 1931, après, toutefois, des tentatives de contrôle sous une forme plus limitée en
1924 et en 1927[4]. Le contrôle sur l'édition s'établit aussi lentement, les exigences du marché se heurtant souvent à celles de
l'idéologie du régime et permettant le maintien de zones neutres
politiquement (à savoir la diffusion du roman contemporain

---

1. G. Turi, *Giovanni Gentile. Una biografia*, Florence, Giunti, 1995,
p. 346.
2. Mariuccia Salvati, *Il regime e gli impiegati. La nazionalizzazione pic-
colo-borghese nel ventennio fascista*, Rome-Bari, Laterza, 1992.
3. G. Turi, « Ideologia e cultura del fascismo : l'Enciclopedia italiana »,
in *Id., Il fascismo e il consenso degli intellettuali*, Bologne, il Mulino, 1980,
p. 13-150, et *Id.*, « Le Accademie nell'Italia fascista », *Belfagor*, 54 (1999),
n. 4, p. 403-424.
4. G. Turi, *Giovanni Gentile, op. cit.*, p. 329, 387.

américain, les romans policiers ou les bandes dessinées). La tentative analogue pour orienter la lecture des jeunes, intervenant sur le contenu des bibliothèques populaires et scolaires, fut menée de manière fortuite et contradictoire et se résolut dans ce qui a été défini comme une « appropriation imparfaite » des jeunes de la part du fascisme[1]. La censure préventive fut introduite seulement en 1934, avec le séquestre d'un auteur considéré comme portant atteinte à la « dignité de la race », pour devenir totale à l'égard des auteurs juifs en 1939, un an avant l'Allemagne[2].

CULTURE FASCISTE, PROPAGANDE ET RÔLE DES INTELLECTUELS

Si toute la production culturelle de la période ne fut pas fasciste, une « culture fasciste » a bel et bien existé[3], celle-ci étant entendue au sens anthropologique, pour désigner le langage, les comportements, les habitudes, les mentalités. L'idéologie éclectique du fascisme récupéra de nombreuses traditions – nationalisme, tendances corporatistes ; polémique contre les principes de la Révolution française, contre la démocratie, le libéralisme, le parlementarisme, le socialisme, le cosmopolitisme, le pacifisme. Il les unifia et instilla son idéologie dans tous les secteurs de la culture. La culture contribua à cette œuvre d'homogénéisation des refus et de constitution d'un patrimoine de « valeurs » : hiérarchie, ordre, suprématie italienne, jusqu'au racisme et à l'antisémitisme qui furent l'expression paroxystique d'une tentative de construction de l'identité nationale commencée précocement, et fondée sur l'exclusion de ceux qui étaient considérés comme « différents ».

La volonté du régime de rapprocher les secteurs de la haute

---

1. Adolfo Scotto di Luzio, *L'appropriazione imperfetta. Editori, biblioteche e libri per ragazzi durante il fascismo*, Bologne, il Mulino, 1996.

2. Giorgio Fabre, *L'elenco. Censura fascista, editoria e autori ebrei*, Turin, Zamorani, 1998. Pour un cadre d'ensemble de l'édition à la période fasciste, cf. Gianfranco Pedullà, *Gli anni del fascismo : imprenditoria privata e intervento statale*, in *Storia dell'editoria nell'Italia contemporanea*, sous la direction de Gabriele Turi, Florence, Giunti, 1997, p. 341-382.

3. Cf. les observations de Adrian Lyttelton, *La conquista del potere. Il fascismo dal 1919 al 1929*, Rome-Bari, Laterza, 1974, p. 609.

culture et de la basse culture, rendit plus perméables les frontières entre production culturelle et propagande, à un moment où, en l'absence d'une réelle dialectique politique, beaucoup d'intellectuels devaient assumer de nouvelles responsabilités civiles.

La créativité des intellectuels ne s'éteint pas en régime totalitaire – comme l'a affirmé Hannah Arendt[1]. Ceux-ci s'adaptent toutefois aux fonctions de propagande. Le régime les utilise soit pour divulguer son idéologie parmi les masses, soit pour former une nouvelle élite dirigeante, celle « des compétents, des capables, des intelligents, des productifs », selon Bottai,[2] lequel concevait le fascisme comme « une révolution intellectuelle », mais d'« intelligence vive et actuelle », c'est-à-dire tournée vers des fins pratiques[3]. La critique menée par Julien Benda à l'égard de la culture « abstraite » – personne ne comprit alors que la position de Benda était en elle-même une manière, quoique utopique, d'engagement – est bien sûr très diffusée dans l'entre-deux-guerres, comme le démontre le premier congrès international des écrivains pour la défense de la culture, tenu à Paris en juin 1935, où peu de voix surent distinguer régimes fascistes et sociétés bourgeoises démocratiques[4]. Ainsi, en Italie, alors qu'en 1928 Croce estimait « impensable » la nette séparation entre « clercs » et « laïcs » proposée par Benda, il dénonçait aussi l'asservissement de la culture à la politique[5]. En effet, le fascisme refusa l'autonomie de la culture à l'égard de la politique. À ce propos, *Critica fascista*, la revue de Giuseppe Bottai, posa avec une grande clarté le problème du rôle des intellectuels dans la « révolution fasciste », *La trahison des clercs* de Benda constituant l'une de ses cibles préférées : « L'intellectuel qui ignore son propre temps, la politique qui règle son propre temps, doit être considéré en dehors du temps », c'est-à-dire comme

---

1. H. Arendt, *Le origini del totalitarismo*, op. cit., p. 469-470.

2. Giuseppe Bottai, « Disciplina », *Critica fascista*, 1 (1923), n. 3, p. 45-47.

3. G. Bottai, *Il fascismo nel suo fondamento dottrinario*, ibid., 2 (1924), n. 7, p. 395-399.

4. Sandra Teroni (dir.), *Per la difesa della cultura. Scrittori a Parigi nel 1935*, Roma, Carocci, 2002.

5. *La Critica,* 26 (1928), p. 213-214. Sur la distinction entre Croce et Benda cf. l'Introduction de Sandra Teroni Menzella à J. Benda, *Il tradimento dei chierici*, Turin, Einaudi, 1976, p. XXVIII-XXXIII.

un « mort ». « Nous ne pouvons concevoir l'homme de pensée vivant dans l'ignorance de la société nationale, de ses orientations, de ses passions, de ses transformations et du progrès et ne cherchant pas à agir par sa propre contribution », écrivait Gherardo Casini polémiquant avec Benda[1], défini ailleurs comme antihistorique[2] et représentant de l'« intellectualisme juif français[3] ».

Ceci est confirmé par la fréquente dépréciation du terme « intellectuel » assimilé à « intellectualisme », vocable indiquant la distance séparant celui-ci de la société. Gentile critiqua souvent les « intellectuels qui restent à la fenêtre » ; « l'esprit fasciste est volonté et non-intellect », affirmait-t-il au congrès de Bologne sur la culture fasciste en mars 1925, ajoutant : « les intellectuels fascistes ne doivent pas être des intellectuels. Le fascisme combat, et doit combattre sans trêve et sans pitié, non pas l'intelligence, mais l'intellectualisme qui est, je le disais, la maladie de l'intelligence. » Lors de l'inauguration du deuxième congrès des instituts fascistes de la culture à la fin de 1931, après le serment de fidélité au fascisme imposé aux professeurs universitaires, il proclamait la disparition de « l'intellectuel isolé[4] ».

L'emphase du fascisme autour du « faire », l'insistance sur le rapport pensée-action, poussèrent également Alfredo Rocco et la corporation des professionnels et artistes à parler de « travail intellectuel », et non d'« intellectuel[5] », terme absent de l'*Enciclopedia italiana* et du *Dizionario di politica* du Parti fasciste, alors que l'édition de 1935 du *Dizionario moderno* d'Alfredo Panzini explique le vocable par une phrase de Mussolini : « il faut être anti-intellectuel pour être intellectuel. » La valorisation du rôle culturel et politique des professions libérales, même mineures, comme celle des experts agricoles et des géomètres

---

1. Gherardo Casini, « Morte dell'intellettuale », *Critica fascista,* 11 (1933), n. 1, p. 4. Voir également Valentino Piccoli, « Se Julien Benda leggesse Giambattista Vico », *ibid.,* 7 (1929), n. 5, p. 202-204.

2. Quidam, *Julien Benda, l'antistorico, ibid.,* 11 (1933), n. 11, p. 215-216 (à propos du *Discours à la nation européenne*).

3. *Antifascismo intellettuale, ibid.,* 13 (1935), n. 24, p. 472.

4. G. Gentile, *Politica e cultura,* vol. I, *op. cit.,* p. 93 ; vol. II, 1991, p. 281.

5. Cf. Luca Farulli, « Alfredo Rocco e la questione politica degli intellettuali », *Dimensioni,* 18 (1981), p. 60-72.

est significative d'une telle conception[1]. L'« État éducateur » tenta non seulement d'encadrer les intellectuels en raison de leur rôle de « producteurs de culture » susceptible de contribuer à la formation d'un consensus, mais il tenta aussi d'intervenir sur la culture, la mentalité et les habitudes des Italiens. Le changement de nom du ministère de l'Instruction publique, qui devient en 1929 ministère de l'Éducation nationale, ou la naissance en 1937 du ministère de la Culture populaire, constituent les indices de l'accélération d'un processus commencé bien avant.

L'école fut le principal instrument de l'offensive idéologique en direction des classes inférieures et moyennes, à une période où la radio était encore peu diffusée (celle-ci ne fut placée au service de la propagande qu'au milieu des années trente[2]). Dans une visée de réorganisation hiérarchico-militaire la réforme de l'enseignement de 1923 soumit les enseignants à un contrôle sévère, au plan politique et moral, tandis que les programmes d'enseignement étaient bientôt transformés pour se conformer à l'idéologie du régime et du catholicisme, qui en devint une composante essentielle et toujours plus envahissante[3].

L'introduction du texte unique d'État à l'école élémentaire, décrétée en 1929 afin de former le « citoyen fasciste » – selon les paroles de Mussolini[4] – rendit l'éducation des adolescents plus homogène. L'Opera nazionale balilla instituée en 1926 et dépendante du ministère de l'Éducation nationale dès 1929 – elle organisait les jeunes de 8 à 12 ans en « balilla » et ceux de 12 à 14 ans en « avanguardista » – fut également conçue comme un instrument d'éducation essentiel. En 1937, elle fut absorbée par la Jeunesse fasciste du licteur dépendant du secrétaire du PNF[5]. Balilla, le jeune garçon qui aurait fomenté la révolte de

---

1. *Libere professioni e fascismo, op. cit.*

2. Gianni Isola, *Abbassa la tua radio, per favore... Storia dell'ascolto radiofonico nell'Italia fascista*, Florence, La Nuova Italia, 1990.

3. Monica Galfrè, *Una riforma alla prova. La scuola media di Gentile e il fascismo*, Milan, Angeli, 2000.

4. Giovanni Biondi et Fiora Imberciadori, *...voi siete la primavera d'Italia... L'ideologia fascista nel mondo della scuola 1925-1943*, commentaire au dos/témoignage de Lucio Lombardo Radice, Turin, Paravia, 1982, p. 105.

5. École et *Opera nazionale balilla* ne représentent pas « deux cultures » distinctes, comme l'a soutenu Lucio Lombardo Radice *in* G. Biondi et F. Imberciadori, *op. cit.*, p. 202.

Gènes contre les Autrichiens en 1746, ne fut pas choisi par le fascisme pour des raisons folkloriques comme héros et figure emblématique de l'organisation de jeunesse. Dans le manuel *La storia degli italiani e dell'Italia* (*L'histoire des Italiens et de l'Italie*) c'est avec ce personnage que Gioacchino Volpe ouvrait le chapitre « Comment l'Italie acquit son indépendance et son unité », présentant la révolte de 1746 comme un moment pendant lequel les Italiens « commencèrent sérieusement à penser à l'Italie, à l'Italie entière, au-delà de ses provinces et de ses villes », affirmant que « si ceux-ci voulaient être non pas serviteurs des autres mais patrons d'eux-mêmes, ils devaient s'unir, ils devaient éduquer le peuple, lui redonner son ancien courage, le reconstruire dur, obstiné et guerrier[1] ». Et dans ce manuel comme dans les autres, Volpe dédiait seulement une centaine de pages au Moyen Âge et à la période moderne, contre centsoixante dix au Risorgimento et quatre-vingts à la période contemporaine de la Grande Guerre au fascisme : le tout dans un style emphatique et émotif, sans référence chronologique précise pour éviter d'interrompre le récit de la marche triomphale de l'Italie vers le fascisme. S'adressant aux jeunes, les balilla, deux ans avant la guerre d'Éthiopie, Volpe les invitait à accepter le riche héritage du passé pour le faire croître, car « on conserve seulement ce que l'on fait croître[2] ».

L'école, destinée à former, suivant le slogan « livre et mousqueton », des jeunes fidèles au régime et serviteurs de la patrie pourrait être considérée comme un lieu de virilité. En 1923, la réforme de Gentile créant un lycée pour filles, relégua celles-ci dans un ghetto sans débouché universitaire et réservé aux « jeunes filles de la bourgeoisie », comme le ministre l'admit lui-même[3]. Pourtant, dans les années trente, la scolarisation féminine, tout en restant bien inférieure à celle des garçons, augmenta à chaque niveau de la scolarité (ainsi, l'écart du taux

---

1. Milan, Treves, 1934, p. 107 ; cf. également Gianni Oliva, *Balilla*, in *I luoghi della memoria. Simboli e miti dell'Italia unita*, sous la direction de Mario Isnenghi, Rome-Bari, Laterza, 1996, p. 393-401.

2. G. Volpe, *La storia degli Italiani e dell'Italia, op. cit.*, p. 347 ; cf. également Gabriella Ciampi, « Il Risorgimento e la scuola fascista », *Il Risorgimento*, 47 (1995), n. 1-2, p. 369-383.

3. G. Gentile, *La riforma della scuola in Italia*, Florence, Le Lettere, 1989, p. 186.

d'alphabétisation des femmes et des hommes ne cessa pas d'augmenter pendant la période). L'exclusion des femmes de l'enseignement supérieur n'en est que plus frappante. Déjà, en 1918, Gentile craignait que des femmes enseignent en collèges et lycées – en particulier dans les lycées classiques, critiquant celles qui « n'ont pas et n'auront jamais, ni cette originalité audacieuse de la pensée, ni cette vigueur de fer spirituelle (...) qui doivent être les pivots de l'école appelée à former l'esprit supérieur du pays[1] ». Selon ces principes, en 1926, les femmes furent considérées comme inadéquates au devoir, purement « viril », de l'enseignement de la philosophie, de l'histoire, de la littérature du droit et de l'économie dans les lycées et les instituts techniques, et en 1928 il leur fut interdit de devenir directrices de collèges et lycées[2]. En accord avec ces mesures, en 1929, Gentile exclut les femmes de l'accès à l'École normale supérieure de Pise, dont il était devenu *commissario* : il était en effet convaincu que dans une école formant les « éducateurs pour les classes dirigeantes de la nouvelle Italie », « il faut des éducateurs dont la force prévaut sur la douceur, et résolus à présenter la science comme la vie gouvernée par une loi qui ne se plie pas aux tempéraments[3] ».

Le régime fit sienne la conception catholique du rôle subordonné de la femme, la reléguant dans la sphère domestique d'où elle était en train de sortir après la Première Guerre mondiale, la laissant aux marges de la vie politique. La condition de la femme permet de mesurer les permanences et les compromis avec la « vieille Italie », signalant les limites, voire même l'échec de la tentative de créer l'« homme nouveau ».

---

1. G. Gentile, *La nuova scuola media*, Florence, Le Lettere, 1988, p. 276.
2. Victoria De Grazia, *Le donne nel regime fascista*, Venise, Marsilio, 1993, p. 211.
3. Cit. par G. Turi, *Giovanni Gentile, op. cit.*, p. 460.

TROISIÈME PARTIE

Images, style, esthétique

Art et fascisme : l'homme nouveau, figure en fuite

Fanette Roche-Pézard
(université de Paris I)

L'homme nouveau, qui traverse les pensées religieuse, utopique et totalitaire, n'est pas une figure facile à saisir. Les fonctions qu'on lui assigne dans une cité, une société, un monde nouveaux, sont déjà contradictoires. Ou bien il est une fin en soi, et
c'est son bonheur qui est visé ; ou bien il n'est qu'un outil inter-
changeable et jetable, dont la finalité est d'asseoir le pouvoir ; ou
bien encore il n'est qu'une virtualité flatteuse, destinée à attirer
le consensus. Mais ce sont là des configurations idéologiques
qui ne passent pas aisément, avec signes et attributs, à l'état
d'image visuelle. En l'absence d'une coutume iconographique,
ou d'une prise en charge autoritaire, l'homme nouveau reste, en
art, une allégorie sans emploi.

Or les arts figuratifs de l'Italie fasciste laissent en grande partie échapper ce personnage, ou le vouent à la fragmentation.
Cela peut sembler paradoxal dans un régime qui vise à « ... la
préparation totalitaire de l'homme italien », comme le dit Mussolini en 1928[1] ; mais qui sait si les dérobades du thème ne sont
pas aussi significatives d'un état des lieux que ne le sont, ailleurs, les figures récurrentes de la Renommée ou de la République ?

Ces dérobades ont certes bien des causes, je n'en retiendrai
que trois, et encore sous forme d'hypothèses personnelles.

Premièrement : l'encadrement institutionnel des arts de l'Ita-

---

1. B. Mussolini, « Il valore della leva fascista », 28 mars 1928, *Scritti e
discorsi*, VI, Milan, 1934, p. 156.

lie fasciste n'est guère effectif qu'après 1935[1]. L'habitude est alors prise, surtout par voie de presse, de débats sur la fonction de l'image, sur ses rapports avec la politique, la propagande, voire bientôt la question de la race. Débats parfois risqués, souvent bridés entre la servilité et l'autocensure, et même sans doute « faux débats[2] », mais enfin... débats, qui seraient impensables dans l'Allemagne nazie. Cette indépendance relative favorise, de l'art d'élite à l'image de masse, une multitude de thèmes, parmi lesquels celui de l'homme nouveau n'est sans doute ni le mieux compris ni le plus urgent.

Deuxièmement : le discours politique ne se hâte pas d'arrêter les contours d'une figure indécise. La formule « homme nouveau » est fortement concurrencée par des expressions qui ne sont pas synonymes, car de portée moins universelle, plus engagées qu'elles sont dans le temps et le lieu : « homme fasciste », « Italien fasciste », la « nouveauté » y allant d'ailleurs de soi. Je reviendrai sur les glissements qui interviennent entre ces catégories. Quand Mussolini et derrière lui ses collaborateurs ou ministres, Giovanni Gentile, Starace, et les deux champions complémentaires de la culture artistique, Farinacci pour l'image de masse, Bottai pour l'art d'élite, s'emparent chacun à sa manière de l'argument, c'est en pleine connaissance de son rôle programmatique. L'Italie et, au-delà, toute l'Europe, doivent savoir que le but du fascisme est de forger une génération entièrement neuve, capable d'assurer, par sa résistance physique et sa dévotion totale (jusqu'à la mort), la suprématie du nouvel Empire. En même temps, au plan d'une propagande de voisinage, il est bon d'annoncer l'avènement d'un *Homo novus* de souche italique, en face de son rival, l'homme nouveau nazi.

Bref, deux visions italiennes entre lesquelles l'imagination artistique peut à bon droit hésiter, et même s'abstenir : un personnage collectif, donc difficile à *figurer*, et un personnage

---

1. Pour la mise en place complexe de ces institutions, voir Laura Malvano-Bechelloni, « La politique artistique dans un régime totalitaire : le cas du fascisme », *Art et fascisme*, sous la direction de P. Milza et F. Roche-Pézard, Bruxelles, 1989, p. 155-175 ; *Fascismo e politica dell'immagine*, Turin, 1988 ; Marla Suzan Stone, *The Patron State*, Princeton, 1998.

2. Giovanni Joppolo, « Les arts plastiques en Italie durant le fascisme, les contraintes et les refoulements d'un débat », *Art et fascisme, op. cit.*, p. 181-192.

mythique, trop éblouissant peut-être pour être *vu*. De toute façon, une non-présence, ou plutôt un personnage annoncé, suspendu aux grands discours qui ponctuent l'évolution du régime.

Troisièmement : la figure de l'homme nouveau, déjà difficile à cerner, est contaminée par des représentations fortement codées : le Surhomme, le Héros, le Chef. Mussolini lui-même, comme nous l'a dit Pierre Milza, accroît la confusion, non sans quelque plaisir. Homme « da ribalta », selon l'expression de Bottai[1], ce que l'on peut traduire par « bête de scène », il adore que l'on redouble ses prestations publiques par un déferlement d'effigies[2], où il est tour à tour ou tout à la fois surhomme, héros, chef. Pour bien des Italiens, artistes ou non, cet homme-là, c'est l'homme nouveau par excellence.

Où chercher alors une représentation plausible de ce personnage occulté par le *Duce*, alors que ni sous forme de thème ni en tant que titre, il n'apparaît dans les grandes expositions du fascisme, ni même dans les sujets imposés aux concours artistiques, dans le foisonnement des images de propagande[3] ?

On serait tenté de se rabattre sur toute œuvre qui se rapprocherait d'un modèle emblématique et monumental qui ne soit pas un double de la figure mussolinienne, tout en prêtant allégeance au régime. Certes, la récolte est considérable, surtout en sculpture, toutefois elle reste peu convaincante : outre que les représentations des *Triomphe, Génie, Ordre, Justice* et *Empire* fascistes utilisent les schémas les plus traditionnels de l'allégorie politique internationale – rien de nouveau pour l'homme nouveau –, elles laissent échapper sa caractéristique la plus universelle : ce rôle d'unité minimale et équivalente à l'intérieur d'un grand Tout, rôle exalté de saint Augustin à Campanella, de Tho-

---

1. Inédit de Bottai, cité par Renzo de Felice, en date du 29 juillet 1940, *Mussolini il Duce*, Turin, 1981, p. 258.

2. Laura Malvano, « Note per una storia dei ritratti del *Duce* », *Dialoghi di storia dell'arte*, 7, décembre, 1998 ; Enrico Sturani, *Mussolini, un dictateur en cartes postales*, Paris, 1997.

3. La propagande artistique de 1939 à 1942 semble ignorer le thème. Voir Fernando Tempesti, « Cremona 1939-Bergamo 1939 », *Arte dell'Italia fascista*, Milan, 1976 ; *Gli anni del premio Bergamo*, catalogue, Milan, 1993 ; et le contenu de la *Mostra mobile del fascismo*, de 1942, étudié par Adolfo Mignemi, « Le guerre del *Duce* », *I linguaggi della propaganda*, Milan, 1991.

mas More aux utopistes des temps modernes, avant d'être annexé par les doctrines totalitaires [1]. En fait, si l'art d'État prétend fasciser les multitudes grâce au mythe de l'homme nouveau, il a intérêt à passer d'une figure idéale à des relais plus opérationnels.

C'est à Achille Starace, secrétaire général du parti de 1932 à 1939, celui qui, selon ses rivaux, n'a pas d'idées, ou tout au mieux n'en a qu'une seule, que l'on doit le plus radical essai de multiplication et de visualisation de l'homme nouveau. Il s'agit de discipliner le débraillé viril des premiers faisceaux italiens de combat en créant, autour de la chemise noire, une série d'uniformes où couler, dès l'enfance et comme dans un moule, l'Italien de tous les jours, le contenant raidissant le contenu, le « style fasciste » pour hommes, femmes et enfants, gommant toute individualité et toute velléité d'indépendance.

La photographie, le photomontage, l'illustration (en particulier celle des livres d'écoliers), l'affiche, la peinture commémorative (celle qui plaît à Farinacci), voire quelques œuvres proposées par les futuristes, qui se croient ainsi révolutionnaires, s'emparent de ce motif iconographique lourd de sens, dont au contraire le caractère obligé et peut-être les connotations déplaisantes, font fuir ces artistes protégés par Bottai.

Entre l'ineffable et le stéréotype, où est l'homme nouveau ? Une solution se présente en 1933. En effet, s'il s'avère difficile d'exprimer l'ère fasciste *par* des représentations de cet être invisible, on peut seconder le régime en œuvrant *pour* l'éducation, l'efficacité, voire le bonheur de *l'homme fasciste*, projection concrète d'un idéal hors d'atteinte. Mario Sironi, peintre depuis longtemps célèbre, proclame que le fascisme, mouvement social, exige une peinture sociale, capable d'éradiquer le prestige bourgeois de la peinture de chevalet (argument qui traverse le monde comme une traînée de poudre chaque fois qu'on parle d'art social). Ce qu'il nous faut, disent Sironi et ses amis, ce sont des

---

1. Hors de l'État fasciste, l'homme italien « ne serait qu'un ilote », Mussolini, « Agli industriali », 22 juin 1928, *Scritti e discorsi, op. cit.*, p. 230. En ce qui concerne l'homme nouveau stalinien, voir Éric Vigne, « Stakanov, ce héros normatif », *Vingtième siècle*, 1, janvier 1984, p. 23-29.

sujets clairs, « éducatifs », mis à la portée de tous par une peinture *murale*[1].

Une présentation du « muralisme » (tapisserie et mosaïque comprises) a donc lieu à Milan en 1933, lors de la ve Triennale. Non sans susciter, à Milan même, la vive ironie d'un groupe de peintres abstraits, admirateurs des architectes rationalistes internationaux : le fascisme étant un mouvement moderne, disent-ils, l'art qui lui convient doit être délibérément d'avant-garde, ce qui n'a rien à voir avec le « pasticcio culturalista » proposé par les exposants[2].

C'est pourtant sur ces parois-décors, privées de toute fonction architecturale, sans accord structurel avec la peinture, que l'on peut repérer, en ce qui nous concerne, le glissement de la figure immanente de l'homme nouveau vers celle de l'homme fasciste de nerfs et de chair. En effet, tout nous ramène ici au personnage qui symbolise le mieux le dressage de la nouvelle génération, *l'athlète*, et cela bien que le thème général ait été *Le travail*, et bien que ce programme soit resté quelque peu étranger à des artistes vivant en France, heureux avant tout de pratiquer des techniques anciennes qu'ils ont déjà remises à l'honneur : De Chirico et la détrempe à l'œuf, Severini et la mosaïque[3].

Encore qu'héritiers de la grande tradition de la Rome antique, Sironi avec son *Travail*, Carrà avec son *Italie romaine*, Funi et ses *Jeux athlétiques classiques*, peut-être gênés par le caractère grandiloquent de l'ensemble, restent, dans la thématique du muscle, moins à l'aise que leurs homologues nazis. La formule pourtant fait école, en particulier dans les laborieuses peintures

---

1. Sironi, Funi, Campigli, Carrà, « Manifesto della pittura murale », *La Colonna*, décembre 1933, *in* Rossana Bossaglia, *Il Novecento*, Milan, 1979, p. 155-157 ; en français dans *Les Réalismes*, Centre Georges-Pompidou, 1980-1981, p. 101-102.

2. Virginio Ghiringhelli, « Pitture murali nel Palazzo della Triennale », *Il quadrante*, 1933-34, *in* Rossano Bossaglia, *op. cit.*, p. 157-159 ; Paolo Fossati, « Milano e il gruppo del Milione », *L'Immagine sospesa*, Turin, 1971, p. 63-92.

3. Giorgio De Chrico, *Mémoires*, trad. Paris, 1965, p. 153. Photos du temps dans Giorgio Armellini, *Le immagini del fascismo nelle arti figurative*, Milan, 1980 ; *Immagini di popolo e organizzazione del consenso*, catalogue Venise, Cà Pesaro, 1979 ; Umberto Silva, *Ideologia e arte del fascismo*, Milan, 1973 ; Laura Malvano, *Fascismo e politica dell'immagine*, *op. cit.* ; Rossana Bossaglia, *op. cit.*

consacrées à la *Gioventù italiana del Littorio*, garçons musclés et peu habillés, jeunes filles agiles mais très décentes[1].

L'affiche s'empare elle aussi du thème de l'athlète, avec un certain succès, encore qu'elle reste moins nerveuse et moins efficace que dans d'autres domaines politiques. Celle qui annonce le *Championnat international des étudiants*, en 1937, rachète son conformisme par le décor sacré de la Rome antique et par une inscription lapidaire qui la solennise[2]. Celle qui vante les mérites de l'*Opera nazionale Dopolavoro* met en scène le citoyen banal, appelé à se consacrer au sport après le travail, cela non sans une certaine lourdeur[3]. Quant aux *Athlètes d'Italie*, engoncés dans une matière pâle et plâtreuse, ils annoncent l'inauguration d'un nouveau tronçon de la « voie sacrée » du fascisme, entre Palatin et Aventin. Le décor romain, explicite, ne parvient pourtant pas à leur donner le style dynamique qu'on serait en droit d'attendre d'une image véhiculée par une revue chic, réservée aux étrangers[4].

Mais puisque l'homme nouveau descend de son empyrée pour devenir l'homme fasciste, on peut sans doute l'appréhender dans des contextes moins héroïques que celui du stade. La plus haute autorité du temps nous y invite d'ailleurs. En effet le verbe mussolinien, tout en invoquant, au futur, l'homme nouveau, a soin de s'adresser, au présent, à des interlocuteurs sociaux bien ciblés, tour à tour paysans, ouvriers, industriels, soldats, pionniers, etc., bref, à des individus qui, dans une société prétendue sans classes, sont d'égale valeur. De bons substituts, en somme, partiels mais au moins *visibles*, d'un idéal hors d'atteinte.

Réduire vingt années d'une production artistique très diversifiée et souvent remarquable à une grille de thèmes sociaux-professionnels serait absurde. On n'y trouverait d'ailleurs que ce que l'on doit y trouver : les types « nobles » (le poète, l'architecte, le chirurgien) pour l'art d'élite, les héros moins prestigieux

---

1. La femme n'apparaît dans l'art fasciste que sous ses aspects les plus chastes : mère, paysanne, jeune sportive, éducatrice de centres aérés. La peinture nazie, encore que la fonction féminine y reste symboliquement la même, procède plus crûment.
2. Reproduction dans le catalogue *Les Réalismes*, *op. cit.*
3. *Ibidem.*
4. *Italie Voyages*, version française, octobre 1934.

(le *balilla*, l'avant-gardiste, l'ouvrier) pour l'image populaire, sans compter quelques figures, comme celle de l'aviateur, que l'on se dispute ici ou là, avec zèle. Mon propos, ici, est tout différent ; je voudrais isoler une figure qui fasse sinon l'unanimité, du moins l'accord le plus général et le plus durable entre le goût des élites, les directives et la commande officielles, les obligations de la propagande. À cette condition peut-être sera-t-il possible d'immobiliser un reflet à peu près stable du personnage fugitif qu'est l'homme nouveau. Il m'a semblé que la figure du paysan réunissait ces conditions.

Le paysan, c'est d'abord l'unité de base la plus précieuse pour le régime, aussi nécessaire mais beaucoup plus fiable que l'ouvrier, trop longtemps soumis aux doctrines marxistes. Gardien des traditions terriennes et de la race, géniteur infatigable, à écœurer les familles urbaines, vainqueur de la bataille du blé, support de toute activité économique, soldat, colon, mieux encore : c'est le compagnon naturel des ancêtres du *Duce*. L'abondance des images le concernant pendant tout le Ventennio suit en apparence cet engouement officiel. À moins que l'engouement officiel ne s'inscrive dans un ordre plus large.

Les peintres les plus célèbres du temps lui consacrent leurs soins. Sironi, par exemple, dont nous avons déjà parlé, peint plusieurs fois le trio père-mère-enfant aux champs. Ce qui l'intéresse, dans la grande *Famille* de 1929[1], ce n'est évidemment pas la cellule primitive de la famille rurale, ni un de ces bambins « printemps de la vie » qui font venir les larmes aux yeux du *Duce*, encore moins la transcription réaliste d'un milieu social (la scène pourrait se passer dans l'Antiquité romaine), mais bien l'immersion dans une grande tradition pétrie à la fois d'archaïsme et de classicisme, telle que la préconisait Margherita Sarfatti, protectrice du mouvement *Novecento*[2]. Par ailleurs, la production de Sironi est si variée, si contrastée, qu'on ne saurait faire de cette toile ni un exemple stylistique définitif ni une profession de foi dans l'avenir de l'homme fasciste, fût-il paysan.

---

1. *La Famiglia*, 1929, h/t, 167 x 210, coll. privée.
2. Le mouvement *Novecento* est actif entre 1922 et 1931-1932. Voir R. Bossaglia, *op. cit.*

L'ex-futuriste Carlo Carrà peint en 1937 la toile intitulée *Retour des champs*[1] : un couple fatigué mais émérite, l'homme pressant le pas, suivi de sa compagne enceinte. Mais Carrà n'a pas attendu Mussolini et son bilan sur les berceaux innombrables du monde paysan pour peindre de ces scènes paisibles et fécondes ; il le fait depuis qu'il a redécouvert la majesté de Giotto, soit depuis quasiment vingt ans.

De plus, on ne saurait oublier le goût du temps. L'Europe, encore largement agricole, en dépit de l'industrialisation, se montre friande de ces images primordiales et rassurantes, surtout pendant les années noires. Le sentimentalisme, et, déjà, la nostalgie, y ont plus de part que les raisons économiques ou politiques.

L'art officiel saura-t-il dynamiser et moderniser ces visions un brin passéistes ? En 1938, Farinacci fonde le *Premio Cremona* avec thèmes politiques imposés dès la première mouture, en 1939. Il compte ainsi animer les énergies artistiques italiennes et montrer que l'art fasciste vaut bien l'art nazi[2]. En 1940, soit pour le deuxième concours, le sujet est choisi par Mussolini lui-même ; c'est *la bataille du blé*.

Les participants, en principe anonymes, sont restés pour la plupart des inconnus, mais on sait que Pietro Gaudenzi est académicien d'Italie. Il propose une œuvre ambitieuse, *Le Blé*[3], pour laquelle il adopte le dispositif le plus vénérable de l'histoire de la peinture, le triptyque, repris avec ardeur tant en Allemagne qu'en Italie. Ce parti-pris a pour effet de projeter dans le domaine du sacré toute image politique édifiante, comportant des personnages subalternes mais significatifs. Si les figures féminines se réfèrent, par leur hiératisme, aux modèles combien nationaux de Ghirlandaio ou de Piero della Francesca, on remarque tout de même un certain embarras de l'académicien à camper un personnage rural *moderne*, qui soit dans le même temps *présentable* : pantalon correct, chemise à manches

---

1. Carlo Carrà, *Ritorno dai campi*, 1937, h/t, 90 x 120, Museo d'arte moderna, Cà Pesaro, Venise.

2. En 1941, le vice-gauleiter de Hanovre, jumelée avec Crémone, assiste à l'inauguration. Voir Fernando Tempesti, *op. cit.*, p. 227-231.

3. Pietro Gaudenzi, *Il Grano*, enduit sur masonite, 1940, Pinacoteca civica, Crémone.

longues, chaussures de sport en état de marche. Un reflet bien plat de la figure éblouissante de l'homme nouveau.

Toujours pour le même concours de 1940, voici en revanche une œuvre qui sort de la citation pieuse et du mot-à-mot officiel, *Bonification*, par Alexandro Pomi[1]. Cette peinture reprend certes de vieilles recettes paysagistes (vaste ciel, horizon éloigné) ; c'est également le décor propre aux Marais pontins où Mussolini aime exhiber, au profit des photographes, ses pectoraux de moissonneur. Mais la répétition incantatoire de la figure du laboureur, les visages cachés ou illisibles, le mouvement en navette des bêtes et des gens, créent un climat d'étrangeté qui, lui, est tout à fait inusité. En pure perte ; le jury, peu sensible à l'allusion, peut-être, de l'unité humaine minimale dans l'effort collectif maximal, regarde ailleurs, et accorde son prix au triptyque de Gaudenzi. L'homme nouveau, toujours fugitif, s'est pourtant posé ici, mais à l'insu de tous. C'est à croire qu'il n'intéresse guère les autorités.

L'affiche de propagande se taille, avec le thème du paysan, de beaux succès. Non parce qu'elle est *de propagande*, mais parce que la capacité du genre à condenser en quelques signes des états et des moments différents lui permet d'adhérer au contenu mythique polyvalent de la ruralité fasciste.

L'affiche *Pour l'émigration en Éthiopie*, datée de 1937, en est un bon exemple[2]. Le personnage au premier plan – chemise noire et poignard comme un milicien, bêche comme un cultivateur, casque comme un colon, masse comme un carrier –, imprime les symboles de l'Empire romain revisité dans un décor africain, entièrement récupéré par l'agriculture italienne. Les diverses fonctions du paysan fasciste, chéri par le *Duce*, sont ici convoquées avec brio et optimisme.

Le ton est tout différent dans l'affiche intitulée *Pain pour la victoire*, mais l'efficacité est aussi grande[3]. Même en adoptant un truc aussi rebattu en Europe que la silhouette du guerrier tutélaire vue en ombre transparente, ce qui remonte peut-être à Ingres et au *Songe d'Ossian*, l'image est frappante : 1940, ce

1. Alessandro Pomi, *Bonifica*, h/t, 1940, Camera di Commercio, Crémone.
2. Manifesto per l'incremento dell'emigrazione in Etiopia, reproduit dans le catalogue *Immagini di popolo...*, *op. cit.*
3. *Pane per la vittoria*, après 1940, Fondo Salce, Museo civico, Trévise.

n'est plus le temps de l'optimisme, c'est celui de l'énergie fasciste tétanisée. L'un *dans* l'autre, l'un *pour* l'autre, le semeur et le lanceur de grenades sont censés mener le même combat.

Si la figure de l'homme nouveau, corps glorieux du fascisme, reste insaisissable, ses réfractions à travers cette figure pourtant consensuelle qu'est le paysan sont elles aussi très instables, inattendues, morcelées entre des conceptions diverses.

Mais je ne saurais conclure sans avoir évoqué l'antithèse de l'homme fasciste, ou plutôt son double souffrant. De Turin à Rome, de Milan à Bergame où Bottai fonde en 1939 son *Premio Bergamo*, pour concurrencer Farinacci et son *Premio Cremona*, se manifestent des formes d'art qui sont en rupture avec l'ordre dominant. Ainsi les paysans de Giuseppe Migneco, par exemple *Bergers de l'île*, de 1940[1], dont la noblesse et l'austérité, la matière tourmentée et phosphorescente, ne doivent rien à l'image d'une ruralité rassurante. Migneco, sicilien, fait partie du jeune groupe *Corrente*, actif à Milan dès 1938, dont la revue est interdite en 1940. Il est inutile de rappeler que la fameuse *Crucifixion* de Guttuso, second prix à Bergame en 1941, fit scandale aussi bien auprès des tenants d'un art d'État qu'auprès de la hiérarchie catholique[2]. Images de panique, supplices, apocalypses, loin de ressasser une iconographie banale du corps humain, la bouleversent de fond en comble et s'exposent du même coup, après 1937, à l'accusation de dégénérescence et de contamination par l'art international et juif.

Avoir toléré – ou avoir mal évalué – ce genre d'images, n'avoir pas voulu – ou n'avoir pas pu – lancer une opération « art dégénéré » en Italie, avoir négligé d'encourager, de programmer, de mettre au concours une allégorie fasciste de l'homme nouveau, tout cela ne peut que souligner l'échec du régime à créer un art totalitaire, révélateur d'un État totalitaire.

Je m'arrêterai sur une peinture de Scipione, l'un des peintres les plus célèbres de ce qu'on a appelé de façon d'ailleurs inappropriée l'*École romaine*. L'œuvre est datée de 1930. Opaque dans sa signification, tourmentée dans sa forme, elle sous-entend sans doute plus d'ironie, d'angoisse existentielle et de sarcasme

---

1. Giuseppe Migneco, *Pastori dell'isola*, 1940, h/t, 70 X 90, Galleria nazionale d'arte moderna, Rome.
2. Renato Guttuso, *Crocifissione*, 1941, h/t, 200 x 200, Galleria d'arte moderna, Rome.

que d'opposition systématique au fascisme. Mais justement, ironie, sarcasme, angoisse, sont des états d'âme fondamentalement
étrangers à l'idéal fasciste. Cela s'appelle tout simplement :
   Hommes qui se retournent[1]
qui se retournent... mais qui s'enfuient.

---

1. Scipione (Gino Bonichi), *Uomini che si voltano*, 1930, h/t, Galleria
d'arte moderna, Rome.

Architecture et homme nouveau
dans l'Italie fasciste

Catherine Brice
(IEP Paris, CHEVS-FNSP)

> « *Il faut que mon temple meuve les hommes comme les meut l'objet aimé.* » Eupalinos

> « *Toute la confiance des années trente dans l'architecture, dans l'architecte démiurge, dans la possibilité de résoudre les maux de la cité et d'éduquer le peuple...* » Franco Borsi, *L'ordre monumental*, Paris, 1986, p. 18.

Quel est le rôle attribué par le régime mussolinien à l'architecture dans le façonnement de l'« homme nouveau », l'homme fasciste du régime : celui qui construira et servira la nouvelle Italie. En théorie, il ne faudrait traiter de l'Italie fasciste qu'après les débuts de la radicalisation du régime, vers 1937-1938, au moment où le totalitarisme devient un horizon pour le *Duce*. Mais il a semblé possible, dans un cadre chronologique plus large, de traiter aussi bien l'homme fasciste que l'homme nouveau, c'est-à-dire le projet mussolinien dans son ensemble. Le projet d'homme nouveau peut se définir de plusieurs manières, et c'est là une difficulté. Il peut être « dynamique, décidé, viril, efficace, prêt à tous les sacrifices, durci par une éducation spartiate et par les effets sublimés de la rigueur autarcique », pour reprendre la définition donnée par Pierre Milza. L'homme nouveau, c'est aussi le promoteur de la *Nuova Civiltà*, ce composite des grands siècles de l'italianité, qui devrait se reconnaître et se retrouver dans une architecture qui fasse la synthèse des âges d'or nationaux. Enfin, le nœud de la « révolution culturelle »

fasciste du tournant des années 38-39 s'incarne plus généralement dans la révolution antibourgeoise menée par le *Duce*[1] et
dont il faudra vérifier qu'elle a eu des conséquences sur l'architecture du régime. Et, par-dessus tout, l'homme nouveau est un
croyant, quelqu'un qui est en quelque sorte « converti » au
régime pour lequel il est prêt à donner sa vie, comme l'a souligné Emilio Gentile[2]. Religiosité, virilité, modernité sont des
adjectifs que l'on trouvera souvent associés à l'architecture qui
lui est consacrée et qui participent de la construction d'une identité masculine fortement liée au régime politique qui la génère[3].
Dans le cadre de ce colloque, qui traite du moment où, pour
reprendre les termes de George L. Mosse, « la virilité moderne
prit (...) des dimensions extrêmes », nous voudrions poser deux
types de questions : d'abord en quoi l'architecture du régime a-
t-elle contribué à représenter l'homme nouveau ? Et surtout en
quoi a-t-elle servi à former l'homme nouveau, à le façonner, à
lui inculquer les croyances du fascisme ?

Avant d'aborder le sujet, il faut signaler qu'il existe une spécificité de l'architecture, et en particulier de l'architecture fasciste,
dans cette problématique. En effet, il est admis que « les arts
plastiques jouaient le rôle d'auxiliaire dans le processus d'édification de l'homme nouveau, transposant les définitions verbales
dans le langage visuel des arts[4] ». L'architecture a, dans cette
stratégie de pédagogie totalitaire, une double fonction : d'abord,
c'est indéniable, elle représente le régime par des statues, des
monuments, des constructions, etc. Elle a donc un rôle symbolique fort. Mais elle est également le *lieu* de la politique, le lieu
ou le cadre dans lequel, par excellence, se déroule la politique
des masses : places, stades, avenues monumentales, salles
publiques participent du *modus operandi* de la politique fasciste.
Et de ce fait, l'architecture est sans doute un enjeu particulière-

---

1. R. de Felice, *Le fascisme, un totalitarisme à l'italienne ?*, PFNSP, 1981,
p. 113 *sq.*
2. Voir la contribution publiée dans cet ouvrage et E. Gentile, *Qu'est-ce
que le fascisme ?*, Paris, Gallimard, 2004, p. 354-395.
3. G. L. Mosse, *L'image de l'homme. L'invention de la virilité moderne*,
Paris, 1999 (éd. or. 1996).
4. Igor Golomstock, *L'Art totalitaire*, Carré, 1991, p. 201.

ment délicat. Tout comme l'architecture privée destinée précisément à cet homme nouveau dont la vie doit être, en théorie, contrôlée en permanence. L'architecture présente donc une spécificité par rapport aux autres formes artistiques telles que la peinture, la sculpture, voire la photographie. L'architecture dispose d'une fonctionnalité qui va au-delà de la propagande visuelle : elle est destinée à être habitée, vécue, utilisée tout en étant vue, lue et éventuellement décryptée. Autrement dit, l'architecture fasciste contribue d'une part à façonner l'homme fasciste, puis l'homme nouveau par la pratique politique qui s'inscrit dans les bâtiments, et d'autre part à le représenter à des fins d'auto-légitimation et de pédagogie. Fonction à mon sens un peu plus complexe que celle attribuée aux autres arts plastiques. Si l'on suit Emilio Gentile dans sa définition du fascisme comme d'une véritable religion politique[1], il faudrait presque étudier son architecture de la même manière que les spécialistes des religions étudient par exemple les églises ou l'architecture sacrée.

Il est toutefois important de noter ici, d'entrée de jeu, qu'il semble difficile – pour ne pas dire impossible – d'attribuer un sens politique à une architecture donnée, de manière trop mécaniste ou automatique. Plus précisément, il est sûr qu'il est possible de mettre en relation les canons techniques et esthétiques d'un monument ou d'un bâtiment avec les systèmes de valeurs d'une société[2]. « La symbolique des lieux officiels dit quelque chose de dramaturgique sur les institutions qu'elles abritent[3] », mais se pose le problème de sa lecture par les destinataires, de son efficacité symbolique – ce qui nous intéresse ici dans la construction de l'homme fasciste. Et là se croisent un ensemble de références cognitives, religieuses, symboliques et politiques dont l'analyse est complexe. Il faut rappeler les observations éclairantes de Murray Edelman : « (...) les espaces peuvent donc prendre des significations très différentes en fonction des personnes et des situations politiques. L'espace en soi ne véhicule

---

1. E. Gentile, *La Religion fasciste, la sacralisation de la politique dans l'Italie fasciste*, Paris, Perrin, 2002 ; aussi R. de Felice, *Le fascisme, un totalitarisme à l'italienne ?*, Paris, PFNSP, 1981, p. 110-112.
2. Charles Goodsell, *The Social Meaning of Civic Space. Studying Political Authority through Architecture*, Lawrence, 1988.
3. Philippe Braud, *L'émotion en politique*, Paris, PFNSP, 1996, p. 130.

aucune signification codée. Il sert, plutôt, à objectiver une signification partagée par un groupe de personnes et à la renforcer. Ainsi, la signification de l'espace est souvent dialectique entre plusieurs groupes de personne aux intérêts conflictuels (...)[1] ». En d'autres termes, un espace peut avoir des significations et un impact différents sur différents groupes, et c'est cette polysémie qui lui assure une efficacité accrue. Cette polysémie est précisément due au flou du dispositif symbolique lui-même – et avec flou, on pense non pas à la précision des intentions du constructeur, mais à l'adéquation entre ces intentions et la capacité à comprendre des destinataires. Tout cela rend bien évidemment difficile une lecture de l'architecture en relation directe avec un régime politique, surtout si l'on se place du point de vue de l'efficacité, c'est-à-dire de la construction de l'homme fasciste.

Enfin, il semble important de rappeler dans quel contexte culturel se déroule cette mise en place d'une architecture qui se veut « efficace » politiquement, quels sont les *a priori* théoriques qui permettent aux dirigeants fascistes de penser qu'ils peuvent façonner un homme nouveau aussi par l'architecture. On peut suivre une première piste, celle tracée par Walter Benjamin[2], qui voyait dans le fascisme l'achèvement de « l'esthétisation de la politique », qui n'est pas la simple mise au service de l'art du politique, mais la mise en œuvre de la politique en suivant des canons artistiques. Et il est sûr que le fascisme proposait de « concevoir tout l'espace de la vie comme objet d'une expérience esthétique[3] ». Mais, pour ce qui nous intéresse ici, il ne semble pas que cette piste aide à comprendre la démarche architecturale du régime. Il faut, plus classiquement peut-être, partir de Gustave Le Bon et de sa théorie des foules qui a clairement impressionné Mussolini. La référence au leader, mais aussi le primat psychologique dans l'appréhension de la foule, et

---

1. Murray Edelman, *From Art to Politics : How Artistic Creations Shape Political Conceptions*, Chicago, 1995, p. 75.

2. W. Benjamin, *L'œuvre d'art à l'ère de sa reproductibilité technique*, 1936. Voir la discussion de cette approche par Simonetta Falasca Zamponi, *Fascist spectacle. The aesthetics of power in Mussolini's Italy*, Berkeley-Los Angeles-Londres, 1997, p. 12-13.

3. G. L. Mosse, « The political culture of Italian futurism », in *Journal of contemporary history*, n° 25, 2-3, p. 257.

donc les manières de s'adresser à elle ; et, parmi les instruments préconisés par Le Bon, l'Art : utiliser les mots et les images pour manipuler les foules [1].

Il importe toutefois de noter avec force, ici, que cette vision de l'architecte comme démiurge n'est en aucun cas l'apanage des régimes totalitaires. On en trouve les traces, pour ne pas dire la théorisation avec Paul Valéry dans *Eupalinos ou l'Architecte*, paru en 1921. Les années trente, dans l'ensemble de l'Europe, crurent à la possibilité de transformer et d'éduquer par l'architecture, quel que soit le régime politique. L'architecture échappe au domaine de l'ornementation, ou de la mode pour redevenir une architecture « parlante », au sens où l'entendaient les Lumières, et qui parle non seulement à l'individu mais aussi à la collectivité. Une très large part de la production architecturale de l'entre-deux-guerres est une production officielle, étatique. Ce qui rend au fond difficile une différenciation nette entre les productions fascistes ou totalitaires et celles issues des démocraties : sauf à se placer au niveau de la fonction des bâtiments (quel type de bâtiments construit-on dans les régimes totalitaires, et en fonction de quelles priorités politiques, sociales ou économiques ?) C'est ce que nous tenterons de faire pour l'Italie fasciste.

ARCHITECTURE ET RÉGIME FASCISTE

Mussolini, on le sait, avait des idées sur l'art en général et l'architecture en particulier, idées qui pouvaient lui être personnelles ou inspirées par son entourage, comme Pierre Milza l'a bien mis en évidence dans sa récente biographie du *Duce*[2].

---

1. Il faut d'ailleurs noter ici qu'il y a une contradiction essentielle chez Le Bon : celle entre la nature théoriquement immuable des foules, c'est-à-dire la versatilité, le côté hystérique, et la capacité à la réformer. Contradiction qui se résout partiellement, dans l'Italie du *Ventennio*, dans le passage, problématique, de la foule italienne à la foule fasciste, composée d'hommes fascistes, d'individus. Autrement dit, la foule est manipulée, l'individu est éduqué, tout cela en même temps et par les mêmes instances. Mussolini, en artiste, façonne les masses inertes, en fait à la fois les acteurs et les spectateurs du Régime. Le Régime, en pédagogue, façonne l'homme fasciste. Les sens et la « raison » : deux moyens en définitive au service d'un même projet.
2. Pierre Milza, *Mussolini*, Fayard, 1999, p. 562-563.

On rappelle souvent, pour commencer, l'analogie que Mussolini voyait entre son statut de chef et le statut d'artiste : « Toute la question consiste à maîtriser la masse comme un artiste », confiait-il à Emil Ludwig en 1932. Analogie donc entre le *Duce* qui travaille le matériau humain comme un sculpteur façonne la glaise, métaphore ancienne qui sera aussi reprise dans les autres régimes totalitaires[1].

Mais, et cela doit être noté, Mussolini ne pensait pas à imposer un art d'État – à la différence de l'Allemagne nazie ou de l'URSS stalinienne – car, pour lui, l'art « *appartient à la sphère de l'individu* »[2]. Mais cette déclaration d'intention qui date de 1923, lors de la visite de l'exposition de *Novecento*, doit être nuancée par la politique réellement suivie par le Régime à partir des années de consolidation. Dès 1926, à l'occasion du discours de Pérouse, le *Duce* appelle les artistes à concevoir un « art fasciste » représentatif et au service de la communauté nationale enfin unifiée. La définition d'un art fasciste qui soit « *traditionnel et, en même temps, moderne* »[3] constituait un programme vaste et ouvert. Mais qui restait encadré strictement par un projet d'une part, la fonction éducative des masses, et par une organisation corporatiste d'autre part, qui, dans le cas qui nous intéresse ici, était le Syndicat fasciste des architectes[4].

Les rapports entre architecture et fascisme s'inscrivent dans une double problématique : d'abord le rapport apparemment conflictuel entre avant-garde et architecture « monumentale » ; ensuite dans la question de savoir à quoi sert l'architecture dans un régime fasciste, quels buts elle remplit dans les composantes caractéristiques du Régime, quels buts on lui assigne dans le modelage de l'homme nouveau.

On a beaucoup revu et relu les rapports entre avant-garde et architecture monumentale durant ces dernières années. L'utilisation généralisée par les régimes fasciste et nazi d'une archi-

---

1. Voir par exemple Éric Michaud, *Un art de l'éternité. L'image et le temps du national-socialisme*, Gallimard, 1996.
2. Benito Mussolini, *Opera omnia, a cura di E. et D. Susmel*, 44 vol., Florence, 1951-1963, vol. XIX, p. 187-188.
3. *Ibid.*, vol. XXII, p. 230.
4. Voir Paolo Nicoloso, *Gli architetti di Mussolini. Scuole e sindacato, architetti e massoni, professori e politici negli anni del Regime*, Milan, Franco Angeli, 1999.

tecture monumentale avait conduit, un certain temps, à adopter une vision manichéenne tendant à distinguer les bons architectes (les modernes et l'avant-garde) des mauvais architectes (ceux de l'architecture des « arches et des colonnes »). C'est oublier que, si l'on laisse de côté les jugements esthétiques, les rationalistes et les modernistes furent eux aussi des fascistes convaincus, dès la première heure[1]. C'est George Mosse qui, en 1980, insista vigoureusement sur le caractère intrinsèquement avant-gardiste du fascisme :

« La définition classique selon laquelle l'avant-garde était, à la fois, opposée à la politique bourgeoise et aux goût bourgeois fait partie de la rhétorique fasciste, de ce populisme sur lequel les mouvements fascistes cherchèrent à fonder leur attractivité (...) La tentative de fonder l'avant-garde technologique et technocratique par rapport au passé national fut par conséquent essentielle[2]. » Cette apparente contradiction d'un art officiel qui ne soit pas monolithique, du moins en Italie, a été précisé et étudié durant ces dernières années. L'approche la plus récente est celle de Marla Stone[3] : elle rapproche en effet ce qu'on pourrait appeler « l'offre culturelle » du fascisme de la notion de consensus mis en évidence par De Felice. Et Marla Stone a raison d'insister sur le fait que le fascisme a, jusqu'en 1938, tenté de confronter de nouvelles classes sociales à des « expériences culturelles » auxquelles elles n'étaient pas habituées. En d'autres termes, on pourrait dire que l'offre culturelle du régime a tenté de toucher le public le plus large possible, en se diversifiant, ce qui peut expliquer son hétérogénéité stylistique. Ensuite, il est sûr que le régime connut un « tournant totalitaire », également dans l'architecture, exigeant de la part des artistes des marques d'*italianité* et de romanité, à partir de 1936. Resterait à préciser, mais ce serait l'objet d'un autre travail, s'il s'agit là d'exigences idéologiques se répercutant sur la production artistique, ou de la

---

1. Ainsi P. M. Bardi, pour ne citer que lui, écrivait dans son *Rapporto sull'architettura (per Mussolini)*, 1931 : « *Mussolini ha sempre ragione...* » C'est la première occurrence de cette formule qui aura le succès qu'on connaît.
2. G. L. Mosse, « Il fascismo e l'avanguardia », in *L'Uomo e le masse nelle ideologie nazionaliste*, Bari-Rome, Laterza, 1982 (éd. or. 1980), p. 233-234.
3. M. S. Stone, *The Patron State. Culture and Politics in Fascist Italy*, Princeton, Princeton University Press, 1999.

victoire professionnelle d'un groupe d'artistes sur un autre en termes de commande publique. Il n'en demeure pas moins que, fort avant dans la décennie, des artistes aussi différents que Giuseppe Pagano et Marcello Piacentini travaillèrent ensemble pour la *Città Universitaria* de Rome ou pour l'E42, mais au sein d'une commande menée par M . Piacentini. Cette diversité de la production architecturale – et artistique en général – ne rend pas le propos facile. Car elle se double de la diversité du fascisme lui-même : différences entre le premier fascisme et le fascisme institutionnalisé, différences entre les personnes au pouvoir, les différents hiérarques, mollesse conceptuelle de la doctrine qui la rend relativement interprétable. Il y a par conséquent une pluralité de décisionnaires en matière de politique architecturale, et les références auxquelles elle renvoie sont également diverses. Ceci malgré l'apparente centralisation de la bureaucratisation de la profession architecturale.

Second volet des relations entre fascisme et architecture, celui du rôle de l'architecture dans ce régime politique. Dès les débuts du fascisme, on trouve clairement établie cette conviction que l'art a une fonction sociale et politique. Comme l'écrivait une des égéries du *Duce* en matière artistique, Margherita Sarfatti : « Le fascisme – avec toute la distance qui sépare l'humain, même héroïque, du Divin et de l'éternel – est remonté à ces grands exemples. Comme l'Église, il a confié à l'art la mission de traduire et de glorifier par des images physiques, voire spirituelles, les faits de l'esprit. La mission de concrétiser dans la réalité ce symbole du mythe échut, logiquement, à l'architecture. L'art le plus concret et, en même temps, le plus spirituel[1]. » Ce qui répond bien à l'affirmation faite par Mussolini à E. Ludwig : « L'architecture est le plus grand de tous les arts (...) car il englobe tout[2]. » Et le régime reconnaît à l'artiste une spécificité qui lui permet précisément d'être « à la fois l'historien et le prophète du peuple au sein duquel il est né[3] ». Pour nombre

---

1. Cité dans Emilio Gentile, *Il culto del littorio. La sacralizzazione della politica nell'Italia fascista*, Rome-Bari, Laterza, 1993, p. 197.

2. « *L'architettura è la massima di tutte le arti (...) perchè comprende tutto.* »

3. O. Taddeini, L. Mercante, *Arte fascista arte per le masse*, Rome, 1935, p. 46 (cité par E. Gentile, *Il culto del littorio, op. cit.*, p. 202).

d'artistes et de fascistes, l'art était la courroie permettant, à partir de la révolution totale, de la révolution spirituelle, de faire surgir un nouveau style de vie, un homme nouveau. Ainsi, le dictionnaire de politique publié par le Parti national fasciste disait de l'architecture monumentale que son langage « agit aussi sur les âmes comme exaltation et comme souvenir ; l'atmosphère créée, par sa constante présence, modifie peu à peu le caractère des générations[1] ». Cette double fonction de l'architecture était reconnue et défendue par les tenants de l'architecture rationaliste comme par ceux de l'architecture de la romanité. Destinée à représenter, à incarner dans la pierre le caractère et l'histoire d'une époque, l'architecture devait également, en édifiant des espaces sacrés pour le culte du licteur, contribuer à « instiller dans la conscience du nouvel Italien, par la suggestion permanente de l'espace public, la foi dans les mythes de la religion fasciste[2] ».

Cette ambition fut clairement et fortement proclamée tant par le *Duce* que par les principaux représentants du régime, comme Giuseppe Bottai, ou encore par les architectes qui furent les protagonistes de ce défi. Nous voudrions donc aborder ce vaste problème en le scindant toutefois en deux : d'abord, le problème de l'architecture monumentale ; puis le problème, à mon sens tout aussi important, de l'architecture privée dans laquelle l'Italien du *Ventennio* se meut quotidiennement.

L'ARCHITECTURE MONUMENTALE

En ce qui concerne l'architecture monumentale, deux aspects liés à l'homme fasciste, ou éventuellement à l'homme nouveau, se dégagent. D'abord la représentation architecturale et iconographique du régime par cette architecture. Ensuite, l'usage politique qui en est fait, et qui correspond donc au projet de formation de l'homme fasciste par l'architecture utilisée à des fins politiques. Mais l'un et l'autre ne peuvent pas être totalement séparés car une des caractéristiques intéressantes de l'archi-

---

1. A. Pagliaro, *Architettura*, *in* PNF, *Dizionario di politica*, Rome, 1940, vol. I, p. 159.
2. E. Gentile, *Il culto del littorio, op. cit.*, p. 240.

tecture fasciste est précisément d'avoir pensé *ensemble* la représentation du régime et la « conversion » des Italiens en utilisant
ensemble tous les moyens de communication politique – architecture comprise.

Dans toutes les querelles – ou définitions – architecturales de
la période, le recours à la métaphore demeure pour définir le
régime que l'on veut incarner, au cœur du processus de
« conversion » attendu de l'architecture. Ainsi, en 1932, De
Renzi et Libera, pour leur projet de la *Mostra della Rivoluzione
fascista* recouvrirent le Palais des expositions d'un cube de
trente mètres de côté, de couleur rouge sombre, destiné à représenter « dans sa pureté géométrique la synthèse de la conception
totalitaire et intégrale du régime fasciste[1] ». Cette manière de
définir l'architecture idéale du régime par analogie avec les qualités du fascisme telles qu'elles sont énoncées par la propagande
est un procédé extrêmement courant. Plus précisément, pour le
thème qui nous intéresse, c'est souvent aux qualités de l'homme
fasciste que font référence les architectes lorsqu'ils veulent définir l'architecture qu'ils préconisent. Or, même les représentants
les plus intéressants du rationalisme comme Giuseppe Terragni
ont du mal à dépasser la proposition d'un art fasciste qui ne soit
pas simplement une lecture métaphorique du monument. Ainsi,
la *Casa del Fascio* de Côme, édifice dont la structure en ciment
relie des parois vitrées illustre, selon son concepteur, non seulement la modernité, mais aussi la « transparence » du régime.

L'architecture doit donc, pour se définir, faire appel à un autre
niveau de langage que le sien propre ; ce procédé prend une
importance particulière dans le cadre des régimes comme le fascisme où la langue, par le biais de la propagande, est prégnante.
Le délit de parole existe, la parole, le mot juste font partie
du registre de l'orthodoxie politique[2]. Et dans cette volonté de
coller à la ligne du fascisme, les architectes n'ont pas d'autre

---

1. Cité par Giorgio Ciucci, *Gli architetti e il fascismo, Architettura e città
1922-1944*, Turin, Einaudi, 1989, p. 120.
2. Voir le très beau livre de Victor Klemperer, *LTI. La langue du Troisième Reich*, Albin Michel, 1996 (éd. originale 1975) et, pour l'Italie, M.-A.
Matard-Bonucci, « L'anti-lei : utopie linguistique ou projet totalitaire ? », in
Mélanges de l'École française de Rome, 1998-2, p. 971-1010.

solution que de reprendre la rhétorique politique et de l'appliquer métaphoriquement à leur art qu'il s'agisse de son caractère « révolutionnaire » ou, au contraire, le rappel de la tradition et de la modernité[1].

NOUVEAUX ESPACES POUR NOUVEAUX USAGES ?

Le fascisme a été fortement caractérisé par la pratique d'une politique de masse, de liturgies collectives et l'on renverra ici au beau livre d'Emilio Gentile *Il culto del littorio*[2], qui met bien en évidence la volonté du fascisme de créer une « harmonie collective » destinée à donner le sentiment de la communauté : « Les rassemblements du peuple, le sport de masse, la foule dans le stade, le chant des chorales, le théâtre de masse, les campements et les colonies sont autant d'expression d'une vie collective visant à donner à la nation un sentiment d'unité[3]. » Or, pour créer ce sentiment communautaire, il fallait des espaces adéquats. C'est le sens de la construction des nombreuses places, avenues, stades, colonies de vacances, colonies pour la jeunesse, camps militaires et sportifs que le régime ne cessa d'inaugurer tout au long du *Ventennio*. Et il faut rappeler que la monumentalité publique n'a de sens qu'étudiée en même temps que les liturgies politiques qui s'y déroulent[4].

Or il est frappant de constater que ces rituels de masse, qui constituent sans doute un des éléments les plus caractéristiques du régime, et qui sont au cœur du processus de « conversion » de l'homme nouveau, n'ont pas entraîné une architecture spécifique, mais plutôt la récupération d'espaces traditionnels mis en scène pour l'occasion. L'architecture n'est ici qu'un des vecteurs utilisés et constitue le cadre d'une esthétisation globale du politique utilisant l'ensemble des moyens de la communication disponibles.

---

1. Voir C. Brice, *Pagano et Piacentini : un architecte fasciste et un architecte totalitaire*, in P. Milza et F. Roche Pézard (dir.), *Art et fascisme*, Bruxelles, 1989, p. 101-121.
2. E. Gentile, *La religion fasciste, op. cit.*, 2002.
3. U. Bernasconi, *Vita di massa*, in *Gioventù fascista*, 1er mai 1934. Cité par Emilio Gentile, *Il culto del littorio, op. cit.*, p. 193.
4. G. L. Mosse, « Cesarismo, circhi e monumenti », in *L'uomo e la massa nelle ideologie nazionaliste*, Rome-Bari, Laterza, 1982, p. 117-132 (parution originale en 1972).

On peut ainsi citer l'aménagement d'espaces traditionnellement liés à la vie civique (piazza Venezia à Rome, piazza del
Plebiscito à Naples, piazza del Comune à Bologne, piazza Cas-
tello a Turin, piazza del Duomo a Milan, sans mentionner toutes
les places centrales des moyennes et petites villes italiennes),
aménagement qui peut comporter des architectures éphémères
mais peu de véritables détournement d'édifices. La mise en
scène de l'architecture, qui mêlait discours, acclamations,
musique et lumière constituait véritablement, en ces années
trente, la marque de la nouvelle politique. C'est un « spectacle
total », comme le note Victor Klemperer : « En un certain sens
on peut considérer la place du marché solennellement décorée,
la grande salle ou l'arène ornée de bandières et de banderoles,
dans lesquelles on parle à la foule, comme une partie constitu-
tive du discours lui-même, comme son corps. Le discours est
mis en scène et incrusté dans un tel cadre, il est une œuvre d'art
totale qui s'adresse simultanément à l'oreille et à l'œil, et à
l'oreille doublement car le grondement de la foule, ses applau-
dissements, ses protestations agissent sur l'auditeur aussi fortement, si ce n'est plus, que le discours lui-même[1]. » En tant que
linguiste, Klemperer met l'accent sur la démultiplication du discours dans ce contexte, mais inversement, on peut insister sur la
conception de l'espace et de la mise en scène en fonction du discours, clou de la cérémonie politique.

Parfois, les rassemblements se font dans les stades lorsque la
place communale est trop exiguë : c'est le cas, parmi tant
d'autres, à Eboli en 1933 : « Après les défilés, l'unique place qui
soit adaptée aux discours est le stade ; solution qui n'est pas très
fréquente, bien que dans de nombreuses autres villes et dans des
plus petites communes, le stade du Licteur soit édifié précisément durant ces années, en même temps que se développe le
sport de masse et que le football italien remporte un succès certain[2]. »

La réalisation d'espaces sportifs, sous l'impulsion du régime,
correspondait donc à une nécessité liée au développement des
organisations de jeunesse et du *Dopolavoro*, à la popularité

---

1. V. Klemperer, *LTI, op. cit.*, p. 81-82.
2. M. Isnenghi, *L'Italia in piazza. I luoghi della vita pubblica dal 1848 ai giorni nostri*, Milan, Mondadori, 1994, p. 319.

croissante du sport et de la pratique sportive en Italie, et bien sûr, à cette adéquation forte et revendiquée entre sport, entraînement militaire et renforcement de la « *razza italiana* ». Et seulement dans un second temps, l'espace du stade pouvait devenir espace « liturgique ».

Un autre exemple frappant de ces détournements d'espaces déjà existants est celui de la place de Venise, avec son complexe composé de l'Altare della Patria et du Palais de Venise – résidence officielle du *Duce* depuis 1929 – et l'aménagement de la place comme centre liturgique de la capitale, a vu les plus imposantes cérémonies du Ventennio[1] : *giornata della Fede*, proclamation de l'Empire, où chaque année les cérémonies du IV novembre ou de la Marche sur Rome rassemblaient dans les fameuses « *adunate oceaniche di folle* » les Romains.

Toutefois si l'on prend l'architecture dans un sens restreint, seulement celui du « bâti », il est clair qu'elle n'apparaît pas de manière exclusive pour la construction de l'homme nouveau dans le cadre des cérémonies du régime.

L'ARCHITECTURE PRIVÉE : UN HOMME NOUVEAU PROTÉIFORME

Le thème de l'architecture privée est sans doute tout aussi important dans la mesure où il touche non plus à la politique de masse en tant que « spectacle » du régime et création du consensus, mais à l'individu pris isolément. Or, dans le cadre de régimes totalitaires, l'individu isolé, en théorie, n'existe pas. L'individualisme est condamné et le régime façonne les âmes, en théorie, jusque dans les espaces privés. Pourtant, dans la hiérarchie de ces régimes, qu'on considère le nazisme ou le stalinisme, l'habitat privé n'apparaît pas comme une absolue priorité dans le rôle dévolu à l'architecture pour la représentation ou le façonnement de l'homme nouveau.

L'Italie, de ce point de vue-là, apparaît sans doute comme le pays qui a recherché des solutions à l'habitat privé, avec l'orga-

---

1. S. Bertelli, « Piazza Venezia. La creazione di uno spazio rituale per un nuovo Stato nazione », in *La Chioma della Vittoria. Scritti sull'identità degli Italiani dall'Unità alla seconda Repubblica*, Florence, Ponte Alle Grazie, 1987, p. 170-209.

nisation de nombreux concours ou bien la construction de villes nouvelles (Sabaudia, Littoria, Guidonia...) ou encore de quartiers neufs. Pour autant, peut-on trouver une influence décisive de la doctrine fasciste sur la conception et la réalisation des espaces privés ? Tout d'abord, il faut rappeler que les commanditaires de l'architecture privée sont nombreux : l'*Istituto per le Case Popolari*, fondé en 1903 et largement revivifié par le régime, les mairies, le PNF, les différents ministères, etc. et bien sûr, les propriétaires privés. À chaque type de commande peuvent correspondre des goûts ou des influences différents, sans qu'on puisse véritablement trouver des lignes de force cohérentes.

Second clivage, au sein même de l'architecture privée, entre habitation collective et habitation individuelle. Avec, semble-t-il, un intérêt plus marqué porté à l'habitation privée individuelle. Ainsi, peut-on lire concernant la Ve Triennale d'architettura di Milano en 1933 : « On a déploré que, à Milan, on ait donné plus d'importance aux villas qu'aux habitations collectives et même que, sur le thème de la maison collective qui pourtant naturellement et nécessairement exprime les valeurs fondamentales de l'architecture sociale contemporaine, peu de choses aient été montrées. On a même dit que, malgré l'apparence formelle des projets, ce qui a continué à dominer, c'est l'état d'esprit petit-bourgeois d'avant-guerre de la villa (*villino*) prétentieux et chichiteux ; toutes ces accusations ne sont pas fausses[1]. »

D'autre part, si l'on veut répondre à cette question, c'est-à-dire comprendre s'il y a eu une influence de la doctrine sur les réalisations, c'est sans doute davantage du côté des architectes « rationalistes » qu'il faut se tourner. En effet, il apparaît clairement que l'essentiel de la production écrite liée à l'architecture produite dans les milieux rationalistes concerne la construction privée[2]. Nombreux furent les jeunes architectes rationalistes qui, durant les années trente, s'intéressèrent au secteur technique de la construction, en général réservé aux ingénieurs. Preuve

---

1. *Architettura*, XIII, 1934, Introduction de Plinio Marconi p. 30.
2. L. Patetta, « Libri e riviste d'architettura in Italia tra le due guerre » dans *Il razionalismo e l'architettura in Italia durante il fascismo* (L. Patetta et S. Danesi, dir.), Venise, 1976, p. 43-50.

qu'en Italie aussi ce furent bien les structures, les matériaux et les techniques de construction qui influencèrent l'esthétique. Une part importante de la production écrite concerne la maison et l'architecture privée[1], tant pour les manuels ou traités de construction que pour les revues. Pourtant, il est difficile d'y voir un lien direct établi entre la nature du régime et l'habitation privée.

Un premier critère aurait pu résider dans ce qui fait la nature même du régime, c'est-à-dire son autoritarisme. On aurait ainsi pu penser que la dimension du contrôle social – surveillance en particulier – rejaillirait sur la conception des quartiers ou des immeubles collectifs. Or, il semble bien qu'il n'en soit rien. À aucun moment, on ne voit apparaître une exigence de type *panopticon*, aucune facilité spécifique n'est signalée pour la présence de concierge, d'îlotier ou de représentants du PNF. Confiance absolue dans la fascisation du régime? Non, puisqu'on voit parfois se glisser dans des considérations d'ordre pratique d'autres types de préoccupations : ainsi en 1937, une dénonciation est faite par le ministère des Travaux publics des maisons à « *ballatoio interno* » (balcon intérieur), c'est-à-dire dont la cour intérieure est entourée, à chaque étage, d'un balcon commun à tous les appartements ouvrant sur la cour. Le texte dénonce l'absence de discipline « apte à éviter que les locataires ne stationnent sur le balcon intérieur (...) On en connaît trop les inconvénients d'ordre moral, de promiscuité, de risques de disputes ou de rumeurs[2] ». L'Institut qui a construit les immeubles dont il est question « se servant de la discipline qu'il peut imposer à ses locataires – à la différence d'un propriétaire privé – leur a interdit de stationner sur le balcon et d'y étendre du linge[3] ». Il me semble que derrière ces injonctions à la « moralité » ou aux « *petegolezzi* », on a bien en réalité l'inquiétude de voir se

---

1. Ainsi, P. Rossi, *Le esigenze costruttive della casa moderna* (1931), G. Pagano, *Tecnica dell'abitazione* (1935), E. Griffini, *La costruzione razionale della casa* (1932).

2. « *atta ad evitare la sosta dell'inquilinato sul ballatoio (...) Sono troppi noti i vari inconvenienti di ordine morale, maggiore promiscuità, facilità di litigi e petegolezzi* ».

3. *Architettura. Rivista del Sindacato nazionale fascista architetti*, XVI, 1937, p. 32-33.

créer un espace de « sociabilité » indépendant, non surveillé, échappant au contrôle social et politique. D'ailleurs, il me semble que le cinéma a bien montré la réalité de cet aspect dans par exemple *Rome, ville ouverte* de Rossellini où le *palazzo* populaire créé une sorte de « bastion » et où les escaliers constituent véritablement le lieu de circulation et d'échange privilégié, échappant à la *portiera*, la concierge. Pourtant, dans la problématique qui nous intéresse ici, c'est-à-dire l'architecture elle-même, il ne semble pas qu'il y ait une réflexion spécifique sur la conception spatiale du contrôle politique, mais plutôt sur la réglementation des usages des parties communes.

Un second point concernant l'architecture privée qui semble intéressant pour notre propos, donc dans sa relation à l'homme nouveau réside, à la fois, dans sa *conception* et sa *dénomination*. En règle générale, les quartiers d'habitation ne sont pas nommés, sauf géographiquement. Il est rare de trouver en Italie des quartiers neufs portant le nom d'un héros du régime ou même du *Duce* lui-même (à la différence de ce qui s'était passé dans les années 1870-1890).

La recherche s'est donc orientée plutôt vers les propositions – pas forcément réalisées, d'ailleurs – d'architectes pour des concours d'architecture, ou la Triennale. Et là, on voit que l'homme fasciste, s'il existe, est décliné, typifié, à l'infini. Morcelé, pourrait-on dire. En d'autres termes, il n'existe pas de *Maison de l'homme fasciste* dans le domaine privé. Que trouve-t-on ? La Ve Triennale d'architecture qui se déroula à Milan en 1933 peut donner des exemples intéressants : *Villa studio per un'artista* de G. Pollini et Luigi Figini ; *Casa sul lago per l'artista* de Terragni et Lingeri ; *Casa dell'Aviatore* de C. Scoccimaro, Piero Zannini et Ermès Midena ; *La casa del sabato per gli sposi* de P. Portalupi ; *La villa di campagna* de M. Fiochi et Lancia ; *La casa di campagna per un'uomo di studio* de L. Moretti, M. Paniconi et G. Pediconi ; *Le case coloniche* de L. Piccinato ou encore *La casa del conduttore di fattoria* par G. Alberti, T. Brusa, O. Marchetti et O. Prati. On peut être surpris par cette liste d'habitations privées présentées à ce qui devait être la vitrine architecturale du nouveau régime – et dans la même Triennale par la faible représentation de projets concernant les logements collectifs. Il n'y a en effet aucune caractérisation « politique » de l'architecture individuelle. Au contraire, on a l'impression que l'idéal de vie incarné par ces habitations renvoie plutôt à un mode de vie bourgeois – la maison de campagne, la maison du samedi pour les époux etc. Le seul projet qui peut sembler proche des grandes inflexions du régime est *La maison de l'aviateur*, si l'on se souvient de la prédilection des futuristes puis du *Duce* pour la vitesse et le mouvement. Le projet comprenait outre un garage pour l'avion et la voiture, une station météorologique, un gymnase, une salle de cartographie, une terrasse et un solarium. Certes, le projet n'est pas un projet « populaire » au sens social du terme, mais il est destiné à un homme incarnant la modernité, la beauté (le soin du corps est présent dans ce projet), la vélocité. Valeurs prônées par la propagande du régime. Il me semble que l'on peut, à travers ces exemples, insister sur le morcellement de la représentation de l'homme nouveau, morcellement qui d'ailleurs correspond tout à fait à l'éclatement de la figure du *Duce* lui-même, modèle de l'homme fasciste, et qui incarne à tour de rôle le sportif, le combattant, l'aviateur, le paysan, le père de famille, pour incarner globalement l'Italien de demain.

Si l'on veut tenter de voir l'adéquation entre les valeurs sociales du régime et l'architecture proposée, un projet intéressant est celui de Cesare Cattaneo, présenté en 1942, intitulé *Casa per la famiglia cristiana* (maison pour une famille chrétienne). Intéressant car il y a là une volonté de mettre en forme la structure architecturale avec un des éléments caractérisant la famille chrétienne : la reproduction – élément d'ailleurs également structurant du régime et de sa politique nataliste. Le concept fondamental du projet réside dans son aspect modulable d'une part, et évolutif d'autre part. « Chaque fois qu'un enfant naît, la maison sera augmentée d'une nouvelle chambre à coucher, sur une partie de terrain déjà réservée ; le même scrupule et la même régularité qu'autrefois seront observés dans la préparation de la dot des enfants, ainsi qu'une nouvelle place autour de la table de salle à manger. (...) [Les petits-enfants] auront d'autres goûts et exigences que ceux de la génération précédente et pourront donc démolir la maison – dont la durée est prévue pour 50 ans – pour en construire une nouvelle, et ainsi de suite. Les seules parties qui demeurront intactes incarneront la continuité de la famille jusqu'à son extinction, et seront le mur d'enceinte, le seuil et la salle commune[1]. »

Le projet de maison pour une famille chrétienne est sans doute un des plus « modernes » architecturalement, au service d'une valeur que le fascisme partageait avec le catholicisme : la famille.

Dans certains projets de plus grande ampleur, on peut voir se refléter les nouvelles hiérarchies sociales du régime. C'est le cas par exemple des villes nouvelles construites *ex nihilo* dans le cadre de la bonification, c'est-à-dire de la mise en valeur de zones jusqu'alors désertées. Ainsi, à Guidonia, *Città dell'aria*, inaugurée le 31 octobre 1933 – et qui est située près du *Centro studi e esperienze della Reale aeronautica* – les habitations sont divisées en classes distinctes : officiers, sous-officiers, employés et ouvriers avec une typologie allant des villas pour les officiers, aux petites maisons pour les sous-officiers jusqu'aux appartements de moins en moins grands pour les employés et les ouvriers. Toutefois, l'accent est mis non sur la hiérarchie fasciste ou militaire, mais sur l'équipement des appartements, même ceux destinés aux ouvriers : « Les appartements sont tous dotés des services les plus confortables. Les logements des ouvriers ont deux, trois ou quatre chambres avec bain et cuisine, des services communs pour la lessive et pour étendre le linge, ils sont tous bien orientés par rapport à l'ensoleillement et à la ventilation, avec des balcons et des terrasses fleuries[2]. » Si l'on peut donc retrouver dans les villes nouvelles du régime une organisation de l'espace qui corresponde à la hiérarchie sociale ou militaire « idéale », il ne me semble pas que ce soit là que se situe l'homme nouveau, l'habitation de l'homme nouveau. Et surtout, ce n'est pas quelque chose de neuf, ni de spécifique au fascisme ou aux régimes totalitaires. Dans le domaine de l'urbanisme, la contribution italienne ne se démarque pas par rapport aux débats du passé.

---

1. C. Cattaneo, *La casa famiglia per la famiglia cristiana in Domus*, 180, déc. 1942 (cité *dans Il razionalismo italiano*, E. Mantero (dir.), Bologne, 1984, p. 180).
2. *Architettura*, XVII, 1938, p. 198 *sq.*

Il semble que si l'on veut rechercher l'espace architectural de l'homme fasciste, il faut le rechercher du côté des très nombreuses constructions nouvelles qui correspondent en fait à de nouvelles fonctions du régime ou du parti dans la société. Cette architecture se situe à la jonction entre espace public et espace privé : il est voulu et édifié par des organismes qui ne sont pas des personnes privées, qui dépendent donc d'une manière ou d'une autre du régime mais il est destiné aux individus recomposés dans des groupes qui correspondent à des subdivisions pertinentes au sein de la nouvelle société italienne. Au premier plan, bien entendu les *Case del Fascio,* mais aussi les innombrables *Case del Mutilato, Casa della Madre e del Bambino, Colonia marittima per i Figli della Lupa, Casa della Giovane italiana, Casa dei Giornalisti italiani, Casa dello Studente, Casa del Balilla, Casa dei Sindacati fascisti...* Ces espaces correspondent bien aux nouvelles définitions de la virilité : bellicisme, culte du corps, culte de la communauté, foi dans la patrie, ou culte de la maternité ou de la jeunesse. Il est d'ailleurs intéressant de noter la confusion qui est faite entre espace privé et espace public avec l'utilisation systématique du mot *Casa* qui correspond surtout au domaine familial, privé et l'usage du singulier : maison de l'étudiant, de la jeune Italienne, etc. Une translation intéressante est, par exemple, le passage du concours pour le « *Palazzo del Littorio* », à Rome, au concours pour la « *Casa del Littorio* » : changement de vocabulaire significatif. C'est donc bien à l'individu en tant que « segment » de la société fasciste que s'adressent ces bâtiments. Et c'est dans la recomposition de tous ces segments que peut se constituer l'homme fasciste.

On peut toutefois prendre quelques exemples parmi les plus frappants et les plus controversés. Ainsi, le concours pour la *Casa del Littorio* : le projet était grandiose. C'est de « la maison de tout le peuple italien » qu'il s'agit [1], un monument fonctionnel à la gloire de la romanité et du régime mussolinien. L'édifice devait abriter les bureaux du Parti et des associations

---

1. Voir E. Gentile, *op. cit.*, p. 246 *sq.*

qui en dépendaient, l'exposition de la révolution fasciste et la crypte des Martyrs de la révolution. En outre, la position initiale-ment prévue devait envisager un espace surélevé par rapport à la via dell'Impero (à Rome, actuelle via dei Fori imperiali) desti-née à accueillir les rassemblements de la foule dans les occa-sions solennelles, et une tribune pour le *Duce*. Bien entendu, un tel projet, qui devait symboliser globalement le régime, était un terrain privilégié d'affrontement entre les architectes des dif-férentes tendances, tous convaincus d'être les détenteurs de la juste représentation du fascisme. Les polémiques touchèrent aussi bien les milieux professionnels que les milieux politiques. Le programme et les projets présentés renvoient tous soit à la glorification du fascisme, soit à la personnification de l'homme nouveau, soit aux utilisations de l'espace par le régime. Le texte du concours est à cet égard très « clair » dans son ambiguïté : la conception de l'édifice doit correspondre « à la grandeur et à la puissance imprimées par le fascisme au renouveau de la vie nationale, dans la continuité de la tradition de Rome[1] ». L'ensemble aurait constitué un immense « espace sacré » entre Colisée et place de Venise, pour la célébration du culte du lic-teur. L'architecture des projets, les dénominations proposées renvoient clairement à une idée de très forte sacralité de l'édi-fice : « temple du licteur », « monument à la foi », ou à la « mys-tique fasciste ». Ce qui, pour notre propos, n'est pas indifférent : l'homme nouveau, à qui cet édifice est destiné, est un homme de foi. C'est un pèlerin qui aurait pu, dans un des projets présentés, « reparcourir le chemin des martyrs et des précurseurs pour retremper son âme ». Comme dans la religion catholique, l'inté-riorisation de l'expérience mystique et religieuse des précurseurs ouvre la voie à la lumière, lumière qui est présente dans de nom-breux projets sous la forme de phares, de tours géantes ou de faisceaux gigantesques qui illuminaient l'édifice et toute la zone environnante. Mais le modèle de l'homme nouveau, celui qui apparaît dans tous les projets, c'est bien sûr Mussolini. Le *Duce* est divinisé symboliquement par tous les concurrents, y compris Terragni et Sironi. Et il n'est pas inutile de citer cette phrase tirée du projet : dans la salle du *Duce*, se situera « le podium

---

1. E. Gentile, *op. cit.*, p. 247.

d'où le *Duce* se montrera. De là, tous pourront le voir. Il sera comme un Dieu, face au ciel, personne ne sera au-dessus de Lui ». Ce sont les vertus du Chef qui inspirent la définition de l'homme nouveau : sa force, sa volonté, la force de ses convictions. Les mêmes traits correspondant à la définition de l'homme fasciste comme un croyant-combattant d'une nouvelle religion se retrouvent dans toutes les *Case del Fascio* d'Italie où se trouvait un *sacrario* où les martyrs de la révolution fascistes étaient honorés et où les reliques des combats étaient exposées. Pour bien comprendre, dans cette architecture à la fois publique et privée, ce qui participe effectivement de la « construction » d'un homme nouveau, on peut comparer avec ce qui avait été fait au XIXe siècle pour la « construction des Italiens ». Il est intéressant de noter, par exemple, que le culte des reliques et des martyrs (du *Risorgimento*) était alors déjà présent. Mais leurs conditions d'exposition n'avaient rien de liturgique. C'était une présentation, une exposition de témoignages, souvent située dans des bâtiments existants, avec une muséographie statique [1]. Très éloignées de la politique systématique de construction d'édifices nouveaux, les *Case del Fascio*, conçues pour abriter la vie de l'Italien *en tant* qu'homme nouveau, avec un espace religieux prévu dans l'édifice. Et c'est peut-être bien là qu'on peut repérer vraiment une architecture pensée pour accueillir et forger l'homme nouveau du fascisme.

Les conclusions de ce tour d'horizon des relations entre architecture et homme nouveau sous le fascisme seront forcément nuancées. Il y a eu clairement la volonté d'attribuer à l'architecture – entre autres vecteurs – un rôle essentiel dans la représentation « active », pourrait-on dire, du futur Italien. Il y a eu la volonté d'équiper l'Italie des constructions nécessaires à l'édification de l'homme nouveau, des stades aux écoles en passant par les *Case dei Mutilati*. Mais, et c'est peut-être là une des différences avec l'Allemagne nazie, le régime ne fit que rarement le lien entre l'individu et les masses, malgré la politique d'enrégimentement mise en place. L'architecture privée, l'architecture de l'individu, ne s'interroge qu'à peine sur la mise en cohérence entre les valeurs du régime et l'espace de vie des Italiens, à

---

1. M. Baioni, *La « religione della patria ». Musei e istituti del culto risorgimentale (1884-1918)*, Trévise, Pagus, 1994.

l'exception des villes nouvelles où hiérarchie sociale et urbanisme sont fortement corrélés. Pour le reste, c'est bien la hiérarchie sociale bourgeoise qui persiste, avec parfois un vague badigeon totalitaire. Et il faut rappeler que l'espace privé restait également largement concurrencé par la dimension religieuse de la famille, tout comme l'espace public, d'ailleurs.

L'architecture monumentale, dans sa diversité stylistique, renvoie à la difficile définition du fascisme lui-même, et au sein du fascisme, aux contradictions de la définition même de l'homme fasciste. Mais, on l'a dit, cette diversité stylistique a également une fonction, dans la mesure où le régime a pu ainsi toucher directement chaque catégorie de la population. Alors, dans le cadre d'un régime totalitaire comme le fascisme, s'il faut chercher une architecture qui s'adresse effectivement à l'homme nouveau, dans sa double volonté de représentation et de formation, c'est bien dans cet espace entre privé et public, celui qui prend en charge l'individu pour en faire un fasciste, qu'il faut la chercher, et en particulier dans les *Case del Fascio*. Ce qui représente d'ailleurs une part non négligeable de la production architecturale italienne de l'époque, et souvent la plus innovante, la plus intéressante. Mais on ne peut parler d'un projet architectural totalitaire puisqu'il ne prend pas en charge l'individu de son espace privé à son espace public, en passant par les espaces de formation. L'architecture, dans l'Italie fasciste, constitua un des instruments utilisés pour la formation de l'homme nouveau, tout en restant dépendante des ambiguïtés mêmes de la définition de cet homme nouveau.

L'homme nouveau et son autre
dans l'Allemagne national-socialiste

Éric Michaud
(EHESS)

> « *Où y a-t-il de meilleurs hommes que ceux que l'on peut voir ici ? C'est vraiment la renaissance d'une nation obtenue par l'élevage délibéré d'un homme nouveau.* » Adolf Hitler, 7 septembre 1937.

Dès l'accession des nazis au pouvoir, la rhétorique du *nouveau* envahissait la totalité des discours qui se prononçaient au nom de la « nouvelle Allemagne ». Mais elle se doublait constamment de celle du *renouveau* et de la *renaissance*, non moins envahissante et qui ne s'accordait pas nécessairement avec la première. C'est que la *Weltanschauung* national-socialiste, qui ne fut jamais homogène, abritait au moins deux conceptions distinctes de l'histoire d'une part et de la race d'autre part, rendant ainsi impossible toute définition univoque de l'« homme nouveau » sous le Troisième Reich.

Nombreux furent les contemporains qui stigmatisèrent, parfois très tôt d'ailleurs[1], la rivalité mimétique que le nazisme entretenait avec le christianisme. Mais peu d'entre eux le formulèrent avec autant de clarté que le théologien protestant Dietrich Bonhoeffer qui, dès le 1er février 1933, décrivait dans un discours radiodiffusé comment l'événement historique de l'acces-

---

1. Voir par exemple Ernst Bloch : « Le maître de sang remplace Jésus, l'État guerrier tient lieu de communauté des fidèles » (« Amusement Co., Horreur et Troisième Reich » (septembre 1930), *Héritage de ce temps*, trad. Jean Lacoste, Paris, Payot, 1978, p. 58).

sion de Hitler au pouvoir prétendait substituer point par point la temporalité nazie à la structure temporelle héritée du christianisme : « À partir du moment où l'Esprit du peuple [*Volksgeist*] est considéré comme une entité divine métaphysique, le Führer qui incarne cet Esprit [*Geist*] assume une fonction religieuse au sens littéral du terme : il est le messie et avec son apparition commence à s'accomplir l'ultime espoir de chacun, et le royaume qu'il apporte nécessairement avec lui est proche du royaume éternel[1]. »

Et il est vrai que, des deux représentations de l'histoire que le nazisme a simultanément exploitées, la première fut en effet calquée sur celle du christianisme, c'est-à-dire construite selon un mouvement linéaire comportant un commencement, un milieu et une fin. Au commencement était évidemment la race ou le sang aryen, prenant la place du Verbe créateur. Au milieu, rassemblant les deux figures du Führer et du Christ, la naissance de Hitler donnait à l'histoire son centre et en constituait le pivot. Chaque 20 avril, on fêtait l'anniversaire du Sauveur du peuple allemand : c'était le jour où les jeunes de dix ans faisaient leur entrée dans le *Jungvolk* en jurant fidélité au Führer – un premier sacrement qui anticipait le salut final. Quant à la fin, elle était non moins évidemment donnée par l'image du « Reich éternel », qui s'inscrivait dans une perspective eschatologique où la mort était vaincue et le « temps nouveau » identifié à l'éternel. Le chant le plus populaire des *Hitler-Jugend*, écrit par leur chef Baldur von Schirach, le rappelait chaque jour :

> *Notre drapeau flotte devant nous,*
> *Dans l'avenir nous entrons un par un.*
> *Nous marchons pour Hitler dans la nuit et la misère,*
> *Avec le drapeau de la jeunesse, pour la liberté et le pain.*
> *Notre drapeau flotte devant nous,*
> *Notre drapeau est le temps nouveau,*
> *Et le drapeau nous conduit à l'éternité.*
> *Oui ! le drapeau est plus que la mort !*[2]

---

1. Discours radiodiffusé de D. Bonhoeffer cité par Fritz Stern, *Rêves et illusions. Le drame de l'histoire allemande*, trad. J. Etoré, Paris, Albin Michel, 1989, p. 224.

2. « Vorwärts ! Vorwärts ! », in *Lieder der Hitler-Jugend. Uns geht die Sonne nicht unter, zusammengestellt zum Gebrauch für Schulen und Hitler-Jugend vom Obergebiet West der Hitler-Jugend*, Verlag Günther Wolff zu Plauen i. V., 1934, p. 4-5.

Annoncé par la naissance du Führer, le salut était donc déjà apporté par l'accession au pouvoir du « médecin du peuple allemand » ; cette accession au pouvoir déterminait un « avant » et un « après », traçant la ligne qui, en séparant l'« ancien » du « nouveau », marquait le seuil d'un Troisième Reich se confondant avec le Royaume de l'Esprit. Mais pourtant le salut restait encore à venir : car si le Reich de mille ans était donné, apportant avec lui une vie « authentiquement allemande », il restait cependant toujours à construire, exigeant la « mobilisation totale » du peuple allemand par laquelle seulement il mériterait son salut. Cette tension entre un salut déjà donné et un salut qui restait à gagner, le nazisme parvenait toutefois à l'apaiser en superposant une conception cyclique de l'histoire à la conception linéaire qu'il empruntait au christianisme.

Dans cette vision cyclique, le paganisme assurément faisait valoir ses droits au sein du « mouvement » national-socialiste ; mais cette vision devait aussi beaucoup à la façon dont le nazisme voulait comprendre « l'éternel retour » de Nietzsche. Ainsi Goebbels comparait-il la vie du peuple allemand à la vie de la nature : allez dans la forêt au printemps, s'exclamait-il en 1927, pour éprouver la vie mystique de la nature. Si la forêt n'est qu'un concept dépourvu de toute force créatrice, l'arbre par contre est organique : « Il produit, verdit, fleurit et se flétrit. Il rassemble ses forces pour l'année suivante et pour faire à nouveau monter la sève jusqu'aux feuilles ; ainsi est-il le symbole du devenir éternel[1]. » À cette conception cyclique de l'histoire appartenait aussi le *topos* du « réveil » de la nation allemande. Mais ce réveil national était conditionnel, car le slogan *Deutschland, erwache!* devenait dans sa version chantée : *Deutschland erwache, Juda verrecke!* : « Allemagne, réveille-toi ; Judas, crève ! » Ainsi la renaissance de l'arbre allemand se trouvait-elle liée à l'élimination de la mauvaise herbe parasite. Ce *topos* du réveil était essentiel en ce qu'il fondait la possibilité d'une authentique « renaissance allemande », tout en s'accordant par ailleurs avec le nouveau calendrier des fêtes qui épousait le rythme des saisons, inscrivant dans la symbolique nationale la temporalité du cycle naturel.

---

1. Joseph Goebbels, « Was ist Politik ? », *Signale der neuen Zeit* (1934), Munich, F. Eher, 1941, p. 14-15.

Ainsi l'homme nouveau nazi était-il le produit de ces deux conceptions incompatibles du temps : il était pris dans une histoire linéaire du salut, mais il était cycliquement voué à l'éternel retour du même.

À cette double représentation de l'histoire correspondait une double représentation de la race. Et parce que le national-socialisme a fait du racisme le cœur de son idéologie et le moteur de son système de domination, la figure de l'homme nouveau s'est immédiatement dessinée de deux façons contradictoires, déterminées par les deux principales conceptions de la race qui s'opposèrent sous le Troisième Reich. Mais toutes deux convergeaient bien sûr dans l'affirmation de la supériorité d'une race « nordique » ou « germano-nordique », dont l'homme nouveau serait le paradigme absolu.

La première conception, essentialiste et constituant la « raciologie » dominante, était fondée sur l'anthropologie physique. Elle postulait la pureté primitive d'un type racial nordique – dont la dégénérescence consécutive au « mélange des sangs » devait être stoppée. À cette première conception de la race correspondait celle d'un homme nouveau compris comme celui du *renouveau*, c'est-à-dire comme le produit d'une nécessaire entreprise de régénération physique et morale de la *Volksgemeinschaft*. La Communauté du peuple devait faire l'objet d'une *renovatio* du « type », de la « souche » ou de la « lignée », à partir d'un « noyau » que les siècles n'auraient pas altéré. Toute définition de l'homme nouveau se trouvait dès lors affectée d'un vecteur temporel orienté vers un passé idéal, et passait par la description des formes supposées pures d'un phénotype élevé au rang de norme.

La seconde conception, évolutionniste et fondée sur la génétique, affirmait au contraire que dans chaque race, l'important n'était pas « l'être », mais le « devenir », car les races n'étaient pas des « unités statiques », mais des « stades dans un processus[1] ». De cet évolutionnisme génétique, il résultait que l'homme nouveau ne pouvait pas surgir de la rénovation d'un

---

1. Benoît Massin, « Anthropologie raciale et national-socialisme : heurs et malheurs du paradigme de la "race" », Josiane Olff-Nathan (dir.), *La science sous le Troisième Reich*, Paris, Le Seuil, 1993, p. 197-262 (en particulier p. 238-247).

fragment du passé miraculeusement sauvegardé, mais qu'il devait au contraire faire l'objet d'une construction rationnelle qu'il revenait à l'État *völkisch* ou raciste d'entreprendre.

Novatio ou *renovatio*, construction d'une superbe race à venir, ou restauration d'une glorieuse race passée ? Comment sortir de ce dilemme ? Bien des idéologues du racisme, protofascistes ou nazis, étaient depuis longtemps convaincus qu'il fallait trancher dans le sens de l'avenir, à commencer par le gendre de Wagner et ami de Hitler, Houston Stewart Chamberlain. Baldur von Schirach, le Chef des Hitler-Jugend, aimait citer cette phrase de Chamberlain qui donnait tout son sens à la tâche de formation de la jeunesse allemande dont Hitler l'avait investi : « Si même il était prouvé qu'il n'y eut jamais de race aryenne dans le passé, nous voulons qu'il y en ait une dans l'avenir : pour des hommes d'action, voilà le point de vue décisif. » Ou bien encore : « Ce qui importe, ce n'est pas que nous soyons Aryens, c'est que nous devenions Aryens [1]. »

H. S. Chamberlain allait bientôt être suivi par une partie importante de la *Rassenkunde* allemande. En 1923, dans un manuel d'hygiène raciale que Hitler lut en prison, l'eugéniste généticien Fritz Lenz n'hésitait pas à écrire qu'« au début de toute chose se trouve le mythe [...]. Oui, ajoutait-il, la race est un mythe, moins une réalité du monde expérimental qu'un idéal que l'on doit accomplir ». (Il fera cependant volte-face en 1941, lorsqu'il condamnera la typologie des anthropologues parce qu'elle « ne s'apparente pas seulement à la poésie par le langage qu'elle emploie, mais également par sa nature. *Les types raciaux sont à un certain niveau des produits de la "poésie"* [2] ».)

J. P. Stern a souligné, dans son livre *Hitler, le Führer et le peuple*, la difficulté qu'il y avait, sous le Troisième Reich, à déterminer « le moment où mythe et réalité ne font plus qu'un [3] ». Et tout l'effort du nazisme a porté en effet – très

---

1. H. S. Chamberlain, *La Genèse du xxᵉ siècle*, trad. française, Paris, 1899, p. 362 ; Baldur von Schirach, « Houston Stewart Chamberlains deutsches Herz » (discours du 2 janvier 1934), *Die Revolution der Erziehung, Reden aus den Jahren des Aufbaus*, Munich, Zentralverlag der NSDAP, 1939 (2ᵉ éd.), p. 154.
2. Cité par Benoît Massin, *loc. cit.*, p. 246 et 243.
3. J. P. Stern, *Hitler, le Führer et le peuple* (1974), trad. S. Lorme, préf. de Pierre Ayçoberry, Paris, Flammarion, 1985, p. 65.

consciemment – sur la multiplication de ces « moments » où mythe et réalité ne font plus qu'un, c'est-à-dire où le caractère atemporel du mythe vient contaminer la réalité historique. J'en donnerai ici un exemple qui relève justement de cette « poésie » que le national-socialisme cherchait à promouvoir. En 1934, dans le *Völkischer Beobachter*, le dramaturge Richard Euringer formulait sa thèse sur le nouveau théâtre de masse (le *Thing-spiel*) qui devait transfigurer la Communauté du peuple de l'Allemagne nouvelle : il fallait, disait-il, non pas « prendre la mythologie pour thème », mais faire en sorte « que la vie quotidienne devienne mythe[1] ».

C'est pourquoi ce n'est pas dans l'immense littérature des idéologues et des hommes de science nazis que l'on peut trouver la plus juste définition de l'homme nouveau du national-socialisme. C'est bien davantage chez Hannah Arendt, lorsqu'elle décrit « le sujet idéal du règne totalitaire » comme « l'homme pour qui la distinction entre fait et fiction [...] n'existe plus[2] ». Et si l'homme nouveau de ce régime fut bien, comme je le crois, ce « sujet idéal » dont parle Hannah Arendt, cela signifie qu'il faut en chercher les contours précisément à la jonction des faits et des fictions produites ou reproduites par le nazisme. Car c'est en se heurtant à la résistance des « faits » que cette volonté constamment affirmée de réaliser le mythe, de donner corps à cette fiction que l'on nommait « l'idéal de beauté racial », a produit le prototype de la « race des Seigneurs » comme une figure de compromis entre des termes contradictoires, écartelée par deux vecteurs temporels opposés. En cela, cette figure apparaît comme exemplaire de ce que Jeffrey Herf a nommé le « modernisme réactionnaire » du nazisme[3].

Dans *Mein Kampf*, Hitler pouvait ainsi définir la *Kultur* nouvelle de l'homme à venir comme une culture « fondée sur

---

1. R. Euringer, « Thingspiel – Thesen I », *Völkischer Beobachter*, 20 juin 1934, reproduit par J. Wulf, *Theater und Film im Dritten Reich. Eine Dokumentation*, Francfort/Berlin, Ullstein, 1983, p. 184-185.

2. Hannah Arendt, *Le système totalitaire*, trad. J.-L. Bourget, R. Davreu et P. Lévy, Paris, Le Seuil, 1972, p. 224.

3. Jeffrey Herf, *Reactionary Modernism. Technology, culture and politics in Weimar and the Third Reich*, Cambridge University Press, 1984.

l'esprit grec et la technique allemande [1] ». Et en 1935, s'adressant aux *Hitler-Jugend*, il précisait sa vision de l'homme nouveau dans cette culture nouvelle. C'était un être composite, un singulier complexe d'archaïsme fantasmatique et d'ultra-modernisme : « Nous désirons faire autre chose de notre jeunesse allemande que ce que faisait d'elle le passé. À nos yeux, le garçon allemand de l'avenir doit être vif et habile, rapide comme le lévrier, résistant comme le cuir et dur comme l'acier de Krupp. Pour que notre peuple ne disparaisse pas sous les symptômes de dégénérescence de notre temps, nous devons élever un homme nouveau [2]. »

Le lévrier et l'acier, la nature animale et la technique : c'est bien cet écartèlement entre deux pôles opposés qui définit le mieux l'homme nouveau du nazisme. Mais la suite immédiate de ce même discours développe un aspect important de la méthode mise en œuvre pour procéder à ce fameux « élevage » de l'homme nouveau : « Nous ne parlons pas, nous agissons. Nous avons entrepris d'éduquer ce peuple d'une façon nouvelle, de lui donner une éducation qui débute avec la jeunesse *pour ne jamais finir*. Dans l'avenir, le jeune homme passera d'une école à l'autre. Cela commencera avec l'enfant pour finir avec le vieux combattant du mouvement. *Personne ne doit pouvoir dire qu'il y aura un temps où il sera laissé à lui-même [3]*. »

L'énorme production d'images organisée par les nazis avait très exactement pour objet que nul ne fût jamais laissé à lui-même ; les mêmes images emplissant les espaces publics et privés, « l'école » était partout. L'homme nouveau qu'il s'agissait ainsi d'engendrer selon l'image était assurément, comme dans les autres formes du fascisme européen, compris comme un être collectif. Cela signifiait que chacun devait être en effet arraché à lui-même pour appartenir entièrement à la Communauté du

---

1. Adolf Hitler, *Mein Kampf* (1925-1927), Munich, Franz Eher, 1940, p. 318 ; *Mon Combat*, trad. J. Gaudefroy-Demombynes et A. Calmettes, Paris, Nouvelles Éditions Latines, 1934, p. 289.

2. Discours du 14 septembre 1935 à Nuremberg, partiellement reproduit *in* Max Domarus, *Reden und Proklamationen, 1932-1945. Kommentiert von einen deutschen Zeitgenossen*, Munich, 1962, vol. I, p. 533.

3. Norman H. Baynes, *The Speeches of Adolf Hitler*, Londres/New York/Toronto, Oxford University Press, 1942, vol. I, p. 542-543 (passage non reproduit par Domarus).

peuple, consciente que « l'intérêt général passe avant l'intérêt particulier » – comme l'énonçait dès 1920 le programme du Parti.

*
**

Trois points permettent de mieux cerner cette figure de l'homme nouveau nazi. Le premier concerne l'argument venant justifier la supériorité de la race dite aryenne ou nordique, et ses conséquences. Le second touche au rôle attribué à l'image dans le processus de production de l'homme nouveau. Le dernier point est celui du lien unissant la figuration de l'homme nouveau à la *défiguration* et à la destruction de son envers.

Alors même que le mythe de la race supérieure a fait l'objet de nombreuses recherches, l'historiographie du nazisme n'a généralement pas prêté une attention suffisante à l'*unique* motif invoqué par les idéologues du Troisième Reich – et par Hitler d'abord – pour définir cette supériorité. Pourtant, ce motif était bien connu puisqu'il était inlassablement répété sur le modèle qu'en avait donné Hitler dans *Mein Kampf*. Il faut donc le rappeler : la race aryenne, dont le peuple allemand serait le plus authentique héritier, était donnée comme la race « fondatrice » ou « créatrice de culture » par excellence, toutes les autres races n'étant soit que de simples agents de transmission, soit des agents parasitaires et destructeurs de cette culture, ce que Hitler nommait respectivement les *Kulturbegründer*, les *Kulturträger* et les *Kulturzerstörer*[1] (c'est-à-dire les juifs, bien sûr). Dans *Le Mythe du XXᵉ siècle* d'Alfred Rosenberg, la même tripartition des races s'effectuait selon leurs rêves : la race supérieure était habitée par ces rêves prophétiques qui « obtiennent par la force une réalité féconde »; puis venaient les races dépourvues de rêves propres, enfin celles dont les rêves étaient de destruction[2].

Il est vrai que de telles théories, affirmant la capacité créatrice particulière de l'Aryen et, corrélativement, l'absolue incapacité du Juif à créer une culture et un art, avaient été déjà formulées au XIXᵉ siècle par Renan, Taine, Wagner, Gustave Le Bon ou

---

1. *Mein Kampf*, *op. cit.*, p. 318 ; *Mon Combat*, *op. cit.*, p. 289.
2. Alfred Rosenberg, *Der Mythus des XX Jahrhunderts* (1930), Munich, Höheneichen-Verlag, 1941, p. 454-456.

Édouard Drumont. Et peut-être ces assertions présentaient-elles, outre leur peu de nouveauté, un caractère trop évidemment arbitraire pour que l'on se soit attaché à en évaluer sérieusement les conséquences. Assurément aussi ce postulat de la race créatrice, qui commandait toute la *Weltanschauung* nazie, fut d'abord, dans une Allemagne vaincue, ce qui devait redonner aux Allemands un amour-propre qui semblait s'être perdu en même temps que l'« honneur » de la nation. Dans les appels que lançaient Hitler et le parti à un pays divisé, la culture et l'art remplissaient une fonction cruciale : instances d'identification des Allemands dans la diachronie comme dans la synchronie, ils les rassemblaient dans la construction d'une mémoire commune qui serait homogène et d'un espace propre qui serait unifié.

Mais la toute première conséquence de ce postulat de la race créatrice mérite qu'on s'y arrête : car si la culture et ses « réalisations artistiques » étaient pensées par l'idéologie nazie comme constituant les discriminants majeurs permettant d'attester la supériorité de la race aryenne, cela signifiait que la culture et l'art ne pouvaient en aucun cas tenir la place d'un simple instrument au service d'un programme politique. Cela signifiait au contraire qu'ils étaient tout à la fois la raison d'être et la fin de ce programme, qui était proprement *le programme de la réalisation du mythe de la race supérieure parce que créatrice.*

Au demeurant, le programme du NSDAP élaboré en 1920 comportait ce point essentiel de l'obligation nationale du « travail créateur » et assimilait purement et simplement toute forme de travail à une activité créatrice : « La première obligation de chaque citoyen est de *créer*, par l'esprit ou par le corps » (« *Erste Pflicht jedes Staatsbürgers muss sein, geistig oder körperlich zu* schaffen[1] »). Art et travail se trouvèrent associés par l'idéologie comme les deux faces de la même capacité créatrice de la race : Robert Ley par exemple, chef du Front du Travail et de l'organisation Force par la Joie (*Kraft durch Freude*), soulignait combien « le travail et l'art appartiennent l'un à l'autre » parce qu'« ils proviennent d'une seule racine : de la race[2] ».

---

1. G. Feder, *das Programm des N.S.D.A.P. und seine weltanschaulichen Grundgedanken*, Munich, F. Eher, 1933, p. 20 (je souligne).
2. R. Ley, « Unsere Gemeinschaft muss klar, sauber und übersichtlich sein ! », *Soldaten der Arbeit*, Munich, F. Eher, 1938, p. 60.

Lorsque le parti accéda au pouvoir, la notion de « travail créateur » [*die schaffende Arbeit*] fut donc très logiquement définie comme le processus par lequel la Communauté du peuple s'autoproduisait comme race en déterminant son propre contour, ses propres limites raciales. Aussi Hitler pouvait-il affirmer, dès le discours de clôture du Congrès de Nuremberg de 1933, qu'« on ne peut pas seulement déduire la capacité [créatrice] de la race, mais aussi [déduire] la race de la capacité[1]. » Par cette formule magique se trouvaient donc maintenues ensemble les deux conceptions opposées de la race qui divisaient les idéologues du nazisme : d'un côté l'appartenance héréditaire à la race des Seigneurs garantissait une capacité créatrice indiscutable, et de l'autre c'était les *Leistungen*, les réalisations culturelles qui « dévoilaient » progressivement les contours d'une race créatrice en formation. Le cercle ainsi constitué présentait l'immense avantage de s'accorder autant à la théorie de la *renovatio* qu'à celle de la *novatio*. Comme l'avait dit Chamberlain, « peu importe que nous soyons Aryens, l'important est que nous devenions Aryens ». Ainsi les « réalisations culturelles » semblaient donner sa consistance au mythe, mais sans que soit jamais tranchée la question de savoir si la race en était la cause ou l'effet.

C'est pourquoi, même si le type idéal de l'homme nouveau apparaissait toujours davantage à l'horizon du nazisme plutôt qu'à son origine, l'ambiguïté de sa position temporelle demeura tout au long du Troisième Reich. Au début du régime, lorsque les premières réalisations de la « nouvelle Allemagne » commencèrent à devenir visibles, Hitler pouvait par exemple s'exclamer sur un chantier : « Peut-être est-ce cela le plus grand miracle de notre époque : les immeubles s'élèvent, les usines sont installées, les rues tracées, les gares construites, mais au-dessus de tout se développe un nouvel homme allemand[2] ! » À l'évidence, l'homme nouveau était *déjà là*, puisque étaient déjà visibles les premières « réalisations » attestant sa capacité créatrice.

---

1. Discours de clôture du Congrès de Nuremberg, septembre 1933 ; *Die Reden Hitlers am Reichsparteitag 1933*, Munich, F. Eher, 1934, p. 37.

2. Discours du 12 septembre 1936 aux *Hitler-Jugend*, partiellement reproduit in Max Domarus, *op. cit.*, I, p. 642.

Mais, presque au même moment, Hitler pouvait aussi déclarer que « la plus grande révolution qu'ait vécue l'Allemagne, c'est que l'on a pour la première fois dans ce pays entrepris, selon un plan établi, une hygiène du peuple, autrement dit une hygiène raciale. Les suites de cette politique raciale allemande seront plus décisives pour l'avenir de notre peuple que les effets de toutes les autres lois. Car elle créera l'homme nouveau[1] ». De façon tout aussi évidente, l'homme nouveau était donc *encore à venir*.

Cette double détermination temporelle n'était pas propre au nazisme. Comme l'a fait observer le théologien Rudolf Bultmann, l'homme du premier christianisme, tel qu'il apparaît dans les *Épîtres* de Paul, est saisi par le même paradoxe puisque, par la première venue du Christ qui lui a apporté le salut, il vit déjà d'une vie nouvelle et cependant ne vit que du futur, dans l'attente de la seconde venue du Christ. Ainsi son existence se trouvait-elle écartelée entre un salut déjà donné et un salut qui restait à venir. La rivalité que le nazisme a constamment entretenue avec le christianisme était bien sûr indissociable de l'imitation de son eschatologie. Et de même que la figure du Christ avait été donnée comme celle du premier homme nouveau, Hitler, dont l'image fut délibérément construite sur celle du Christ, fut bientôt désigné pareillement : « Il est venu un homme nouveau des profondeurs du peuple, il a fixé une nouvelle doctrine, érigé de nouvelles Tables, il a créé un nouveau peuple qu'il a élevé de ces mêmes profondeurs, de là d'où montent les grands Poèmes : des Mères, du Sang et du Sol[2]. »

En même temps que le nazisme revendiquait l'héritage du christianisme, il s'en écartait évidemment de la façon la plus saisissante par son rejet de l'universalisme, puisque cet homme nouveau, issu du sang et du sol, était déterminé racialement, tout comme Hitler était désigné comme le « Christ allemand ». Un autre exemple du rejet de l'universalisme du christianisme dans le moment même de son imitation était donné par le baptême

---

1. Discours du 7 septembre 1937, reproduit par M. Domarus, *op. cit.*, p. 717.

2. H. Burte, *Die Dichtung im Kampf des Reiches*, Hambourg, 1943, p. 71, cité par J. Hermand, *Der alte Traum vom neuen Reich. Völkische Utopien und Nationalsozialismus*, Francfort, Athenäum Verlag, 1988, p. 285.

qui, dans la SS, fut remplacé par la « cérémonie du nom », sacrement accordé aux seuls représentants de la race des Seigneurs. À la communauté de l'Église fondée sur le baptême, le nazisme substituait la Communauté fondée sur la race. Et dans cette parodie, le salut, donné une première fois par l'appartenance à la race créatrice, restait donc à gagner par les œuvres, les *réalisations*.

Cependant, par le rôle qu'il attribuait à l'image dans le processus de production de l'homme nouveau – et j'aborde ici le second point – le nazisme empruntait encore au même modèle. Si l'image avait la même valeur rédemptrice dans l'idéologie nazie et dans le christianisme, c'est parce qu'elle y remplissait la même fonction de *Führer* ou de « guide » vers la vie éternelle.

Dans sa définition patristique depuis Jean Damascène, le Christ était « la première icône du Dieu invisible » : sa présence dans l'image conférait à celle-ci le même pouvoir rédempteur qui était celui du Christ. De même que le Logos s'était fait chair pour racheter les hommes, l'image renouvelait l'Incarnation – et par conséquent aussi son œuvre de salut. C'était bien cet héritage chrétien du salut par l'image que Hitler prétendait assumer : à l'articulation chrétienne du dieu invisible à l'image par la médiation du Christ, il susbtituait celle du génie racial à l'image par la médiation du *Führer*. Christ et artiste allemand, incarnation du *Volksgeist* (de l'Esprit du peuple) et image de sa divinité, il apportait au peuple le salut par l'image authentiquement allemande.

Car l'art allemand était, tout comme Hitler, l'« Idée nationalsocialiste » incarnée, le dieu allemand devenu « Forme » [*Gestalt*]. Comme Rosenberg faisait de la race « l'image extérieure d'une âme déterminée », les images de l'art rendaient visible l'âme éternelle de la race, son génie ou son dieu. Car si les nazis pensaient avec Nietzsche que « Dieu est mort », ils entendaient assurément par là la mort du dieu universel, mais nullement celle des dieux nationaux. C'était donc par la consommation des images où s'était incarné son génie que devait se constituer la Communauté raciale d'un peuple d'hommes nouveaux. Dans l'art allemand s'affirmait la « présence réelle » du génie ou du dieu allemand, exactement comme dans l'hostie s'affirmait la présence réelle du Christ. L'absorption par les yeux était véritablement l'incorporation identificatrice qui décidait des limites de la Communauté, mais ces limites étaient déterminées par les images offertes à l'incorporation. Aussi, les images de corps humains, qu'elles fussent issues de l'art ancien ou présent, étaient-elles sélectionnées sur les mêmes critères qui étaient ceux de l'anthropologie physique ; et c'était la raison pour laquelle certains idéologues de l'art affirmaient de ces images qu'elles n'étaient pas seulement le miroir du peuple allemand, mais son « image directrice » [*Richtbild*].

Le peintre et théoricien Wolfgang Willrich, protégé de Himmler et de Walther Darré, expliquait très clairement la fonction de cette « image directrice » : « La doctrine raciale s'efforce de créer, par la sélection des meilleurs au plan de l'hérédité se soumettant librement à l'élevage de la race, la nouvelle noblesse allemande qui guide exemplairement le peuple dans l'espèce et dans l'action par sa volonté supérieure et son exemple valeureux. Éveiller le désir nostalgique du peuple allemand à l'égard d'une telle noblesse, poser clairement et graver en lui de façon contraignante le beau et le sublime, non pas simplement comme le privilège de dieux auxquels on ne peut croire, mais comme une possibilité humaine et comme le but ultime de la régénérescence [*Aufartung*]... quelle tâche sublime pour l'art[1] ! »

Bien d'autres idéologues nazis l'avaient précédé ou le diraient après lui : les images sont des *führers*, qui guident le peuple dans le choix de ses objets sexuels. Ainsi, seront massivement diffusées, ou bien exposées par exemple dans les bâtiments des *Lebensborn*, les bonnes images selon lesquelles seront conçus et engendrés les hommes nouveaux.

Il faut donc en venir au dernier point, et tenter de montrer comment le processus de construction de l'homme nouveau racialement déterminé fut simultanément un processus de destruction de l'autre.

L'un des aspects les plus remarquables du nazisme aura certainement été le lien qu'il établit entre ce que ses idéologues nommaient « l'idéal de beauté racial », dont les siècles auraient produit l'image dans un art authentiquement « germano-nordique », et la fabrication d'une humanité supérieure, selon un savoir et des techniques qui appartenaient à l'eugénisme de son

---

1. Wolfgang Willrich, *Säuberung des Kunsttempels*, Munich/Berlin, J. F. Lehmanns Verlag, 1937, p. 145.

siècle. Ce fut donc la théorie d'un lien mimétique profond, unissant le peuple aux modèles que lui fournissait l'art, qui justifiait que celui-ci fût contrôlé par l'État. Toutefois, loin d'être spécifique au nazisme, cette théorie – dont les échos se trouvèrent amplifiés notamment par Gottfried Benn, Alfred Rosenberg ou Walther Darré –, avait d'abord été celle de Lessing, ou bien encore d'Oscar Wilde affirmant qu'un grand artiste « invente un type que la vie, comme un éditeur ingénieux, s'efforce de copier et de reproduire ». Il restait au nazisme à définir ce type, dont l'imitation systématiquement rationalisée devait assurer la production d'un homme nouveau. Or ce travail de définition d'une image idéale – dont les stéréotypes sont bien connus – a précédé et accompagné l'entreprise de « purification » réelle du *Volkskörper*, du corps du peuple, pour finir par coïncider exactement avec les contours raciaux de la Communauté du peuple tels qu'ils furent juridiquement définis.

Car le nazisme a réservé, tout au long de son règne, un traitement similaire aux hommes et aux œuvres jugés « faibles et friables » (ce que Hitler nommait *das Schwache*), depuis l'exclusion jusqu'à la crémation. Inversement, toutes les mesures de « protection de la race » se doublaient sous le Troisième Reich de mesures de protection de l'art défini comme « allemand ». Ainsi l'année 1933, celle des premières mesures anti-juives et de la loi de stérilisation, fut-elle aussi celle des premières expositions d'« art dégénéré », organisées dès avril 1933 à Mannheim, puis à Karlsruhe, Nuremberg, Chemnitz, Stuttgart, Dessau, Ulm et Dresde. Seule la dernière s'intitulait *Entartete Kunst,* ouverte après que Hitler, dans le premier discours sur l'art tenu à Nuremberg, eut répété que « l'humanité dégénérerait [*würde entarten*] » et que la *Kultur* rétrograderait si elle était laissée aux mains des « éléments décadents ou étrangers à la race ». Quant à l'interdiction d'exercer faite aux artistes juifs, elle avait d'abord été juridiquement distincte de celle qui visait les artistes « dégénérés ». Mais la veille même de l'ouverture de la grande exposition d'« art dégénéré » de Munich en 1937, où artistes juifs et non-juifs étaient unis dans la même condamnation, la stérilisation pour des motifs raciaux commença à s'exercer sur les *Rheinlandbastarde*, ces enfants issus de l'union de « mères allemandes » et de soldats noirs durant l'occupation de la Ruhr par l'armée française. Préparée de longue date, cette stérilisation fut inaugurée le 30 juin 1937 à l'hôpital protestant de Cologne et fut suivie d'environ cinq cents autres opérations[1]. Le lendemain, Hitler inaugurait solennellement l'exposition qui rassemblait les œuvres devant être soustraites à la vue du public allemand. Si la « stérilisation » artistique était si importante aux yeux des nazis, c'était parce qu'ils avaient la conviction que les artistes « dégénérés » faisaient peser sur l'avenir des peuples germano-nordiques la même menace que les « bâtards du Rhin ». La perpétuation de la race « germano-nordique » dépendait aussi de la sauvegarde de son « idéal de beauté racial », soit de son génie propre incarné dans ces « images directrices » auxquelles était attribuée une puissance de reproduction infinie.

Le sentiment d'appartenir à la race des Seigneurs, disait Hitler, « exige la destruction de l'autre[2] ». Goebbels l'avait souvent répété : « L'homme d'État est aussi un artiste. Pour lui, le peuple n'est rien d'autre que ce qu'est la pierre pour le sculpteur[3]. » Dans cette métaphore du *Führer*-artiste, sculpteur de la nation et du type idéal, se lisait clairement cette exigence de destruction de l'autre pour que, du bloc informe de la masse, pût surgir la belle forme d'un peuple enfin « nouveau » parce que racialement homogène. La réalité de la destruction de l'autre fondait la fiction, devenue tangible dans l'art, de la reproduction du même.

---

1. Robert N. Proctor, *Racial Hygiene. Medicine under the Nazis*, Harvard University Press, 1988, p. 112-114.

2. Hitler cité par Joachim Fest, *Hitler*, trad. G. Fritsch-Estrangin, Gallimard, 1973, Tome II, p. 192.

3. J. Goebbels, *Michael. Ein deutsches Schicksal in Tagebuchblättern*, Munich, F. Eher, 1929, p. 21. Et dans *Combat pour Berlin* (1931), trad. fr., Paris, 1966, p. 38 : « La masse n'est pour nous qu'un matériau informe. Ce n'est que par la main de l'artiste que de la masse naît un peuple et du peuple une nation. »

Le « *style* de la phalange » :
une morale et une esthétique

Marie-Aline Barrachina
(université de Poitiers)

Il n'était pas très courant, jusqu'à une période très récente, de voir figurer l'Espagne franquiste ou le Portugal salazariste aux côtés de l'Allemagne nazie et de l'Italie fasciste dans des rencontres comparatistes concernant l'Europe de l'entre-deux-guerres. Or, sur le terrain de l'homme nouveau, un tel voisinage apparaît comme nécessaire. Dès lors, en effet, que l'on admet, comme la recherche actuelle le fait de plus en plus volontiers, que « fascisme et nazisme ne furent pas les seuls régimes, dans l'Europe de l'entre-deux-guerres, qui tentèrent d'agir sur l'individu, son caractère et sa personnalité », l'urgence du débat sur le degré d'adéquation de tel ou tel régime au modèle fasciste s'efface au profit d'une réflexion plus sereine sur les projets de société que proposent les régimes mis en place, en Europe, dans les années 1920-1930. Sans minimiser ni survaloriser les différences qui séparent ces régimes, on peut alors tenter d'en apprécier certaines caractéristiques communes, comme cette volonté « d'agir sur l'homme à travers un projet de société », ou, à des degrés divers, et selon des sensibilités culturelles variables, ces aspects conservateurs, réactionnaires, passéistes des composantes idéologiques qui les soutiennent. Dans le cas espagnol, c'est précisément la réactualisation d'une idéologie délibérément passéiste qui sous-tend le projet de société que le franquisme a tenté de mettre en œuvre.

Avant d'aller plus avant, il me semble nécessaire de souligner que la perspective comparatiste s'inscrit tout à fait dans la ligne actuelle de la recherche espagnole et hispaniste sur le franquisme, et tout particulièrement sur le premier franquisme. La tradition anti-franquiste de la recherche scientifique a longtemps infléchi les choix thématiques abordés. D'une certaine façon, la recherche privilégiait les études sur les manifestations intérieures ou extérieures de l'opposition au franquisme. Et même quand il s'agissait d'étudier des pratiques culturelles intégrées au système, c'était le plus souvent à la recherche d'indices de révolte ou de rébellion. Le temps ayant passé, un effort est fait depuis plusieurs années en direction d'une recherche sur l'imaginaire, la symbolique, les projets culturels qui soutiennent le système politique du régime franquiste, et tout particulièrement du régime franquiste à ses débuts (ce que l'on a coutume d'appeler le « premier franquisme »).

C'est dans cette ligne que s'inscrivent les trois communications sur l'Espagne franquiste qui, sans concertation préalable, mais dans la logique thématique de ce colloque, me semblent se compléter. Dans leurs communications respectives, Josefina Cuesta et Benito Bermejo ont bien montré comment se dessine, du côté de l'Église d'une part, du côté de la Phalange d'autre part, le modèle de l'homme nouveau qui devra servir l'idéologie franquiste en devenir. Or ce modèle, qui se veut un modèle éthique et éminemment catholique, produit un modèle d'ordre esthético-éthique, le style *phalangiste* dont l'étude fera l'objet des pages qui suivent.

Deux ambiguïtés majeures méritent tout d'abord d'être levées, la première ayant trait à la Phalange et à son rôle sous le premier franquisme, la seconde ayant trait à la notion de style.

PREMIÈRE AMBIGUÏTÉ : LA PHALANGE ET SON RÔLE

L'intelligentsia phalangiste de la première heure, il faut l'affirmer d'emblée, a tenu un rôle de premier plan dans la constitution des modèles culturels et esthétiques diffusés par la propagande du premier franquisme.

C'est cette intelligentsia qui, de 1937 à 1941, s'est employée à la mise en cohérence d'une propagande capable de réunir dans un même schéma un modèle fascisant emprunté aux partis frères (nazisme et surtout, fascisme), et un certain nombre de valeurs et de traditions culturelles espagnoles, étrangères au modèle fasciste.

Rappelons brièvement les faits : le 19 avril 1937, Franco signe le décret connu sous le nom de « décret de l'Unification », par lequel est créé un parti unique réunissant sous l'autorité du *Caudillo* toutes les factions qui soutenaient jusqu'alors en ordre plus ou moins dispersé le soulèvement militaire du 18 juillet 1937. Parmi ces factions, la Phalange de José Antonio Primo de Rivera, exécuté par les Républicains quelques mois plus tôt (20 novembre 1936). Dans cette Phalange déchirée par des rivalités personnelles, milite une jeune élite intellectuelle particulièrement dynamique, qui, en acceptant l'unification et le fait de collaborer avec le régime dans le nouveau parti, accepte aussi, du même coup, l'instrumentalisation de la Phalange initiale par un pouvoir qui, de fait, lui échappe inexorablement. En contre-partie, cette jeune élite phalangiste obtient que lui soit confiée une tâche importante : la mise en place des structures d'encadrement et, pour ce qui nous intéresse ici, la définition des contours d'un modèle d'homme nouveau et de femme nouvelle espagnols qui permettrait à ce régime de faire bonne figure dans l'Europe des fascismes, sans pour autant sacrifier les modèles traditionnels d'une hiérarchie fondée sur l'appartenance sociale. Ce modèle, c'est ce que la Phalange de Franco appelle le style.

DEUXIÈME AMBIGUÏTÉ : LE STYLE (EL ESTILO)

La notion de style, dans le discours phalangiste, ne s'applique pas, en premier lieu, aux arts plastiques, ni même aux arts en général. C'est tout d'abord une notion liée à une *façon d'être*, et qui ne s'applique ensuite aux arts que médiatisée par cette *façon d'être*. C'est pourquoi il importe de préciser que le style est une morale nationale qui a son esthétique et qui, de ce fait, va déterminer les canons d'une esthétique nationale.

Pour apprécier l'importance idéologique et politique de cette notion de style dans le système de propagande phalangiste et franquiste, il faut tenir présent à l'esprit que cette propagande récuse l'idée d'un type physique espagnol idéal, ce qui a pour conséquence la recherche d'un modèle comportemental susceptible de définir une spécificité espagnole.

LA RACE SPIRITUELLE

Le régime a en effet accueilli d'emblée comme sa théorie officielle de la race, la théorie mise au point par Ernesto Giménez Caballero, un intellectuel acquis au fascisme italien dès la fin des années vingt. S'inspirant de l'évidence historique et des principes de la tradition catholique, cette théorie postule l'existence d'une race espagnole qui se caractériserait par une indétermination physique fondamentale, due à des métissages successifs. Cette indétermination favoriserait une « racialité spirituelle », l'existence d'une « silhouette morale spécifique[1] » forgée au fil des siècles par une foi catholique et un esprit national inébranlables (le national-catholicisme).

Pour Franco lui-même, cet esprit est susceptible de « marquer les autres peuples[2] ». Pour Giménez Caballero, il s'agit d'un esprit « étalon », capable de répandre universellement sa semence[3]. D'où l'importance accordée au modèle comportemental, au style. Faute de canons esthétiques physiques fondés sur une spécificité raciale, le discours de propagande du premier franquisme invente des canons esthétiques comportementaux, une sorte d'uniforme moral. Dans de telles conditions, le style comme modèle de comportement est un critère qui imprègne l'ensemble des activités sociales, politiques, culturelles. À ce titre, il régit aussi les choix esthétiques du régime. C'est pourquoi, afin de rendre compte de la problématique du « style de la phalange », il faut tout d'abord tenter d'établir une sorte de catalogue des valeurs esthétiques et éthiques qui constituent le style. La critique littéraire et artistique franquistes concernant les productions culturelles du passé fournira les exemples nécessaires à la constitution de ce catalogue. On pourra ainsi constater une volonté délibérée de récupérer au bénéfice de l'esprit national un vaste champ de productions culturelles. On pourra aussi observer que cet esprit, qui est censé effacer les différences sociales et culturelles au bénéfice de l'unité idéologique ou nationale, est

---

1. *Y, revista de las pujeres nacional sindicalista*, n° 1, février 1938, « El crisol de la raza », par « Alcides ».
2. Bahamonde Franco, Francisco, discours prononcé le 28 septembre 1939.
3. Caballero Gimene, Ernesto, *Genio de España*, note ajoutée en 1932.

un simulacre unificateur qui permet en fait de conserver intactes des valeurs aristocratiques apparemment récusées par le style. La cohérence de la propagande réside dans cette capacité à établir en permanence un lien entre ces contraires.

Pour illustrer cette remarque, on se penchera ensuite sur les productions culturelles réalisées sous le premier franquisme, que l'on classera, dans un but comparatif et démonstratif, en deux grandes catégories :

– Les productions culturelles et esthétiques destinées à la contemplation collective : spectacles (théâtre, cinéma, manifestations politiques ou religieuses, défilés) et architecture surtout (architecture permanente et architecture éphémère) que l'on choisira comme exemple paradigmatique.

– Les productions culturelles et esthétiques destinées à la contemplation individuelle : littérature et littérature de grande diffusion, arts graphiques et peinture, sculpture[1].

La comparaison du traitement et de la finalité attribuée à ces deux catégories de productions culturelles par le premier franquisme permettra d'apprécier la signification politique et idéologique d'une morale et d'une esthétique à deux niveaux. Dans tous les cas de figure, les mots clés de cet exposé sont certainement les mots *indétermination* et *paradoxe*. Car c'est sur des indéterminations et des paradoxes que se fonde « le style » éthique et esthétique du premier franquisme.

LA CRITIQUE À L'AFFÛT DU STYLE

Une partie de la critique littéraire et artistique s'emploie à revendiquer au bénéfice de l'Espagne nationale un vaste champ de productions littéraires et picturales. C'est ainsi qu'Antonio Tovar, jeune phalangiste de la première heure, et théoricien de l'Empire selon la Phalange, revendique comme fondamentalement espagnols des auteurs latins[2]. Le professeur Entrambasa-

---

1. Dans tous les cas, il s'agira seulement d'exemples utiles à la démonstration. On ne prétend nullement à l'exhaustivité dans la description, encore très provisoire, d'un phénomène qui mérite bien des recherches.

2. Antonio Tovar, « Los escritores hispano-latinos », *Consigna*, nº 14, mars 1942.

guas présente quant à lui le théâtre du siècle d'Or espagnol comme le parangon de « l'esprit de la race[1] ». De son côté, le professeur Martin de Riquer prétend résolument que l'œuvre des Troubadours serait née sous les auspices de « l'esprit espagnol[2] ». Enfin, le professeur Lafuente se livre à d'admirables contorsions rhétoriques pour espagnoliser ce qui peut l'être de Rubens, sans pour autant en accepter complètement l'esprit[3].

Pour légitimer ces appropriations, les critiques mettent toujours et systématiquement en avant, chez ces auteurs et ces artistes, des caractéristiques considérées comme spécifiques de l'esprit national et constituant un style : sobriété, dépouillement, prédilection pour les thèmes de la dévotion mystique. Quand cela n'est vraiment pas possible, c'est alors l'énergie vitale, l'humanisme, le baroque qui sont mis en avant, comme dans le cas difficile de Rubens.

À l'inverse, certaines caractéristiques « déviantes » sont condamnées sans appel. Ainsi, le grand romancier réaliste de la fin du XIXe siècle Benito Pérez Galdós, connu pour ses idées libérales, est mis en accusation pour son « rationalisme matérialiste... inerte et passif », et n'échappe à l'index, *in extremis*, que grâce à l'espagnolisme viscéral, « cette chaude artère essentielle qui palpitait en lui[4] », que le critique croit déceler dans son œuvre. Bon sang ne saurait mentir. Le poète romantique Gustavo Adolfo Bécquer, pour sa part, se voit déclaré coupable d'une « mélancolie, certes subtile, mais écrasante, et qui interdit jusqu'au moindre projet d'effort[5] ». Dans ces deux cas, les qualités littéraires et la veine créatrice ne sont pas en cause, car pour formuler ses réserves et sa désapprobation, pour poser des exigences morales fondamentales, la critique se situe sans ambiguïté du côté d'une éthique prétendument nationale et incontournable. Que recherche en fait cette critique, si ce n'est la trace

---

1. Joaquín de Entrambasaguas, « Valor hispánico de los autos sacramentales », *Consigna*, n° 17, juin 1942.

2. Martín de Riquer, « Trovadores », *Vértice*, n° 26, octobre 1939.

3. Enrique Lafuente, « Raza y universalidad de Rúbens », *Vértice*, n° 29, février 1940.

4. Joaquín de Entrambasaguas, « El españolismo de Galdós », *Consigna*, n° 28, mai 1943.

5. Eugenio Mediano, « Gloria y reprobación de Bécquer », *Vértice*, n° 44, mai 1941.

d'une combativité nationale qui se veut résolument optimiste ? Récusant formellement la légitimité d'une hiérarchie sociale fondée sur la supériorité aristocratique, un phalangisme de bon ton repousse comme appartenant à une aristocratie décadente (Bécquer) ou à une bourgeoisie défaitiste (Galdós) certaines attitudes sociales et certaines positions idéologiques.

S'en prenant à « l'élégance aristocratique », la très luxueuse et très aristocratique revue *Vértice* lui oppose l'impatience rebelle d'une jeunesse soi-disant libérée des carcans de la « bonne éducation ». « Être élégant, c'est être blasé, ne rien pouvoir trouver de nouveau, d'étrange, et c'est par conséquent être au-dessus de l'enthousiasme et de la violence ; c'est, en un mot, être caduc, avoir déjà vécu sa vie et être, jeune ou vieux, aux portes de la mort. C'est ainsi que, par élégance suprême, apparaissent dans nos portraits du xve siècle et du xviie siècle ces hommes vêtus de noir, ces infantes en deuil. Et il en est ainsi parce que, de leur trop plein de connaissance, il se consolent par le néant, par cette transcendante fantaisie qui consiste à renoncer, à cesser de vivre de leur vivant. Et c'était parce que leur cycle était achevé, parce qu'il ne leur restait plus rien à faire, et ils se préparaient tranquillement à mourir [...] Laissons donc l'élégance à ceux qui viendront après nous. [...] Nous, nous irons de l'avant avec notre jeunesse, criant avec nos drapeaux flamboyants, sans retenue, mais aussi sans scepticisme et sans indifférence, sans élégance, car nous ne pouvons pas, nous ne devons pas encore être élégants [1]. »

S'en prenant aux classes moyennes, la revue très petite bourgeoise *Consigna* accuse les dites classes moyennes d'avoir contaminé, par leur « désir de paraître » un petit peuple qui porte en lui, profondément enfoui, le génie national occulté au cours des siècles et que la critique artistique s'emploie à retrouver dans les œuvres éparses [2].

En définitive, cette lecture rapide de la critique permet de dresser une liste des qualités inhérentes au style : vitalité et religiosité, honneur, sacrifice, abnégation ; force de l'expression et capacité à « renationaliser » les influences extérieures grâce à un

---

1. Eduardo de Laiglesia, « La sazón de ser elegante », *Vértice*, n° 29, février 1940. Traduction personnelle.
2. Roberto Robert, « La señorita cursi », *Consigna*, n° 37, février 1944.

patriotisme inébranlable qui n'aurait que faire d'un bon goût assimilé à un esprit décadent, et qui lui préférerait une rudesse juvénile, attirée par une certaine violence qui n'est pas sans rappeler le culte du « surhomme » qui sévissait alors sous d'autres latitudes.

LES PRODUCTIONS CULTURELLES DESTINÉES À LA CONTEMPLATION COLLECTIVE

Dans les « démons familiers de Franco », Manuel Vázquez Montalbán affirmait : « Le franquisme a tenté de modéliser son esthétique à partir des racines du siècle d'or (le siècle de l'empire), et du "colossalisme" caractéristique de toute iconographie fasciste. Tous les arts et toute la littérature furent orientés dans les années quarante et une bonne partie des années cinquante dans le but de créer une esthétique en accord avec la raison d'être de l'État. En architecture, c'est la prospérité du néoherrerisme (Ministère de l'Armée de l'Air, Madrid) ou du colossalisme pharaonique (Valle de los Caídos). En littérature, le classicisme de Garcilaso d'une part, et le "tremendisme" d'un clair-obscur épique (Garcia Serrano, Luis Santamarina). D'une importance toute particulière le montage d'un courant du goût esthétique imposé aux masses à travers les moyens de communication sociale : cinéma, radio, littérature de grande diffusion. Par exemple, la chanson nationale et nationaliste, le cinéma historique et impérial épique, les séries radiodiffusées abondamment mélodramatiques et chargées d'idéologie, etc [1]. »

C'est à très bon escient que cet auteur met l'accent sur l'architecture, d'une part, et sur l'importance des nouveaux moyens de communication, d'autre part. En effet, c'est certainement dans ces deux secteurs que l'effort en vue de « créer une esthétique en accord avec la raison d'être de l'État » est le plus visible et le plus significatif. Dans le cas des arts destinés à une contemplation individuelle et privée, on le verra, c'est sur un tout autre mode que cela se passe.

---

1. Manuel Vazquez Montalban, *Los demonios familiares de Franco, los tics obsesivos que configuaron la « ideología » franquista*, Planeta, Barcelona, 1987, p. 177. Traduction personnelle.

CONSTRUCTIONS ARCHITECTURALES

Dans son essai sur *L'art et l'État* de 1935, Ernesto Giménez Caballero donnait la priorité à l'architecture dans le système des Beaux-Arts, convaincu qu'il était, à juste titre, que c'est dans ses réalisations architecturales qu'un État peut le mieux imposer sa marque. Or, les grands travaux en vue d'aménager des espaces monumentaux sont relativement rares sous le franquisme. En février 1938 (le 18 février), une « Commission pour le style et les commémorations de la Patrie » fut créée à l'instigation des Services de Propagande du ministère de l'Intérieur alors dirigé par le prophalangiste et progermaniste Ramón Serrano Súñer. Cette commission, composée de membres de « l'Institut d'Espagne », avait pour vocation de coordonner les projets architecturaux et monumentaux du nouveau régime. Le projet était bien, de toute évidence, un projet de réalisation esthétique et politique dans un sens indéniablement totalitaire. Mais les réalisations, dont les projets ne furent d'ailleurs mis en œuvre qu'après la Guerre civile, furent peu nombreuses. Il faut bien sûr évoquer les bâtiments de la Cité universitaire de Madrid, inaugurée le 12 octobre 1943, à l'occasion de la « fête de la race[1] ». Il faut aussi mentionner le fameux « Valle de los Caídos » (Vallée des Morts), dont la construction « colossale » commence en 1940. Il faut enfin citer le ministère de l'Armée de l'Air, dont les plans plusieurs fois modifiés révèlent les avatars des relations du franquisme avec le nazisme. Le premier projet, lancé par Luis Gutiérrez Soto, peu après la Guerre civile, s'inspirait résolument de l'architecture nazie. La construction, commencée en 1943, allait en ce sens. À la suite de la défaite de l'Axe, les plans furent modifiés et le modèle adopté fut celui du Monastère de l'Escorial. C'est selon ce plan que se poursuivit la construction, achevée en 1957[2]...

---

1. Cette fête, qui commémore la découverte de l'Amérique, porta successivement les noms de « fête de la race » et de « jour de l'Hispanité ». Cette date coïncide aussi avec la date de la fête de la Vierge du Pilar, vierge tout particulièrement vénérée en Espagne. Depuis 1987, le 12 octobre est la date de la Fête Nationale espagnole.
2. Pour plus de précisions sur cette question, voir Alexandre Cirici, *La estética del franquismo*, Barcelone, Gustavo Gili, 1977, p. 129-130.

Les avatars de cette construction sont tout particulièrement révélateurs des orientations de l'esthétique franquiste : en effet, le choix final adopté pour le ministère de l'Armée de l'Air s'inscrit dans une orientation délibérément passéiste. Certes, quand en 1935, dans son essai sur *Arte y Estado*, Giménez Caballero désignait le modèle architectural de l'Escorial comme le modèle le plus pur de l'Esprit national, il niait se situer dans une telle perspective[1]. Mais de fait, la réalisation du ministère selon ces plans ne laisse pas de doute quant à une ferme volonté de réintroduire une esthétique passéiste dans un environnement contemporain. Même si le traitement technique de certaines constructions – songeons aux formes stylisées de la statuaire colossale du Valle de los Caídos – est parfois fort moderne, on ne peut néanmoins que conclure à un échec relatif du colossalisme moderniste, au bénéfice d'une architecture mimétique du passé.

Au sujet du groupe madrilène qui domine l'architecture officielle de l'après-guerre, Alexandre Cirici écrit ceci : « Séduit par l'illusion impérialiste, ce groupe vivait dans la fascination des grandeurs passées, car c'est dans le passé, plutôt que dans le futur que se situait le modelage d'une sorte d'utopie rétrograde. On rêvait de l'architecture de la maison d'Autriche et même, parfois, on envisageait un monumentalisme plus recueilli[2]. »

D'ailleurs, certains espaces monumentaux comme la Cité universitaire par exemple, furent construits selon des plans antérieurs à la Guerre civile, et le seul apport postérieur fut précisément d'ordre passéiste, avec l'ajout presque systématique d'éléments ornementaux faisant référence au passé impérial[3].

À ce stade de l'analyse, on peut sans doute affirmer que si les constructions nouvelles furent peu nombreuses sous le premier franquisme, c'est que ce régime opta le plus souvent pour l'aménagement des monuments existants, procédé tout compte fait plus adéquat à un choix esthétique fondé sur un postulat : celui d'un style national immuable traversant les âges.

---

1. Ernesto Gimenez Caballero, *Arte y Estado*, Gráfica Universal, Madrid, 1935, p. 233.

2. Alexandre Cirici, *La estética...*, p. 110. Traduction personnelle.

3. Jordi Gracia, *Estado y Cultura, el despertar de una conciencia crítica bajo el franquismo (1940-1962)*, prólogo de José Carlos Mainer, Toulouse, Presses universitaires du Mirail, coll. hespérides, 1996, p. 26.

Or ce choix esthétique rencontre comme corollaire une certaine forme d'élitisme dont on peut observer les effets dans les manifestations politiques officielles. Contrairement à ce qui se passe dans les mises en scène unitaires du fascisme et du nazisme, c'est généralement dans des espaces clos et chargés d'histoire que le franquisme choisit de se mettre en scène pendant les années de Guerre civile. L'espace choisi pour la commémoration du 12 octobre en 1936 est l'enceinte de l'Université de Salamanque : cet espace clos implique nécessairement une assistance réduite et triée sur le volet, et symbolise sans équivoque l'idéologie qu'il prétend représenter. C'est l'esprit aristocratique qui domine ici, et qui contraste avec le goût de la masse que révèlent les mises en scènes des célébrations des régimes frères. Autrement dit, et avec l'approbation des vieux phalangistes, le franquisme fait dès le début de la Guerre civile, à travers le choix des lieux de célébration, le choix de la hiérarchie aristocratique et passéiste.

ARCHITECTURE ÉPHÉMÈRE

Dans la plupart des sociétés, les architectures éphémères sont depuis fort longtemps utilisées par le pouvoir car, en revêtant d'ornements symboliques des espaces neutres, elles servent ce pouvoir en le rendant visible le temps d'un spectacle ou d'une manifestation. Ce type d'architecture, dans les États de type fasciste, acquiert une importance toute particulière, liée à la nature même de ces régimes où l'État dans sa matérialité et dans ses représentations est hypertrophié.

Dans le cas espagnol, ce n'est qu'à partir de 1938 que le régime de Franco commence à accorder une certaine importance à cette architecture jusqu'alors restée rudimentaire – drapeaux aux balcons et tribunes improvisées. La première des architectures éphémères de quelque importance est installée à Burgos, le 18 juillet 1938, pour le deuxième anniversaire du soulèvement militaire. C'est un rassemblement phalangiste, qui se déroule dans une atmosphère très médiévalisante [1]. Puis, à partir du

----

1. Antonio Bonnet Correa, « La arquitectura efímera en el primer franquismo », *Imaginaires et symboliques dans l'Espagne de Franco*, colloque organisé par Carlos Serrano (Paris IV, novembre 1995), *Bulletin d'Histoire*

19 mai 1939, date de la célébration de la Victoire à Madrid, les architectures éphémères se multiplient et se perfectionnent. Cette même année, pendant les dix jours que dure le transport de la dépouille de José Antonio Primo de Rivera du cimetière d'Alicante où elle avait été provisoirement inhumée, à l'Escorial où elle trouvera sa première sépulture nationale, c'est une gigantesque mise en scène longue de 500 kilomètres qui est mise sur pied. D'étape en étape, les villes et les villages qui ont l'insigne honneur de voir passer le cortège se parent de tribunes, de banderoles, d'arcs de triomphes, de flambeaux. En 1941, à Sabadell, les phalangistes couchés sur le sol forment le nom du ministre du Travail José Antonio Girón. En 1943, pour l'inauguration de la Cité universitaire, un Arc de triomphe provisoire est érigé à l'emplacement actuel de l'arc de la Moncloa, et sur l'esplanade de la faculté de Médecine sont dressés un autel et une gigantesque croix de 18 mètres de haut, en guise de monument aux morts improvisé [1]. Rien, dans toutes ces manifestations, que de très banalement daté et explicitement fascisant.

Néanmoins, un autre événement de ce type mérite d'être rapporté, tant il révèle l'aboutissement rarement atteint auquel aspirent les organisateurs de ces manifestations. C'était, rapporte Dionisio Ridruejo, en 1938, quand le Teatro Nacional dirigé alors par Luis Escobar crée un *auto sacramental* sur le parvis de la cathédrale de Salamanque, avec la participation, sur scène, de tous les membres du chapitre. Là, le brouillage acteur, spectateur, architecture permanente et architecture éphémère est complet. Dans l'émotion générale, le public s'agenouille. On assiste à la spectaculaire juxtaposition dans un même espace de la fiction théâtrale et de la réalité théâtralisée : brouillage des frontières spatiales et temporelles, immersion du spectateur dans la fiction, pour la plus grande gloire d'une propagande de la communion nationale au sens le plus mystique du terme.

Mais le plus souvent, l'architecture éphémère est conçue pour offrir à une foule en retrait le double spectacle d'une hiérarchie politique, militaire et ecclésiastique qui se donne à voir à des « masses » qui défilent selon un ordre rigoureux, lesquelles se donnent elles-mêmes à voir aux représentants de la hiérarchie

---

contemporaine de l'Espagne, n° 24, Bordeaux, CNRS-Maison des Pays Ibériques, décembre 1996, p. 154.
    1. Alexandre Cirici, *La estética del franquismo*, p. 106-110.

installés à la tribune. Autrement dit, une large part de la population est réduite au rang de spectateur passif d'un spectacle qui se joue devant elle mais sans elle entre les membres de la hiérarchie dirigeante et les représentants de « masses » dans lesquelles elle devrait se reconnaître mais ne se reconnaît pas toujours.

Comme l'architecture permanente, l'architecture éphémère s'offre à la contemplation collective. Néanmoins, l'une et l'autre ne font pas le même récit de légitimation du pouvoir franquiste. D'ailleurs, le régime ne confond jamais ces deux formes d'architecture, révélant, si c'était nécessaire, combien il leur accorde des fonctions bien distinctes. Les architectures éphémères ne dépendent à aucun moment de la Direction générale de l'architecture, elle-même soumise au ministère de l'Intérieur. Elles dépendent de la Délégation nationale de la propagande, qui a en charge l'organisation des manifestations officielles. La section chargée de la scénographie et de l'architecture éphémère a eu plusieurs noms successifs, qui montrent que ce type d'architecture fait intrinsèquement partie de la propagande phalangiste, et répond toujours à la même consigne : simplicité, austérité, en accord avec le style esthétique et éthique de la Phalange.

La comparaison de la politique de constructions architecturales d'une part, et de l'utilisation des architectures éphémères d'autre part, conduit naturellement à une réflexion sur le sens politique et idéologique de l'interaction entre ces deux formes d'architecture. En faisant le choix d'un nombre réduit de constructions monumentales, fondées sur un style prétendument national, et en multipliant, au contraire, les manifestations où foisonnent les symboles du style phalangiste, le régime accomplissait un acte où la frontière entre propagande et imposture est des plus ténues : s'installant pour durer dans une architecture qui reste fidèle à la tradition médiévale et à une culture aristocratique, il donne à voir un style phalangiste de carton-pâte qui ne trompe que le peuple qu'il s'agit de berner, et rassure pleinement une classe qui, comme le dit Florence Belmonte au sujet de la revue *Vértice*, « est prête à s'engager aux côtés de la Phalange aussi longtemps que cela lui semble nécessaire à la défense de son mode de vie[1] ».

----

1. Florence Belmonte, *Vértice, revista nacional de FET y de las JONS (avril 1937-février 1946), un aspect de la politique culturelle de la Phalange*, thèse, Dijon, janvier 1996, p. 478.

Autrement dit, l'architecture éphémère tient lieu de face à main à une esthétique aristocratique qui n'ose s'avouer comme telle.

LES PRODUCTIONS CULTURELLES DESTINÉES À LA CONTEMPLATION INDIVIDUELLE

Sur le plan littéraire, on observe dans la littérature de grande diffusion et dans les productions radiodiffusées le développement d'un style « kitsch », autrement dit une production fondée sur « la répétition d'éléments stylistiques, structurels et de contenus [1] » qui appartiennent à un fonds commun. Ce phénomène n'est pas la simple manifestation d'une indigence créative, mais le résultat d'une planification intentionnelle qui répond à une nécessité idéologique. Dans le monde de fiction de cette littérature, le « méchant » est celui qui, trahissant le style phalangiste fait d'abnégation et d'enthousiasme sacrificiel, cherche à sortir de sa condition subalterne [2]. Si l'on observe de plus près la plupart de ces récits, les héros revêtus des qualités inhérentes au style phalangiste sont dans la plupart des cas des jeunes gens issus de bonnes familles. Autrement dit, le style occulte la hiérarchie sociale traditionnelle pour mieux la préserver.

Certes, et en conformité avec les principes généraux des idéologies fascisantes, la violence est souvent élevée au rang de valeur positive. On avait pu relever dès les années vingt un certain sadisme dans les romans de Luis Santamarina et dans les nouvelles de Giménez Caballero, tous deux futurs militants du fascisme à l'espagnole. On avait entendu José Antonio Primo de Rivera opposer à la dialectique parlementaire la « dialectique des poings et des pistolets » lors de son discours de fondation de la Phalange Espagnole [3] Les romanciers qui poursuivent la veine « tremendiste » se complairont par la suite dans une cer-

---

1. Jochen Heymann, « Kitsch as kitsch can : estética trivial como instrumento ideológico », Vencer no es convencer, literatura e ideología del fascismo español, dir. Mechtild Albert, Vervuert, 1998, p. 132.
2. Pour des exemples de ce phénomène, voir Belmonte (*ibid.*) et Nancy Berthier, *Le franquisme et son image, Cinéma et propagande.*
3. 19 octobre 1933, Teatro de la Comedia, Madrid.

taine forme de sadisme. Mais l'exemple extrême de telle nouvelle qui met en scène une philosophie déplorant la disparition du meurtre reste somme toute un exemple marginal[1]. En fait, quand la violence est exaltée, c'est le plus souvent en association avec l'exaltation de l'énergie, du danger, du dépassement de soi, dans la ligne d'une esthétique particulière et fascisante du sport. Mais il ne faut pas oublier, comme le rappelle pertinemment Florence Belmonte, que les relations des régimes totalitaires avec le sport trouvent leur origine dans l'engouement des élites pour les activités physiques et sportives.

Au bout du compte, ce sont toujours les valeurs morales et esthétiques de l'aristocratie que la fiction littéraire ou cinématographique met en avant, à peine grimées, pour les besoins de la propagande, en valeurs spécifiques de la « race ».

On a déjà vu que la propagande phalangiste se refusait, au moins formellement, à définir des canons physiques de beauté, mettant l'accent sur une sorte d'esthétique de l'âme. Tant et si bien que, reprenant à leur compte le topique selon lequel la laideur corporelle ne serait jamais que le reflet de la laideur de l'âme, et selon lequel, à l'inverse, la laideur implique une âme mauvaise, bien des textes de propagande, bien des images filmiques ou iconographiques, bien des nouvelles, illustrent ce topique, renvoyant du côté des rouges et d'une république honnie la laideur et la vulgarité.

Pourtant, dans les choix esthétiques des productions culturelles, le style phalangiste établit implicitement des canons liés à la classe sociale, attribuant à l'aristocratie la blondeur, la délicatesse des traits, la finesse de la silhouette. Qu'il suffise, pour s'en convaincre, d'observer comme l'a fait Florence Belmonte le traitement des silhouettes et des mains féminines par la graphiste ATC (Angeles Torner Cervera), directeur artistique de *Vértice* de 1940 à 1946. Mains épaisses et épaules lourdes des paysannes, mais effilées et silhouette longiligne des aristocrates ou des grandes bourgeoises.

---

1. *Vértice*, n° 40, janvier 1941, « Historia del último caballo », par José María Sanchez Silva. Selon la philosophie développée dans ce conte, le mélange des races produirait une dégénérescence dont la preuve serait la disparition du meurtre, le désespoir, l'oubli de Dieu, ce qui conduit, crime suprême, au suicide. Voir Belmonte, *op. cit.*

Tout aussi révélatrices de la projection esthétique d'un style
fondé sur l'imposture que nous venons de décrire sont les reproductions de peinture et les illustrations qui ont la faveur du
public et de la critique. Les compositions picturales « à la
manière de... » ont un très grand succès. Tel tableau de Vilado-
mat dont la facture et les costumes ne sont pas sans rappeler certains *tapices* de Goya. Telle représentation de Franco, dont l'une
des plus fameuses, que l'on doit au peintre officiel Ignacio
Zuloaga, montre un *Caudillo* idéalisé, drapé d'un étendard ins-
piré de la peinture baroque. Enfin, la plupart des expositions
mondaines présentent des œuvres picturales et des sculptures
d'un extrême classicisme. Il ressort en général de ces œuvres
que l'art espagnol du premier franquisme cherche à intégrer le
passé dans le présent, soit par la réactualisation de techniques
éprouvées, soit par des motifs qui sont des allusions explicites.

Autrement dit, les artistes agréés par le premier franquisme
s'emploient à mettre au service de l'idéologie une esthétique
déjà largement assimilée par le goût des classes moyennes, une
esthétique rassurante, un clin d'œil à l'aristocratie et plus généralement à l'oligarchie qui détient le pouvoir effectif et qui
attend patiemment que tombent les oripeaux grandiloquents de
la Phalange. Le style phalangiste, qu'il soit un modèle comportemental, une morale, ou un guide esthétique, demeure un moule
repris de la tradition, une symbolique et un imaginaire standardi-
sés qui tiennent un rôle politique d'appoint pour la domestica-
tion des « masses ».

Les vieilles images de l'homme nouveau (France 1900-1945)

Laurence Bertrand-Dorléac
(université de Picardie, Institut universitaire de France,
CHEVS-FNSP)

Le thème de l'« homme nouveau » renvoie à la proportion de l'ancien et du neuf dans la France de Vichy. Il révèle la tension de l'Europe totalitaire qui oscille entre le passé mythique d'un âge d'or et l'avenir d'une société sans conflit où s'accomplirait l'homme régénéré. Au centre de cette tension en France, l'événement fondateur de la défaite joue comme la preuve que l'homme nouveau déjà imaginé par le passé n'a encore aucune réalité et qu'il reste donc à venir et à modeler. Le grand exercice de contrition qui succède à l'Armistice ne l'empêche donc pas mais fonde au contraire sa légitimité.

À juste titre, on a insisté sur le versant traditionaliste de la France, en montrant à quel point ses images s'inspirent du passé, tant du point de vue du contenant que du contenu. Les images qui dominent à cette époque, sont, au sens strict, les images de l'Ancien, dans la personne du Maréchal qui circule dans tout le pays, comme une icône massifiée, multipliée sur tous les supports, des plus archaïques aux plus modernes. Ces images débordent de beaucoup le domaine des techniciens, de nombreux Français ayant eux-mêmes pratiqué une « propagande sauvage » en faveur du chef de l'État, bien au-delà des consignes officielles dirigées essentiellement vers la jeunesse [1].

---

1. Voir le catalogue de l'exposition où figure l'inventaire du « fonds Pétain » (Cécile Coutin) dans : *La propagande sous Vichy 1940-1944*, sous la direction de : Laurent Gervereau et Denis Peschanski, BDIC, 1990. Le point est fait sur la situation française, dans les textes de Laurent Gervereau, Denis Peschanski, Rémi Handourtzel, Bernard Comte, Jean-Paul Cointet, Jean-Pierre Azéma, Isabel Boussard, Jacques Nobécourt, Dominique Rossignol,

On a sans doute tout dit, à la fois sur l'action de ces images à caractère spontané et sur l'image contrôlée du Maréchal : retouchée souvent, rajeunie parfois, enjolivée la plupart du temps, toujours référent du monde ancien, et, en cela, instrument efficace de tranquillisation des esprits. On a tout dit sur la fonction sédative du grand-père sauveur – il suffit de revoir les images très largement diffusées sous l'Occupation.

Le vainqueur de la Première Guerre triomphe alors parce qu'il incarne le passé de la France et ses valeurs traditionnelles, dans la lignée historique de Saint Louis – c'est du moins la thèse propagée par une solide campagne de propagande officielle. L'image la plus divulguée ne serait donc certainement pas à même d'incarner l'homme nouveau.

Il n'empêche : pour saisir l'imaginaire visuel des Français, on ne peut pas s'en tenir à cette imagerie d'un Vichy traditionaliste et uniquement traditionaliste. Le 4 avril 1943, un message est placardé sur les murs portant la déclaration de Philippe Pétain : « Les chefs rebelles ont choisi l'émigration et le retour au passé, j'ai choisi la France et son avenir. » Mais c'est dès le 9 octobre 1940 que la Révolution nationale est proclamée par le maréchal Pétain, jouant aussi bien sur l'attachement aux valeurs passées et sur la contre-révolution que sur l'attente des Français de renouveau, voire de nouveauté. C'est le sens de cette affiche commandée, en 1940, par l'État français à Philippe Noyer de l'équipe d'Alain Fournier qui présente un chef en képi, rajeuni et déterminé, sur fond de drapeau tricolore. Le thème de la « France nouvelle » est encore utilisé par la propagande dans cette affiche de Bernard Villemot, de 1941, à l'intention des prisonniers, même si le slogan : « C'est dans une France nouvelle que vous rentrez » est largement pondéré par l'image du vieux Maréchal avec sa canne.

Thérèse Blondet, Claude Lévy, Dominique Veillon, Christian Delporte, Hélène Eck, Jean-Pierre Bertin-Maghit et Laurence Bertrand Dorléac. Sur le rôle de l'image dans la propagande, voir également : Laurence Bertrand Dorléac, *L'art de la défaite*, Seuil, 1993, et l'ouvrage de Laurent Gervereau sur : *Les images qui mentent. Histoire du visuel au xxᵉ siècle*, Seuil, 2000.

LE CORPS EN LIEN SOCIAL

Dans son ouvrage dédié au Maréchal en 1940, *Pour une France nouvelle*, Roger Campos présente une image plus cohérente d'une jeunesse éclatante et sportive qui nous rapproche du thème du corps de l'homme neuf. Car si des images de l'homme nouveau ont circulé sous Vichy, c'est bien avant tout le corps qu'elles ont mis en avant comme un lieu de changement possible et à grande valeur démonstrative. Le corps masculin essentiellement, au moment où l'on s'intéresse plus que jamais à son contrôle, en définissant le champ privilégié d'une excellence qui associerait maîtrise physique et spirituelle. Cette perfection masculine aura bien son complément chez la femme mais en aucun cas son équivalent – ne fût-ce que par la rôle prépondérant de l'action dévolue à l'homme.

Jean-Jacques Chevallier, responsable au Commissariat à l'éducation générale et aux sports, dans son introduction à *L'Ordre viril et l'Efficacité dans l'action*, déclare, en décembre 1940 : « En ce sens le viril s'oppose bien entendu au féminin, et aussi à l'enfantin et aussi au sénile, soit à toutes les formes de faiblesse, si gracieuses ou si touchantes par ailleurs qu'elles puissent être (...). La parole est femelle, mais l'acte est mâle, dit un proverbe arabe. Vous aurez, Chefs, demain, à reconstituer un ordre mâle, un ordre viril[1]. »

Dans cet ordre viril, le corps peut être exalté dans une mise en scène où la fonction sociale est mise en avant, comme dans cette figure du *Paysan de France*[2] flattée par le régime, archaïque mais renouvelée. Mais dans cet ordre mâle, il faudra gommer autant que possible les attributs sociaux particuliers, sauf dans certains cas qui visent toujours à la réconciliation nationale, au-delà des différences. Dans cette représentation par exemple, imaginée par Prud'hon de l'équipe Alain Fournier, où cinq figures masculines illustrent l'échiquier social (le paysan, l'homme de bureau, l'artisan, le commerçant, l'ouvrier[3]).

---

1. Jean-Jacques Chevallier, *L'ordre viril et l'efficacité dans l'action*, 1940.
2. *Paysan de France*, reproduction dans : *Images de la France de Vichy*, Paris, La Documentation française, p. 39, non daté, sans provenance indiquée.
3. Imprimeries réunies de Lyon. La légende : « Aidons-nous. Nous résisterons mieux », rend une fois encore le message ambigu, d'autant que

À cet égard, pour illustrer l'homme nouveau de la réconciliation nationale, rien de mieux que le corps jeune, pas encore socialisé professionnellement et pourtant lié aux autres dans un grand mouvement communautaire. Si l'homme nouveau existe, c'est bien d'une figure collective qu'il s'agit, forcément normalisée, dans un cadre bien défini, soumis à toute une symbolique de reconnaissance : uniforme, salut, emblèmes, attitudes et chants. Étant donnée la situation issue de la défaite, les cadres collectifs sont essentiellement réduits aux chantiers de jeunesse et aux lieux d'entraînement sportifs. À cet égard, techniquement, c'est le dessin mécanisé et schématique de l'affiche qui permet de passer de corps plutôt amaigris dans la réalité – comme le montre cette photographie de jeunes gens, à Cannes, en 1941[1] – à la représentation de corps virils et surentraînés, comme dans cette affiche de Pellos, la même année, éditée par le Commissariat général à l'éducation et aux sports.

Nous savons bien que l'importance prise par le culte du corps est née en amont du régime de Vichy : elle vient s'inscrire après la défaite de 1940, dans un contexte de refondation qui s'appuie sur une logique d'exclusion et de dénonciation systématiques de ce qui aurait conduit à la défaite. Or cette dénonciation n'est pas seulement le fait, loin de là, des ultracistes : qu'on relise « La pédagogie de l'homme nouveau » de l'école des cadres d'Uriage, réconciliant les hommes de bords différents qui fonderont une bonne partie des élites françaises après la Libération.

Dans ses « Principes généraux », *Vers le style du xxᵉ siècle*, pensés sous l'Occupation et publiés à l'été 1945[2], l'équipe d'Uriage s'accorde à penser que :

« Toutes les époques, tous les ordres qui ont connu une certaine stabilité et une certaine grandeur ont connu aussi un certain type d'homme qui était comme une incarnation : le chevalier, l'humaniste, les nobles, l'honnête homme et même l'"homme

---

l'affiche est placardée en septembre 1943. L'équipe Alain Fournier fonctionnait comme une Agence qui recevait régulièrement des commandes de l'État mais qui demeurait autonome dans le principe et dans la gestion. Reproduction dans : *La propagande sous Vichy 1940-1944, op. cit.*, p. 153.

1. Composition photographique de Quinto Albicocco, Cannes 1941. Reproduction dans : *La propagande sous Vichy 1940-1944, op. cit.*, p. 45.

2. *Vers le style du xxᵉ siècle*, sous la direction de Gilbert Gadoffre, Paris, Le Seuil, 1945.

d'affaires" du xixe siècle ont été de ces types. On peut affirmer dit-on encore à Uriage, sans mauvaise foi que la période récente avait été incapable de s'affirmer à travers aucun d'eux : c'était là un témoignage irrécusable, parmi tant d'autres, de lente décadence. Le noble prenait trop souvent un aspect fin de race, l'industriel et le financier s'épaississaient, l'intellectuel, en proie aux divagations d'une pensée abstraite, semblait mal incarné dans un corps laid et souffreteux.

D'allure plus virile et plus franche, de sentiments plus rudes, mais plus réellement fraternels, l'homme que nous voulons est capable d'engagement et de fidélité, capable d'agir en responsable de lui-même et des autres, suivant une juste hiérarchie des valeurs. Cette ébauche n'est pas gratuite. L'homme que nous voulons a commencé à prendre forme. On le rencontre le plus couramment dans cette aristocratie de jeunesse ou telle école de cadres, dans la résistance et jusque dans le maquis [1]. »

Pour Uriage, de cet *homme nouveau* – l'expression même fourmille dans tout son livre de principes –, il est question partout et certainement pas seulement dans les expériences totalitaires européennes dénoncées vivement ; ni même dans le régime de Vichy auquel l'école tourne le dos en 1945 tout en reprenant des thèmes dominants du vichysme. C'est là toute l'ambiguïté de cadres « anti-conservateurs », « révolutionnaires », « l'humanisme chrétien anti-conformiste [2] » s'étant largement accommodé du contexte en concédant au régime une forme d'allégeance ambigüe, au moins jusqu'en 1942. C'est qu'à Uriage aussi, il était alors question de fournir un homme nouveau « enraciné dans le sol et le groupe [3] », qui devait lutter « la décadence intellectualiste ou sceptique de la culture bourgeoise [4] ».

Plus largement, les thèmes générés par le projet d'un homme nouveau n'ont pas fait l'objet d'une captation unique par le Vichy politique mais ont circulé dans les différentes sphères de la société française, comme en témoignent les affiches publicitaires, pour le Cirque AMAR, par exemple, dont le « succès est

---

1. *Ibid.*, p. 76-77.
2. *Ibid.*, p. 113.
3. *Ibid.*, p. 60.
4. *Ibid.*, p. 141.

dû à son spectacle SAIN MORAL SPORTIF ». L'affichiste Magne y fait la publicité d'un homme volant, héroïque et porte-flambeau, qui se mesure en vitesse et en force aux machines du nouveau monde : train, bateau et avion[1].

Le gros de la production illustrant l'homme nouveau sera pourtant imaginé par l'Ancien et placé sous sa protection. À travers toute une imagerie et tout un discours sur des supports éditoriaux divers, comme la revue *Éducation*, en 1942, où l'on rêve à l'ombre portée du Maréchal « de grandes réunions athlétiques où, sous le soleil du stade, de beaux jeunes hommes arriveront très nombreux, le torse nu, en chantant[2] ». Cet imaginaire s'illustre, parmi bien d'autres, dans une image des Compagnons de France à l'avant-garde de la Révolution nationale et placés sous la protection du Maréchal[3], qui pourrait s'accompagner de ce commentaire du directeur de l'École des cadres d'Uriage, Dunoyer de Segonzac. Animateur à Radio-Jeunesse, il déclare, le 22 avril 1941, dans l'organe *Jeunesse-France* : « Tout à l'heure, quatre jeunes hommes habillés de vert, sont passés. C'étaient quatre "Chantiers de la Jeunesse", ces garçons de vingt ans qui viennent de commencer leur Service national du travail. Il s'agissait de beaux gaillards solides, l'air franc et décidé. Libres de leur journée, ils partaient à l'aventure, d'un pas vif, et chantaient. Non pas un de ces tristes refrains de café-concert qu'après boire les jeunes Français ont coutume de brailler sans conviction, mais une belle vieille chanson française, pure et ironique[4]. »

Car l'homme nouveau, c'est avant tout un corps en mouvement, qui soumet sa vie au « rythme qui remet à leur juste place les différentes fonctions de l'homme intégral, et qui exprime un équilibre dynamique de la vie et du corps et de celle de l'esprit, du caractère et de la sensibilité, du jugement et de l'imagination[5] ».

---

1. Imprimerie Bedos & Cie, 14, Paris. Reproduction dans : *La propagande sous Vichy 1940-1944, op. cit.*, p. 209.
2. Georges Bertier, *Éducation*, mai-juin 1942.
3. Voir l'affiche d'Éric (Castell), 1941. Reproduction dans : *La propagande sous Vichy 1940-1944, op. cit.*, p. 41.
4. Dunoyer de Segonzac, *Jeunesse-France*, 22 avril 1941.
5. *Vers le style du xxᵉ siècle, op. cit.*, p. 77.

Au moment où la métaphore biologique traverse plus que jamais le discours politique, ce corps devra être sain et hygiéniquement sain. « Il n'y a pas de neutralité possible, dit le Maréchal en août 1940, entre le vrai et le faux, entre le bien et le mal, entre la santé et la maladie, entre l'ordre et le désordre, entre la France et l'anti-France[1]. »

DU NEUF DANS L'ANCIEN

Tout cela est-il vraiment neuf et en quoi tout cela est-il neuf ? Pour le thème de l'homme nouveau, sans remonter à saint Jean ni à saint Paul, il renvoie directement dans sa version contemporaine à *l'invention de la virilité moderne* (je reprends le sous-titre du livre de George Mossé) qui voit son rôle historique débuter dans la seconde moitié du XVIIIe siècle[2], quand l'importance du corps commence à égaler, voire à surpasser celle des ornements, quand l'Europe occidentale donne de plus en plus d'importance au visuel, quand la Révolution française affirme un stéréotype masculin viril et héroïque et l'idée que les hommes nouveaux s'imposeront à l'aide de « symboles nouveaux ».

La beauté d'un corps éduqué incarnera le bien : le contretype naît au même moment et le « paria », qui devient le contraire de l'homme idéal et du corps idéal.

Dans l'art et dans l'imagerie, l'homme nouveau émerge à nouveau, dès les années vingt, même si l'on a l'habitude de ressourcer dans les années trente sa représentation massive et sa réactivation dans un contexte de politisation grandissante et de montée du nationalisme. Or c'est bien ce nationalisme qui a historiquement évolué de pair avec l'idéal masculin moderne[3].

Dès les années 1920-1930, cette représentation de l'homme nouveau concerne tout l'échiquier politique et pas seulement le camp des droites nationalistes. À gauche aussi, sous le Front populaire en particulier, quand celle-ci se met à travailler sérieusement à l'imaginaire des foules.

---

1. Discours du Maréchal Pétain, août 1940.
2. Voir George Mosse, *L'image de l'homme. L'invention de la virilité moderne*, Paris, éditions Abbeville, 1997.
3. *Ibid.*

Un courant socialiste (avec Max Adler surtout) a essayé d'imposer un homme nouveau « à gauche », non pas fondé sur l'image d'un corps viril agressif mais sur des idées avant tout humanistes : non seulement ce courant ne triomphe pas mais il laisse place à l'exaltation d'une image du corps édifiante et instrumentale.

Les années 1930 voient systématiser les images édifiantes, sur un mode formel déjà en place. L'image du corps viril s'oppose alors tout autant à la mollesse des hommes politiques véreux qu'à celle de la belotte et de la pêche à la ligne, le Front populaire donnant au peuple le mieux-être et les loisirs tout en l'incitant à entrer dans le cadre collectif et en particulier sportif.

Sur ce thème, on sait le dressage de l'esprit par le corps, en particulier par les organisations de jeunesse catholiques et scouts. Pas uniquement. Il faut encore évoquer la voix de la liberté au cinéma qui joue son rôle à sa façon. *Tarzan* par exemple, qui fait un grand succès international dès 1932 avec, dans le premier rôle, le champion de natation Johnny Weissmuller. Plus que le soldat militant, c'est alors bien l'image de l'homme sportif et en mouvement qui prévaut en s'accordant finalement bien au pacifisme en France.

Le modèle esthétique qui sera utilisé sous Vichy, « le style » (pour reprendre l'expression alors en vogue) de l'homme nouveau, existe donc bien avant la guerre et dès les années vingt, un peu partout en Europe. En matière d'image, le corps viril et rendu au groupe s'impose surtout après la Première Guerre mondiale et paradoxalement sur fond de souffrance des corps. Si l'homme nouveau prend forme alors, c'est bien au nom du rejet du passé ; comme en témoigne l'art qui affiche une nouvelle représentation de la réalité plus efficace et plus adaptée au monde moderne.

Éric Michaud a relevé l'aspiration à changer l'homme par la mécanisation, chez Fernand Léger par exemple, dans son *Élément mécanique* (1924)[1] ou dans sa *Composition à la main et aux chapeaux* (1927)[2]. Il a défini l'ambition de Fernand Léger

---

1. Fernand Léger, *Élément mécanique*, 1924, huile sur toile, 146 × 97 cm. P. 361. Coll. Musée national d'art moderne, Centre Pompidou.

2. Fernand Léger, *Composition à la main et aux chapeaux*, 1927, huile sur toile, 260 × 180 cm, coll. Galerie Adrien Maeght. Reproduction dans : *Léger*

née pendant la Première Guerre, de faire du tableau une vraie machine qui pourrait lui assurer une place dans la vie moderne. Le peintre conjugue alors des éléments d'inhumanité mécanique à l'humanisme de son époque et de ses idées progressistes, en particulier en matière d'exaltation de la figure du travailleur. Militant du Parti communiste en 1945, c'est déjà au titre de ses idées socialistes que, dès les années vingt, il refuse « l'individu-roi [1] » ; ce dernier qui doit « devenir un moyen, comme le reste », « une matière première », tant il voulait, dit-il en 1924, « faire disparaître l'individu pour utiliser le matériel humain ». C'est au nom d'« une société sans frénésie, calme, ordonnée, sachant vivre naturellement dans le Beau sans exclamation ni romantisme », selon une « religion », « utile et belle », qu'il collabore à *L'esprit nouveau* et à la revue *Plans* (1931-1932) de Philippe Lamour, animée par Le Corbusier, Hubert Lagardelle, François de Pierrefeu et Pierre Winter et influencée par Georges Sorel, où dominait la défense d'un « homme réel » contre un « homme abstrait », fondateur de la « démocratie individualiste [2] ».

Dès les années vingt, la peinture du juste milieu ou les affiches, ne serait-ce que celle de Jean Droit pour les jeux olympiques de 1924 [3], présentent les ingrédients de ce que seront les figures de l'homme nouveau sous Vichy : le raidissement des corps, l'exagération des attitudes et des muscles et, par le jeu des expressions emphatiques et à tendance inhumaine, la désincarnation de l'individu au profit du groupe. Formellement : la schématisation du dessin, la multiplication des signes à l'identique, le jeu sur la symbolique des formes, du drapeau en particulier, des lauriers ou des écussons.

À la même période, les images d'un homme nouveau sont mises au service de la communauté : le corps y est exalté comme son expression la plus explicite, venant répondre à la décadence

---

et *l'esprit moderne. 1918-1931*, Musée d'art moderne de la Ville de Paris, 1982, p. 316.

1. Éric Michaud, *Fabriques de l'homme nouveau : de Léger à Mondrian*, Ligugé-Poitiers, Carré Arts & Esthétique, p. 29.

2. *Ibid.*, p. 30

3. Hachard & Cie. Paris. Reproduction dans : *Léger et l'esprit moderne. 1918-1931, op. cit.*, p. 127.

supposée que l'on a pris l'habitude de repérer dans l'attitude même des sujets. Rien de très nouveau si l'on se réfère au thème du sport édifiant qui repose sur le vieux substrat platonicien d'ordre et d'harmonie. La nouveauté, dans la version contemporaine, c'est qu'on l'associe désormais à l'idée de progrès, d'hygiénisme, de technique et de massification.

Lorsque le baron Pierre de Coubertin plaide pour les jeux olympiques en 1896, il fait déjà du sport une religion qui doit remédier à la décadence morale généralisée après la défaite de 1870. « Je rebronzerai (disait-il) une jeunesse veule et confinée, son corps et son caractère par le sport, ses risques et même ses excès. J'élargirai sa vision, son entendement par le contact des grands horizons sidéraux, planétaires, historiques, ceux de l'histoire universelle surtout qui engendra le respect mutuel, deviendront un ferment de paix internationale pratique. Et tout cela sans distinction de naissance, de caste, de fortune, de situation, de métier[1]. »

Une conception encore largement partagée dans les années vingt sur l'échiquier politique de la droite et de la gauche, le sport étant rapidement instrumentalisé un peu partout en Europe comme un facteur d'apprentissage de la rigueur.

Associé ou non au naturisme (comme en Allemagne), il apparaît très vite comme un facteur d'hygiène, d'ordre et de cohérence sociale nouvelle, au-delà des logiques politiques partisanes, alliant un idéal néo-classique à la tentation nietzschéenne et aristocratique de l'homme neuf et supérieur.

Cette nouvelle image du corps est utilisée par tous, à l'échelle de l'Europe entière, y compris par les artistes ; en Allemagne, dans les revues d'art comme *Omnibus* ou *Der Querschnitt*, illustrées d'athlètes et de jeunes gens qui s'entraînent[2] ; en France, dans une revue comme *L'esprit nouveau,* qui paraît de 1920 à 1925. Recouvrant l'échiquier politique, cette « Revue d'esthétique contemporaine » dirigée par Le Corbusier et Ozenfant (et à

---

1. Cité par Jean-Marie Brohm, *Sociologie politique du sport*, Jean-Pierre Delarge, Édition Universitaire, 1976, p. 233.

2. Voir Gladys Fabre, « L'esprit moderne dans la peinture figurative : De l'iconographie moderniste au modernisme de la conception », *Léger et l'esprit moderne. 1918-1931, op. cit.*

laquelle participe activement Fernand Léger) exalte, non seulement l'« esprit nouveau » mais l'homme nouveau qui va de pair.
En mélangeant idéalisme platonicien et culte de l'ingénieur, de
la machine et de la standardisation rationaliste, elle se nourrit
des avant-gardes européennes : cubisme, abstraction géométrique et constructivisme soviétique dont la publicité moderne
s'inspire ; avec ses aplats, l'utilisation de la couleur, la géométri-
sation et ses constructions verticales et dynamiques.

L'HOMME NOUVEAU A SON PARIA

Dès les années 1920, l'art, y compris l'art moderne, s'associe
déjà au culte du corps, et pas seulement lorsqu'il s'agit de graver
les médailles ou confectionner une imagerie sportive, mais parce
que l'art apparaît comme naturellement lié à la conception plato-
nicienne de l'existence qui domine alors. C'est que l'on retient
dans *La République* de Platon, que : « Celui qui allie sagement
une activité sportive à son activité intellectuelle qui atteint ce
parfait équilibre moral, mérite qu'on dise qu'il réalise en lui une
harmonie plus parfaite encore que celle que peuvent réaliser les
cordes d'une lyre [1]. »
C'est encore le fond culturel qui préside à la conception de
l'homme nouveau sous Vichy, mais dans un contexte qui donne
désormais à cet imaginaire archaïque un sens nouveau qui
repose explicitement sur des principes d'exclusion et d'inégalité
de « nature ».
Cette conception qui a emprunté ses termes au scoutisme, à
l'École des Roches, au personnalisme des années trente, aux
réflexions sur les officiers-éducateurs comme alternative au
maître d'école républicain, à la pensée technocratique enfin,
nourrie de Lyautey et dont Georges Lamirand sera le représentant à Vichy à la tête de la jeunesse : cette conception mûrit et
s'épanouit avec Vichy. Qu'on la retrouve intacte dans le texte de
l'équipe d'Uriage de 1945, publié après la Libération, témoi-
gnera, une fois de plus, de continuités embarrassantes.

---

1. Colignon, « De la Bible à Marcel Cerdan », Paris, 1949, p. 41. *La
République* de Platon cité in *Léger et l'esprit moderne,* cité par Gladys Fabre,
ibid., p. 126.

Tout y est dit sur l'actualité du « style du xxᵉ siècle » qui intègre au-delà de la Libération l'image de l'homme nouveau. « Ce sens du style est aussi un sentiment esthétique (dit-on à Uriage). Point capital pour l'éducation. Le sport peut servir de point de départ à toute une initiation artistique qui peut-être n'aurait pas été possible sans cette expérience vécue de la beauté dans le mouvement. Il peut être aussi d'un secours inappréciable à l'éducation morale. Car il est des gestes qui ont du style et d'autres qui n'en ont pas. Disons aux jeunes qu'il faut être fou de style, et montrons-leur que bien des attitudes en vogue dans les années passées sont plus répugnantes qu'immorales, parce qu'elles sont laides. La resquille manque de style, l'abus de confiance, la fourberie, le sans-gêne manquent de style. Face à la vulgarité décadente, ce sens du style sera un élément essentiel de l'éducation des élites nouvelles [1]. »

Ce texte qui fait partie du chapitre sur « la pédagogie de l'homme nouveau » nous indique qu'en 1945, la conception de l'homme nouveau n'est pas encore usée ni définitivement salie par les événements antérieurs. Comme si les expériences totalitaires ou à visées totalitaires (pour Vichy) n'avaient pas rendu impossible l'utilisation même de l'expression « homme nouveau ».

C'est dire que son attente s'ancrait dans un espoir né bien en amont qui ne finit manifestement pas avec le génocide ni avec ce qui pouvait apparaître dès la Libération, s'agissant de Vichy, comme un « cauchemar sinistre et glacé [2] ». C'est que, pour beaucoup sans doute, l'homme nouveau est bien davantage l'héritage, non de la raison au sens du xviiiᵉ siècle, mais d'une culture humaniste chrétienne qui se veut à l'opposé des forces irrationnelles mises en action par les régimes totalitaires. Pour eux, ces régimes totalitaires apparaissent tout au plus comme les usurpateurs d'un projet de réforme de l'homme qui veut avant tout contribuer au bien-être, dans une lignée humaniste.

Autant dire qu'il faudra attendre encore pour voir se multiplier les résistances à l'imagerie de l'homme nouveau. On en trouve un certain nombre, dès avant la guerre, chez les représen-

---

1. *Vers le style du xxᵉ siècle*, *op. cit.*, p. 83.
2. Roland Barthes, préface à l'ouvrage de Gérard Miller, *Les pousse-au-jouir du Maréchal Pétain*, Paris, Le Seuil, 1975.

tants du monde intellectuel, les artistes en tête. Non pas chez les officiels ou les affichistes également souvent publicitaires, mais chez tous ceux qui expriment la fragilité de l'homme.

Dans la difficulté de représenter la figure humaine, quand cela ne tourne pas à sa disparition et, de façon générale, la multiplication des signes d'humanité, ne peuvent se comprendre que par le refus plus ou moins désespéré de l'image galvaudée depuis deux décennies d'un homme-logo standardisé par les pouvoirs et privé de toute individualité. On peut dire que si la nausée de cette nouvelle humanité s'est manifestée quelque part, et après la Libération surtout, c'est bien sur la scène culturelle, aussi bien en littérature qu'en musique et en peinture.

Tout cela ne rencarde pas le thème de l'homme nouveau pour autant au chapitre des exceptions vichyssoises. Il a bien eu ses heures de gloire et bien avant la guerre déjà, mais a été vivifié, encadré voire détourné par le régime de Vichy et par ses suiveurs, tous unis dans la prétention totalitaire à peser sur l'individu même et ce qu'il a de plus irréductible : le corps, désormais souple (la gymnastique obligatoire pour tous) et susceptible d'être soumis à toutes les positions.

Dans un contexte de pénurie où la préoccupation majeure des Français était le ravitaillement, il n'y a pas seulement une contradiction inouïe à voir l'imagerie d'un homme nouveau en pleine santé d'un côté, et le Français réel souffreteux de l'autre : plutôt un jeu de compensation qui vise à faire « tenir » les Français et en particulier la jeunesse.

Finalement, le régime de Vichy n'a pas été le seul ni le premier à penser un corps socialisé à l'extrême qui jouerait efficacement sur l'esprit, dans l'harmonie d'un nouvel ordre. Sa récupération de thèmes anciens nés en démocratie a pourtant pris une autre tournure, en période d'exclusion et de caporalisation. À défaut d'un homme nouveau, Vichy a formulé son nouveau sens dans un contexte inédit qui fait basculer les vieilles images ailleurs – dans un monde sans conflit apparent qui s'est donné les moyens politiques coercitifs de forger un nouvel homme collectif, un « homme-masse », sans jamais plus confronter ces moyens politiques aux libertés individuelles de la démocratie.

L'homme nouveau dans l'image de propagande collaborationniste

Christian Delporte
(université de Versailles Saint-Quentin-en-Yvelines)

La question de l'homme nouveau semble, *a priori*, bien adaptée à l'idéologie collaborationniste, dont on connaît les saillies du discours : rupture avec le passé, choix fasciste, avenir dans une Europe nouvelle. Elle l'est d'autant plus que le contexte de l'Occupation est de nature à libérer les influences des modèles nazi et fasciste sur l'extrême droite française. La thématique de la naissance d'un « type humain nouveau » est indéniablement présente dans la bouche des chantres du collaborationnisme qui subliment le lien intime entre les vertus de l'esprit et la force et la pureté du corps, tout en exaltant l'héroïsme mâle du nouveau guerrier. « Le mal est dans l'oubli du corps », écrit ainsi Drieu La Rochelle : « Oui, en France, l'homme a lentement oublié son corps. La civilisation française a cessé d'être fondée sur le sens du corps. Que peut devenir l'esprit, privé de son corps ? Que deviennent les vertus de l'esprit quand se tarissent les vertus du corps[1] ? » Dans un registre bien plus trivial, Hervé Vibert, en 1940, apostrophe ainsi les lecteurs du *Réveil du peuple* : « Êtes-vous des hommes ? » Et de faire de l'abandon coupable des caractères virils de la nation la cause première de son déclin. « Il est difficile à un homme, lance-t-il, de s'avouer lui-même qu'il n'est plus un mâle. Et il s'ingénie – par toutes sortes d'artifices – à se prouver le contraire, même lorsqu'il ne peut plus, accusant alors sa femme d'être incapable de le rendre capable. Eh bien, ce qui est vrai pour chaque homme en particulier paraît devoir

---

1. « Le corps », article paru dans la *NRF* en février 1941, reproduit dans : Drieu La Rochelle, *Le Français d'Europe*, Paris, Éd. Balzac, 1941, p. 25.

l'être aussi pour les Français en général (...). Français, soyez des mâles. Françaises, devenez des mères. Et la France, une fois de plus, sera sauvée[1]. » Forger un homme nouveau, fier de son corps, sûr de sa virilité, n'est donc pas seulement, pour les collaborationnistes, une manière d'affirmer leur adhésion à un Ordre nouveau, mais une ardente nécessité pour assurer la régénération de la France.

Pour autant, cette aspiration à construire un homme nouveau se traduit-elle dans l'image, et singulièrement dans l'affiche et le dessin de propagande qui retiendront ici notre attention ? L'image, prolongement, projection du discours, peut-elle définir, de façon presque palpable, l'alliance nouvelle des vertus morales et des vertus du corps qui, sous la plume des fascistes français, reste toute théorique ? Le fascisme, écrit par exemple Cousteau, « c'est un état d'esprit, un ensemble de réflexes, une manière héroïque de concevoir la vie : c'est beaucoup de dureté et beaucoup d'exigence, c'est une constante volonté de grandeur et de pureté[2] ». Comment traduire cette idée graphiquement ? La question du passage du verbe à l'image est ainsi posée.

Disons-le tout net : dans l'image collaborationniste, l'homme nouveau ne s'impose pas naturellement. Ou, plutôt, il ne s'impose pas d'un bloc ou en un modèle unique. Dans l'image collaborationniste, l'homme nouveau semble nulle part ou partout : nulle part si nous cherchons un homme-synthèse, un homme-symbole, réunissant toutes les vertus morales et toutes les vertus du corps à la fois ; partout, si nous considérons qu'il peut se décliner en sous-modèles. Et nous partirons de cette hypothèse en relevant quelques traits, à notre sens caractéristiques, des différents types humains proposés par l'image de propagande.

L'HOMME NOUVEAU, UNE IMAGE ANCIENNE

Mais, d'abord, il nous paraît indispensable de lever une ambiguïté qui fausse trop souvent le regard porté sur l'homme nouveau. L'image du corps viril et en action, de l'homme nu ou à

---

1. Henri Vibert, *Le Réveil du peuple*, 17 décembre 1940.
2. Pierre-Antoine Cousteau, *Je suis partout*, 17 septembre 1941.

demi nu surgissant pour terrasser l'adversaire, de l'athlète à la musculature puissante, du héros herculéen, invulnérable, est non seulement bien antérieure aux fascismes, mais bien plus partagée qu'on ne le dit parfois. Parce que, sous forme allégorique, il en exprime la force collective, l'homme nu au corps d'athlète s'affirme avec les mouvements de masse, c'est-à-dire au tournant du siècle. On le trouve ainsi présent dans les affiches socialistes italiennes, en faveur de l'*Avanti* ou de *Il Lavoro*, en 1901 ou 1903, sous le crayon ou le pinceau de Miani ou de Nomellini. Il est, ici, l'ouvrier en révolte, à demi-nu, brisant violemment les chaînes du prolétariat, et annonçant un avenir radieux. Il est, là, le héros grec, entièrement nu, vu de dos, déployant de la main gauche un immense drapeau rouge, et tenant, de la main droite, le marteau, symbole du prolétariat[1]. Cet individu-masse plonge ses racines dans la mythologie antique. Majestueux, admirable, doué de qualités tant physiques que morales, il est source de fierté pour les masses soumises auxquelles il s'identifie. L'Italie, dépositaire d'un glorieux et lointain passé, héritière de la Méditerranée antique, entretient, plus que d'autres, ce registre iconique. Elle n'est pourtant pas la seule à l'exploiter, et le thème de l'athlète nu, aux formes puissantes et harmonieuses, dépassant les frontières du mouvement socialiste, nourrit aussi la propagande de ses voisins. Ainsi, en 1918, le Reich choisit-il la figure d'un demi-dieu nu, sorte d'Arès archer bandant son arc pour inciter les Allemands à verser leur or et assurer ainsi la victoire prochaine.

L'image de l'homme au corps d'athlète, de l'homme-symbole, de l'homme-synthèse, paré de toutes les vertus, ne naît donc pas avec le communisme russe ou avec les fascismes. Mieux : dans l'entre-deux-guerres, la recherche de la modélisation du réel, de la stylisation de l'idéal, de la monumentalité dans le graphisme, dans un contexte de choc idéologique et de guerre politique, va encore brouiller les repères. Dans l'Allemagne de Weimar, par exemple, on constate que sociaux-démocrates et nazis se réfèrent aux mêmes catégories iconiques. En témoignent ainsi les affiches électorales de 1932. D'un côté,

---

1. Reproductions *in* Laurent Gervereau, *Terroriser, manipuler, convaincre ! Histoire mondiale de l'affiche politique*, Somogy, 1996, p. 32-33.

Mjölnir, partisan d'Hitler, dessine un homme au torse dénudé, grimaçant de douleur, mais parvenant à briser ses chaînes, en déployant sa puissante musculature. De l'autre, le socialiste Karl Geiss présente un personnage quasi identique, rigoureusement stylisé, tenant par le col ses deux principaux ennemis : le bolchevik et le nazi[1]. Symboles interchangeables, ces deux individus-masse aux traits semblables ne peuvent être clairement identifiés sans recours au texte qui figure sur les deux affiches. Le mythe du héros vertueux imprègne à ce point les imaginaires collectifs que les partis démocratiques eux-mêmes n'y échappent pas. En 1928, le Parti démocratique allemand publie ainsi une affiche où un athlète blond, nu, à genoux sur une carte de l'Allemagne, s'applique, muni d'un bouclier aux couleurs républicaines, à repousser hors du Reich les symboles et insignes nazis, communistes et ultra-nationalistes. « Nettoyez le Reich, votez démocrate allemand », affirme le slogan.

Et la France ? À vrai dire, la thématique décrite y est moins présente que chez ses voisins italien ou allemand. Davantage cultivée par l'extrême-gauche que par l'extrême-droite, l'image de l'individu-masse devient plus familière dans la seconde moitié des années trente, lorsque le combat politique se fait plus rude. Peut-être doit-on y voir une certaine influence de la propagande soviétique sur les artistes français. Frip, par exemple, compose en 1936, pour l'AEAR, une affiche en faveur de l'unité syndicale, où deux hommes aux corps athlétiques (deux ouvriers, l'un appartenant à la CGT, l'autre à la CGTU, suppose-t-on), rigoureusement identiques, le visage aux traits fort stylisés, le cheveu blond et court, prennent la même posture offensive, en brandissant un poids vengeur, dans un geste absolument synchronisé. On pourrait développer bien d'autres cas similaires. La rudesse du combat conduit naturellement à exalter les vertus mâles. Nulle représentation n'y échappe vraiment, pas même Marianne qui, sous le crayon des dessinateurs d'extrême droite, affirme les caractères d'une nation virile. L'image de l'athlète au corps parfait, soigneusement dépersonnalisé pour lui donner la plus grande charge symbolique possible, est devenue si commune quand éclate la guerre que même les publicitaires choi-

---

1. *Ibid.*, p. 93.

sissent de l'exploiter. Preuve en est cette affichette signée par Ricard, « le vrai pastis de Marseille », en 1940, figurant le visage d'un homme aux traits de héros grec, s'appliquant avec force sur la bouche un bâillon tricolore. « Se taire, c'est servir », dit le mot d'ordre. Ce placard publicitaire, accroché aux murs des débits de boisson (« offert » par la maison Ricard), participe à sa manière à la campagne gouvernementale de propagande contre la fameuse et fantasmatique « Cinquième Colonne ». Le personnage n'est pas seulement intéressant par son aspect physique, exprimant virilité et puissance, mais aussi par le message qu'il délivre, car on n'oubliera pas que, selon Mussolini, l'une des vertus du nouvel homme fasciste est de ne pas s'épuiser en vains mots, de savoir se taire.

Bref, ce qui précède doit nous inciter à la prudence. Il faut relativiser l'idée selon laquelle les fascismes auraient inventé, en quelque sorte, le portrait idéal de l'homme nouveau. On retiendra plutôt, en ce domaine, l'ambivalence du discours iconique, la prégnance des styles, le chassé-croisé thématique, et peut-être surtout l'imprégnation de modèles dominants. Depuis le début du siècle, au moins, l'élan produit par les mouvements de masse pousse à concevoir des images tendues vers l'avenir, vers un monde nouveau, et, partant, à dessiner la silhouette d'un homme pouvant symboliquement l'incarner. Dès 1925, le sociologue allemand Michels soulignait la constance d'un projet visant à traiter la masse en héros et à lui attribuer des « vertus mystiques[1] ». Cet « homme nouveau » en marche vers une société nouvelle, en rupture avec le présent, les dessinateurs et graphistes, nourris d'une culture elle-même tournée vers le passé, ne peuvent l'imaginer autrement que par référence aux temps les plus reculés et les plus mythiques. Le vernis mythologique révèle l'incapacité à dessiner le futur mais, d'une certaine manière aussi, le magnifie.

L'exaltation de la virilité n'est pas l'apanage d'un camp, et l'extrême droite française, qui domine le collaborationnisme parisien, ne dispose pas, en 1940, de références très spécifiques. Les images qu'elle propose jusqu'alors ne permettent pas de dégager un ou des modèles bien précis. Sans doute y voit-on des

---

1. Cité par Serge Tchakhotine, *Le viol des foules par la propagande politique*, Gallimard, 1952 (1re éd. 1939), p. 251.

hommes forts, fiers, sûrs de leur idéal; mais ils ne sont ni plus forts, ni plus fiers, ni plus sûrs de leur idéal que chez l'adversaire. Rien ne les distingue vraiment, si ce n'est, chez ceux qui l'ont adopté (francistes et PPF, par exemple), le port d'un uniforme impeccable et le geste solennel du bras tendu. Le thème de homme-idéal reste secondaire. Et, à vrai dire, l'affiche d'extrême droite met plus volontiers en scène, soit l'ennemi qu'il faut abattre, soit les « braves Français », victimes d'un régime décadent (anciens combattants ou jeunes promis au sacrifice guerrier, notamment).

LES VERTUS DU PEUPLE RÉGÉNÉRÉ

L'image, sous forme d'affiche ou de dessin publié dans la presse, constitue un support essentiel de la propagande collaborationniste. Disposant des importants subsides de l'occupant, les groupements collaborationnistes impriment parfois jusqu'à 200 000 exemplaires d'une même affiche. Diverse, la thématique iconique de la collaboration parisienne se distingue de celle de Vichy. À Vichy, le message est rassembleur[1]. On y exalte la réconciliation des Français autour du maréchal Pétain pour assurer le redressement de la France, en se gardant d'évoquer sa place dans l'Europe nouvelle. À Paris, se figeant dans une posture combative, on cultive une rhétorique d'exclusion, en clouant au pilori l'ennemi intérieur, d'hier et d'aujourd'hui; mais aussi, on indique la voie unique d'une Europe nouvelle – c'est-à-dire fasciste – que la France doit contribuer à construire. Dans ce cadre, la propagande ultra est amenée à définir des modèles, que, pour la clarté de l'analyse, nous classerons en deux catégories : d'abord le peuple vertueux, source de régénération nationale; ensuite, les combattants, héros guerriers de l'Ordre nouveau en marche.

Au peuple magnifié correspondent plusieurs sous-types. Mais le modèle dominant reste sans doute celui de l'homme ou de la

---

1. Voir Laurent Gervereau, Denis Peschanski (dir.), *La propagande sous Vichy*, BDIC, 1990.

femme ordinaires : d'une part, le « brave type[1] », le « populo[2] » en bras de chemise, coiffé d'un béret basque, pas si éloigné des personnages familiers de *L'Humanité*, avant-guerre, mais aussi le paysan que rien, sur le plan physique ou dans la manière de s'habiller, ne distingue de l'ouvrier ; d'autre part, la ménagère ou la paysanne qui assiste son mari dans sa tâche. Bref, un homme et une femme formant un couple uni, cellule de base indispensable à tout redressement national. De telles images foisonnent dans la presse comme dans l'affiche des premiers temps de l'Occupation. On est apparemment loin du héros néo-antique ou du surhomme. En effet, le souci premier du mouvement collaborationniste, dépourvu de réelle assise sociale, est d'abord d'affirmer sa légitimité en se réclamant du peuple français. Mais pas un peuple abattu, pleutre, accablé, geignard ; au contraire, un peuple en action, confiant, volontaire, en rupture avec le passé, comme l'indique l'image classique du coup de balai contre l'ancien régime et ses tares morales, l'égoïsme, la routine, l'indiscipline, la peur, le compromis, auxquelles s'opposent, par contraste, les vertus essentielles du peuple sain : l'oubli de soi, l'esprit collectif, l'initiative, la discipline, le courage, l'intransigeance, etc.[3]. Le Français idéal fait face à ses ennemis, poing serré, s'engage résolument dans la reconstruction de la France, est tourné vers l'avenir, se débarrasse sans hésitation des scories du passé[4].

Dans ce dispositif consistant à exalter le peuple sain, la femme tient une place fondamentale. Mère et ménagère, symbole de fécondité et de renouveau, la femme idéale est à la fois soumise et complémentaire à l'homme. Dure à la tâche, robuste, bien éloignée du modèle de la femme bourgeoise élégante, fragile, féminine, elle apparaît même, à certains égards, virile, comme en témoigne l'insistance des affichistes à souligner la puissance de ses épaules et de ses avant-bras.

---

1. Expression familière dans la presse d'extrême droite depuis les années 1930 (et singulièrement 1934) pour désigner le peuple en rupture avec la République corrompue.

2. « Populo », symbole du prolétariat, est un personnage récurrent de la caricature socialiste et communiste.

3. Ex : Franchot, « Le retour », *La France au travail*, 4 juillet 1941.

4. Ex : Affiche, Té, « Laissez-nous tranquilles », 1941.

Le traitement graphique de la femme est d'autant plus important que la France ne saurait être représentée autrement que sous des traits féminins. Prenons l'exemple de l'affiche de la Ligue française de Costantini, signée Cerutti, datée de 1941 (et réimprimée en 1944), qui campe une allégorie de la France en rupture avec l'image traditionnelle de Marianne[1]. Le décalage ne s'arrête pas à la substitution du bonnet phrygien par la branche de laurier. On ne peut, en effet, mettre sur le compte du hasard que, dans l'image collaborationniste, la France est toujours identifiée à une femme blonde aux yeux bleus, alors que, traditionnellement – et au moins majoritairement –, Marianne, femme du Sud, est brune aux yeux sombres. On remarquera, par ailleurs, que cette allégorie définit un certain idéal de la beauté féminine fondé sur l'équilibre des traits. Si une certaine féminité reste affirmée, notamment par le maquillage des yeux et des lèvres, le personnage emprunte aux qualités viriles. La masculinisation de la femme s'observe tant dans la puissance de sa main qui serre un gourdin (prêt à fondre sur le crâne de ses ennemis), que dans une expression de haine (yeux froncés, mâchoire serrée) face aux « revenants » du régime déchu ; l'allégorie féminine est alors une vigilante gardienne du foyer-France.

L'affiche et le dessin collaborationnistes aiment à mettre en scène l'homme du peuple ordinaire paré de toutes les vertus, disions-nous. Néanmoins, du peuple, cœur du renouveau, se dégagent deux idéaux types : l'ouvrier et le jeune. L'image cultive le mythe du héros ouvrier, à qui revient la mission de reconstruire la France, mais aussi de bâtir l'Europe de l'Ordre nouveau. De ce point de vue, la propagande parisienne s'écarte résolument de la propagande de Vichy. Quand Vichy représente l'ouvrier, c'est d'abord *l'homo faber*, l'homme de métier, l'artisan, le forgeron. Quand les collaborationnistes, qui prétendent définir un projet national et social, évoquent l'ouvrier, c'est l'homme de la grande industrie, l'homme de la modernité, l'homme qui fait corps avec la machine. Prenons deux exemples correspondant à l'héroïsation de l'ouvrier.

Premier exemple avec une affiche réalisée – probablement en 1941 – par les services de propagande du Francisme de Marcel

---

1. Le texte en est : « France, prends garde aux revenants ! » ; à savoir : le capitaliste, le franc-maçon, le fonctionnaire et le juif.

Bucard. On y voit un ouvrier-colosse (figuré de trois quarts dos) faisant avancer une roue immense se confondant avec la carte de France : « Le Francisme remettra la France en marche », dit le slogan. Son torse, recouvert d'un maillot transparent, laisse apparaître une puissante musculature : une musculature de travailleur, bâtie sur la force des épaules, des bras et des avant-bras ; pas une musculature d'athlète néo-antique faite d'équilibre et de finesse. Il s'agit bien d'un ouvrier des usines modernes, faisant corps avec l'engrenage qu'il s'applique à « remettre en marche », mis en scène dans le paysage des cheminées d'usines de la France industrielle, que l'on distingue à l'horizon.

Deuxième exemple : une affiche en faveur du travail volontaire en Allemagne : « Ouvrier ! En travaillant pour l'Europe, tu protèges ton pays et ton foyer. » L'image est dominée par un ouvrier christique qui, armé d'un bouclier et d'un marteau, repousse l'assaut de l'ours bolchevique et enveloppe de son bras protecteur une femme serrant un nourrisson sur sa poitrine ; le tout dans un dégradé tricolore. Le document n'est pas signé ; mais ce genre d'affiches ne l'est jamais. Elles ont deux origines : la plupart sont issues d'une collaboration entre le ministère de l'Information de Vichy et la section de la Propagande allemande. Mais d'autres émanent des groupements collaborationnistes. Peu de choses semblent les distinguer, à une exception près pourtant : le message vichyste ne fait jamais référence à l'Europe, mais toujours à la France. Si, dans le présent cas, la France est indirectement présente par la symbolique des couleurs et l'allusion au « pays », c'est bien le projet européen qui est mis en avant. En fait, l'affiche peut être attribuée aux services du PPF.

La stylisation de l'ouvrier-géant, l'emploi des lignes géométriques s'opposent au réalisme et à la rondeur des formes de l'image précédente. Il s'agit bien d'un ouvrier de la grande industrie, comme l'indique son bleu de travail ; bleu de travail qui dissimule une forte musculature, mais qu'on devine en observant son bras droit (qui protège la femme et l'enfant). Dans l'exemple franciste, il s'agissait d'un ouvrier au travail, une sorte d'Hercule souffrant et suant ; alors qu'ici on découvre d'abord d'un combattant aux allures de chevalier christique : outre le bouclier d'une pureté lumineuse, on remarque le marteau devenu arme ; et le bleu de travail, impeccable et même étincelant, hésite entre l'uniforme et la robe du Christ. Quant au visage, dépourvu de scories, d'une pureté propre à le dépersonnaliser, il se rapproche davantage de celui du jeune guerrier que de celui de l'ouvrier au travail. L'idéalisation repose bien ici sur une intégrité physique censée refléter sa pureté d'âme.

Autre idéal type : le jeune, le plus à même à incarner la rupture et l'audace dans la construction de l'avenir. « Le fascisme, c'est la jeunesse », rappelle Brasillach. Non seulement la France « doit devenir une nation jeune », mais seule la jeunesse « peut comprendre le monde nouveau » qui naît [1]. Ralph Soupault, militant actif du PPF, ami de Jacques Doriot, est sans doute le dessinateur qui contribue de manière la plus décisive à fixer le portrait modèle du jeune. On l'observe notamment dans les compositions que publie l'hebdomadaire *Jeunesse* [2]. « Organe de la génération de 1940 », il rappelle la coupure de la guerre et de son issue ; comme en Italie en 1919, l'homme nouveau s'identifie amplement au jeune ancien combattant.

Observons ce jeune. On constatera, d'abord, qu'il ne parle pas, mais agit. Son premier ennemi est incarné par un vieillard, symbole de la démocratie géronte, qu'il s'apprête à étrangler de ses mains puissantes. Nous sommes en pleine transgression sociale et morale, puisque la violence du jeune sur le vieillard n'est pas ici acceptée, mais encouragée comme une forme sublimée d'audace. Tout, dans le signe, atteste sa force virile, son aptitude physique, jusqu'au col ouvert et aux manches de chemise retroussées ; détail essentiel : les capacités du corps ne peuvent s'exprimer que si l'individu, à défaut d'être nu, est libéré des entraves vestimentaires imposées par l'ordre bourgeois [3]. Mu par la violence, l'homme de demain est animé d'une haine instinctive à l'égard de l'homme d'hier. À cela s'ajoutent les traits d'un visage au cou puissant, à la mâchoire carrée, au front dégagé, au cheveu clair.

Ailleurs, chez d'autres dessinateurs (comme Charlet), on re-

---

1. Brasillach tient ses propos au meeting de Magic-City, le 3 mai 1942.

2. Fondé en décembre 1940, *Jeunesse* a pour rédacteur en chef Gaston d'Aubagnat. Parmi ses collaborateurs, on compte Loustau, Drieu La Rochelle, Vauquelin, Picherit (venu des Jeunesses patriotes). Le journal disparaît en août 1942.

3. Thème notamment développé par Hitler dans *Mein Kampf*.

trouve l'image d'une jeunesse marquée par l'élan physique, l'esprit grégaire qui transcende les différenciations sociales, la discipline et la fidélité au chef (Pétain) ; une jeunesse unanime comme le soulignent les représentations de groupe où chacun, oubliant sa propre identité, se fond dans un même corps, prend le même visage, accomplit le même geste d'obéissance (bras tendu).

L'HÉROÏSME DES NOUVEAUX GUERRIERS

Ces ouvriers, ces jeunes sont, en fait, des militants, des combattants, des guerriers qui tendent une passerelle vers l'élite française de l'Europe nouvelle que nous identifierons par deux nouveaux idéaux types, héros de l'ordre nouveau : le militant en uniforme et le soldat de la LVF, fort représentés notamment dans les affiches du PPF que signe Michel Jacquot.

« L'homme d'un mouvement doit présenter des qualités exceptionnelles de compréhension intellectuelle, de résistance morale, de ténacité, et même de résistance physique, explique Jacques Doriot. La vérité est que la moindre défaillance intellectuelle, la plus petite fatigue, la plus légère incompréhension du sens profond et véritable du mouvement affaiblit le respect de la discipline et celui des rites qui la caractérisent. Si l'incompréhension profonde du mouvement s'aggrave, la discipline et le respect du mouvement deviennent insupportables aux hommes fatigués [1]. » Le PPF s'applique, alors, dans l'image, à exalter l'esprit de corps, la volonté collective, la fierté d'appartenir au mouvement. Michel Jacquot met ainsi en scène les troupes doriotistes dans une affiche où l'on peut lire : « Doriot et le Parti populaire français referont la France. Pour organiser la nation, ralliez-vous dès aujourd'hui [2]. » On y voit des militants doriotistes en uniforme, avançant au pas dans un parfait alignement. Disciplinés, rompus à l'exercice militaire, guerriers au service du parti et de son chef, ils forment l'avant-garde fasciste portant

---

1. Jacques Doriot, « Le mouvement et les hommes » (1940), *in* Bernard-Henry Lejeune, *Historisme de Jacques Doriot et du Parti populaire français*, tome 1, *Les nouveaux cahiers du CERPES*, Amiens, s.d., p. 68-69.
2. L'affiche n'est pas datée (1941 ?).

haut son symbole (le célèbre octogone), dans le geste de serment de fidélité au parti, à son idéal et à son chef. On connaît tous la portée symbolique du salut doriotiste, la main droite bien ouverte, les doigts joints, légèrement inclinés, soit au niveau du visage, soit, comme ici, au-dessus de la tête ; un salut qui s'accompagne notamment de ces mots : « Je jure de servir jusqu'au sacrifice suprême la cause de la révolution nationale et populaire d'où sortira une France nouvelle, libre et indépendante. » Voici l'élite en marche, illustrant la fusion des corps et des esprits, si chère aux chantres du fascisme : la négation de l'individu, l'accomplissement dans le groupe s'expriment non seulement par l'unicité du geste, mais aussi par la dépersonnalisation des visages. Et un trait essentiel, si présent déjà dans les précédentes représentations, se fait ici d'autant plus remarquable que ces hommes nous font face : si l'on perçoit le regard – déterminé –, on ne distingue pas les yeux, vecteurs de la personnalité. Nous avons bien à faire à l'homme-masse qui efface l'homme-individu, et rappelle la nécessité du sacrifice de soi dans la communion du groupe.

Cet élément, nous le retrouvons dans l'exploit individuel du soldat-héros du PPF terrassant le loup communiste qui bondit sur lui, comme l'illustre l'affiche de Jacquot, en 1942 : « Communisme ennemi de la France [1] ». Le geste, bien sûr, n'est pas sans rappeler la mythologie héracléenne, et notamment l'épisode du lion de Némée. Au-delà de la rhétorique du contraste entre l'ordre et le désordre, l'homme et la bête, la civilisation et la barbarie, etc., il convient de relever combien le dessinateur joue sur l'alliance fusionnelle entre la force, la puissance, la virilité du héros, et sa mâle détermination. S'il hait son ennemi (Il faut « apprendre à haïr davantage et se réjouir d'être haï », disait Mussolini), s'il s'applique à le détruire, il n'exprime aucune sensation particulière, aucune rage, aucune douleur ; parce qu'il est sûr de son combat, et que sa foi l'entraîne de se dépasser naturellement, à surmonter les faiblesses humaines. Comme l'écrit Doriot, le militant PPF puise sa force dans la conviction inébranlable de son combat. Ainsi se creuse le fossé entre les hommes gagnés par la « fatigue » qui doutent, hésitent, et « ceux capables

---

1. Créée en 1942, l'affiche (de grand format : 156 × 102) fut aussi utilisée les deux années suivantes.

de s'élever à la hauteur d'un mouvement historique » ; de cette « sélection naturelle[1] », émerge l'homme doté des qualités exceptionnelles, morales et physiques, indispensables au triomphe de l'Idée.

Telles sont précisément les qualités dont sait faire preuve l'autre héros de la propagande collaborationniste : le soldat de la LVF qui, sous le crayon des affichistes de la collaboration, prend les traits du moine-soldat. Souvenons-nous de ce qu'écrivent ou de ce que disent ses partisans : la lutte contre le bolchevisme s'identifie à une croisade et les soldats de la LVF sont les croisés des temps modernes. Tony Guédel, en mars 1942, dans *Je suis partout*, titre son article sur la LVF, « Les chevaliers de la civilisation », tandis que le cardinal Baudrillart assure à ces croisés la rédemption par les armes. À cet égard, il jette un pont entre le passé et l'avenir. Pour Brasillach, par exemple, chaque civilisation nouvelle est marquée par l'avènement d'un nouveau type humain. Hier, le « type humain nouveau » s'identifiait au « chevalier chrétien, appuyé sur la croix ou sur l'épée » ; aujourd'hui il s'accomplit dans le soldat de la LVF, parce qu'il pousse la logique de l'action jusqu'au bout, et mène par les armes le combat pour l'émergence d'un ordre nouveau européen[2].

Cette fusion entre la croisade d'hier et la croisade d'aujourd'hui sous-tend la plupart des images évoquant la LVF, à commencer par cette célèbre affiche de 1942 signée Jean Breton, « Engagez-vous. Légion volontaires français contre le bolchevisme », représentant un personnage muni d'un bouclier et d'une arme de trait. Précisons d'abord que la LVF n'a pas l'exclusivité de l'image du croisé, dans la mesure où elle justifie bien des formes d'engagement militarisé dans la collaboration, à commencer par le Service d'ordre légionnaire de Joseph Darnand[3]. Néanmoins, les supports de la propagande de la LVF restent sans doute ceux qui l'exaltent le plus fréquemment.

Observons donc cette affiche, précisément intéressante par son ambivalence. D'un côté, les références médiévales, propres

---

1. Jacques Doriot, *art. cit.*, p. 70.
2. *Je suis partout*, 6 novembre 1942.
3. On pense, par exemple, à la célèbre affiche de 1942 intitulée « Les 21 points du S.O.L. ».

à la symbolique de la LVF : l'écu, frappé du glaive et du heaume des croisés. Mais, d'un autre côté, des références néo-antiques, avec ce guerrier à la puissante musculature qu'on devine nu (à la manière de l'athlète), et qui serre dans sa main droite un javelot, une arme de trait sans rapport avec la réalité contemporaine. En fait, le seul élément détaché de toute surreprésentation symbolique est le casque de la Wehrmacht frappé de l'insigne tricolore. De l'ensemble des documents analysés, celui-ci constitue peut-être l'image la plus accomplie de l'« homme nouveau ». Pourquoi ? Sans doute parce que la LVF, compte tenu du contexte de l'Occupation, est le seul véritable biais pour ajouter la dimension qui manque cruellement au fascisme français : l'esprit de conquête. Le guerrier d'élite est nécessairement conquérant.

Mais ce que nous avons dit de l'homme nouveau souligne toute la difficulté à le définir. L'homme nouveau de la Collaboration ne puise finalement sa légitimité que dans un passé glorieux qui se situerait au temps du Moyen Âge chrétien combattant et triomphant. De ce point de vue, nous citerons à nouveau l'article de Drieu La Rochelle, en 1941, consacré au corps où il place le Moyen Âge comme modèle car, conclut-il, « le moyen âge (...) comprenait le corps avec l'esprit ». On est tout de même bien loin d'un homme nouveau néo-paien. En tout cas, sa définition interroge sur le nouveau monde à construire. S'agit-il d'un monde nouveau ou d'une refondation ? S'agit-il de partir des fondements qui ont présidé à la construction de l'Occident chrétien, pour construire autre chose, ou de rebâtir un Occident chrétien qui s'est peu à peu délité ? S'agit-il simplement, dans une France défaite, humiliée, accablée, d'instrumentaliser un passé glorieux ou s'agit-il d'un vrai projet ?

Resterait à se pencher sur la figure du chef, singulièrement discrète dans les représentations. Pour tous, le chef, c'est Pétain, qui efface Déat, Deloncle ou Bucard. Mais le chef, c'est aussi le dirigeant du parti. Et, sur ce plan, l'organisation qui pousse le plus loin le culte est sans doute le PPF. Dans ses meetings, on brandit le portrait de Pétain, mais en étroite association avec celui de Doriot. Doriot apparaît dans les affiches du PPF, quasiment toujours de la même façon. Son visage, sous forme de portrait placé dans la partie supérieure des affiches est, en quelque sorte, hissé au firmament de l'avenir fasciste. Ses traits sont soigneusement rajeunis. Le dessinateur flatte le Chef. Son expres-

sion est celle d'une calme résolution (qui tranche avec l'exaltation des tribunes). Son regard pénétrant, malgré l'écran des
lunettes, interpelle celui à qui s'adresse l'affiche. Le portrait est,
par ailleurs, scandé par trois mots en forme de devise, « Unité,
force, honneur » dont il est lui, Doriot – le Chef –, à la fois le
symbole et le garant. Mais on n'ira pas plus loin, sans risquer de
mettre en cause la primauté du Maréchal, dont le PPF affirme
constituer l'avant-garde.

Au total, notre quête de l'homme nouveau dans l'image collaborationniste montre ses limites. D'abord, les représentations
évoquées demeurent quantitativement négligeables. La thématique principale se situe ailleurs : la lutte contre les communistes, contre les juifs, etc. L'autoreprésentation demeure, du
reste, assez restreinte, et la plupart des affiches des mouvements
qui la cherchent privilégient la composition symbolique sans
référence à l'être humain, individuel ou collectif. Ensuite, il
reste bien difficile d'établir des liens directs d'influence entre la
propagande fasciste, la propagande nazie et la propagande collaborationniste (le contexte n'en facilite d'ailleurs qu'imparfaite-
ment l'épanouissement). Enfin, on voit toute la difficulté de traduire le verbe par l'image, de mettre les mots en images, ce qui
aboutit à une représentation ambivalente et éclatée de l'homme
nouveau (ambivalence et éclatement que l'on retrouve aussi en
Italie et en Allemagne). Il est bien peu aisé de mettre l'esprit
nouveau en images, plus difficile encore, peut-être, de donner du
corps une représentation fondamentalement neuve. Nous ajoute-
rons qu'ici la complexité est encore accentuée par l'état de sou-
mission dans lequel sont tenus les Français : le héros fasciste
français manque singulièrement d'espace et d'autonomie pour
exprimer son audace et son esprit de conquête. On a alors un
modèle rentré, frustré et, en tout cas, dépourvu d'une panoplie
complète.

Mais, au fait, cet homme nouveau est-il bien neuf ? Nul code
graphique évoqué, nul symbole, signe, mise en scène, trait de
personnage, et surtout système de références n'est vraiment nouveau. Les auteurs se contentent d'adapter des formes et des thématiques depuis longtemps familières. Au fond, le modèle reste
l'homme ancré dans la terre, vivant en symbiose avec la nature,
l'homme qui, de génération en génération, a construit la France
et l'a défendue. Les représentations évoquées mêlent alors

valeurs fascistes et valeurs chrétiennes, les secondes forgeant confusément les premières. Il est frappant de constater combien les images sont empreintes de références, plus ou moins implicites, à la grandeur de la civilisation chrétienne. Finalement, la régénération nationale parle de futur, en exaltant la jeunesse, mais son regard est porté vers le passé. Et si « homme nouveau » il y a, il se définit davantage en négatif qu'en positif. Il se comprend d'abord par opposition à ce qu'on rejette : le rationalisme, l'intellectualisme, la « civilisation » urbaine, les droits de l'homme, la démocratie, etc. ; bref, tout ce qui aurait amolli le corps et l'esprit. L'image proposée est un retour aux vraies sources, et sous un vernis révolutionnaire, le discours est porté par un projet réactionnaire. Les représentations, loin d'innover, prolongent alors des thématiques anciennes qu'elles s'approprient et se contentent d'adapter à la propagande du temps. Ce qui, au mieux, fait la nouveauté dans cette période, ce sont à la fois le regroupement d'éléments dispersés, la répétition de formes qui aboutit à la définition d'archétypes – malgré tout inachevés –, et leur utilisation dans un contexte européen marqué par le choc de la guerre.

Table des matières

www.ingramcontent.com/pod-product-compliance
Lightning Source LLC
Chambersburg PA
CBHW060138280326
41932CB00012B/1557